企业会计准则通用分类标准培训指定教材

企业会计准则通用分类标准

2015

中华人民共和国财政部 制定

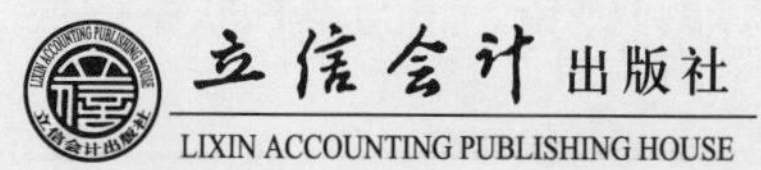

图书在版编目（CIP）数据

企业会计准则通用分类标准．2015／中华人民共和国财政部制定．—上海：立信会计出版社，2016.2

ISBN 978-7-5429-4926-4

Ⅰ.①企…　Ⅱ.①中…　Ⅲ.①企业—会计准则—研究—中国　Ⅳ.①F279.23

中国版本图书馆CIP数据核字（2016）第026478号

责任编辑　蔡伟莉　何颖颖

企业会计准则通用分类标准 2015

出版发行　立信会计出版社
地　　址　上海市中山西路2230号　　邮政编码　200235
电　　话　（021）64411389　　传　　真　（021）64411325
网　　址　www.lixinaph.com　　电子邮箱　lxaph@sh163.net
网上书店　www.shlx.net　　电　　话　（021）64411071
经　　销　各地新华书店

印　　刷　北京佳顺印务有限公司
开　　本　710毫米×1000毫米　1/16
印　　张　32
字　　数　585千字
版　　次　2016年2月第1版
印　　次　2016年2月第1次
书　　号　ISBN 978-7-5429-4926-4/F
定　　价　78.00元

关于发布2015版企业会计准则通用分类标准的通知

财会〔2015〕6号

各省、自治区、直辖市、计划单列市财政厅（局），新疆生产建设兵团财务局，会计信息化委员会各成员单位，相关企业、银行业金融机构、保险公司：

为反映企业会计准则变化，规范采用可扩展商业报告语言（XBRL）编报财务报告行为，保证以XBRL格式编报的财务报告质量，根据《中华人民共和国会计法》、企业会计准则和《可扩展商业报告语言（XBRL）技术规范》（GB/T 25500—2010）系列国家标准，我部对企业会计准则通用分类标准（以下简称通用分类标准）进行了修订，形成了2015版通用分类标准，现予发布。

2015版通用分类标准对通用分类标准和行业扩展分类标准进行了整合，以替代2010版通用分类标准、石油和天然气行业扩展分类标准、银行业扩展分类标准。通用分类标准实施企业应采用最新版本的通用分类标准开展实施工作。

2015版通用分类标准的命名空间为http：//xbrl. mof. gov. cn，电子文件包请访问财政部网站（www. mof. gov. cn）“会计司”子频道下载。

执行中有何问题，请及时反馈我部。

联 系 人：财政部会计司准则一处 赵金光

联系电话：010-68553275 68552534（传真）

通讯地址：北京市西城区三里河南三巷3号 100820

电子邮箱：zhaojinguang@mof. gov. cn

附件：

1. 企业会计准则通用分类标准（略，见电子版）

2. 企业会计准则通用分类标准指南

3. 企业会计准则通用分类标准元素清单（略，见电子版）

4. 企业会计准则通用分类标准版本变更说明（略，见电子版）

5. 企业会计准则通用分类标准编报规则

财政部

2015年3月24日

目　录

企业会计准则通用分类标准指南

本指南作为企业会计准则通用分类标准（以下简称通用分类标准）的说明性文件，旨在帮助相关企业、监管机构、会计中介机构和软件开发商中具备一定 XBRL 知识的使用者了解 2015 版通用分类标准的架构及内容，以便创建扩展分类标准，编制和报送符合企业会计准则和通用分类标准规定的 XBRL 格式财务报告（实例文档）。

一、2015 版通用分类标准的主要变化

2015 版通用分类标准主要从架构和内容两方面进行了调整。架构方面，行业扩展分类标准被整合到通用分类标准中，作为通用分类标准的行业模块；内容方面，主要是根据企业会计准则的变化、国际财务报告准则分类标准的变化和通用分类标准的实施情况更新了相关内容。

（一）架构变化

2015 版通用分类标准将石油和天然气行业、银行业两项行业扩展分类标准整合到通用分类标准中，作为通用分类标准的行业模块。2015 版通用分类标准包括通用部分和行业扩展部分，分别对应原通用分类标准和行业扩展分类标准。2015 版通用分类标准的整体架构请参见本指南的“二、通用分类标准的架构”。

（二）内容变化

2015 版通用分类标准内容的变化，按其原因可以分为以下三类：

1. 因企业会计准则新增和修订导致的变化

企业会计准则的变化包括新增 3 项准则《企业会计准则第 39 号——公允价值计量》、《企业会计准则第 40 号——合营安排》和《企业会计准则第 41 号——在其他主体中权益的披露》，修订 5 项准则《企业会计准则第 2 号——长期股权投资》、《企业会计准则第 9 号——职工薪酬》、《企业会计准则第 30 号——财务报表列报》、《企业会计准则第 33 号——合并财务报表》和《企业

会计准则第 37 号——金融工具列报》。本次修订针对以上企业会计准则的新增和修订做出了相应的调整，这些调整涉及的通用部分的扩展链接角色（ELR）如下表所示：

表 1 企业会计准则调整与 ELR 变化对照表——通用部分

准则名称	ELR 名称	变化说明
《企业会计准则第 9 号——职工薪酬》	[809100] 附注 _ 应付职工薪酬（一）	修订准则，拆分成两个 ELR，内容根据新准则调整
	[809200] 附注 _ 应付职工薪酬（二）	修订准则，拆分成两个 ELR，内容根据新准则调整
《企业会计准则第 30 号——财务报表列报》	[230005] 个别资产负债表	修订准则，ELR 不变，内容根据新准则调整
	[330005] 个别利润表	修订准则，ELR 不变，内容根据新准则调整
	[530005] 个别所有者权益变动表	修订准则，ELR 不变，内容根据新准则调整
	[830210] 附注 _ 划分为持有待售的资产	修订准则，ELR 新增
	[830310] 附注 _ 划分为持有待售的负债	修订准则，ELR 新增
	[830490] 附注 _ 其他综合收益	修订准则，ELR 不变，内容根据新准则调整
	[830520] 附注 _ 利润表补充资料（费用按性质披露）	修订准则，ELR 新增
	[830530] 附注 _ 管理资本的目标、政策及程序	修订准则，ELR 新增
《企业会计准则第 33 号——合并财务报表》	[233000] 合并资产负债表	修订准则，ELR 不变，内容根据新准则调整
	[333000] 合并利润表	修订准则，ELR 不变，内容根据新准则调整
	[433000] 合并现金流量表	修订准则，ELR 不变，内容根据新准则调整
	[533000] 合并所有者权益变动表	修订准则，ELR 不变，内容根据新准则调整

（续表）

准则名称	ELR 名称	变化说明
《企业会计准则第 37 号——金融工具列报》	[837000] 附注 _ 金融工具及其风险	修订准则，ELR 不变，内容根据新准则调整
	[837100] 附注 _ 金融资产转移（含资产证券化）	修订准则，ELR 不变，内容根据新准则调整
	[837210] 附注 _ 以公允价值计量且其变动计入当期损益的金融资产	修订准则，ELR 不变，内容根据新准则调整
	[830280] 附注 _ 可供出售金融资产	修订准则，ELR 不变，内容根据新准则调整
	[837310] 附注 _ 以公允价值计量且其变动计入当期损益的金融负债	修订准则，ELR 不变，内容根据新准则调整
《企业会计准则第 39 号——公允价值计量》	[839100] 附注 _ 公允价值计量（一）	新增准则，ELR 新增
	[839200] 附注 _ 公允价值计量（二）	新增准则，ELR 新增
《企业会计准则第 41 号——在其他主体中权益的披露》	[841100] 附注 _ 在其他主体中权益的披露（一）	新增准则，在原 ELR [833600] 附注 _ 母公司和子公司信息 基础上修改
	[841200] 附注 _ 在其他主体中权益的披露（二）	新增准则，在原 ELR [833600] 附注 _ 母公司和子公司信息 基础上修改
	[802100] 附注 _ 长期股权投资	新增准则，ELR 不变，内容根据新准则调整

这些扩展链接角色中的元素均是以新发布的企业会计准则和指南为基础、综合考虑了 2014 版国际财务报告准则分类标准的建模方式之后提取形成的。

2. 因国际财务报告准则分类标准修订导致的变化

国际会计准则理事会每年发布新版本的国际财务报告准则分类标准，考虑到我国企业会计准则修订和通用分类标准实施情况，2015 版通用分类标准引用了 2014 版国际财务报告准则分类标准。与 2010 版通用分类标准引用的 2010 版国际财务报告准则分类标准相比，2014 版国际财务报告准则分类标准在技术上和内容上发生了部分变化，本次修订也综合考虑了这些变化的影响，主要体现在以下两方面：

（1）扩展链接角色的建模结构发生的变化

这部分变化主要涉及维度建模和非维度建模的变化，例如，2010 版通用分类标准中的“股份支付”参照2010版国际财务报告准则分类标准中的建模方式使用的是维度建模，而2014版国际财务报告准则分类标准中“股份支付”使用的是非维度建模，而不是2010版中的维度建模，在本次通用分类标准修订时，考虑到了这一建模方式的变化，在通用分类标准中做出了同样的调整。

（2）国际财务报告准则分类标准元素的变化

这部分变化主要包括元素新增、废弃和属性修改等。例如，通用分类标准中引用的国际财务报告准则分类标准元素“股份支付剩余合同期限”，元素名称在2010版本中为ifrs _ DescriptionOfWeightedAverageRemaining ContractualLifeOfShareOptionsOutstanding，而在2014版本中为ifrs-full _ WeightedAverageRemainingContractualLifeOfOutstandingShareOptions，通用分类标准修订时做出了相应的调整。

3. 根据通用分类标准实施情况进行的调整

本次通用分类标准修订收录了一些“财务报告通用实务元素”，这些财务报告通用实务元素是根据近些年的实施经验总结形成的，是实施企业和监管机构经常使用的、扩展频率较高的元素。本次修订中，也将各行业扩展部分中具有共性的披露内容作为通用元素从行业扩展部分整合到通用部分中。

二、通用分类标准的架构

（一）总体架构

2015版通用分类标准包含通用部分和行业扩展部分，在架构上与2014版国际财务报告准则分类标准的架构趋同。

通用部分包含了财务报表和附注等财务报告组成要素，反映的是企业会计准则对财务报告列示和披露的基本要求，是企业编制XBRL格式财务报告的基础。对于在国际财务报告准则分类标准中已定义、与我国企业会计准则含义一致的会计概念，通用分类标准采用直接引用的方式，将国际财务报告准则分类标准核心模式文件中的相关元素装载到通用分类标准中。

行业扩展部分是在通用部分的基础上，对特定行业财务报告领域的延伸，反映了行业特色的披露内容，按照行业财务报告的类别进行组织；对于在通用部分中已定义的财务报告概念和结构，行业扩展部分不再重复定义元素和扩展链接角色，而是直接引用通用部分。目前的行业扩展部分包括石油和天然气行业扩展部分和银行业扩展部分。

为妥善处理通用部分和行业扩展部分之间的关系，通用分类标准采用了

“松耦合”的架构设计模式，即通用部分和各行业扩展部分在逻辑上保持内在统一，在文件结构上保持相对独立，便于对通用部分和行业扩展部分相对独立地修改。具体架构设计参见图 1。

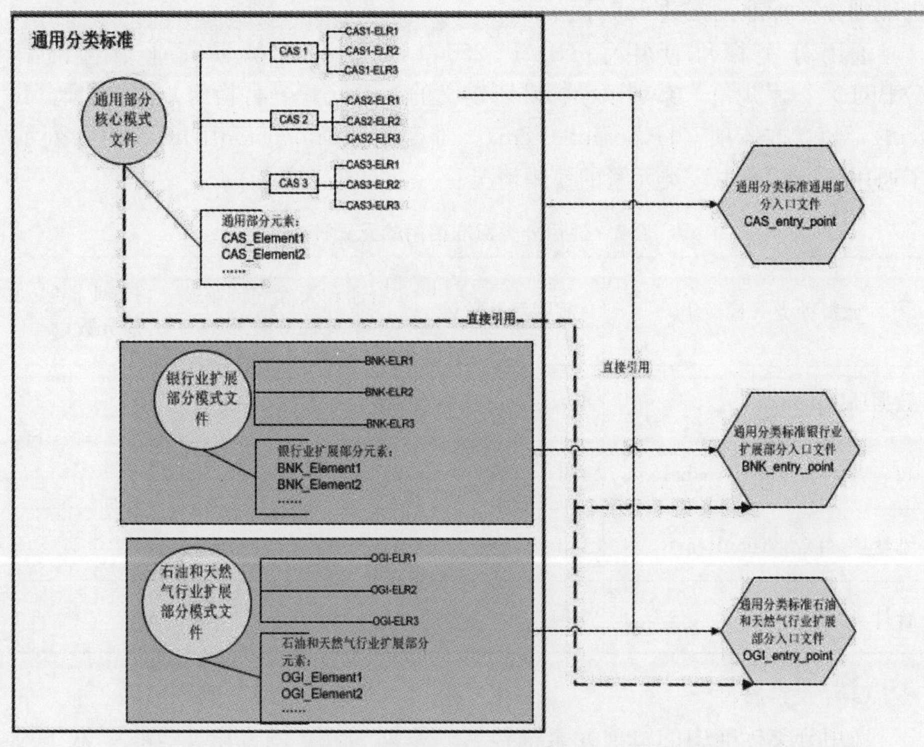

图 1　2015 版通用分类标准架构图

（二）通用分类标准的逻辑设计

通用分类标准在逻辑上可分为两层结构：元素和扩展链接角色，其逻辑设计分别如下：

1. 元素

通用分类标准中的元素是依据《可扩展商业报告语言（XBRL）技术规范第 1 部分：基础》（GB/T 25500.1—2010）、《可扩展商业报告语言（XBRL）技术

规范第 2 部分：维度》（GB/T 25500.2—2010）、《可扩展商业报告语言（XBRL）技术规范第 3 部分：公式》（GB/T25500.3—2010）、《可扩展商业报告语言（XBRL）技术规范第 4 部分：版本管理》（GB/T25500.4—2010）系列国家标准，根据企业会计准则以及石油和天然气行业、银行业特性提取的

用于财务报告的概念。2015 版通用分类标准中使用的财务报告概念（元素）总数为 5 013 个，其中通用部分元素 4 317 个，石油和天然气行业扩展部分元素 110 个，银行业扩展部分元素 586 个。通用分类标准中使用的国际财务报告准则分类标准元素共 635 个。

通用分类标准使用了 GB/T 25500—2010《可扩展商业报告语言（XBRL）技术规范》系列国家标准所定义的 3 类元素（替换组）：数据项（Item），超立方体项（HypercubeItem），维度项（DimensionItem）。表 2 列示了通用分类标准中 3 类元素的使用情况。

表 2　通用分类标准使用的元素种类

元素种类（替换组）	通用部分数量	石油和天然气行业扩展部分数量	银行业扩展部分数量
数据项（Item）	4 010	104	545
超立方体项（HypercubeItem）	164	2	27
维度项（DimensionItem）	143	4	14
合计	4 317	110	586

（1）元素属性

通用分类标准中的每项元素都包含一系列属性。图 2 以“应收账款”为例列举了部分元素属性：

```
<xs:element
name="AccountsReceivable"
id="cas_AccountsReceivable"
type="xbrli:monetaryItemType"
substitutionGroup="xbrli:item"
abstract="false"
nillable="true"
xbrli:balance="debit"
xbrli:periodType="instant"/>
```

图 2　通用分类标准元素“应收账款”及其属性

通用分类标准元素的部分重要属性如下：

① 元素名称（element name）

元素名称以元素的英文标准标签为基础确定，遵循“驼峰规则”（Camel Case），以便计算机识别。例如，“应收账款”的英文标准标签是“Accounts receivable”，元素名称应该是“AccountsReceivable”。需要特别说明的是，如果元素来自历史版本的通用分类标准，且在本次通用分类标准修订过程中仅修改了该元素的标准标签，会计含义并未发生变化，考虑到元素在前后版本之间的可继承性，这些元素的名称并未只是为了与英文标准标签保持一致而进行变更。

② 元素 ID (element ID)

元素 ID 是通用分类标准中所使用的每一个元素的唯一编号。元素 ID 的结构是：{分类标准的命名空间前缀 _ 扩展元素名称}。

③ 时期类型（period type）

如果元素用于表达存量概念，时期类型应设为“instant”（时点）；如用于表达流量概念，时期类型应设为“duration”（期间）。当元素的时期类型不明确时，统一设为“duration”。所有抽象（abstract）元素、表（table）元素、轴（axis）元素和域成员（member）元素的时期类型都是“duration”。

④ 数据类型

根据具体用途，通用分类标准中的元素被定义为不同的数据类型。表 3 展示了通用分类标准元素的数据类型。对于大多数企业来说，扩展时最常使用的数据类型是货币类型（monetaryItemType）和字符串类型（stringItemType）。

表 3　通用分类标准使用的元素数据类型统计及举例

数据类型	英文名称	元素数量			数据类型举例
		通用部分	石油和天然气行业扩展部分	银行业扩展部分	
货币类型	monetaryItem-Type	2，045	52	293	资产
字符串类型	stringItemType	1，349	43	139	存货跌价准备的计提方法
域类型	domainItemType	480	7	106	实收资本（或股本）[member]
文本块类型①	textBlockItem-Type	289	5	41	固定资产信息披露 [text block]

① 注：参照 2014 版国际财务报告准则分类标准，将文本块数据类型从 escapeItemType 调整为 textBlockItemType。

（续表）

数据类型	英文名称	元素数量			数据类型举例
		通用部分	石油和天然气行业扩展部分	银行业扩展部分	
百分比类型	percentItem-Type	111	2	7	法定盈余公积提取比例
小数类型	decimalItem-Type	12	0	0	天然起源的生物资产数量
日期类型	dateItemType	13	0	0	应付债券到期日
纯数类型	pureItemType	6	1	0	货币资金折算汇率
股份类型	sharesItemType	9	0	0	发行权益性证券作为支付对价的股份数量
元/每股类型	perShareItem-Type	3	0	0	基本每股收益
合计		4 317	110	586	

（2）通用分类标准中使用的重要虚元素

在用于编制财务报告实例文档时，通用分类标准中的大部分元素都可被赋予事实值，称之为“实元素”；另一部分元素没有事实值，其作用是用来组织实元素间的关系，称之为“虚元素”。下面列举了通用分类标准中部分重要虚元素的用法。

① 抽象（abstract）元素

抽象元素用于组织列报链接库中元素的展示层级。所有的抽象元素的“abstract”属性都应设为“true”，时期类型为“duration”。

② 域成员（member）元素

域成员元素的abstract类型应设为“true”，时期类型为“duration”，元素的数据类型为“domainItemType”（域类型）。

③ 轴（axis）元素和表（table）元素

轴元素和表元素的“substitutionGroup”（替换组）属性与其他元素不同，分别是“dimensionItem”（维度项）和“hypercubeItem”（超立方体项）。它们的元素数据项类型都是“stringItemType”（字符串型），时期类型都是“duration”（期间型）。为满足不同企业的财务报告需求，通用分类标准定义了多种表元素，并在其下设置了与之相配的轴元素。一组表元素和轴元素可应用在多个扩展链接角色（ELR）的报表项（line items）中。

（3）元素标签及后缀

在通用分类标准中，同一个元素可有多个标签，其中至少有中英文标准标签各一个。英文标签只有第一个单词的首字母以及缩写词要求大写。一些特定元素的标准标签还必须增加标准后缀，具体如下：

①[abstract]：所有抽象（abstract）元素的标准标签后缀；

②[text block]：所有文本块类型元素的标准标签后缀；

③[table]：所有替换组属性是超立方体项的表（table）元素的标准标签后缀；

④[axis]：所有替换组属性是维度项的轴（axis）元素的标准标签后缀；

⑤[member]：所有域成员（member）元素的标准标签后缀。

2. 扩展链接角色（ELR）

（1）扩展链接角色的定义

通用分类标准的通用部分和行业扩展部分在逻辑设计上分别将财务报告信息关系分成组，每组关系视为一个整体进行处理。扩展链接角色（ELR）是一组可被视为一个整体进行处理的财务信息关系的标识符。

通用分类标准的通用部分将财务信息关系按照财务报表和附注分成若干扩展链接角色，每个扩展链接角色对应一个或多个同类别的财务报表或附注表格，同一具体会计准则的披露要求可能会对应一个或多个扩展链接角色。例如，财务报表列报准则中关于资产负债表的披露要求被作为一个扩展链接角色，固定资产准则中关于固定资产的披露要求也被作为一个扩展链接角色。

通用分类标准中各行业扩展部分直接引用了通用部分中的部分扩展链接角色。对于在通用部分中已定义、与行业财务报告共性内容相一致的财务报告组成部分，行业扩展部分直接引用相应的通用部分扩展链接角色。行业扩展部分链接库文件不定义这些被引用的通用部分扩展链接角色，而是直接指向通用部分文件夹中该扩展链接角色所在的路径。反映行业财务报告特有的扩展链接角色，在各行业扩展部分链接库中进行定义，使用者可通过相应的入口模式文件，查阅行业扩展部分中直接引用的通用部分扩展链接角色以及行业新增定义的扩展链接角色。

需要特别说明的是，虽然行业财务报告中某些元素的含义与通用部分中的元素一致，可直接从通用部分中引用，但往往名称与通用部分有所差别，例如 通用部分中的元素 SubsidiariesIncludedIn ScopeOfConsolidatedFinancial-StatementsPercentageOfDirectInterestHeldByCompany，在通用部分中的名称是“本公司直接持有纳入合并财务报表范围子公司股权比例”，而银行业财务报告中使用的名称是“本行直接持有纳入合并财务报表范围子公司股权比例”。行业扩展部分在引用这部分元素时，重新定义了相应的元素中英文标签。

（2）通用部分扩展链接角色的编码和统一资源标识符（URI）的定义

在设计扩展链接角色时，通用部分为每个扩展链接角色定义了一个6位编码，以便计算机识别。财务报表的一般信息、资产负债表、利润表、现金流量表、所有者权益变动表所对应的扩展链接角色6位编码第一位分别是1、2、3、4、5，企业年金基金第一位为7，附注第一位为8；第二、三位为相关准则编号，如有多个准则相关，《企业会计准则第30号——财务报表列报》优先；第四、五位为顺序编号；合并报表第六位为0，个别报表第六位为5。

通用部分中，每个通用维度都对应一个扩展链接角色，其编码规则与其他扩展链接角色不同。通用维度扩展链接角色编码第一位为9；第二、三位为顺序编号；第四、五、六位为0。

扩展链接角色的统一资源标识符的定义遵循以下模式：

http://xbrl. mof. gov. cn/role/cas/cas _ {“数字”} _ yyyy-mm-dd _ role-{“XXXXXX”}。

其中，“数字”表示该扩展链接角色对应的具体会计准则编号，yyyy-mm-dd为通用分类标准版本日期，“XXXXXX”表示扩展链接角色的6位编码。例如：

“财务报表附注——固定资产”的扩展链接角色的统一资源标识符为：

http://xbrl. mof. gov. cn/role/cas/cas_4_2015-03-31_role-804100。

（3）行业扩展部分扩展链接角色的编码和统一资源标识符的定义

各行业扩展部分中扩展链接角色的建模规则与通用部分保持一致。扩展链接角色统一资源标识符的定义遵循通用分类标准的定义模式，并体现了行业扩展部分的实际需要，其定义方式为：

http://xbrl. mof. gov. cn/role/cas/{“英文字母”}_yyyy_mm_dd_role-{编码1}/{编码2}。

其中：

①“http://xbrl. mof. gov. cn/role/cas/”与通用部分保持一致，表明行业扩展部分是在通用部分下的扩展；

②“英文字母”表示行业扩展部分的命名空间前缀，银行业扩展部分的命名空间前缀为“bnk”，石油和天然气行业扩展部分的命名空间前缀为“ogi”；

③“yyyy-mm-dd”表示通用分类标准的版本日期；

④“编码 1”沿用通用部分相关披露在列报链接库中的扩展链接角色的 6 位编码；如果通用部分没有相关披露，则为该扩展链接角色重新定义一个 6 位编码，其中第一位数字的编码方式遵循通用部分的定义方式；第二、三位表示该扩展链接角色所属行业，目前 90 表示银行业，91 表示石油和天然气行业；第四、五位为顺序编号；合并报表第六位为 0，个别报表第六位为 5。“编码 2”表示该扩展链接角色在行业扩展部分的 6 位独立编码。第一、二位表示该扩展链接角色所属行业，目前 90 表示银行业，91 表示石油和天然气行业；后四位由行业部分按照一定顺序进行定义。例如，在银行业扩展部分中扩展链接角色“附注—现金及存放中央银行款项”以“900801”表示，其中前两位“90”表示银行业，第三、四位“08”表示该附注属于银行业报告中的第八大类披露内容，最后两位“01”表示该附注在第八大类披露内容中的顺序编号。

例如：银行业扩展部分“财务报表附注——现金及存放中央银行款项”的扩展链接角色的统一资源标识符为：

http://xbrl.mof.gov.cn/role/cas/bnk_2015-03-31_role-830600/900801。

3. 维度

维度是用来对存在维度结构的表格进行建模的一种 XBRL 技术。通用分类标准使用的维度为明确维度（Explicit dimension），不使用元组（Tuple）和类型化维度（Typed dimension）。按应用范围分，通用分类标准中的维度包括通用维度和非通用维度，其中通用维度可以由报表编制者根据实际需要应用到任何基本项目中，如“维度——追溯应用和追溯重述”。非通用维度只用于描述特定报表项目，如“维度——存货类别”。

通用分类标准中的维度还可分为封闭式和开放式两类。封闭式维度包含既定的内容（如定义的域成员元素），报表编制者不能改动，例如“ELR［901000］维度＿追溯应用和追溯重述”。开放式维度可由报表编制者扩展，例如“ELR［801110］附注＿存货（一般工商业）”中的存货类别维度。在通用分类标准中，绝大部分非通用维度都是开放维度。

（三）通用分类标准的文件结构

从物理形态上来看，通用分类标准是一个电子文件包，分类标准文件分别位于 4 个层级的文件夹内。2015 版通用分类标准的文件夹和文件结构如图 3 所示，所有文件被置于一个根文件夹内，根文件夹下包含引用的国际财务报告准则分类标准子文件夹和通用分类标准子文件夹。通用分类标准文件夹下包含通用部分、银行业扩展部分、石油和天然气行业扩展部分的文件夹及相应的入口模式文件。此外，通用分类标准下还包含废弃元素的文件夹。

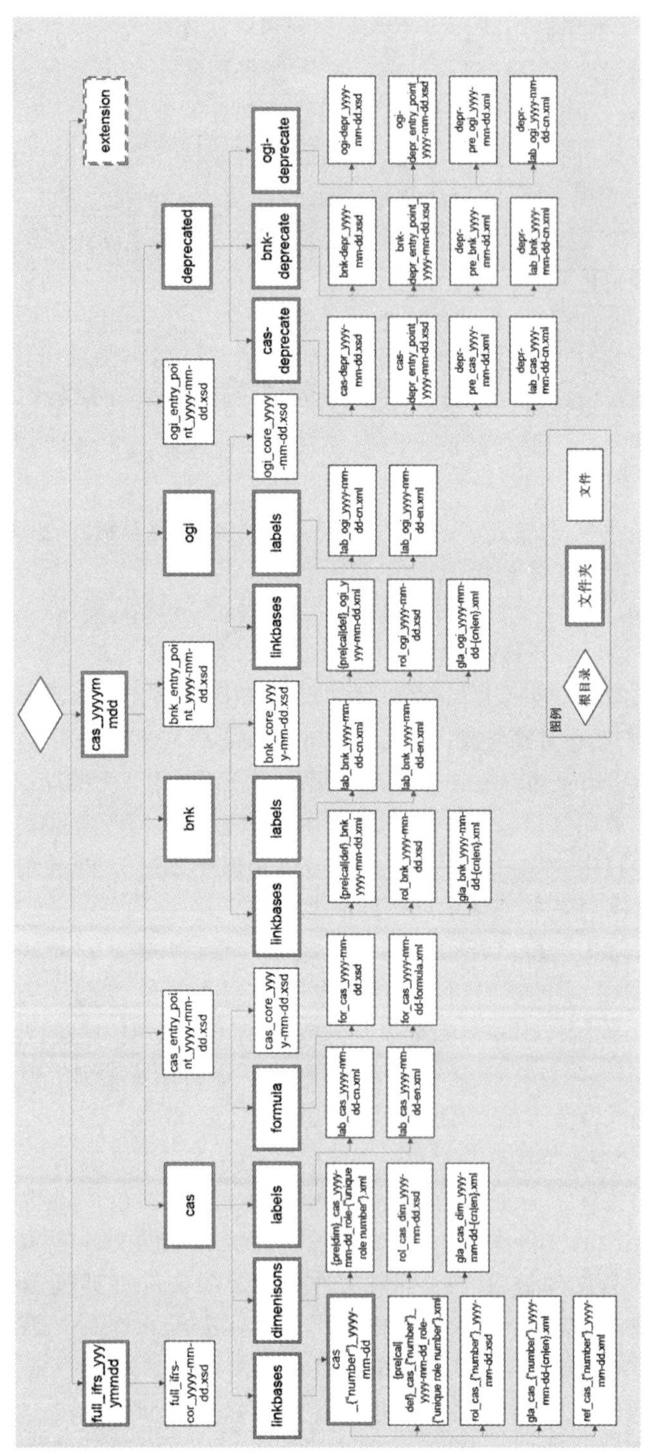

图3 通用分类标准的文件夹和文件结构

1. 逐项准则法

通用分类标准以每一项企业会计准则具体准则为基础组织文件结构（简称逐项准则法）。在现行 41 项具体会计准则中，除《企业会计准则第 32 号——中期财务报告》未涉及外，其他 40 项具体会计准则均已包含在内。其中，《企业会计准则第 22 号——金融工具确认和计量》、《企业会计准则第 23 号——金融资产转移》、《企业会计准则第 24 号——套期保值》不涉及披露要求，其对应列报内容在《企业会计准则第 37 号——金融工具列报》文件夹中反映；《企业会计准则第 25 号——原保险合同》和《企业会计准则第 26 号——再保险合同》的列报内容合并成一个文件夹；《企业会计准则第 40 号——合营安排》的列报内容并入《企业会计准则第 41 号——在其他主体中权益的披露》对应的文件夹。图 4 显示了通用分类标准通用部分各准则文件夹及相关内容。

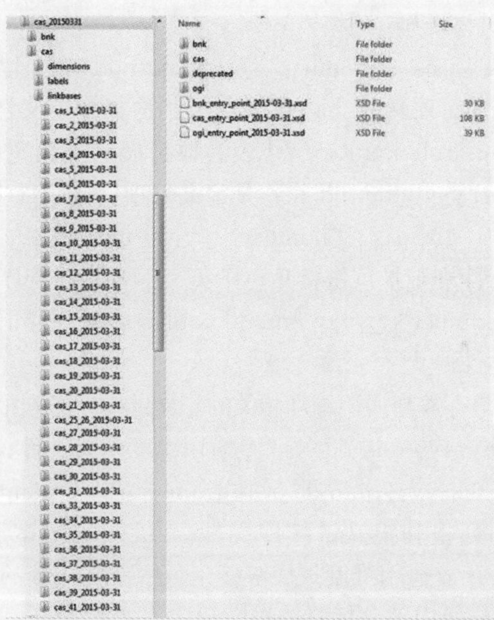

图 4　通用分类标准通用部分各准则文件夹及其内容

2. 文件夹和文件结构说明

通用分类标准文件夹和文件结构及其内容的具体说明如下：

（1）根目录是通用分类标准文件的根文件夹，以通用分类标准版本日期命名。本版通用分类标准版本日期为 2015 年 3 月 31 日。

（2）full _ ifrs _ yyyymmdd 是存放通用分类标准引用的国际财务报告准则分类标准文件的文件夹。

（3）full _ ifrs-cor _ yyyy-mm-dd. xsd 是国际财务报告准则分类标准文件

中定义国际财务报告准则元素的核心模式文件，通用分类标准引用的国际财务报告准则分类标准元素存放在该文件中。

（4）cas _ yyyymmdd 是存放通用分类标准文件的文件夹。

（5）cas 是存放通用分类标准通用部分的文件夹：

① cas_core_yyyy-mm-dd. xsd 是通用部分定义的我国企业会计准则元素的核心模式文件，3，682 个元素（通用分类标准 从国际财务报告准则分类标准中直接引用的元素除外）都存放在该文件中。

② linkbases 是存放企业会计准则披露要求的文件夹，其下的每个子文件夹 cas_{“number”}_yyyy-mm-dd 均包含一个模式文件 rol_cas_{“number”}_yyyy-mm-dd. xsd，用于定义扩展链接角色的列报、计算和定义链接库：

- cas_{“number”}_yyyy-mm-dd 是存放每项具体会计准则角色模式文件以及列报、计算、定义和参考链接库文件的文件夹，其中的“number”代表具体准则编号；
- {pre|cal|def}_cas_{“number”}_yyyy-mm-dd_role-{“unique role number”}. xml 是每项具体会计准则列报、计算和定义链接库的文件，其中的“unique role number”代表具体扩展链接角色的编号；rol_cas_{“number”}_yyyy-mm-dd. xsd 是定义每项具体会计准则扩展链接角色的模式文件；gla_cas_{“number”}_yyyy-mm-dd-{cn|en}. xml 是定义每项具体会计准则扩展链接角色中英文标签的链接库文件；
- ref_cas_{“number”}_yyyy-mm-dd. xml 是定义每项具体会计准则参考链接库的文件。

③ dimensions 是存放与通用维度相关的定义链接库和列报链接库的文件夹：

- rol_cas_dim_yyyy-mm-dd. xsd 是通用维度模式文件；
- {pre|dim}_cas_yyyy-mm-dd_role-{“unique role number”}. xml 是每个通用维度的列报和定义链接库文件；gla_cas_dim_yyyy-mm-dd-{cn|en}. xml 是存放通用维度扩展链接角色中英文标签的链接库文件。

④ labels 是存放通用部分标签链接库的文件夹：

- lab_cas _yyyy-mm-dd-cn. xml 是中文标签链接库文件；
- lab_cas _yyyy-mm-dd-en. xml 是英文标签链接库文件。

⑤ formula 是存放通用部分公式链接库的文件夹（此次未包含，拟待通用分类标准发布后再行发布）：

- for_cas_yyyy-mm-dd. xsd 是公式链接库的模式文件；
- for_cas_yyyy-mm-dd-formula. xml 是公式链接库文件。

（6）bnk 是存放通用分类标准银行业扩展部分的文件夹：

① bnk_core_yyyy-mm-dd. xsd 是银行业扩展部分的核心模式文件，银行

业扩展部分定义的 586 个元素都存放在该文件中。

② linkbases 是存放反映银行业特有的财务报告披露内容的文件夹：

- rol_ bnk_yyyy-mm-dd. xsd 是定义反映银行业特有的财务报告内容的所有扩展链接角色的模式文件；
- {pre|cal|def}_bnk_yyyy-mm-dd. xml 是定义反映银行业特有的财务报告共性内容的列报、计算和定义链接库的文件；gla_bnk_yyyy-mm-dd-{cn|en}. xml 是定义银行业扩展部分的扩展链接角色中英文标签的链接库文件。

③ labels 是存放银行业扩展部分标签链接库的文件夹：

- lab_bnk _yyyy-mm-dd-cn. xml 是中文标签链接库文件；
- lab_bnk _yyyy-mm-dd-en. xml 是英文标签链接库文件。

（7）ogi 是存放通用分类标准石油和天然气行业扩展部分的文件夹：

① ogi_core_yyyy-mm-dd. xsd 是石油和天然气行业扩展部分的核心模式文件，石油和天然气行业扩展部分定义的 110 个元素都存放在该文件中。

② linkbases 是存放反映石油和天然气行业特有的财务报告披露内容的文件夹：

- rol_ ogi_yyyy-mm-dd. xsd 是定义反映石油和天然气行业特有的财务报告披露内容的所有扩展链接角色的模式文件；
- {pre|cal|def}_ogi_yyyy-mm-dd. xml 是定义反映石油和天然气行业特有的财务报告共性内容的列报、计算和定义链接库的文件；gla_ogi_yyyy-mm-dd-{cn|en}. xml 是定义石油和天然气行业扩展部分的扩展链接角色中英文标签的链接库文件。

③ labels 是存放石油和天然气行业扩展部分标签链接库的文件夹：

- lab_ogi_yyyy-mm-dd-cn. xml 是中文标签链接库文件；
- lab_ogi _yyyy-mm-dd-en. xml 是英文标签链接库文件。

（8）cas_entry_point_yyyy-mm-dd. xsd 是通用部分的入口模式文件，使用者可以通过该文件访问通用部分。

（9）bnk_entry_point_yyyy-mm-dd. xsd 是银行业扩展部分的入口模式文件，使用者可以通过该文件访问银行业扩展部分。

（10）ogi_entry_point_yyyy-mm-dd. xsd 是石油和天然气行业扩展部分的入口模式文件，使用者可以通过该文件访问石油和天然气行业扩展部分。

（11）deprecated 是存放通用分类标准所有废弃元素及其相关信息的文件夹：

① {cas|bnk|ogi}-deprecated 是分别存放通用部分、银行业扩展部分、石油和天然气行业扩展部分废弃元素及其链接库文件的文件夹；

② {cas|bnk|ogi}-depr_yyyy-mm-dd. xsd 是定义废弃元素的核心模式文

件，通用部分废弃的 168 个元素，银行业扩展部分废弃的 292 个元素，石油和天然气行业扩展部分废弃的 342 个元素分别存放在对应的文件中；

③ depr-lab_{cas|bnk|ogi}_yyyy-mm-dd-cn. xml 是废弃元素的中文标签链接库文件；

④ depr-pre_{cas|bnk|ogi}_yyyy-mm-dd. xml 是废弃元素的列报链接库文件；

⑤ {cas|bnk|ogi}-depr_entry_point_ yyyy-mm-dd. xsd 是废弃元素的入口模式文件，使用者可以通过这些入口文件分别了解通用部分、银行业扩展部分、石油和天然气行业扩展部分废弃元素的相关信息。

3. 绝对路径和相对路径

为便于使用者定位通用分类标准中的模式文件和链接库等文件，通用分类标准采用了绝对路径和相对路径两种定位方式。通用分类标准对国际财务报告准则分类标准核心模式文件以及 XBRL 标准数据类型的引用，采用绝对路径引用的方式，直接指向国际财务报告准则分类标准和国际 XBRL 技术规范；通用分类标准内部各部分之间的引用，采用较为便捷的相对路径的方式，无须过多考虑文件的存储位置。

绝对路径的形式如下："统一资源标识符（URI）＋被引用的文件路径"。例如，要定位国际财务报告准则分类标准模式文件，其路径为：

http://xbrl. ifrs. org/taxonomy/2014-03-05/full_ifrs/full_ifrs-cor_2014-03-05. xsd

表 4 列举了部分 2015 版通用分类标准文件的绝对路径：

表 4　通用分类标准文件的绝对路径举例

文件名	文件的绝对路径
通用部分核心模式文件：cas_core_2015-03-31. xsd	http://xbrl. mof. gov. cn/taxonomy/2015-03-31/cas/cas_core_2015-03-31. xsd
银行业扩展部分核心模式文件：bnk_core_2015-03-31. xsd	http://xbrl. mof. gov. cn/taxonomy/2015-03-31/bnk/bnk_core_2015-03-31. xsd
石油和天然气行业扩展部分核心模式文件：ogi_core_2015-03-31. xsd	http://xbrl. mof. gov. cn/taxonomy/2015-03-31/ogi/ogi_core_2015-03-31. xsd
通用部分第 2 号准则的列报链接库文件：pre_cas_2_2015-03-31_role-802100. xml	http://xbrl. mof. gov. cn/taxonomy/2015-03-31/cas/linkbases/cas_2_2015-03-31/pre_cas_2_2015-03-31_role-802100. xml
银行业扩展部分中文标签链接库文件：lab_bnk_2015-03-31-cn. xml	http://xbrl. mof. gov. cn/taxonomy/2015-03-31/bnk/labels/lab_bnk_2015-03-31-cn. xml

相对路径以通用分类标准入口模式文件所在目录为当前目录。表 5 列举了部分 2015 版通用分类标准文件的相对路径：

表 5　通用分类标准文件的相对路径举例

文件名	文件的相对路径
通用部分核心模式文件：cas_core_2015-03-31. xsd	cas/cas_core_2015-03-31. xsd
银行业扩展部分核心模式文件：bnk_core_2015-03-31. xsd	bnk/bnk_core_2015-03-31. xsd
石油和天然气行业扩展部分核心模式文件：ogi_core_2015-03-31. xsd	ogi/ogi_core_2015-03-31. xsd
通用部分第 2 号准则的列报链接库文件：pre_cas_2_2015-03-31_role-802100. xml	cas/linkbases/cas_2_2015-03-31/pre_cas_2_2015-03-31_role-802100. xml
银行业扩展部分中文标签链接库文件：lab_bnk_2015-03-31-cn. xml	bnk/labels/lab_bnk_2015-03-31-cn. xml

需要特别说明的是，虽然通用分类标准规定了绝对路径和相对路径两种定位方式，但使用者不应该修改通用分类标准的任何内容。鉴于此，使用者在扩展通用分类标准时应采用绝对路径的定位方式，以避免对通用分类标准的修改。

4. 命名空间

为便于使用者辨认特定版本通用分类标准所定义的元素、类型和关系，通用分类标准中包含了命名空间。命名空间使用含通用分类标准版本日期的统一资源标识符（URI），包含指向财政部网站二级域名“http：//xbrl. mof. gov. cn”的路径。作为国际财务报告准则分类标准的扩展，通用分类标准也同时使用了国际财务报告准则分类标准的命名空间，包含指向国际财务报告准则基金会网站二级域名“http：//xbrl. ifrs. org”的路径。2015 版通用分类标准使用的部分命名空间如表 6 所示：

表 6　通用分类标准命名空间前缀和统一资源标识符举例

命名空间前缀	命名空间统一资源标识符	使用说明
ifrs-full	http://xbrl. ifrs. org/taxonomy/2014-03-05/ifrs-full	通用分类标准引用的 2014 版国际财务报告准则分类标准的命名空间
cas	http://xbrl. mof. gov. cn/taxonomy/2015-03-31/cas	通用分类标准通用部分的命名空间
bnk	http://xbrl. mof. gov. cn/taxonomy/2015-03-31/cas/bnk	通用分类标准银行业扩展部分的命名空间
ogi	http://xbrl. mof. gov. cn/taxonomy/2015-03-31/cas/ogi	通用分类标准石油和天然气行业扩展部分的命名空间

5. 模式文件

通用分类标准使用模式文件定义元素、扩展链接角色等对象，文件后缀为“. xsd”。通用分类标准中的模式文件主要包括以下几类：

（1）核心模式文件

通用分类标准中根据企业会计准则和行业特有的财务报告共性内容确定的财务报告概念（元素）分别保存在相应的模式文件中（通用分类标准从国际财务报告准则分类标准中直接引用的元素除外），这类模式文件称为核心模式文件。例如，cas_core_yyyy-mm-dd. xsd 是通用部分的核心模式文件，定义的是根据企业会计准则确定的财务报告概念；ogi_core_yyyy-mm-dd. xsd 是石油和天然气行业扩展部分的核心模式文件，定义的是石油和天然气行业特有的财务报告概念。

此外，2015 版通用分类标准还引用了 2014 版国际财务报告准则分类标准的核心模式文件 full_ifrs-cor_2014-03-05. xsd。

（2）扩展链接角色模式文件

通用分类标准中定义扩展链接角色基础数据的文件称为扩展链接角色模式文件。例如，银行业扩展部分的扩展链接角色模式文件 rol_bnk_yyyy-mm-dd. xsd 定义了反映银行业特有的所有扩展链接角色。

（3）公式模式文件（此次未包含，拟待通用分类标准发布后再行发布）

通用分类标准通用部分的公式文件夹中存放了用来定义公式的公式模式文件 for_cas_yyyy-mm-dd. xsd。

（4）入口模式文件

入口模式文件也是模式文件的一种，将分类标准中的核心模式文件、扩展链接角色模式文件以及链接库文件组织在一起，是计算机访问通用分类标准的起点，可引导计算机以适当的顺序访问适当的文件，从而解析出元素之间的关系。2015 版通用分类标准为通用部分、行业扩展部分分别定义了独立地入口模式文件。企业可以通过通用部分入口模式文件了解企业会计准则对财务报告列示和披露的基本要求，可以通过各行业扩展部分入口模式文件了解行业的披露内容，因此不再定义完整的入口模式文件。例如，ogi_entry_point_yyyy-mm-dd. xsd 是石油和天然气行业扩展部分的入口模式文件，通过该文件可以访问石油和天然气行业扩展部分的相关信息。

（5）废弃模式文件

除上述模式文件外，本版通用分类标准中增加了废弃模式文件。废弃模式文件包括以往发布的通用分类标准中所有不再适用的元素。废弃元素使用废弃时间标签（deprecatedDateLabel）和废弃标签（deprecatedLabel）来说明元素的废弃时间和废弃原因。表 7 列出了通用分类标准中废弃元素的统计数据及举例。

其中，对于原分类标准中的冗余元素以及行业扩展部分纳入通用部分的元素，在废弃标签中还提供了替代元素的元素 ID。

表 7　通用分类标准废弃元素统计及举例

<table>
<tr><th>废弃原因</th><th>通用部分数量</th><th>石油和天然气行业扩展部分数量</th><th>银行业扩展部分数量</th><th>废弃元素举例</th></tr>
<tr><td>准则修订</td><td>69</td><td>5</td><td>36</td><td>《企业会计准则第 2 号-长期股权投资》准则修订后，长期股权投资的核算范围不再包含其他被投资单位，因此修订废弃了元素 cas _ OtherInvesteeMember（其他被投资单位 [member]）。</td></tr>
<tr><td>建模结构调整</td><td>28</td><td>38</td><td>18</td><td>股份支付建模方式发生变化，从维度建模调整为非维度建模，因此修订废弃了原建模结构下的元素 cas _ EquityInstrumentOutstandingMember（发行在外的权益工具 [member]）。</td></tr>
<tr><td>冗余元素</td><td>50</td><td>44</td><td>11</td><td>原通用分类标准中同时存在两个等价的“现金”概念，本次修订废弃了冗余的“现金”概念 cas _ Cash。</td></tr>
<tr><td>从行业扩展部分纳入通用部分</td><td>不适用</td><td>99</td><td>194</td><td rowspan="2">本次修订统一了通用分类标准通用部分、行业扩展部分的架构，元素的变化有以下两类：
1. 将行业扩展部分的共性披露内容统一纳入通用部分进行定义，废弃原行业扩展部分的元素，如元素“资产减值准备，其他变化”；
2. 废弃了行业扩展部分中与行业要求无关且与通用部分元素设置规则不一致的部分，例如石油和天然气行业扩展部分的元素“本集团前五名客户销售收入总额”。</td></tr>
<tr><td>统一行业扩展部分与通用部分设置规则导致的废弃</td><td>不适用</td><td>154</td><td>0</td></tr>
<tr><td>元素类型调整</td><td>5</td><td>0</td><td>0</td><td>根据企业实务，将扩展链接角色 [830100] 重要会计政策和会计估计中的虚元素“持有至到期投资的确认和计量方法 [abstract]”废弃，同时新增一个相同概念的文本块类实元素“持有至到期投资的确认和计量方法 [text-block]”。</td></tr>
<tr><td>其他调整</td><td>16</td><td>2</td><td>33</td><td>修订废弃了元素 cas _ LessThanOneYearMember（一年内 [member]），重新匹配国际财务报告准则中的适用元素。</td></tr>
<tr><td>合计</td><td>168</td><td>342</td><td>292</td><td></td></tr>
</table>

6. 链接库

链接库是用来定义元素间关系的文件。通用分类标准使用了 6 种链接库：列报链接库（Presentation linkbase）、定义链接库（Definition linkbase）、计算链接库（Calculation linkbase）、标签链接库（Label linkbase）、参考链接库（Reference linkbase）和公式链接库（Formula linkbase）。

在链接库构成上，通用分类标准的通用部分使用了所有的 6 种链接库，列报、计算和定义链接库根据每项具体会计准则或通用维度进行建模，与参考链接库一并存放在对应的每个具体会计准则或通用维度的文件夹中；通用分类标准的行业扩展部分只使用了列报链接库、定义链接库、计算链接库和标签链接库，未使用参考链接库和公式链接库。

（1）列报链接库

列报链接库用来定义元素与元素在列报上的层级关系和顺序关系。为了确保列报层级的一致性和元素间关系的连续性，通用分类标准遵循了与国际财务报告准则分类标准相同的规则，即在列报链接库中，每一个扩展链接角色（ELR）中都有一个抽象概念或数据类型为文本块类型的非抽象概念作为父元素。

（2）定义链接库

定义链接库用来表示元素间的定义层关系，如一般与特殊、原名与别名的关系等。通用分类标准中的维度关系也在定义链接库中表达。通用分类标准中使用两种定义链接库类型：第一种用来描述非通用维度，文件名包含前缀“def _”，位于每项具体会计准则或行业扩展部分文件夹下；第二种用来描述通用维度，文件名包含前缀“dim _”，位于通用部分的通用维度文件夹下。

（3）计算链接库

计算链接库描述了元素间的简单数值计算关系，只能用来处理同一上下文（context）下元素的加减，如 2014 年度营业收入与营业成本的加减；不能处理不同上下文之间的加减，如 2013 年度营业收入与 2014 年度营业收入的加减。

计算链接库中不应存在抽象（abstract）元素，也不需要在计算链接库中设置首选标签（preferred labels）。

（4）标签链接库

标签链接库用来表示元素及其显示名称间的对应关系，以将元素与人们更容易阅读和理解的名称联系起来。通用分类标准同时使用中文、英文定义元素标签。在确定标签时，应遵循可读、简明、一致的命名规则（参见附录二）。此外，通用分类标准以通用标签链接库定义扩展链接角色的中英文名称。

同一个元素可能有多个不同标签，在同一种语言下每个标签有唯一的标签角色。标签角色规定了相应元素在特定情形下应当显示的恰当标签。通用分类标准参考国际财务报告准则分类标准的标签角色，形成了自身的标签角色使用规则。通用分类标准使用的标签角色及说明如表 8 所示。

表 8　标签角色及说明

标签角色	标签角色的定义来源	使用说明
标准标签	http://www.xbrl.org/2003/role/label	元素的标准标签
期末标签	http://www.xbrl.org/2003/role/periodEndLabel	用于表示时点类报表概念的期初、期末值
期初标签	http://www.xbrl.org/2003/role/periodStartLabel	
合计标签	http://www.xbrl.org/2003/role/totalLabel	用于表示合计类的报表概念
负值标签	http://www.xbrl.org/2009/role/negatedLabel	当报表概念需要显示为负数形式时使用
合计负值标签	http://www.xbrl.org/2009/role/negatedTotalLabel	
长标签	http://www.xbrl.org/2003/role/verboseLabel	对元素标签进行扩展时，为了准确表达标签含义而不能省略标签文字时使用
短标签	http://www.xbrl.org/2003/role/terseLabel	在上下文环境中，可以对标签词汇进行省略时使用
净值标签	http://www.xbrl.org/2009/role/netLabel	需要表达元素净值概念时使用

对于在扩展链接角色中需要显示为负数形式的概念，通用分类标准使用了负值标签。报告企业可以使用表 9 列举的通用分类标准规定的负值标签角色来表示负值元素。

表 9　负值标签角色用途举例

标签角色的定义来源	用　途
http://www.xbrl.org/2009/role/negatedLabel	标准负值标签角色
http://www.xbrl.org/2009/role/negatedPeriodEndLabel	期末负值标签角色
http://www.xbrl.org/2009/role/negatedPeriodStartLabel	期初负值标签角色
http://www.xbrl.org/2009/role/negatedTotalLabel	合计负值标签角色
http://www.xbrl.org/2009/role/negatedTerseLabel	短负值标签角色

图 5 例示了通用分类标准中使用“negated”负值标签的语法。

```
<link:presentationArc
xlink:arcrole="http://www.xbrl.org/2003/arcrole/parent-child"
xlink:type="arc"
xlink:from="loc_56"
xlink:to="loc_78"
order="60"
use="optional"
preferredLabel="http://www.xbrl.org/2009/role/negatedLabel"/>
```

图 5　使用“negated”负值标签的语法

在实际应用中，并非所有软件工具都提供为带“negated”标签的元素自动添加负号的功能。因此，报告企业应自行检查所使用的 XBRL 软件工具是否支持“negated”标签。

在少数情况下，通用分类标准未提供企业财务报告中实际使用的标签或与之不一致。只要这种情况是企业会计准则所允许的，报告企业就应使用与其财务报告需要一致的标签。标签的这种变更不应影响通用分类标准元素的属性。

另外，报告企业还可使用文档标签角色为元素增添说明文字，以增强扩展分类标准的可读性。

（5）参考链接库

参考链接库用来说明元素与其参考文件之间的对应关系。通用分类标准通用部分采用参考链接库来说明元素与企业会计准则之间的对应关系，明确元素来源的法规依据，便于使用者查找每个元素的具体会计含义。

三、通用分类标准中使用的其他技术

（一）版本报告

发布通用分类标准版本报告，旨在展示通用分类标准不同版本之间的差异，帮助使用者快速直观地了解不同版本之间的变化。版本报告可以反映元素的增减变化，元素属性、标签和参考的变化以及元素在列报链接库中位置的调整。本次通用分类标准将同时提供两种格式的版本报告供使用者使用，一种为 HTML 格式，另外一种为 XML 格式。两种格式的版本报告表达的内容一致，均为了说明通用分类标准修订的变化，但使用的对象或目的不同。

1. HTML 格式的版本报告

HTML 格式的版本报告是使用者可直接阅读的版本。通过该文档，使用者不需要借助专业的 XBRL 工具软件就可以了解到通用分类标准所做的修订。HTML 格式的版本报告通过下划线/删除线以及背景颜色标注等方式表示通用分类标准的变化。HTML 格式的版本报告示例如下：

[230005] 个别资产负债表			
个别资产负债表 [text block]	cas	text block	30 CAS
资产负债表 [abstract]	ifrs-full		~~30 CAS，33 CAS~~
资产负债表 [table]	cas	table	30 CAS，33 CAS
合并和个别财务报表 [axis]	cas	axis	33 CAS
合并 [member]	cas	member [default]	33 CAS
个别 [member]	cas	member	33 CAS
~~合并和个别 [member]~~	~~cas~~	~~member [default]~~	~~33 CAS~~
个别 [member]	cas	member	33 CAS
资产负债表 [line items]	cas	line items	~~30 CAS，33 CAS~~
资产 [abstract]	ifrs-full		~~30 CAS，35 CAS，33 CAS~~
流动资产 [abstract]	ifrs-full		~~30 CAS，33 CAS~~
货币资金	cas	X instant, debit	30 CAS，33 CAS
以公允价值计量且其变动计入当期损益的金融资产	cas	X instant, debit	30 CAS，37 CAS，33 CAS
衍生金融资产	cas	X instant, debit	30 CAS，37 CAS，33 CAS
应收票据	cas	X instant, debit	30 CAS，37 CAS，33 CAS
应收账款	cas	X instant, debit	30 CAS，37 CAS，33 CAS
预付款项	cas	X instant, debit	30 CAS，33 CAS

图 6　HTML 格式的版本报告示例

2. XML 格式的版本报告

XML 格式的版本报告是计算机可读版本，是基于 XBRL 国际组织发布的版本规范（Versioning Specification）创建的，须借助专业的 XBRL 工具软件才能使用，XML 格式的版本报告示例如下：

```
<ver:fromDTS>
  <link:schemaRef xlink:type="simple" xlink:href="cas_20100930/cas_entry_point_2010-09-30.xsd"/>
</ver:fromDTS>
<ver:toDTS>
  <link:schemaRef xlink:type="simple" xlink:href="cas_20150331/cas_entry_point_2015-03-31.xsd"/>
</ver:toDTS>
<ver:assignment id="mappings">
  <ver:technicalCategory/>
</ver:assignment>
<ver:assignment id="assignment1">
  <ver:businessCategory/>
</ver:assignment>
<ver:action>
  <ver:assignmentRef ref="mappings"/>
  <ver:namespaceRename>
    <ver:fromURI value="http://xbrl.mof.gov.cn/taxonomy/2010-09-30/cas/rol_cas_6_2010-09-30"/>
    <ver:toURI value="http://xbrl.mof.gov.cn/taxonomy/2015-03-31/cas/rol_cas_6_2015-03-31"/>
  </ver:namespaceRename>
```

图 7　XML 格式的版本报告示例

（二）公式链接库

公式链接库是依据国家标准化管理委员会发布的 GB/T 25500—2010《可扩展商业报告语言（XBRL）技术规范》系列国家标准中的公式和变量规范来定义的。公式链接库能够处理复杂的数据计算关系，从而弥补计算链接库在计算功能上的不足。本次发布的通用分类标准暂未包含公式链接库，拟待通用分类标准发布后再行发布。

四、报告企业指南

本部分旨在为报告企业基于通用分类标准创建企业扩展分类标准、进而编制 XBRL 格式财务报告（实例文档）提供指引。报告企业编制财务报告实例文档的一般流程可分为 4 个步骤：

第一步骤：分析通用分类标准和本企业的财务报告，将财务报告映射到通用分类标准上。

第二步骤：确定适用的通用分类标准元素和链接库。

第三步骤：创建报告企业的扩展分类标准。在确定 适用的通用分类标准元素和链接库后，报告企业应当按照通用分类标准的扩展原则，创建企业扩展分类标准。

第四步骤：编制实例文档。基于通用分类标准或报告企业的扩展分类标准，报告企业创建 XBRL 实例文档。

（一）分析和映射通用分类标准

在使用通用分类标准进行实例文档编制工作前，报告企业应熟悉通用分类标准的使用方法，分析通用分类标准与企业会计准则、通用分类标准与行业财务报告特有的共性内容之间的关系，进而确定如何以通用分类标准为基础反映企业的财务报告。报告企业可通过以下途径了解通用分类标准：（1）《企业会计准则通用分类标准元素清单》；（2）借助 XBRL 软件工具浏览通用分类标准。

通用分类标准是按照企业会计准则和特定行业财务报告的列报规定进行组织的，使用扩展链接角色（ELR）表示财务报告的每项列报要求。在进行分类标准映射时，要考虑通用分类标准的建模方法。按照对象不同，通用分类标准建模方法分为三类：（1）财务报表主表（不包括附注）建模；（2）利用维度的附注建模；（3）普通附注建模。

报告企业的分类标准映射工作也相应包括三方面：（1）企业财务报告列报事项与通用分类标准中扩展链接角色的映射；（2）企业财务报告列报项目与通用分类标准元素的映射；（3）企业财务报告列报项目间的关系与通用分类标准链接库的映射。

对通用分类标准扩展链接角色的映射通常较复杂，现举例说明如下：

1. 财务报表主表举例——合并资产负债表（通用部分）

表 10　财务报表主表举例——合并资产负债表

233000 合并资产负债表	
元　　　素	元素类型
资产负债表[abstract]	
资产[abstract]	
流动资产[abstract]	

（续表）

元　　素	元素类型
货币资金	X
结算备付金	X
拆出资金	X
以公允价值计量且其变动计入当期损益的金融资产	X
衍生金融资产	X
应收票据	X
应收账款	X
预付款项	X
应收保费	X
应收分保账款	X
应收分保合同准备金	X
应收利息	X
应收股利	X
其他应收款	X
买入返售金融资产	X
存货	X
…	

注：[abstract] 表示抽象元素，X 表示货币型元素。

2. 普通建模的附注举例——附注 _ 资产减值准备（通用部分）

表 11　普通附注举例——附注_资产减值准备

808110 附注_资产减值准备

元　　素	元素类型
资产减值准备的增减变动信息披露[text block]	text block
资产减值准备的增减变动[abstract]	
坏账准备	X
应收账款坏账准备	X
预付账款坏账准备	X
其他应收款坏账准备	X
存货跌价准备	X

（续表）

元　　素	元素类型
可供出售金融资产减值准备	X
持有至到期投资减值准备	X
长期股权投资减值准备	X
投资性房地产减值准备	X
固定资产减值准备	X
工程物资减值准备	X
在建工程减值准备	X
生产性生物资产减值准备	X
成熟生产性生物资产减值准备	X
…	

3. 维度建模的附注举例——附注 _ 存货（一般工商业）（通用部分）

表 12　维度建模的附注举例——附注_存货(一般工商业)

801110 附注_存货(一般工商业)	
元　　素	元素类型
存货一般工商业信息披露 [text block]	text block
存货增减变动[abstract]	
存货增减变动 [table]	table
存货类别 [axis]	axis
存货 [member]	member
在途物资 [member]	member
原材料 [member]	member
在产品 [member]	member
库存商品 [member]	member
周转材料 [member]	member
发出商品 [member]	member
委托加工物资 [member]	member
消耗性生物资产 [member]	member
存货增减变动 [line items]	line items

（续表）

元　　素	元素类型
存货期初账面余额	X
存货本期增加额	X
存货本期减少额	(X)
存货期末账面余额	X
存货跌价准备	(X)
存货期末账面价值	X
…	

注：(X) 表示负值的货币型元素。

分析和映射的原则是逐一分析、匹配企业财务报告的概念和关系与通用分类标准的元素、链接库和扩展链接角色（ELR）之间的对应关系。具体要求如下：

（1）名称相同、涵义一致的，可以映射；

（2）名称相同、涵义不一致的，不能映射；

（3）名称不同、涵义一致的，可以映射（但应修改标签）；

（4）名称不同、涵义不一致的，不能映射。

对于不能映射的财务报告概念和关系，需要报告企业对通用分类标准进行扩展。需要注意的是，映射工作不应局限于只在与财务报告列报事项相对应的扩展链接角色下寻找能够匹配的元素，而应扩大到全部通用分类标准元素中去寻找适用元素。

图 8 例示了企业财务报告的概念和关系映射到通用分类标准的元素、关系和扩展链接角色的结果。

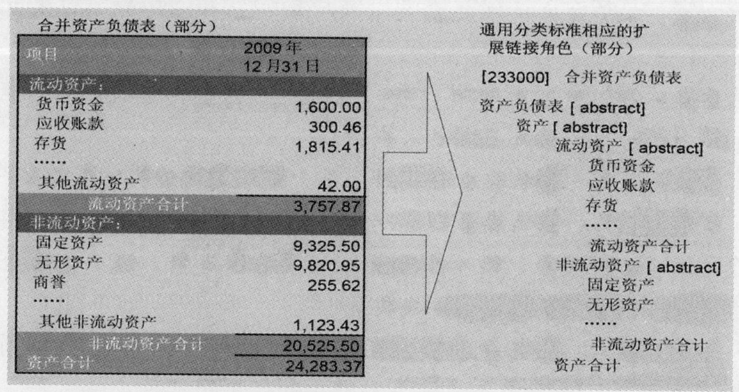

图 8　财务报告和通用分类标准的映射关系

（二）确定适用的元素和链接库

报告企业的财务报告概念和关系与通用分类标准映射完成后，应将映射工作的成果记录下来，用以反映企业适用的通用分类标准元素和链接库。在此步骤完成之后通用分类标准中企业未使用到的其他元素、链接库和扩展链接角色将不会在企业编制实例文档的过程中出现。

（三）创建并校验扩展分类标准

通用分类标准体现了企业会计准则对于财务报告的列报要求以及体现了行业财务报告中特有的披露内容。在报告企业创建扩展分类标准时，不仅需要根据映射工作的成果在扩展分类标准中引用通用分类标准适用的企业财务报告概念，还需要补充通用分类标准中没有定义的企业财务报告概念（创建扩展元素），同时设置这些元素间的关系（包括扩展元素间的关系和扩展元素与通用分类标准元素间的关系）。企业扩展分类标准的创建应当遵循《可扩展商业报告语言（XBRL）技术规范第 1 部分：基础》（GB/T 25500.1—2010）、《可扩展商业报告语言（XBRL）技术规范第 2 部分：维度》（GB/T 25500.2—2010）、《可扩展商业报告语言（XBRL）技术规范第 3 部分：公式》（GB/T 25500.3—2010）、《可扩展商业报告语言（XBRL）技术规范第 4 部分：版本管理》（GB/T 25500.4—2010），通用分类标准扩展原则和本指南的其他规定。

1. 创建扩展分类标准的方式

创建扩展分类标准有多种方式。如果不采用重建链接库的方式，可先创建扩展元素，再将其定义到扩展链接角色中，然后为这些元素增加链接库。如果采用重建链接库的方式，应在映射过程首先添加扩展链接角色，然后再添加扩展元素，最后定义扩展元素间以及扩展元素和通用分类标准元素之间的链接库。

报告企业应当区分变更通用分类标准链接库、扩展通用分类标准链接库和重建通用分类标准链接库之间的区别：

（1）变更链接库：报告企业在物理层面上更改通用分类标准的文件。

（2）扩展链接库：报告企业在通用分类标准文件基础上添加新链接关系，保留或禁用原有链接关系，但不影响通用分类标准文件，也不生成替代通用分类标准链接库的新的扩展链接库文件。

（3）重建链接库：报告企业复制通用分类标准链接库，并添加新链接关系、删除或覆盖原有链接关系，最终生成新的扩展链接库文件，替代原有的通用分类标准链接库，但不影响原有的通用分类标准链接库。

报告企业在创建扩展分类标准时，应该根据相关报送要求正确地选择上述三种方式生成企业扩展分类标准。。

2. 新建扩展链接角色（ELR）

通用分类标准使用扩展链接角色来表示财务报表主表及附注。如需新建扩展链接角色，报告企业应根据扩展链接角色的定义和扩展链接角色的编码要求对企业新建的扩展链接角色命名、编码和排序，建立适当的编排结构。报告企业只允许为列报链接库、计算链接库和定义链接库创建扩展链接角色。

3. 新建元素

报告企业只能在通用分类标准中没有找到适用元素时才能创建新的元素。对于能够与通用分类标准匹配的元素，应直接进行引用。

为确定通用分类标准中是否有合适的元素，报告企业应使用 XBRL 软件工具对通用分类标准进行完整的浏览，也可使用《企业会计准则通用分类标准元素清单》来确定通用分类标准中是否已存在所需元素。在新建元素时，报告企业需要同时确定元素的各项属性，元素属性的设置方式也必须与通用分类标准保持一致。

4. 新建元素的标签

标签的作用是为每一个元素定义适合人们阅读的名称。为了便于理解与使用，标签的名称一般直接取自于财务报表中项目的常用名，而元素名称就由标签名稍加修改形成。为元素定义的各类标签存放在标签链接库中，标签链接库用来表示元素及其显示名称间的对应关系，标签链接库能够将模式文件中定义的元素和人们更容易理解的名称（标签）联系起来。

通用分类标准使用英文和中文定义元素的标签，在确定标签时遵循可读性强、简明、一致的命名规则。关于标签的命名规则可参考本指南的附录二。

企业创建扩展分类标准时，每个使用到的元素都必须有唯一的标准标签，同时每个元素可以通过设置不同的标签角色以满足不同场合的展示需要。关于标签角色以及对应的使用说明请参见本指南表 8-标签角色及说明。

5. 新建元素间的关系

新建扩展元素后，报告企业需为扩展元素增加链接关系，具体包括生成列报链接库、计算链接库和定义链接库。通用分类标准的所有元素在列报、计算、定义链接库中都是一致的。这种一致性确保了需计算的元素在计算链接库和列报链接库中相同，也确保了通用维度可应用在每个报告项目上。

报告企业在扩展链接库时，也应遵守上述一致性要求。新建元素 ID 命名应遵循以下结构：

{报送者自定义的命名空间前缀 _ 扩展元素名称}。

报告企业在创建扩展链接库时不应更改元素的会计含义。在某些情况下，当将元素置于不同计算层级时，其会计含义可能会发生变化，报告企业应注意并避免发生这种错误。

（1）层级结构的扩展

在扩展通用分类标准时，要考虑财务报告披露信息的颗粒度。尤其对于披露的文字信息，报告企业应当注意标记的详细程度。通用分类标准针对每个财务报表附注披露的最高一级，都设定了一个后缀为［text block］的文本块元素。在编制实例文档时，这个元素应该用于封装整个附注。表13例示了报告企业对层级结构的扩展。

表13　对层级结构的扩展举例

828700 附注_会计政策、会计估计变更以及差错更正	
元　　素	元素类型
会计政策、会计估计变更以及差错更正的信息披露［text block］	text block
本报告期会计政策变更［abstract］	
会计政策变更的性质、内容和原因	text
当期和各个列报前期财务报表中受影响的项目名称和调整金额［text block］	text block
当期和各个列报前期财务报表中受影响的项目调整金额	X
无法进行追溯调整情况说明	text
本报告期会计估计变更［abstract］	
会计估计变更的内容和原因	text
会计估计变更对当期的影响数	X
会计估计变更对未来期间的影响数	X
会计估计变更的影响数不能确定的说明［text block］	text block
前期差错更正［abstract］	
前期差错的性质	text
各个列报前期财务报表中受影响的项目名称和更正金额［text block］	text block
各个列报前期财务报表中受影响的项目更正金额	X
无法进行追溯重述情况说明	text

在表13中，最高层级的会计政策、会计估计变更以及差错更正的信息披露文本块元素用于标记整个会计政策、会计估计变更以及差错更正附注。在其下的层级中，通用分类标准定义了多个元素用于单独标记会计政策、会计估计变更和差错更正附注中的重要信息。这些元素可以是任何适当类型，表

13 中用到的元素类型有文本框型（text）、货币型（X）和文本块型（text block）。

（2）维度的扩展

通用分类标准使用维度来标记多维表格。通用分类标准中维度分为两种：非通用维度和通用维度（参见本指南关于维度的规定）。表 14 例示了对非通用维度的域元素的扩展。其中加粗字体突出显示的项目“甲公司［member］”和“乙公司［member］”是报告企业对域元素“合并产生的被投资单位名称［member］”的扩展。报告企业在披露被投资单位商誉的基本信息时，应当将“合并产生商誉的被投资单位名称［member］”、“甲公司［member］”和“乙公司［member］”分别与报表项元素“商誉基本信息［line items］”连接。

表 14　对维度的扩展举例

830260 附注_商誉

元　　素	元素类型
商誉信息披露[text block]	
商誉基本信息[abstract]	
商誉基本信息［table］	table
被投资单位按名称披露［axis］	axis
合并产生商誉的被投资单位名称［member］	member
甲公司［member］	member
乙公司［member］	member
商誉基本信息［line items］	line items
商誉形成来源	text
商誉初始金额	X
商誉减值准备	X
商誉期初账面价值	X
商誉本期增加额	X
商誉本期减少额	(X)
商誉减值准备,本期计提额	(X)
商誉外币报表折算差额	X
商誉期末账面价值	X
商誉其他需要说明的事项	text

只有当通用分类标准确实没有与企业财务报告匹配的轴，报告企业才可扩展维度的轴，以反映更为复杂的维度关系。

6. 验证扩展分类标准

报告企业扩展的分类标准应当符合《可扩展商业报告语言（XBRL）技术规范第1部分：基础》（GB/T 25500.1—2010）、《可扩展商业报告语言（XBRL）技术规范第2部分：维度》（GB/T 25500.2—2010）、《可扩展商业报告语言（XBRL）技术规范第3部分：公式》（GB/T 25500.3—2010）、《可扩展商业报告语言（XBRL）技术规范第4部分：版本管理》（GB/T 25500.4—2010）系列国家标准，通用分类标准扩展原则和本指南的其他规定。多数XBRL软件都提供一定程度的验证功能，可自动对扩展分类标准进行验证。

（四）编制实例文档

在创建基于通用分类标准的扩展分类标准后，报告企业应以扩展的分类标准为基础编制财务报告实例文档。创建财务报告实例文档所需的三个要素分别为上下文（context）、单位（unit）和事实值。通过确定这三个要素，并将这些信息输入到XBRL工具软件中，就可以在扩展分类标准的基础上创建出财务报告实例文档。

1. 事实值

事实值就是财务报告披露项目的内容，例如对于“资产总计”这个财务报告披露项目，其事实值就是“资产总计”在报告中披露的金额。通过为元素赋值，并指定上下文、单位、脚注（footnote）和精度属性，来完成对于事实值的完整定义。赋予实例文档的事实值可为数值（金额、十进制数字、股数，等）或非数值数据（字符串或者转义文本，例如XHTML格式内容）。事实值也可为日期类型。表15例示了部分事实值。

表15　事实值举例

数值/非数值	会计概念	事实值
数值(金额)	收入	1 210 000 000
数值(股数)	已注册、发行并缴足的A股股本	100 000 000
非数值(字符串)	法律主体	XXX子公司

XBRL不允许截断事实值，例如对于金额“RMB 6 000 000”，不能报告为金额“RMB 6”同时披露该数值的单位为百万。对于数值型数据，报告企业应输入完整数据。例如，如果财务报告以千元为单位而收入显示为100，则实例文档中应记录为100 000，并为该事实值设置decimals（小数点后位数）

属性-3。

报告企业应注意扩展分类标准中的借/贷属性和负值标签等概念的应用，例如销售成本应在实例文档中记录为正值，因为该概念的属性在分类标准中被设置为借方。负值标签能够提供数值显示为负数的标记，但负值标记如何显示出来（如用括号还是在数值前标负号）则由使用通用分类标准的软件具体定义。

2. 上下文

每个事实值都应通过 contextRef 属性赋予的上下文 ID 指向预定义的上下文（context）。通过指定上下文，才能够确定事实值的具体含义。

上下文要包括：实体信息（entity）、时期信息（period）和场景信息（scenario）。实体即报告主体，实体信息即指报告主体的信息，例如：报告企业的工商注册码；时期信息是指事实值所对应的日期或期间，时期信息应采用 yyyy-mm-dd 的日期格式；场景信息是基于维度的上下文需要定义的信息，一般包含涉及的轴（axis）和域成员（member）信息。

上下文通常分为非维度上下文和维度上下文两类，包含轴（axis）和域成员（member）信息的上下文为维度上下文；反之，为非维度上下文。通用分类标准为每个维度中的轴定义了默认域成员（default domain member）关系，在实例文档中为该成员赋值时上下文中情景元素（scenario）的内容应为空，即事实值应基于非维度的上下文定义。

3. 单位和精确度

单位是用来说明数值型数据（非字符串及转义文本）的度量单位，最常见的度量单位就是货币型的单位，例如人民币、美元等。数值型数据的事实值应通过单位指向（unitRef）属性将赋予的单位 ID（unit ID）指向一个预定的单位；对事实值单位的定义同时也指明了事实值的含义，如为货币型元素赋值时，通过单位的定义能够明确金额所代表的币种。表 16 展示了常用的单位定义。

表 16　实例文档常用单位定义举例

常用	表示的含义	分子	分母
CNY	人民币	iso4217:CNY	不适用
USD	美元	iso4217:USD	不适用
EUR	欧元	iso4217:EUR	不适用
GBP	英镑	iso4217:GBP	不适用
HKD	港元	iso4217:HKD	不适用
SHARE	股数	xbrli:shares	不适用

（续表）

常用	表示的含义	分子	分母
CNYPERSHARE	每股人民币	iso4217:CNY	xbrli:shares
HKDPERSHARE	每股港元	iso4217:HKD	xbrli:shares
USDPERSHARE	每股美元	iso4217:USD	xbrli:shares
PURE	小数	xbrli:pure	不适用

XBRL 通过事实值的 precision（精确度）或 decimals（小数点后位数）属性提供了表达数值型数据精确度的方式。报告企业使用 decimals 属性比采用 precision 属性能够更直观地展示数据的精度。表 17 例示了数值型数据使用 decimals 属性的例子。

表 17　数值型事实值的精确度举例

数　　值	Decimals 取值	示　　例
精确到千位	−3	12 000
精确到百万位	−6	45 000 000
精确到 2 位小数	2	139 034.17
精确数字	INF	1.2645

4. 实例文档

编制生成实例文档后，报告企业应基于 GB/T 25500—2010《可扩展商业报告语言（XBRL）技术规范》系列国家标准、扩展原则和本指南的其他规定进行校验。此外，对输入的事实值的数据类型也应进行校验，以避免以下基本错误：将字符串文本赋给金额属性的概念，或将期间型的上下文指定给时点型的概念。对于计算校验，在同一上下文中的计算校验由计算链接库实现，跨越上下文关系的计算校验由公式链接库实现。

在验证的最后阶段，报告企业应将实例文档与财务报告进行比对，以确保财务报告中的所有事实值已被正确地标记并包含在实例文档中。

五、扩展指南

本部分旨在为相关政府部门、监管机构和企业，以通用分类标准为基础，扩展制定符合监管要求的监管分类标准和企业财务报告扩展分类标准。

分类标准的扩展应当遵循兼容性、可扩展性的总体原则，并符合以下基本要求：

1. 扩展分类标准应当采用与通用分类标准相同的架构；

2. 扩展分类标准应当遵循《可扩展商业报告语言（XBRL）技术规范第1部分：基础》（GB/T 25500.1—2010）、《可扩展商业报告语言（XBRL）技术规范第2部分：维度》（GB/T 25500.2—2010）、《可扩展商业报告语言（XBRL）技术规范第3部分：公式》（GB/T 25500.3—2010）、《可扩展商业报告语言（XBRL）技术规范第4部分：版本管理》（GB/T 25500.4—2010）。

（一）扩展方式

通用分类标准的扩展仅可以通过重定义（Redefine）的方式实现。在这种方式下，监管机构或企业仅重复使用通用分类标准定义的元素，但不重复使用通用分类标准的链接库，由监管机构或企业单独建立自身的替代链接库。例如，

营业收入元素可复用在税务部门的纳税表单中。在这种情况下，监管部门可导入通用分类标准核心模式文件和元素，从而实现复用营业收入元素。

（二）创建扩展分类标准的原则

监管机构和企业扩展分类标准的开发步骤可能不完全相同。但以下原则均应遵循：

1. 应导入通用分类标准的核心模式文件，并尽可能多地使用通用分类标准的元素；

2. 扩展分类标准在用到通用分类标准中已定义的元素时，应当直接引用，不得重复定义，同时元素概念不得与通用分类标准定义的元素概念相冲突；

3. 由于通用分类标准将随企业会计准则的修订而更新，因此在扩展分类标准的开发和维护过程中，应当考虑通用分类标准维护和更新所导致的变化。

（三）对扩展分类标准各组成部分的要求

扩展分类标准的各组成部分应分别遵循以下扩展规定：

1. 文件命名和文件结构

文件命名和文件结构应当与通用分类标准的文件命名和文件结构保持一致。扩展分类标准的核心模式文件和标准入口模式文件应单独放在扩展（extension）文件夹下。

2. 新增元素和复用元素

监管机构或企业如拟在企业会计准则财务报告以外复用通用分类标准的元素，应当事先评估所选元素在会计概念上是否一致。新建元素时要按照本指南“二、通用分类标准的架构”和“四、报告企业指南”的规定设置扩展元素的属性。

3. 新增标签

监管机构或企业应遵循本指南“二、通用分类标准的架构”和“四、报告企业指南”的规定创建新增标签。

4. 创建扩展链接角色

监管机构或企业应遵循本指南“二、通用分类标准的架构”和“四、报告企业指南”的规定建立新的扩展链接角色。

附录一 通用分类标准术语表

1. 可扩展商业报告语言（Extensible Business Reporting Language，XBRL）

一种基于可扩展标记语言（Extensible Markup Language，XML）的开放性业务报告技术标准。参见GB/T 25500—2010《可扩展商业报告语言（XBRL）技术规范》系列国家标准。

2. 分类标准（Taxonomy）

XML模式文件和XBRL链接库的组合。参见GB/T 25500—2010《可扩展商业报告语言（XBRL）技术规范》系列国家标准。

3. 分类标准模式（Taxonomy Schema）

定义XBRL概念语法的XML模式文件。参见GB/T 25500—2010《可扩展商业报告语言（XBRL）技术规范》系列国家标准。

4. 可发现分类标准集（Discoverable Taxonomy Set，DTS）

通过引用形成的一组分类标准模式和链接库的集合。参见GB/T 25500—2010《可扩展商业报告语言（XBRL）技术规范》系列国家标准。

5. 入口（Entry Point）

入口，即入口模式文件，将分类标准中的模式文件和链接库文件组织在一起，为扩展者和使用者提供了访问通用分类标准的方式。

6. 扩展链接角色（Extended Link Role，ELR）

扩展链接角色是一组有财务信息关联关系的财务报告列报事项的集合。

7. 绝对路径和相对路径（Absolute and Relative Paths）

绝对路径提供了通用分类标准的模式文件和扩展链接库文件完整的路径引用方式。相对路径则以通用分类标准核心模式文件所在目录为当前目录。

8. 命名空间（Namespace）

命名空间限定了分类标准元素的定义区间。

9. 事实值（Fact）

分类标准所描述的具体财务报告内容。参见GB/T 25500—2010《可扩展商业报告语言（XBRL）技术规范》系列国家标准。

10. 元素（Element）

XML 模式文件中定义的 XML 元素。参见 GB/T 25500—2010《可扩展商业报告语言（XBRL）技术规范》系列国家标准。

11. 抽象元素（Abstract Element）

对应财务报告概念在逻辑上没有具体值、不能在 XBRL 实例中出现的元素，其 abstract 属性值为 true。列报链接库可利用抽象元素对概念进行分组展示。参见 GB/T 25500—2010《可扩展商业报告语言（XBRL）技术规范》系列国家标准。

12. 链接库（Linkbase）

若干个用于描述分类标准中概念的语义的 XLink 扩展链接的集合。参见 GB/T 25500—2010《可扩展商业报告语言（XBRL）技术规范》系列国家标准。

13. 列报链接库（Presentation Linkbase）

列报链接库用于组织分类标准元素之间的层次关系并为之排序。参见 GB/T 25500—2010《可扩展商业报告语言（XBRL）技术规范》系列国家标准。

14. 定义链接库（Definition Linkbase）

定义链接库包含一个概念与其他概念相关联的定义扩展链接。在通用分类标准中主要的作用是描述元素之间的维度关系。

15. 计算链接库（Calculation Linkbase）

计算链接库用于组织分类标准元素之间的计算关系。

16. 标签链接库（Label Linkbase）

标签链接库用于给每个概念提供一个或多个可理解的名称。

17. 参考链接库（Reference Linkbase）

参考链接库用于对已公开发布的商业、经济、会计法律法规中概念定义的权威陈述进行引用。

18. 公式链接库（Formula Linkbase）

公式链接库用于处理从 XBRL 报告获得的信息以及支持它们的元数据，以提供较强的数据校验功能。

19. XBRL 实例文档（XBRL Instance）

以 xbrl 为根元素的 XML 片段。XBRL 实例文档中包含商业报告事实值。其中每个事实值都与可发现分类集（DTS）中已定义的概念相对应，也包含上下文和单位等额外信息来解释实例中的事实。XBRL 实例的根元素是“xbrl”元素。根据通用分类标准生成的 XBRL 实例文档即 XBRL 格式的企业财务报告。参见 GB/T 25500—2010《可扩展商业报告语言（XBRL）技术规范》系列国家标准。

20. 上下文（Context）

XBRL 实例文档中根元素的子元素，用来说明实体、时期和场景。上下文有助于准确地理解数据项的值。参见 GB/T 25500—2010《可扩展商业报告语言（XBRL）技术规范》系列国家标准。

21. 数据项（Item）

XBRL 数据项替换组中的元素，包含简单事实的值、帮助理解该事实所需的上下文以及数值型数据项的单位。数据项包括数值型数据项和非数值型数据项两类。对于数值型数据项，需要指出精度及度量单位。参见 GB/T 25500—2010《可扩展商业报告语言（XBRL）技术规范》系列国家标准。

22. 维度（Dimension）

xbrldt：dimensionItem 替换组中的抽象元素，能表征事实的各个不同的方面。一个维度只有一个有效域。通用分类标准使用维度表示多维表格。参见 GB/T 25500—2010《可扩展商业报告语言（XBRL）技术规范》系列国家标准。

23. 域（Domain）

由维度的若干成员组成的集合，可能为空集、有限集或者无限集。一个维度可能有多重维度—域关系。参见 GB/T 25500—2010《可扩展商业报告语言（XBRL）技术规范》系列国家标准。

24. 明确维度（Explicit Dimension）和类型化维度（Typed Dimension）

明确维度是维度成员取值域为有限集合的维度。类型化维度是域成员不能逐个枚举的维度。参见 GB/T 25500—2010《可扩展商业报告语言（XBRL）技术规范》系列国家标准。

25. 超立方体（Hypercube）

超立方体是一个维度的集合，是参与到 has-hypercube 关系和 hypercube-dimension 关系中的 hypercubeItem 替换组中的抽象元素。参见 GB/T 25500—2010《可扩展商业报告语言（XBRL）技术规范》系列国家标准。

附录二　企业会计准则通用分类标准标签规则

为保持扩展分类标准与企业会计准则通用分类标准的一致性、增强 XBRL 数据可比性，特制定本标签规则，为扩展通用分类标准提供具体指引。监管机构和企业扩展通用分类标准时，应遵循国家标准化管理委员会发布的《可扩展商业报告语言（XBRL）技术规范第 1 部分：基础》（GB/T 25500.1—2010）、《可扩展商业报告语言（XBRL）技术规范第 2 部分：维度》（GB/T 25500.2—2010）、《可扩展商业报告语言（XBRL）技术规范第 3 部分：公式》（GB/T 25500.3—2010）、《可扩展商业报告语言（XBRL）技术规范第 4 部分：版本管理》（GB/T 25500.4—2010），通用分类标准指南中的扩展原则和本规则。

一、总体要求

扩展规定应与通用分类标准结合使用，通用分类标准本身的效力优于本规则的要求。扩展通用分类标准的监管机构和企业仅在通用分类标准不能提供判断依据时使用本规定。

二、标签和标签链接库

1. 标签应当保持简洁，并符合企业会计准则和相关监管规定的要求。

2. 标签不得包括下列特殊字符：

? | ＞＜ ： * ＋ ” ； ＝ . & ！@ ＃{ }

3. 标签可使用下列字符：

汉字，A-Z，a-z，0-9，(,)，逗号，－,’，空格，[ ]，/

4. 英文标签首字母大写，其他情况下除特别名称和缩略词外一般不可以大写，英文标签不能包含冠词“The”、“An”、“A”。

5. 标签开头和结尾不能为空格符，中间不得有连续空格。

6. 标签中仅与 XBRL 有关而与企业会计准则和监管规定无关的部分用[ ]隔开。

7. 除了 hypercubes，dimensions 或 domain members 元素，其他 abstract 元素的标准标签应以［abstract］或［line items］结尾。

8. 元素类型为 escapedItemType 的元素，其标准标签应以［text block］结尾。

9. 元素类型为 dimemsion 的元素，其标准标签应以［axis］结尾。

10. 元素类型为 hypercubes 的元素，其标准标签应以［table］结尾。

11. 元素类型为 domain members 的元素，其标准标签应以［member］结尾。

三、其他需说明的事项

通用分类标准扩展链接角色的 6 位编码的首位分别是 1、2、3、4、5、7、8、9。企业财务报告扩展新增的扩展链接角色编码首位使用 6。监管扩展新增的扩展链接角色编码可使用 7 位编码，首位代表特定监管机构，并在与通用分类标准避免重复的前提下自行制定并编码规则。扩展新增的扩展链接角色编码规则应当公布。

企业会计准则通用分类标准元素清单

附录一　企业会计准则通用分类标准通用部分元素清单

目　　录

元　　素	元素类型	准则
CAS1 存货		
[801110] 附注_存货(一般工商业)		
存货一般工商业信息披露[text block]	text block	CAS 1
存货增减变动[abstract]		
存货增减变动[table]	table	CAS 1
存货类别[axis]	axis	CAS 1
存货[member]	member	CAS 1
在途物资[member]	member	CAS 1
原材料[member]	member	CAS 1
在产品[member]	member	CAS 1
库存商品[member]	member	CAS 1
周转材料[member]	member	CAS 1
发出商品[member]	member	CAS 1
委托加工物资[member]	member	CAS 1
消耗性生物资产[member]	member	CAS 1,CAS 5,CAS 39
其他存货[member]	member	CAS 1
存货增减变动[line items]	line items	
存货期初账面余额	X instant,debit	CAS 1
存货本期增加额	X duration,debit	CAS 1
存货本期减少额	(X) duration,credit	CAS 1
存货期末账面余额	X instant,debit	CAS 1
存货跌价准备	(X) instant,credit	CAS 1,CAS 8
存货期末账面价值	X instant,debit	CAS 1,CAS 30,CAS 33
用于担保的存货的期初账面余额	X instant,debit	CAS 1
用于担保的存货本期增加额	X duration,debit	CAS 1
用于担保的存货本期减少额	(X) duration,credit	CAS 1
用于担保的存货的期末账面余额	X instant,debit	CAS 1
用于担保的存货已计提跌价准备	(X) instant,credit	CAS 1
用于担保的存货账面价值	X instant,debit	CAS 1
其他所有权或使用权受限制的存货的期初账面余额	X instant,debit	CAS 1
其他所有权或使用权受限制的存货本期增加额	X duration,debit	CAS 1
其他所有权或使用权受限制的存货本期减少额	(X) duration,credit	CAS 1
其他所有权或使用权受限制的存货的期末账面余额	X instant,debit	CAS 1

元　　素	元素类型	准则
其他所有权或使用权受限制的存货已计提跌价准备	(X) instant,credit	CAS 1
其他所有权或使用权受限制的存货账面价值	X instant,debit	CAS 1
存货跌价准备的增减变动[abstract]		
存货跌价准备的增减变动[table]	table	CAS 1
存货类别[axis]	axis	CAS 1
存货[member]	member	CAS 1
在途物资[member]	member	CAS 1
原材料[member]	member	CAS 1
在产品[member]	member	CAS 1
库存商品[member]	member	CAS 1
周转材料[member]	member	CAS 1
发出商品[member]	member	CAS 1
委托加工物资[member]	member	CAS 1
消耗性生物资产[member]	member	CAS 1,CAS 5,CAS 39
其他存货[member]	member	CAS 1
存货跌价准备的增减变动[line items]	line items	
存货跌价准备期初账面余额	X instant,credit	CAS 1,CAS 8
存货跌价准备,本期计提额	X duration,credit	CAS 1,CAS 8
存货跌价准备本期减少额,转回	(X) duration,debit	CAS 1,CAS 8
存货跌价准备本期减少额,转销	(X) duration,debit	CAS 1,CAS 8
存货跌价准备期末账面余额	X instant,credit	CAS 1,CAS 8
计入存货成本的借款费用资本化金额[abstract]		
计入存货成本的借款费用资本化金额[table]	table	CAS 1
借款费用资本化按存货项目披露[axis]	axis	CAS 1
借款费用资本化计入的存货项目[member]	member	CAS 1
范围[axis]	axis	CAS 17,CAS 39
范围[member]	member	CAS 17,CAS 39
最大值[member]	member	CAS 17
最小值[member]	member	CAS 17
计入存货成本的借款费用资本化金额[line items]	line items	
至上期末止尚未转出的计入存货成本的累计借款费用资本化金额	X instant,debit	CAS 1
本期计入存货成本的资本化金额	X duration,debit	CAS 1

元　素	元素类型	准则
本期转出的计入存货成本的借款费用资本化，转入其他资产	(X) duration，credit	CAS 1
本期转出的计入存货成本的借款费用资本化，其他减少	(X) duration，credit	CAS 1
至本期末止尚未转出的计入存货成本的累计借款费用资本化金额	X instant，debit	CAS 1
本期确认资本化金额的资本化率	X. XX duration	CAS 1
存货其他需要说明的事项[text block]	text block	CAS 1
[801120]附注_存货(房地产行业)		
存货房地产行业信息披露[text block]	text block	CAS 1
存货增减变动[abstract]		
存货增减变动[table]	table	CAS 1
房地产行业存货类别[axis]	axis	CAS 1
房地产行业存货[member]	member	CAS 1
开发成本[member]	member	CAS 1
开发产品[member]	member	CAS 1
拟开发土地[member]	member	CAS 1
出租开发产品[member]	member	CAS 1
库存商品[member]	member	CAS 1
存货增减变动[line items]	line items	
存货期初账面余额	X instant，debit	CAS 1
存货本期增加额	X duration，debit	CAS 1
存货本期减少额	(X) duration，credit	CAS 1
存货期末账面余额	X instant，debit	CAS 1
存货跌价准备	(X) instant，credit	CAS 1，CAS 8
存货期末账面价值	X instant，debit	CAS 1，CAS 30，CAS 33
用于担保的存货的期初账面余额	X instant，debit	CAS 1
用于担保的存货本期增加额	X duration，debit	CAS 1
用于担保的存货本期减少额	(X) duration，credit	CAS 1
用于担保的存货的期末账面余额	X instant，debit	CAS 1
用于担保的存货已计提跌价准备	(X) instant，credit	CAS 1
用于担保的存货账面价值	X instant，debit	CAS 1
其他所有权或使用权受限制的存货的期初账面余额	X instant，debit	CAS 1

元　　素	元素类型	准则
其他所有权或使用权受限制的存货本期增加额	X duration,debit	CAS 1
其他所有权或使用权受限制的存货本期减少额	(X) duration,credit	CAS 1
其他所有权或使用权受限制的存货的期末账面余额	X instant,debit	CAS 1
其他所有权或使用权受限制的存货已计提跌价准备	(X) instant,credit	CAS 1
其他所有权或使用权受限制的存货账面价值	X instant,debit	CAS 1
存货跌价准备的增减变动[abstract]		
存货跌价准备的增减变动[table]	table	CAS 1
房地产行业存货类别[axis]	axis	CAS 1
房地产行业存货[member]	member	CAS 1
开发成本[member]	member	CAS 1
开发产品[member]	member	CAS 1
拟开发土地[member]	member	CAS 1
出租开发产品[member]	member	CAS 1
库存商品[member]	member	CAS 1
存货跌价准备的增减变动[line items]	line items	
存货跌价准备期初账面余额	X instant,credit	CAS 1,CAS 8
存货跌价准备,本期计提额	X duration,credit	CAS 1,CAS 8
存货跌价准备本期减少额,转回	(X) duration,debit	CAS 1,CAS 8
存货跌价准备本期减少额,转销	(X) duration,debit	CAS 1,CAS 8
存货跌价准备期末账面余额	X instant,credit	CAS 1,CAS 8
CAS2 长期股权投资		
[802100]附注_长期股权投资		
长期股权投资信息披露[text block]	text block	CAS 2
长期股权投资分类[abstract]		
长期股权投资分类[table]	table	CAS 2
被投资单位[axis]	axis	CAS 2,CAS 18
被投资单位[member]	member	CAS 2,CAS 18
合营企业[member]	member	CAS 2,CAS 18,CAS 41
联营企业[member]	member	CAS 2,CAS 18,CAS 41
长期股权投资分类[line items]	line items	
长期股权投资账面余额	X instant,debit	CAS 2

元　　素	元素类型	准则
长期股权投资减值准备	(X) instant, credit	CAS 2, CAS 8
长期股权投资账面价值	X instant, debit	CAS 2, CAS 30, CAS 33
权益法核算的长期股权投资[abstract]		
权益法核算的长期股权投资[table]	table	CAS 2
权益法下被投资单位[axis]	axis	CAS 2, CAS 41
权益法下被投资单位[member]	member	CAS 2, CAS 41
合营企业[member]	member	CAS 2, CAS 18, CAS 41
联营企业[member]	member	CAS 2, CAS 18, CAS 41
权益法核算的长期股权投资[line items]	line items	
权益法核算的长期股权投资年初账面价值	X instant, debit	CAS 2, CAS 41
权益法核算的长期股权投资本期增加投资	X duration, debit	CAS 2
权益法核算的长期股权投资损益调整	X duration, debit	CAS 2
权益法核算的长期股权投资其他权益变动	X duration, debit	CAS 2
权益法核算的长期股权投资已宣告分派现金股利	(X) duration, credit	CAS 2
权益法核算的长期股权投资处置投资	(X) duration, credit	CAS 2
权益法核算的长期股权投资本期提取的减值准备	(X) duration, credit	CAS 2
权益法核算的长期股权投资外币报表折算差额	X duration, debit	CAS 2
权益法核算的长期股权投资期末账面价值	X instant, debit	CAS 2, CAS 41
实质上构成对被投资单位投资的长期应收款	X duration, debit	CAS 2
长期股权投资其他需要说明的事项	text	CAS 2
CAS3 投资性房地产		
[803100]附注_投资性房地产		
投资性房地产信息披露[text block]	text block	CAS 3
采用成本模式进行后续计量的投资性房地产的信息披露[abstract]		
采用成本模式进行后续计量的投资性房地产的信息披露[table]	table	CAS 3
投资性房地产类别[axis]	axis	CAS 3
投资性房地产[member]	member	CAS 3, CAS 39
房屋建筑物[member]	member	CAS 3, CAS 4
土地使用权[member]	member	CAS 3, CAS 6

元　　素	元素类型	准则
采用成本模式进行后续计量的投资性房地产的信息披露[line items]	line items	
投资性房地产原价[abstract]		
采用成本模式进行后续计量的投资性房地产原价,年初余额	X instant,debit	CAS 3
采用成本模式进行后续计量的投资性房地产原价,本期增加[abstract]		
采用成本模式进行后续计量的投资性房地产原价,本期购置	X duration,debit	CAS 3
采用成本模式进行后续计量的投资性房地产原价,在建工程转入	X duration,debit	CAS 3
采用成本模式进行后续计量的投资性房地产原价,自用房地产或存货转入	X duration,debit	CAS 3
采用成本模式进行后续计量的投资性房地产原价,因不符合持有待售条件而增加	X duration,debit	CAS 3
采用成本模式进行后续计量的投资性房地产原价,其他增加	X duration,debit	CAS 3
采用成本模式进行后续计量的投资性房地产原价,本期增加小计	X duration,debit	CAS 3
采用成本模式进行后续计量的投资性房地产原价,本期减少[abstract]		
采用成本模式进行后续计量的投资性房地产原价,转为自用房地产或存货	(X) duration,credit	CAS 3
采用成本模式进行后续计量的投资性房地产原价,处置	(X) duration,credit	CAS 3
采用成本模式进行后续计量的投资性房地产原价,因分类为持有待售而减少	(X) duration,credit	CAS 3
采用成本模式进行后续计量的投资性房地产原价,其他减少	(X) duration,credit	CAS 3
采用成本模式进行后续计量的投资性房地产原价,本期减少小计	(X) duration,credit	CAS 3
采用成本模式进行后续计量的投资性房地产原价,外币报表折算差额	X duration,debit	CAS 3
采用成本模式进行后续计量的投资性房地产原价,期末余额	X instant,debit	CAS 3
投资性房地产累计折旧[abstract]		
投资性房地产累计折旧年初余额	X instant,credit	CAS 3
投资性房地产累计折旧,本期计提	X duration,credit	CAS 3
投资性房地产累计折旧,本期减少	(X) duration,debit	CAS 3
投资性房地产累计折旧,外币报表折算差额	X duration,credit	CAS 3
投资性房地产累计折旧期末余额	X instant,credit	CAS 3
投资性房地产账面净值[abstract]		

元　素	元素类型	准则
投资性房地产期初账面净值	X instant,debit	CAS 3
投资性房地产期末账面净值	X instant,debit	CAS 3
投资性房地产减值准备[abstract]		
投资性房地产减值准备年初余额	X instant,credit	CAS 3,CAS 8
投资性房地产减值准备,本期计提额	X duration,credit	CAS 3,CAS 8
投资性房地产减值准备,本期减少额	(X)duration,debit	CAS 3,CAS 8
投资性房地产减值准备,外币报表折算差额	X duration,credit	CAS 3,CAS 8
投资性房地产减值准备期末余额	X instant,credit	CAS 3,CAS 8
投资性房地产账面价值[abstract]		
投资性房地产期初账面价值	X instant,debit	CAS 3,CAS 30,CAS 33
投资性房地产期末账面价值	X instant,debit	CAS 3,CAS 30,CAS 33
采用公允价值模式进行后续计量的投资性房地产的信息披露[text block]	text block	CAS 3
采用公允价值模式进行后续计量的投资性房地产的增减变动[abstract]		
采用公允价值模式进行后续计量的投资性房地产的增减变动[table]	table	CAS 3
投资性房地产类别[axis]	axis	CAS 3
投资性房地产[member]	member	CAS 3,CAS 39
房屋建筑物[member]	member	CAS 3,CAS 4
土地使用权[member]	member	CAS 3,CAS 6
采用公允价值模式进行后续计量的投资性房地产的增减变动[line items]	line items	
投资性房地产期初账面价值	X instant,debit	CAS 3,CAS 30,CAS 33
采用公允价值模式进行后续计量的投资性房地产,本期增加[abstract]		
采用公允价值模式进行后续计量的投资性房地产,购置或者在建工程转入	X duration,debit	CAS 3
采用公允价值模式进行后续计量的投资性房地产,因不符合持有待售条件而增加	X duration,debit	CAS 3
采用公允价值模式进行后续计量的投资性房地产,自用房地产或存货转入	X duration,debit	CAS 3
采用公允价值模式进行后续计量的投资性房地产,公允价值变动增加额	X duration,debit	CAS 3
采用公允价值模式进行后续计量的投资性房地产,其他增加	X duration,debit	CAS 3
采用公允价值模式进行后续计量的投资性房地产,本期增加小计	X duration,debit	CAS 3

元　　素	元素类型	准则
采用公允价值模式进行后续计量的投资性房地产,本期减少[abstract]		
采用公允价值模式进行后续计量的投资性房地产,转为自用房地产或存货	(X) duration,credit	CAS 3
采用公允价值模式进行后续计量的投资性房地产,因分类为持有待售而减少	(X) duration,credit	CAS 3
采用公允价值模式进行后续计量的投资性房地产,公允价值变动减少额	(X) duration,credit	CAS 3
采用公允价值模式进行后续计量的投资性房地产,处置	(X) duration,credit	CAS 3
采用公允价值模式进行后续计量的投资性房地产,本期减少小计	(X) duration,credit	CAS 3
采用公允价值模式进行后续计量的投资性房地产,外币报表折算差额	X duration,debit	CAS 3
投资性房地产期末账面价值	X instant,debit	CAS 3,CAS 30,CAS 33
投资性房地产期末公允价值	X instant,debit	CAS 3
投资性房地产公允价值变动增加(减少)利润总额	X duration	CAS 3
投资性房地产公允价值的确定依据	text	CAS 3
投资性房地转换情况及理由以及对损益或所有者权益的影响	text	CAS 3
当期处置投资性房地产及其对损益的影响	text	CAS 3
投资性房地产后续计量模式变更的说明	text	CAS 3
投资性房地产其他需要说明的事项	text	CAS 3
CAS4 固定资产		
[804100]附注_固定资产		
固定资产信息披露[text block]	text block	CAS 4
固定资产增减变动[abstract]		
固定资产增减变动[table]	table	CAS 4
固定资产类别[axis]	axis	CAS 4
固定资产[member]	member	CAS 4
厂房及建筑物[member]	member	CAS 3,CAS 4
机器设备[member]	member	CAS 4
办公设备及其他设备[member]	member	CAS 4
运输工具[member]	member	CAS 4
汽车[member]	member	CAS 4
飞行设备及船舶[member]	member	CAS 4

元　　素	元素类型	准则
电子设备[member]	member	CAS 4
其他固定资产[member]	member	CAS 4
固定资产增减变动[line items]	line items	
固定资产原价[abstract]		
固定资产原价年初余额	X instant,debit	CAS 4
固定资产本期增加	X duration,debit	CAS 4
固定资产本期增加,本期购置	X duration,debit	CAS 4
固定资产本期增加,在建工程转入	X duration,debit	CAS 4
固定资产本期增加,因不符合持有待售条件而增加	X duration,debit	CAS 4
固定资产本期增加,本年其他增加	X duration,debit	CAS 4
固定资产本期减少	(X) duration,credit	CAS 4
固定资产本年减少,转让和出售	(X) duration,credit	CAS 4
固定资产本年减少,清理报废	(X) duration,credit	CAS 4
固定资产本年减少,因分类为持有待售而减少	(X) duration,credit	CAS 4
固定资产本年减少,其他减少	(X) duration,credit	CAS 4
固定资产,外币报表折算差额	X duration,debit	CAS 4
固定资产原价期末余额	X instant,debit	CAS 4
固定资产累计折旧[abstract]		
固定资产累计折旧期初余额	X instant,credit	CAS 4
固定资产累计折旧,本期计提	X duration,credit	CAS 4
固定资产累计折旧,本期减少	(X) duration,debit	CAS 4
固定资产累计折旧,外币报表折算差额	X duration,credit	CAS 4
固定资产累计折旧期末余额	X instant,credit	CAS 4
固定资产账面净值[abstract]		
固定资产期初账面净值	X instant,debit	CAS 4
固定资产期末账面净值	X instant,debit	CAS 4
固定资产减值准备[abstract]		
期初固定资产减值准备	X instant,credit	CAS 4,CAS 8
固定资产减值准备,本期计提额	X duration,credit	CAS 4,CAS 8
固定资产减值准备,本期减少额	(X) duration,debit	CAS 4,CAS 8
固定资产减值准备,外币报表折算差额	X duration,credit	CAS 4,CAS 8
期末固定资产减值准备	X instant,credit	CAS 4,CAS 8

元　　素	元素类型	准则
固定资产[abstract]		
固定资产期初账面价值	X instant,debit	CAS 4,CAS 30,CAS 33
用于担保的固定资产	X instant,debit	CAS 4
其他所有权或使用权受限的固定资产	X instant,debit	CAS 4
固定资产期末账面价值	X instant,debit	CAS 4,CAS 30,CAS 33
用于担保的固定资产	X instant,debit	CAS 4
其他所有权或使用权受限的固定资产	X instant,debit	CAS 4
持有待售的固定资产[abstract]		
持有待售的固定资产[table]	table	CAS 4
持有待售的固定资产项目[axis]	axis	CAS 4
持有待售的固定资产[member]	member	CAS 4
持有待售的固定资产[line items]	line items	
持有待售的固定资产	X instant,debit	CAS 4
持有待售的固定资产公允价值	X instant,debit	CAS 4
持有待售的固定资产预计处置费用	X instant,credit	CAS 4
持有待售的固定资产预计处置时间	yyyy-mm-dd	CAS 4
固定资产其他需要说明的事项	text	CAS 4
CAS5 生物资产		
[805100]附注_生产性生物资产和公益性生物资产		
生产性生物资产和公益性生物资产信息披露[text block]	text block	CAS 5
生产性生物资产和公益性生物资产的增减变动[abstract]		
生产性生物资产和公益性生物资产的增减变动[table]	table	CAS 5
生产性生物资产和公益性生物资产类别[axis]	axis	CAS 5
生产性生物资产和公益性生物资产类别[member]	member	CAS 5
生产性生物资产[member]	member	CAS 5,CAS 39
生产性生物资产,种植业[member]	member	CAS 5
生产性生物资产,畜牧养殖业[member]	member	CAS 5
生产性生物资产,林业[member]	member	CAS 5
生产性生物资产,水产业[member]	member	CAS 5
公益性生物资产[member]	member	CAS 5
公益性生物资产,林业[member]	member	CAS 5

元　素	元素类型	准则
公益性生物资产，水产业[member]	member	CAS 5
生产性生物资产和公益性生物资产的增减变动[line items]	line items	
生产性生物资产和公益性生物资产实物年初数量	X. XX instant	CAS 5
生产性生物资产和公益性生物资产实物期末数量	X. XX instant	CAS 5
生产性生物资产和公益性生物资产期初账面价值	X instant，debit	CAS 5
生产性生物资产和公益性生物资产本期增加	X duration，debit	CAS 5
生产性生物资产和公益性生物资产增加额，购买	X duration，debit	CAS 5
生产性生物资产和公益性生物资产增加额，自行培育	X duration，debit	CAS 5
生产性生物资产和公益性生物资产增加额，其他	X duration，debit	CAS 5
生产性生物资产和公益性生物资产本期减少	(X) duration，credit	CAS 5
生产性生物资产和公益性生物资产减少额，折旧	(X) duration，credit	CAS 5
生产性生物资产和公益性生物资产减少额，出售	(X) duration，credit	CAS 5
生产性生物资产和公益性生物资产减少额，盘亏	(X) duration，credit	CAS 5
生产性生物资产和公益性生物资产减少额，死亡	(X) duration，credit	CAS 5
生产性生物资产和公益性生物资产减少额，毁损	(X) duration，credit	CAS 5
生产性生物资产和公益性生物资产减少额，其他	(X) duration，credit	CAS 5
生产性生物资产和公益性生物资产减值准备余额（或跌价准备）	(X) instant，credit	CAS 5
生产性生物资产和公益性生物资产期末账面价值	X instant，debit	CAS 5
消耗性生物资产的增减变动[abstract]		
消耗性生物资产的增减变动[table]	table	CAS 5
消耗性生物资产类别[axis]	axis	CAS 5
消耗性生物资产[member]	member	CAS 1，CAS 5，CAS 39
消耗性生物资产，种植业[member]	member	CAS 5
消耗性生物资产，畜牧养殖业[member]	member	CAS 5
消耗性生物资产，林业[member]	member	CAS 5
消耗性生物资产，水产业[member]	member	CAS 5
消耗性生物资产的增减变动[line items]	line items	
消耗性生物资产实物年初数量	X. XX instant	CAS 5
消耗性生物资产实物期末数量	X. XX instant	CAS 5
消耗性生物资产年初账面余额	X instant，debit	CAS 5
消耗性生物资产本期增加额	X duration，debit	CAS 5
消耗性生物资产本期减少额	(X) duration，credit	CAS 5

元　　素	元素类型	准则
消耗性生物资产期末账面余额	X instant,debit	CAS 5
消耗性生物资产已计提跌价准备	(X) instant,credit	CAS 5
消耗性生物资产账面价值	X instant,debit	CAS 5
生产性生物资产的主要情况[abstract]		
生产性生物资产的主要情况[table]	table	CAS 5
生产性生物资产类别[axis]	axis	CAS 5
生产性生物资产[member]	member	CAS 5,CAS 39
生产性生物资产,种植业[member]	member	CAS 5
生产性生物资产,畜牧养殖业[member]	member	CAS 5
生产性生物资产,林业[member]	member	CAS 5
生产性生物资产,水产业[member]	member	CAS 5
生产性生物资产的主要情况[line items]	line items	
生产性生物资产预计使用寿命	text	CAS 5
生产性生物资产预计净残值	X instant,debit	CAS 5
生产性生物资产折旧方法	text	CAS 5
生产性生物资产累计折旧	X instant,credit	CAS 5
与生物资产相关的风险情况与管理措施	text	CAS 5
生产性生物资产其他需要说明的事项	text	CAS 5
天然起源的生物资产[abstract]		
天然起源的生物资产[table]	table	CAS 5
天然起源的生物资产类别[axis]	axis	CAS 5
天然起源的生物资产[member]	member	CAS 5
天然起源的生物资产[line items]	line items	
天然起源的生物资产取得方式	text	CAS 5
天然起源的生物资产数量	X. XX instant	CAS 5
CAS6 无形资产		
[806100]附注_无形资产		
无形资产信息披露[text block]	text block	CAS 6
无形资产增减变动[abstract]		
无形资产增减变动[table]	table	CAS 6
无形资产类别[axis]	axis	CAS 6
无形资产[member]	member	CAS 6

元　素	元素类型	准则
土地使用权[member]	member	CAS 3,CAS 6
专有技术(非专利技术)[member]	member	CAS 6
计算机软件[member]	member	CAS 6
许可和特许经营[member]	member	CAS 6
专利权[member]	member	CAS 6
商标权[member]	member	CAS 6
著作权[member]	member	CAS 6
其他无形资产[member]	member	CAS 6
无形资产增减变动[line items]	line items	
无形资产原价[abstract]		
无形资产原价年初账面余额	X instant,debit	CAS 6
无形资产原价本期增加额	X duration,debit	CAS 6
无形资产原价本期减少额	(X) duration,credit	CAS 6
无形资产原价外币报表折算差额	X duration,debit	CAS 6
无形资产原价期末账面余额	X instant,debit	CAS 6
无形资产累计摊销[abstract]		
无形资产累计摊销年初账面余额	X instant,credit	CAS 6
无形资产累计摊销本期增加额	X duration,credit	CAS 6
无形资产累计摊销本期减少额	(X) duration,debit	CAS 6
无形资产累计摊销外币报表折算差额	X duration,credit	CAS 6
无形资产累计摊销期末账面余额	X instant,credit	CAS 6
无形资产账面净值[abstract]		
无形资产期初账面净值	X instant,debit	CAS 6
无形资产期末账面净值	X instant,debit	CAS 6
无形资产减值准备[abstract]		
无形资产减值准备年初账面余额	X instant,credit	CAS 6,CAS 8
无形资产减值准备,本期计提额	X duration,credit	CAS 6,CAS 8
无形资产减值准备,本期减少额	(X) duration,debit	CAS 6,CAS 8
无形资产减值准备,外币报表折算差额	X duration,credit	CAS 6,CAS 8
无形资产减值准备期末账面余额	X instant,credit	CAS 6,CAS 8
无形资产账面价值[abstract]		
无形资产年初账面价值	X instant,debit	CAS 6,CAS 30,CAS 33
无形资产账面价值本期增加额	X duration,debit	CAS 6

元　　素	元素类型	准则
无形资产账面价值本期减少额	(X) duration,credit	CAS 6
无形资产期末账面价值	X instant,debit	CAS 6,CAS 30,CAS 33
用于担保的无形资产期初账面余额	X instant,debit	CAS 6
用于担保的无形资产本期增加额	X duration,debit	CAS 6
用于担保的无形资产本期减少额	(X) duration,credit	CAS 6
用于担保的无形资产期末账面余额	X instant,debit	CAS 6
其他所有权或使用权受限制的无形资产期初账面余额	X instant,debit	CAS 6
其他所有权或使用权受限制的无形资产本期增加额	X duration,debit	CAS 6
其他所有权或使用权受限制的无形资产本期减少额	(X) duration,credit	CAS 6
其他所有权或使用权受限制的无形资产期末账面余额	X instant,debit	CAS 6
研究开发支出增减变动[abstract]		
研究开发支出年初账面余额	X instant,debit	CAS 6
开发支出	X instant,debit	CAS 6,CAS 30,CAS 33
研究开发支出本期增加额	X duration,debit	CAS 6
研究支出本期增加额	X duration,debit	CAS 6
开发支出本期增加额	X duration,debit	CAS 6
研究开发支出本期转出额,计入当期损益	(X) duration,credit	CAS 6
研究支出本期转出额,计入当期损益	(X) duration,credit	CAS 6
开发支出本期转出额,计入当期损益	(X) duration,credit	CAS 6
研究开发支出本期转出额,确认为无形资产	(X) duration,credit	CAS 6
开发支出本期转出额,确认为无形资产	(X) duration,credit	CAS 6
研究开发支出期末账面余额	X instant,debit	CAS 6
开发支出	X instant,debit	CAS 6,CAS 30,CAS 33
无形资产其他需要说明的事项	text	CAS 6
CAS7 非货币性资产交换		
[807100]附注_非货币性资产交换		
非货币性资产信息披露[text block]	text block	CAS 7
非货币性资产交换的相关信息[abstract]		
非货币性资产交换的相关信息[table]	table	CAS 7
非货币性资产交换项目[axis]	axis	CAS 7
非货币性资产交换项目[member]	member	CAS 7

元　　素	元素类型	准则
非货币性资产交换的相关信息[line items]	line items	
非货币性资产换入资产	text	CAS 7
非货币性资产换出资产	text	CAS 7
非货币性资产换入资产成本	X instant, debit	CAS 7
非货币性资产换出资产账面价值	X instant, debit	CAS 7
非货币性资产换出资产公允价值	X instant, debit	CAS 7
非货币性资产交换收益或损失	X duration, credit	CAS 7
非货币性资产换入资产成本的确定方法	text	CAS 7
非货币性资产交换其他需要说明的事项	text	CAS 7
CAS8 资产减值		
[808110]附注_资产减值准备		
资产减值准备的增减变动信息披露[text block]	text block	CAS 8
资产减值准备的增减变动[abstract]		
坏账准备	X instant, credit	CAS 8
应收账款坏账准备	X instant, credit	CAS 8, CAS 37
预付账款坏账准备	X instant, credit	CAS 8, CAS 37
其他应收款坏账准备	X instant, credit	CAS 8, CAS 37
存货跌价准备	X instant, credit	CAS 1, CAS 8
可供出售金融资产减值准备	X instant, credit	CAS 8
持有至到期投资减值准备	X instant, credit	CAS 8, CAS 37
长期股权投资减值准备	X instant, credit	CAS 2, CAS 8
投资性房地产减值准备	X instant, credit	CAS 3, CAS 8
固定资产减值准备	X instant, credit	CAS 4, CAS 8
工程物资减值准备	X instant, credit	CAS 4, CAS 8, CAS 30
在建工程减值准备	X instant, credit	CAS 8, CAS 30
生产性生物资产减值准备	X instant, credit	CAS 8
成熟生产性生物资产减值准备	X instant, credit	CAS 8
油气资产减值准备	X instant, credit	CAS 8, CAS 27
无形资产减值准备	X instant, credit	CAS 6, CAS 8
商誉减值准备	X instant, credit	CAS 8, CAS 30
其他资产减值准备	X instant, credit	CAS 8
资产减值准备合计	X instant, credit	CAS 8

元　　素	元素类型	准则
坏账准备,本期计提额	X duration,credit	CAS 8
应收账款坏账准备,本期计提额	X duration,credit	CAS 8,CAS 37
预付账款坏账准备,本期计提额	X duration,credit	CAS 8,CAS 37
其他应收款坏账准备,本期计提额	X duration,credit	CAS 8,CAS 37
存货跌价准备,本期计提额	X duration,credit	CAS 1,CAS 8
可供出售金融资产减值准备,本期计提额	X duration,credit	CAS 8
持有至到期投资减值准备,本期计提额	X duration,credit	CAS 8,CAS 37
长期股权投资减值准备,本期计提额	X duration,credit	CAS 8
投资性房地产减值准备,本期计提额	X duration,credit	CAS 3,CAS 8
固定资产减值准备,本期计提额	X duration,credit	CAS 4,CAS 8
工程物资减值准备,本期计提额	X duration,credit	CAS 8
在建工程减值准备,本期计提额	X duration,credit	CAS 4,CAS 8,CAS 30
生产性生物资产减值准备,本期计提额	X duration,credit	CAS 8
成熟生产性生物资产减值准备,本期计提额	X duration,credit	CAS 8
油气资产减值准备,本期计提额	X duration,credit	CAS 8,CAS 27
无形资产减值准备,本期计提额	X duration,credit	CAS 6,CAS 8
商誉减值准备,本期计提额	X duration,credit	CAS 6,CAS 8,CAS 30
其他资产减值准备,本期计提额	X duration,credit	CAS 8
资产减值准备,本期计提额合计	X duration,credit	CAS 8
坏账准备,本期减少额	X duration,debit	CAS 8
应收账款坏账准备,本期减少额	X duration,debit	CAS 8
预付账款坏账准备,本期减少额	X duration,debit	CAS 8
其他应收款坏账准备,本期减少额	X duration,debit	CAS 8
存货跌价准备,本期减少额	X duration,debit	CAS 8
可供出售金融资产减值准备,本期减少额	X duration,debit	CAS 8
持有至到期投资减值准备,本期减少额	X duration,debit	CAS 8
长期股权投资减值准备,本期减少额	X duration,debit	CAS 8
投资性房地产减值准备,本期减少额	X duration,debit	CAS 3,CAS 8
固定资产减值准备,本期减少额	X duration,debit	CAS 4,CAS 8
工程物资减值准备,本期减少额	X duration,debit	CAS 8
在建工程减值准备,本期减少额	X duration,debit	CAS 4,CAS 8,CAS 30
生产性生物资产减值准备,本期减少额	X duration,debit	CAS 8

元　素	元素类型	准则
成熟生产性生物资产减值准备，本期减少额	X duration, debit	CAS 8
油气资产减值准备，本期减少额	X duration, debit	CAS 8, CAS 27
无形资产减值准备，本期减少额	X duration, debit	CAS 6, CAS 8
商誉减值准备，本期减少额	X duration, debit	CAS 8
其他资产减值准备，本期减少额	X duration, debit	CAS 8
资产减值准备，本期减少额合计	X duration, debit	CAS 8
坏账准备本期减少额，转回	X duration, debit	CAS 8
应收账款坏账准备本期减少额，转回	X duration, debit	CAS 8, CAS 37
预付账款坏账准备本期减少额，转回	X duration, debit	CAS 8, CAS 37
其他应收款坏账准备本期减少额，转回	X duration, debit	CAS 8, CAS 37
存货跌价准备本期减少额，转回	X duration, debit	CAS 1, CAS 8
可供出售金融资产减值准备本期减少额，转回	X duration, debit	CAS 8
持有至到期投资减值准备本期减少额，转回	X duration, debit	CAS 8, CAS 37
其他资产减值准备本期减少额，转回	X duration, debit	CAS 8
资产减值准备本期减少额，转回合计	X duration, debit	CAS 8
坏账准备本期减少额，转销	X duration, debit	CAS 8
应收账款坏账准备本期减少额，转销	X duration, debit	CAS 8, CAS 37
预付账款坏账准备本期减少额，转销	X duration, debit	CAS 8, CAS 37
其他应收款坏账准备本期减少额，转销	X duration, debit	CAS 8, CAS 37
存货跌价准备本期减少额，转销	X duration, debit	CAS 1, CAS 8
可供出售金融资产减值准备本期减少额，转销	X duration, debit	CAS 8
持有至到期投资减值准备本期减少额，转销	X duration, debit	CAS 8, CAS 37
长期股权投资减值准备本期减少额，转销	X duration, debit	CAS 8
投资性房地产减值准备本期减少额，转销	X duration, debit	CAS 8
固定资产减值准备本期减少，转销	X duration, debit	CAS 8
工程物资减值准备本期减少额，转销	X duration, debit	CAS 8
在建工程减值准备本期减少额，转销	X duration, debit	CAS 8
生产性生物资产减值准备本期减少额，转销	X duration, debit	CAS 8
成熟生产性生物资产减值准备本期减少额，转销	X duration, debit	CAS 8
油气资产减值准备本期减少额，转销	X duration, debit	CAS 8
无形资产减值准备本期减少额，转销	X duration, debit	CAS 8
商誉减值准备本期减少额，转销	X duration, debit	CAS 8
其他资产减值准备本期减少额，转销	X duration, debit	CAS 8

元　　素	元素类型	准则
资产减值准备本期减少额，转销合计	X duration，debit	CAS 8
坏账准备，外币报表折算差额	X duration，credit	CAS 8
应收账款坏账准备，外币报表折算差额	X duration，credit	CAS 8
预付账款坏账准备，外币报表折算差额	X duration，credit	CAS 8
其他应收款坏账准备，外币报表折算差额	X duration，credit	CAS 8
存货跌价准备，外币报表折算差额	X duration，credit	CAS 8
可供出售金融资产减值准备，外币报表折算差额	X duration，credit	CAS 8
持有至到期投资减值准备，外币报表折算差额	X duration，credit	CAS 8
长期股权投资减值准备，外币报表折算差额	X duration，credit	CAS 8
投资性房地产减值准备，外币报表折算差额	X duration，credit	CAS 3，CAS 8
固定资产减值准备，外币报表折算差额	X duration，credit	CAS 4，CAS 8
工程物资减值准备，外币报表折算差额	X duration，credit	CAS 8
在建工程减值准备，外币报表折算差额	X duration，credit	CAS 8
生产性生物资产减值准备，外币报表折算差额	X duration，credit	CAS 8
成熟生产性生物资产减值准备，外币报表折算差额	X duration，credit	CAS 8
油气资产减值准备，外币报表折算差额	X duration，credit	CAS 8
无形资产减值准备，外币报表折算差额	X duration，credit	CAS 6，CAS 8
商誉减值准备，外币报表折算差额	X duration，credit	CAS 8
其他资产减值准备，外币报表折算差额	X duration，credit	CAS 8
资产减值准备，外币报表折算差额合计	X duration，credit	CAS 8
坏账准备，其他变化	X duration，credit	CAS 8
应收账款坏账准备，其他变化	X duration，credit	CAS 8
预付账款坏账准备，其他变化	X duration，credit	CAS 8
其他应收款坏账准备，其他变化	X duration，credit	CAS 8
存货跌价准备，其他变化	X duration，credit	CAS 8
可供出售金融资产减值准备，其他变化	X duration，credit	CAS 8
持有至到期投资减值准备，其他变化	X duration，credit	CAS 8
长期股权投资减值准备，其他变化	X duration，credit	CAS 8
投资性房地产减值准备，其他变化	X duration，credit	CAS 8
固定资产减值准备，其他变化	X duration，credit	CAS 8
工程物资减值准备，其他变化	X duration，credit	CAS 8
在建工程减值准备，其他变化	X duration，credit	CAS 8
生产性生物资产减值准备，其他变化	X duration，credit	CAS 8

元　素	元素类型	准则
成熟生产性生物资产减值准备,其他变化	X duration,credit	CAS 8
油气资产减值准备,其他变化	X duration,credit	CAS 8
无形资产减值准备,其他变化	X duration,credit	CAS 8
商誉减值准备,其他变化	X duration,credit	CAS 8
其他资产减值准备,其他变化	X duration,credit	CAS 8
资产减值准备,其他变化合计	X duration,credit	CAS 8
资产减值准备的其他需要说明的事项	text	CAS 8
[808120]附注_资产减值损失		
资产减值损失净额信息披露[text block]	text block	CAS 8
资产减值损失净额[abstract]		
坏账损失发生额	X duration,debit	CAS 8
存货跌价损失发生额	X duration,debit	CAS 8
可供出售金融资产减值损失发生额	X duration,debit	CAS 8
持有至到期投资减值损失发生额	X duration,debit	CAS 8
长期股权投资减值损失发生额	X duration,debit	CAS 8
投资性房地产减值损失发生额	X duration,debit	CAS 8
固定资产减值损失发生额	X duration,debit	CAS 8
工程物资减值损失发生额	X duration,debit	CAS 8
在建工程减值损失发生额	X duration,debit	CAS 8
生产性生物资产减值损失发生额	X duration,debit	CAS 8
油气资产减值损失发生额	X duration,debit	CAS 8
无形资产减值损失发生额	X duration,debit	CAS 8
商誉减值损失发生额	X duration,debit	CAS 8
其他资产减值损失发生额	X duration,debit	CAS 8
资产减值损失合计	X duration,debit	CAS 8,CAS 30,CAS 33,CAS 35
CAS9 职工薪酬		
[809100]附注_应付职工薪酬(一)		
应付职工薪酬信息披露[text block]	text block	CAS 9
应付职工薪酬的增减变动[abstract]		
应付职工薪酬,流动部分的增减变动[abstract]		
应付短期薪酬[abstract]		

元　　素	元素类型	准则
应付短期薪酬	X instant,credit	CAS 9
应付工资、奖金、津贴和补贴	X instant,credit	CAS 9
应付职工福利费	X instant,credit	CAS 9
应付社会保险费	X instant,credit	CAS 9
应付医疗保险费	X instant,credit	CAS 9
应付工伤保险费	X instant,credit	CAS 9
应付生育保险费	X instant,credit	CAS 9
应付住房公积金	X instant,credit	CAS 9
应付工会经费和职工教育经费	X instant,credit	CAS 9
应付非货币性福利	X instant,credit	CAS 9
应付短期带薪缺勤	X instant,credit	CAS 9
应付短期利润分享计划	X instant,credit	CAS 9
其他应付短期薪酬	X instant,credit	CAS 9
应付短期薪酬,本期增加额	X duration,credit	CAS 9
应付工资、奖金、津贴和补贴,本期增加额	X duration,credit	CAS 9
应付职工福利费,本期增加额	X duration,credit	CAS 9
应付社会保险费,本期增加额	X duration,credit	CAS 9
应付医疗保险费,本期增加额	X duration,credit	CAS 9
应付工伤保险费,本期增加额	X duration,credit	CAS 9
应付生育保险费,本期增加额	X duration,credit	CAS 9
应付住房公积金,本期增加额	X duration,credit	CAS 9
应付工会经费和职工教育经费,本期增加额	X duration,credit	CAS 9
应付非货币性福利,本期增加额	X duration,credit	CAS 9
应付短期带薪缺勤,本期增加额	X duration,credit	CAS 9
应付短期利润分享计划,本期增加额	X duration,credit	CAS 9
其他应付短期薪酬,本期增加额	X duration,credit	CAS 9
应付短期薪酬,本期支付额	X duration,debit	CAS 9
应付工资、奖金、津贴和补贴,本期支付额	X duration,debit	CAS 9
应付职工福利费,本期支付额	X duration,debit	CAS 9
应付社会保险费,本期支付额	X duration,debit	CAS 9
应付医疗保险费,本期支付额	X duration,debit	CAS 9
应付工伤保险费,本期支付额	X duration,debit	CAS 9
应付生育保险费,本期支付额	X duration,debit	CAS 9

元　　素	元素类型	准则
应付住房公积金,本期支付额	X duration,debit	CAS 9
应付工会经费和职工教育经费,本期支付额	X duration,debit	CAS 9
应付非货币性福利,本期支付额	X duration,debit	CAS 9
应付短期带薪缺勤,本期支付额	X duration,debit	CAS 9
应付短期利润分享计划,本期支付额	X duration,debit	CAS 9
其他应付短期薪酬,本期支付额	X duration,debit	CAS 9
应付短期薪酬,外币报表折算差额	X duration,credit	CAS 9
应付工资、奖金、津贴和补贴,外币报表折算差额	X duration,credit	CAS 9
应付职工福利费,外币报表折算差额	X duration,credit	CAS 9
应付社会保险费,外币报表折算差额	X duration,credit	CAS 9
应付医疗保险费,外币报表折算差额	X duration,credit	CAS 9
应付工伤保险费,外币报表折算差额	X duration,credit	CAS 9
应付生育保险费,外币报表折算差额	X duration,credit	CAS 9
应付住房公积金,外币报表折算差额	X duration,credit	CAS 9
应付工会经费和职工教育经费,外币报表折算差额	X duration,credit	CAS 9
应付非货币性福利,外币报表折算差额	X duration,credit	CAS 9
应付短期带薪缺勤,外币报表折算差额	X duration,credit	CAS 9
应付短期利润分享计划,外币报表折算差额	X duration,credit	CAS 9
其他应付短期薪酬,外币报表折算差额	X duration,credit	CAS 9
应付离职后福利,流动部分[abstract]		
应付离职后福利,流动部分	X instant,credit	CAS 9
应付离职后福利,设定提存计划	X instant,credit	CAS 9
应付基本养老保险费	X instant,credit	CAS 9
应付失业保险费	X instant,credit	CAS 9
应付企业年金缴费	X instant,credit	CAS 9
应付离职后福利,流动部分,本期增加额	X duration,credit	CAS 9
应付离职后福利,设定提存计划,本期增加额	X duration,credit	CAS 9
应付基本养老保险费,本期增加额	X duration,credit	CAS 9
应付失业保险费,本期增加额	X duration,credit	CAS 9
应付企业年金缴费,本期增加额	X duration,credit	CAS 9
应付离职后福利,流动部分,本期支付额	X duration,debit	CAS 9
应付离职后福利,设定提存计划,本期支付额	X duration,debit	CAS 9

元　　素	元素类型	准则
应付基本养老保险费，本期支付额	X duration，debit	CAS 9
应付失业保险费，本期支付额	X duration，debit	CAS 9
应付企业年金缴费，本期支付额	X duration，debit	CAS 9
应付离职后福利，流动部分，外币报表折算差额	X duration，credit	CAS 9
应付离职后福利，设定提存计划，外币报表折算差额	X duration，credit	CAS 9
应付基本养老保险费，外币报表折算差额	X duration，credit	CAS 9
应付失业保险费，外币报表折算差额	X duration，credit	CAS 9
应付企业年金缴费，外币报表折算差额	X duration，credit	CAS 9
应付辞退福利，流动部分[abstract]		
应付辞退福利，流动部分	X instant，credit	CAS 9
应付辞退福利，流动部分，本期增加额	X duration，credit	CAS 9
应付辞退福利，流动部分，本期支付额	X duration，debit	CAS 9
应付辞退福利，流动部分，外币报表折算差额	X duration，credit	CAS 9
其他应付职工薪酬，流动部分[abstract]		
其他应付职工薪酬，流动部分	X instant，credit	CAS 9
应付以现金结算的股份支付，流动部分	X instant，credit	CAS 9
其他应付职工薪酬，流动部分，本期增加额	X duration，credit	CAS 9
应付以现金结算的股份支付，流动部分，本期增加额	X duration，credit	CAS 9
其他应付职工薪酬，流动部分，本期支付额	X duration，debit	CAS 9
应付以现金结算的股份支付，流动部分，本期支付额	X duration，debit	CAS 9
其他应付职工薪酬，流动部分，外币报表折算差额	X duration，credit	CAS 9
应付以现金结算的股份支付，流动部分，外币报表折算差额	X duration，credit	CAS 9
应付职工薪酬，流动部分[abstract]		
应付职工薪酬，流动部分	X instant，credit	CAS 9，CAS 30，CAS 33
应付职工薪酬，流动部分，本期增加额	X duration，credit	CAS 9
应付职工薪酬，流动部分，本期支付额	X duration，debit	CAS 9
应付职工薪酬，流动部分，外币报表折算差额	X duration，credit	CAS 9
应付职工薪酬，非流动部分的增减变动[abstract]		
应付离职后福利，非流动部分[abstract]		
应付离职后福利，非流动部分	X instant，credit	CAS 9

元　　素	元素类型	准则
应付离职后福利,应付设定受益计划	X instant,credit	CAS 9
应付补充退休后福利	X instant,credit	CAS 9
应付内部退养补偿金	X instant,credit	CAS 9
应付离职后福利,非流动部分,本期增加额	X duration,credit	CAS 9
应付离职后福利,应付设定受益计划,本期增加额	X duration,credit	CAS 9
应付补充退休后福利,本期增加额	X duration,credit	CAS 9
应付内部退养补偿金,本期增加额	X duration,credit	CAS 9
应付离职后福利,非流动部分,本期支付额	X duration,debit	CAS 9
应付离职后福利,应付设定受益计划,本期支付额	X duration,debit	CAS 9
应付补充退休后福利,本期支付额	X duration,debit	CAS 9
应付内部退养补偿金,本期支付额	X duration,debit	CAS 9
应付离职后福利,非流动部分,外币报表折算差额	X duration,credit	CAS 9
应付离职后福利,应付设定受益计划,外币报表折算差额	X duration,credit	CAS 9
应付补充退休后福利,外币报表折算差额	X duration,credit	CAS 9
应付内部退养补偿金,外币报表折算差额	X duration,credit	CAS 9
应付辞退福利,非流动部分[abstract]		
应付辞退福利,非流动部分	X instant,credit	CAS 9
应付辞退福利,非流动部分,本期增加额	X duration,credit	CAS 9
应付辞退福利,非流动部分,本期支付额	X duration,debit	CAS 9
应付辞退福利,非流动部分,外币报表折算差额	X duration,credit	CAS 9
其他应付长期职工福利[abstract]		
其他应付长期职工福利	X instant,credit	CAS 9
应付长期带薪缺勤	X instant,credit	CAS 9
应付其他长期服务福利	X instant,credit	CAS 9
应付长期残疾福利	X instant,credit	CAS 9
应付长期利润分享计划	X instant,credit	CAS 9
应付长期奖金计划	X instant,credit	CAS 9
其他应付长期职工福利,本期增加额	X duration,credit	CAS 9
应付长期带薪缺勤,本期增加额	X duration,credit	CAS 9
应付其他长期服务福利,本期增加额	X duration,credit	CAS 9

元　素	元素类型	准则
应付长期残疾福利,本期增加额	X duration,credit	CAS 9
应付长期利润分享计划,本期增加额	X duration,credit	CAS 9
应付长期奖金计划,本期增加额	X duration,credit	CAS 9
其他应付长期职工福利,本期支付额	X duration,debit	CAS 9
应付长期带薪缺勤,本期支付额	X duration,debit	CAS 9
应付其他长期服务福利,本期支付额	X duration,debit	CAS 9
应付长期残疾福利,本期支付额	X duration,debit	CAS 9
应付长期利润分享计划,本期支付额	X duration,debit	CAS 9
应付长期奖金计划,本期支付额	X duration,debit	CAS 9
其他应付长期职工福利,外币报表折算差额	X duration,credit	CAS 9
应付长期带薪缺勤,外币报表折算差额	X duration,credit	CAS 9
应付其他长期服务福利,外币报表折算差额	X duration,credit	CAS 9
应付长期残疾福利,外币报表折算差额	X duration,credit	CAS 9
应付长期利润分享计划,外币报表折算差额	X duration,credit	CAS 9
应付长期奖金计划,外币报表折算差额	X duration,credit	CAS 9
其他应付职工薪酬,非流动部分[abstract]		
其他应付职工薪酬,非流动部分	X instant,credit	CAS 9
应付以现金结算的股份支付,非流动部分	X instant,credit	CAS 9
其他应付职工薪酬,非流动部分,本期增加额	X duration,credit	CAS 9
应付以现金结算的股份支付,非流动部分,本期增加额	X duration,credit	CAS 9
其他应付职工薪酬,非流动部分,本期支付额	X duration,debit	CAS 9
应付以现金结算的股份支付,非流动部分,本期支付额	X duration,debit	CAS 9
其他应付职工薪酬,非流动部分,外币报表折算差额	X duration,credit	CAS 9
应付以现金结算的股份支付,非流动部分,外币报表折算差额	X duration,credit	CAS 9
应付职工薪酬,非流动部分[abstract]		
应付职工薪酬,非流动部分	X instant,credit	CAS 9,CAS 30,CAS 33
应付职工薪酬,非流动部分,本期增加额	X duration,credit	CAS 9
应付职工薪酬,非流动部分,本期支付额	X duration,debit	CAS 9
应付职工薪酬,非流动部分,外币报表折算差额	X duration,credit	CAS 9
应付职工薪酬,流动部分和非流动部分的增减变动[abstract]		

元　　素	元素类型	准则
应付职工薪酬	X instant,credit	CAS 9,CAS 30
应付职工薪酬,本期增加额	X duration,credit	CAS 9
应付职工薪酬,本期支付额	X duration,debit	CAS 9
应付职工薪酬,外币报表折算差额	X duration,credit	CAS 9
[809200]附注_应付职工薪酬(二)		
应付职工薪酬信息披露[text block]	text block	CAS 9
设定提存计划信息披露[text block]	text block	CAS 9
基本养老保险费的性质、计算缴费金额的公式或依据	text	CAS 9
失业保险费的性质、计算缴费金额的公式或依据	text	CAS 9
企业年金缴费的性质、计算缴费金额的公式或依据	text	CAS 9
设定受益计划信息披露[text block]	text block	CAS 9
设定受益计划的特征及与之相关的风险[abstract]		
设定受益计划的特征及与之相关的风险[table]	table	CAS 9
设定受益计划[axis]	axis	CAS 9
设定受益计划[member]	member	CAS 9
设定受益计划的特征及与之相关的风险[line items]	line items	
设定受益计划的特征的描述	text	CAS 9
设定受益计划所提供福利的性质的描述	text	CAS 9
设定受益计划运行的监管要求的描述	text	CAS 9
对设定受益计划使企业面临的风险的描述	text	CAS 9
对设定受益计划相关的重要风险集中程度的描述	text	CAS 9
对设定受益计划的修改、缩减和结算的描述	text	CAS 9
设定受益计划的金额及其变动[abstract]		
设定受益计划的金额及其变动[table]	table	CAS 9
设定受益计划净负债(净资产)[axis]	axis	CAS 9
设定受益计划净负债(净资产)[member]	member	CAS 9
设定受益计划义务现值[member]	member	CAS 9
计划资产的公允价值[member]	member	CAS 9
资产上限的影响[member]	member	CAS 9
设定受益计划的金额及其变动[line items]	line items	
期初余额	X instant,credit	CAS 9
计入当期损益的设定受益成本	X duration,credit	CAS 9
当期服务成本	X duration,credit	CAS 9

元　　素	元素类型	准则
过去服务成本	X duration,credit	CAS 9
结算利得或损失	(X) duration,debit	CAS 9
利息净额	X duration,credit	CAS 9
计入其他综合收益的设定受益成本	(X) duration,debit	CAS 9
重新计量金额	(X) duration,debit	CAS 9
精算利得或损失	(X) duration,debit	CAS 9
计划资产回报	(X) duration,debit	CAS 9
资产上限的影响的变动	(X) duration,debit	CAS 9
其他变动	(X) duration,debit	CAS 9
结算时消除的负债	(X) duration,debit	CAS 9
已支付的福利	(X) duration,debit	CAS 9
期末余额	X instant,credit	CAS 9
计划资产公允价值的信息披露[abstract]		
现金及现金等价物	X instant,debit	CAS 9
权益工具投资	X instant,debit	CAS 9
债务工具投资	X instant,debit	CAS 9
衍生品	X instant,debit	CAS 9
其他资产	X instant,debit	CAS 9
合计	X instant,debit	CAS 9
设定受益计划对企业未来现金流量金额、时间和不确定性的影响的信息披露[text block]	text block	CAS 9
影响设定受益计划未来缴存金额的有关筹资政策和计划	text	CAS 9
下一个会计年度预期将缴存的金额	X duration,credit	CAS 9
设定受益义务有关到期情况的信息披露[text block]	text block	CAS 9
设定受益义务的加权平均期间	X. XX duration	CAS 9
有关福利支付的到期日分析	text	CAS 9
精算估计所采用的重大假设[abstract]		
折现率	X. XX instant	CAS 9
死亡率	X. XX instant	CAS 9
预计平均未来寿命	X. XX instant	CAS 9
薪酬的预期增长率	X. XX instant	CAS 9
正常退休年龄	X. XX instant	CAS 9
平均医疗费用增长率	X. XX instant	CAS 9

元　素	元素类型	准则
养老保险预期增长率	X. XX instant	CAS 9
预期通货膨胀率	X. XX instant	CAS 9
重大精算假设对设定受益义务的敏感性分析[abstract]		
重大精算假设对设定受益义务的敏感性分析[table]	table	CAS 9
精算估计的重大假设[axis]	axis	CAS 9
精算估计的重大假设[member]	member	CAS 9
精算估计的重大假设,折现率[member]	member	CAS 9
精算估计的重大假设,死亡率[member]	member	CAS 9
精算估计的重大假设，预计平均未来寿命[member]	member	CAS 9
精算估计的重大假设，薪酬的预期增长率[member]	member	CAS 9
精算估计的重大假设,正常退休年龄[member]	member	CAS 9
精算估计的重大假设，平均医疗费用增长率[member]	member	CAS 9
精算估计的重大假设，养老保险预期增长率[member]	member	CAS 9
精算估计的重大假设,预期通货膨胀率[member]	member	CAS 9
重大精算假设对设定受益义务的敏感性分析[line items]	line items	
合理可能的精算假设增长幅度	X. XX instant	CAS 9
合理可能的精算假设增长对设定受益计划义务现值的影响	X instant，credit	CAS 9
合理可能的精算假设降低幅度	X. XX instant	CAS 9
合理可能的精算假设降低对设定受益计划义务现值的影响	X instant，credit	CAS 9
对编制精算假设敏感性分析的方法和假设的描述	text	CAS 9
对编制精算假设敏感性分析的方法的局限性的描述	text	CAS 9
对用于编制精算假设敏感性分析的方法和假设发生变动的描述	text	CAS 9
对用于编制精算假设敏感性分析的方法和假设发生变动的原因的描述	text	CAS 9
应付职工薪酬其他需要说明的事项	text	CAS 9
CAS10 企业年金基金		
[710100]资产负债表_企业年金基金		
资产负债表,企业年金基金信息披露[text block]	text block	CAS 10

元　　素	元素类型	准则
资产负债表,企业年金基金[abstract]		
企业年金基金资产[abstract]		
企业年金基金货币资金	X instant,debit	CAS 10
企业年金基金应收证券清算款	X instant,debit	CAS 10
企业年金基金应收利息	X instant,debit	CAS 10
企业年金基金买入返售证券	X instant,debit	CAS 10
企业年金基金其他应收款	X instant,debit	CAS 10
企业年金基金债券投资	X instant,debit	CAS 10
企业年金基金基金投资	X instant,debit	CAS 10
企业年金基金股票投资	X instant,debit	CAS 10
企业年金基金其他投资	X instant,debit	CAS 10
企业年金基金其他资产	X instant,debit	CAS 10
企业年金基金,资产合计	X instant,debit	CAS 10
企业年金基金负债和净资产[abstract]		
企业年金基金负债[abstract]		
企业年金基金应付证券清算款	X instant,credit	CAS 10
企业年金基金应付受益人待遇	X instant,credit	CAS 10
企业年金基金应付受托人管理费	X instant,credit	CAS 10
企业年金基金应付托管人管理费	X instant,credit	CAS 10
企业年金基金应付投资管理人管理费	X instant,credit	CAS 10
企业年金基金应交税金	X instant,credit	CAS 10
企业年金基金卖出回购证券款	X instant,credit	CAS 10
企业年金基金应付利息	X instant,credit	CAS 10
企业年金基金应付佣金	X instant,credit	CAS 10
企业年金基金其他应付款	X instant,credit	CAS 10
企业年金基金,负债合计	X instant,credit	CAS 10
企业年金基金净资产[abstract]		
企业年金基金净资产	X instant,credit	CAS 10
企业年金基金负债和净资产合计	X instant,credit	CAS 10
[710110]企业年金基金净资产变动表		
企业年金基金净资产变动信息披露[text block]	text block	CAS 10
企业年金基金净资产变动表[abstract]		

元　素	元素类型	准则
企业年金基金，期初净资产	X instant，credit	CAS 10
企业年金基金本期净资产增加数[abstract]		
企业年金基金本期收入[abstract]		
企业年金基金存款利息收入	X duration，credit	CAS 10
企业年金基金买入返售证券收入	X duration，credit	CAS 10
企业年金基金公允价值变动收益	X duration，credit	CAS 10
企业年金基金投资处置收益	X duration，credit	CAS 10
企业年金基金其他收入	X duration，credit	CAS 10
企业年金基金，本期收入合计	X duration，credit	CAS 10
企业年金基金收取企业缴费	X duration，credit	CAS 10
企业年金基金收取职工个人缴费	X duration，credit	CAS 10
企业年金基金个人账户转入	X duration，credit	CAS 10
企业年金基金，本期净资产增加数合计	X duration，credit	CAS 10
企业年金基金本期净资产减少数[abstract]		
企业年金基金本期费用[abstract]		
企业年金基金交易费用	X duration，debit	CAS 10
企业年金基金受托人管理费	X duration，debit	CAS 10
企业年金基金托管人管理费	X duration，debit	CAS 10
企业年金基金投资管理人管理费	X duration，debit	CAS 10
企业年金基金卖出回购证券支出	X duration，debit	CAS 10
企业年金基金其他费用	X duration，debit	CAS 10
企业年金基金，本期费用合计	X duration，debit	CAS 10
企业年金基金支付受益人待遇	X duration，debit	CAS 10
企业年金基金个人账户转出	X duration，debit	CAS 10
企业年金基金，本期净资产减少数合计	X duration，debit	CAS 10
企业年金基金，期末净资产	X instant，credit	CAS 10
[710120]附注_企业年金基金		
企业年金基金信息披露[text block]	text block	CAS 10
企业年金计划的主要内容及重大变化	text	CAS 10
企业年金基金，投资种类、金额及公允价值的确定方法	text	CAS 10
企业年金基金，各类投资占投资总额的比例	text	CAS 10
企业年金基金，使投资价值受到重大影响的其他事项	text	CAS 10

元　　素	元素类型	准则
CAS11 股份支付		
[811100]附注_股份支付		
股份支付信息披露[text block]	text block	CAS 11
股份支付相关信息披露[abstract]		
股份支付相关信息披露[table]	table	CAS 11
股份支付的种类[axis]	axis	CAS 11
股份支付的种类[member]	member	CAS 11
权益结算的股份支付[member]	member	CAS 11
现金结算的股份支付[member]	member	CAS 11
股份支付相关信息披露[line items]	line items	
期初发行在外的权益工具总额	X instant，credit	CAS 11
当期授予的权益工具总额	X duration，credit	CAS 11
当期行权的权益工具总额	(X) duration，debit	CAS 11
当期作废的权益工具总额	(X) duration，debit	CAS 11
当期失效的权益工具总额	(X) duration，debit	CAS 11
期末发行在外的权益工具总额	X instant，credit	CAS 11
可行权而未行权的权益工具总额	X instant，credit	CAS 11
当期达到可行权状态的权益工具总额	X duration，credit	CAS 11
股份支付合同期限	text	CAS 11
股份支付剩余合同加权平均期限	X. XX instant	CAS 11
股份支付费用总额	X duration，debit	CAS 11
股份支付行权价格范围	text	CAS 11
股份支付协议的性质和条件	text	CAS 11
股份支付条件的修改和变更	text	CAS 11
股份支付权益工具公允价值的确定方法	text	CAS 11
股份支付当期行权的股份期权或其他权益工具的加权平均行权日股份价格	X. XX duration	CAS 11
股份支付按加权平均行权日股份价格和行权数量计算的金额	X duration，credit	CAS 11
股份支付当期因以权益结算的股份支付而确认的费用总额	X duration，debit	CAS 11
股份支付当期因以现金结算的股份支付而确认的费用总额	X duration，debit	CAS 11
股份支付当期以股份支付换取的职工服务总额	X duration，debit	CAS 11
股份支付当期以股份支付换取的其他方服务总额	X duration，debit	CAS 11
股份支付其他需要说明的事项	text	CAS 11

元　素	元素类型	准则
CAS12 债务重组		
[812100]附注_债务重组		
债务重组信息披露[text block]	text block	CAS 12
债务重组相关信息披露[text block]	text block	CAS 12
债务重组相关信息[abstract]		
债务重组相关信息[table]	table	CAS 12
债务重组的债务人及债权人[axis]	axis	CAS 12
债务人及债权人[member]	member	CAS 12
债务人[member]	member	CAS 12
债权人[member]	member	CAS 12
债务重组相关信息[line items]	line items	
债务重组方式	text	CAS 12
债务重组利得或损失	X duration, credit	CAS 12
债务转为资本增加的股本(或者实收资本)	X duration, credit	CAS 12
债务转为资本增加的资本公积	X duration, credit	CAS 12
债权转为股份增加的投资额	X duration, debit	CAS 12
债权转为股份投资占债务人股份总额的比例	X. XX duration	CAS 12
债务重组或有应收(或应付)金额	X instant	CAS 12
债务重组相关资产公允价值的确定方法及依据	text	CAS 12
债务重组其他需要说明的事项	text	CAS 12
CAS13 或有事项		
[813100]附注_或有事项及承诺事项		
或有事项及承诺信息披露[text block]	text block	CAS 13
或有事项信息披露[text block]	text block	CAS 13
或有负债信息披露[abstract]		
或有负债信息披露[table]	table	CAS 13
或有负债项目[axis]	axis	CAS 13
或有负债项目[member]	member	CAS 13
或有负债信息披露[line items]	line items	
或有负债种类	text	CAS 13
或有负债形成原因	text	CAS 13
或有负债经济利益流出不确定性的说明	text	CAS 13
或有负债预计财务影响	text	CAS 13

元　　素	元素类型	准则
或有负债获得补偿的可能性	text	CAS 13
或有负债无法预计财务影响的原因	text	CAS 13
或有资产信息披露[abstract]		
或有资产信息披露[table]	table	CAS 13
或有资产项目[axis]	axis	CAS 13
或有资产项目[member]	member	CAS 13
或有资产信息披露[line items]	line items	
或有资产可能带来的经济利益	text	CAS 13
或有资产形成原因	text	CAS 13
或有资产预计财务影响	text	CAS 13
其他或有事项	text	CAS 13
预计负债相关信息[text block]	text block	CAS 13
预计负债信息披露[abstract]		
预计负债信息披露[table]	table	CAS 13
预期负债项目[axis]	axis	CAS 13
预计负债项目[member]	member	CAS 13
对外提供担保[member]	member	CAS 13
未决诉讼或仲裁[member]	member	CAS 13
产品质量保证[member]	member	CAS 13
重组义务[member]	member	CAS 13
亏损合同[member]	member	CAS 13
环境污染整治义务[member]	member	CAS 13
固定资产弃置义务[member]	member	CAS 13
商业承兑票据贴现[member]	member	CAS 13
辞退福利[member]	member	CAS 13
其他预计负债[member]	member	CAS 13
预计负债信息披露[line items]	line items	
预计负债年初账面余额	X instant，credit	CAS 13，CAS 30，CAS 33
预计负债本期增加额	X duration，credit	CAS 13
预计负债本期减少额	(X) duration，debit	CAS 13
预计负债外币报表折算差额	X duration，credit	CAS 13
预计负债期末账面余额	X instant，credit	CAS 13，CAS 30，CAS 33

元　素	元素类型	准则
说明预计负债产生的原因	text	CAS 13
预计负债经济利益流出不确定性的说明	text	CAS 13
与预计负债有关的预期补偿金额和本期已确认的预期补偿金额	text	CAS 13
承诺事项相关信息[text block]	text block	CAS 13
已签订的尚未履行或尚未完全履行的对外投资合同有关的承诺事项[text block]	text block	CAS 13
已签订的尚未履行或尚未完全履行的对外投资合同有关的承诺事项的金额	X duration,credit	CAS 13
已签订的尚未履行或尚未完全履行的对外投资合同有关的承诺事项的原因	text	CAS 13
已签订的正在或准备履行的大额发包合同有关的承诺事项[text block]	text block	CAS 13
已签订的正在或准备履行的大额发包合同有关的承诺事项的金额	X duration,credit	CAS 13
已签订的正在或准备履行的大额发包合同有关的承诺事项的原因	text	CAS 13
已签订的正在或准备履行的租赁合同有关的承诺事项[text block]	text block	CAS 13
已签订的正在或准备履行的租赁合同有关的承诺事项的金额	X duration,credit	CAS 13
已签订的正在或准备履行的租赁合同有关的承诺事项的原因	text	CAS 13
已签订的正在或准备履行的并购协议有关的承诺事项[text block]	text block	CAS 13
已签订的正在或准备履行的并购协议有关的承诺事项的金额	X duration,credit	CAS 13
已签订的正在或准备履行的并购协议有关的承诺事项的原因	text	CAS 13
已签订的正在或准备履行的重组计划有关的承诺事项[text block]	text block	CAS 13
已签订的正在或准备履行的重组计划有关的承诺事项的金额	X duration,credit	CAS 13
已签订的正在或准备履行的重组计划有关的承诺事项的原因	text	CAS 13
资本支出承诺[abstract]		
已授权但未订约的资本支出承诺	X instant,credit	CAS 13
已订约但未执行的资本支出承诺	X instant,credit	CAS 13
资本支出承诺合计	X instant,credit	CAS 13
承租方不可撤销的经营租赁[abstract]		
一年以内(含一年)承租人不可撤销经营租赁最低租赁付款额	X instant,credit	CAS 13,CAS 21

元　　素	元素类型	准则
一年以上两年以内(含两年)承租人不可撤销经营租赁最低租赁付款额	X instant,credit	CAS 13,CAS 21
两年以上三年以内(含三年)承租人不可撤销经营租赁最低租赁付款额	X instant,credit	CAS 13,CAS 21
三年以上承租人不可撤销经营租赁最低租赁付款额	X instant,credit	CAS 13,CAS 21
承租方经营租赁最低租赁付款额合计	X instant,credit	CAS 13,CAS 21
其他重大承诺事项信息披露[text block]	text block	CAS 13
其他重大承诺事项信息披露[abstract]		
其他重大承诺事项信息披露[table]	table	CAS 13
其他重大承诺事项[axis]	axis	CAS 13
其他重大承诺事项[member]	member	CAS 13
其他重大承诺事项信息披露[line items]	line items	
其他重大承诺事项的金额	X duration,credit	CAS 13
其他重大承诺事项的内容	text	CAS 13
其他重大承诺事项的影响	text	CAS 13
CAS14 收入		
[814100]附注_收入		
收入信息披露[text block]	text block	CAS 14
收入确认所采用的会计政策(含劳务交易完工进度的确定方法)[text block]	text block	CAS 14
销售商品收入	X duration,credit	CAS 14
提供劳务收入	X duration,credit	CAS 14
使用费收入	X duration,credit	CAS 14
利息收入	X duration,credit	CAS 14,CAS 30,CAS 33
CAS15 建造合同		
[815100]附注_建造合同		
元素元素属性准则		
建造合同信息披露[text block]	text block	CAS 15
结果能够可靠估计的建造合同[abstract]		
结果能够可靠估计的建造合同[table]	table	CAS 15
结果能够可靠估计的建造合同种类[axis]	axis	CAS 15
结果能够可靠估计的建造合同[member]	member	CAS 15

元　素	元素类型	准则
固定造价合同[member]	member	CAS 15
成本加成合同[member]	member	CAS 15
结果能够可靠估计的建造合同[line items]	line items	
结果能够可靠估计的建造合同,确定完工进度的方法	text	CAS 15
结果能够可靠估计的建造合同,合同金额	X duration	CAS 15
结果能够可靠估计的建造合同,累计已发生成本	X instant,debit	CAS 15
结果能够可靠估计的建造合同,累计已确认毛利	X instant,credit	CAS 15
结果能够可靠估计的建造合同,已结算价款	X instant	CAS 15
结果能够可靠估计的建造合同,本期预计的损失	X duration,debit	CAS 15
结果能够可靠估计的建造合同,预计损失的原因	text	CAS 15
结果不能可靠估计的建造合同[abstract]		
结果不能可靠估计的建造合同[table]	table	CAS 15
结果不能可靠估计的建造合同种类[axis]	axis	CAS 15
结果不能可靠估计的建造合同[member]	member	CAS 15
合同成本能够收回的合同[member]	member	CAS 15
合同成本不能够收回的合同[member]	member	CAS 15
结果不能可靠估计的建造合同[line items]	line items	
结果不能可靠估计的建造合同,合同金额	X duration	CAS 15
结果不能可靠估计的建造合同,累计已发生成本	X instant,debit	CAS 15
结果不能可靠估计的建造合同,累计已确认收入	X instant,credit	CAS 15
结果不能可靠估计的建造合同,已结算价款	X instant	CAS 15
建造合同其他需要说明的事项	text	CAS 15
CAS16 政府补助		
[816100]附注_政府补助		
政府补助信息披露[text block]	text block	CAS 16
政府补助[abstract]		
政府补助种类[abstract]		
政府补助种类[table]	table	CAS 16
政府补助的种类[axis]	axis	CAS 16
政府补助的种类[member]	member	CAS 16
与资产相关的政府补助[member]	member	CAS 16
与收益相关的政府补助[member]	member	CAS 16

元　素	元素类型	准则
政府补助种类[line items]	line items	
政府补助，计入当期损益的金额	X duration，credit	CAS 16
政府补助，计入递延收益的金额	X duration，credit	CAS 16
政府补助，当期返还金额	X duration，credit	CAS 16
返还政府补助原因的说明	text	CAS 16
政府补助其他需要说明的事项	text	CAS 16
CAS17 借款费用		
[817100]附注_借款费用		
借款费用信息披露[text block]	text block	CAS 17
借款费用信息披露[abstract]		
借款费用信息披露[table]	table	CAS 17
借款费用按项目披露[axis]	axis	CAS 17
借款费用项目[member]	member	CAS 17
范围[axis]	axis	CAS 17，CAS 39
范围[member]	member	CAS 17，CAS 39
最大值[member]	member	CAS 17
最小值[member]	member	CAS 17
借款费用信息披露[line items]	line items	
借款费用资本化金额	X duration	CAS 17
借款费用费用化金额	X duration，debit	CAS 17
本期确认资本化金额的资本化率	X. XX duration	CAS 17
CAS18 所得税		
[818200]附注_所得税		
所得税信息披露[text block]	text block	CAS 18
递延所得税资产和递延所得税负债信息披露[text block]	text block	CAS 18
递延所得税资产和递延所得税负债[abstract]		
递延所得税资产和递延所得税负债[table]	table	CAS 18
确认递延所得税的暂时性差异类型[axis]	axis	CAS 18
确认递延所得税的暂时性差异类型[member]	member	CAS 18
资产减值准备产生的暂时性差异[member]	member	CAS 18

元　　素	元素类型	准则
公允价值变动产生的暂时性差异[member]	member	CAS 18
固定资产折旧产生的暂时性差异[member]	member	CAS 18
无形资产摊销产生的暂时性差异[member]	member	CAS 18
应付职工薪酬产生的暂时性差异[member]	member	CAS 18
预计负债产生的暂时性差异[member]	member	CAS 18
可结转以后年度的亏损产生的暂时性差异[member]	member	CAS 18
其他暂时性差异[member]	member	CAS 18
递延所得税资产和递延所得税负债[line items]	line items	
可抵扣暂时性差异	X instant,debit	CAS 18
未经抵销的递延所得税资产	X instant,debit	CAS 18
应纳税暂时性差异	X instant,credit	CAS 18
未经抵销的递延所得税负债	X instant,credit	CAS 18
递延所得税抵销金额	X instant	CAS 18
抵销后的递延所得税资产和负债净额[abstract]		
抵销后递延所得税资产金额	X instant,debit	CAS 18,CAS 30,CAS 33,CAS 38
抵销后递延所得税负债金额	X instant,credit	CAS 18,CAS 30,CAS 33,CAS 38
未确认递延所得税资产的可抵扣暂时性差异(或可抵扣亏损)	[abstract]	
未确认递延所得税资产的可抵扣暂时性差异(或可抵扣亏损)[table]	table	CAS 18
未确认递延所得税的暂时性差异类型[axis]	axis	CAS 18
未确认递延所得税的暂时性差异类型[member]	member	CAS 18
未确认递延所得税资产的可抵扣暂时性差异(或可抵扣亏损)	[line items]	line items
未确认递延所得税资产的可抵扣暂时性差异(或可抵扣亏损)	X instant,debit	CAS 18
未确认递延所得税资产的原因	text	CAS 18
未确认递延所得税资产的可抵扣暂时性差异(或可抵扣亏损)的到期日	yyyy-mm-dd	CAS 18
未确认对子公司或联营企业及合营企业投资相关的递延所得税负债	[abstract]	
未确认对子公司或联营企业及合营企业投资相关的递延所得税负债[table]	table	CAS 18

元　　素	元素类型	准则
被投资单位[axis]	axis	CAS 2,CAS 18
被投资单位[member]	member	CAS 2,CAS 18
子公司[member]	member	CAS 18,CAS 30,CAS 36,CAS 41
合营企业[member]	member	CAS 2,CAS 18,CAS 41
联营企业[member]	member	CAS 2,CAS 18,CAS 41
未确认对子公司或联营企业及合营企业投资相关的递延所得税负债[line items]	line items	
未确认对子公司或联营企业及合营企业投资相关的递延所得税负债暂时性差异	X instant,credit	CAS 18
对子公司或联营企业及合营企业投资相关的递延所得税负债未确认原因	text	CAS 18
递延所得税资产和递延所得税负债抵销后列报的说明	text	CAS 18
递延所得税资产和递延所得税负债其他需要说明的事项	text	CAS 18
所得税费用信息披露[text block]	text block	CAS 18
所得税费用[abstract]		
当期所得税费用发生额	X duration,debit	CAS 18
递延所得税费用发生额	X duration,debit	CAS 18
以前年度所得税费用调整	X duration,debit	CAS 18
所得税费用合计	X duration,debit	CAS 18,CAS 30,CAS 33,CAS 35,CAS 41
所得税费用与会计利润的关系[abstract]		
利润总额	X duration,credit	CAS 18,CAS 30,CAS 33,CAS 35
适用的所得税税率	X. XX duration	CAS 18,CAS 30
按适用所得税税率计算的所得税费用	X duration,debit	CAS 18
所得税费用调整项目[abstract]		
不可作纳税抵扣的支出对所得税的影响	X duration,debit	CAS 18
不可作纳税抵扣的支出对所得税的影响,职工薪酬	X duration,debit	CAS 18
不可作纳税抵扣的支出对所得税的影响,资产减值损失	X duration,debit	CAS 18
不可作纳税抵扣的支出对所得税的影响,其他	X duration,debit	CAS 18
非应税收入对所得税的影响	(X) duration,credit	CAS 18
非应税收入对所得税的影响,中国国债利息收入	(X) duration,credit	CAS 18

元　素	元素类型	准则
非应税收入对所得税的影响，其他	(X) duration，credit	CAS 18
以前年度税收清算调整	X duration，debit	CAS 18
优惠税率对所得税的影响	(X) duration，credit	CAS 18
适用不同税率对所得税的影响	X duration，debit	CAS 18
所得税费用合计	X duration，debit	CAS 18，CAS 30，CAS 33，CAS 35，CAS 41
所得税费用其他需要说明的事项	text	CAS 18
CAS19 外币折算		
[819100]附注_外币折算		
外币折算信息披露[text block]	text block	CAS 19
企业及其境外经营选定的记账本位币及选定的原因	text	CAS 19
近似汇率的确定方法	text	CAS 19
处置境外经营对外币财务报表折算差额的影响	X duration	CAS 19
计入当期损益的汇兑差额	X duration，credit	CAS 19
CAS20 企业合并		
[820100]附注_企业合并		
企业合并，本期通过企业合并取得的子公司[text block]	text block	CAS 20
本期通过同一控制下的企业合并取得的子公司[text block]	text block	CAS 20
本期通过同一控制下的企业合并取得的子公司信息[abstract]		
本期通过同一控制下的企业合并取得的子公司信息[table]	table	CAS 20
本期同一控制下合并的子公司名称[axis]	axis	CAS 20
子公司名称[member]	member	CAS 20
本期通过同一控制下的企业合并取得的子公司信息[line items]	line items	CAS 20
通过同一控制下的企业合并取得的子公司注册地	text	CAS 20
通过同一控制下的企业合并取得的子公司业务性质	text	CAS 20
通过同一控制下的企业合并取得的子公司注册资本	X instant，credit	CAS 20
通过同一控制下的企业合并取得的子公司投资期末账面价值	X instant，debit	CAS 20
通过同一控制下的企业合并取得的子公司直接持股比例	X. XX instant	CAS 20

元素	元素类型	准则
通过同一控制下的企业合并取得的子公司间接持股比例	X. XX instant	CAS 20
通过同一控制下的企业合并取得的子公司直接表决权比例	X. XX instant	CAS 20
通过同一控制下的企业合并取得的子公司间接表决权比例	X. XX instant	CAS 20
同一控制下企业合并的判断依据	text	CAS 20
合并日的确定依据	text	CAS 20
以支付现金、转让非现金资产以及承担债务作为合并对价的企业合并[abstract]		
以支付现金、转让非现金资产以及承担债务作为合并对价的企业合并[table]	table	CAS 20
作为支付对价的项目名称[axis]	axis	CAS 20
作为支付对价的项目名称[member]	member	CAS 20
现金[member]	member	CAS 20
非现金资产[member]	member	CAS 20
权益性证券[member]	member	CAS 20
以支付现金、转让非现金资产以及承担债务作为合并对价的企业合并[line items]	line items	
支付对价合并日的项目账面价值	X instant,credit	CAS 20
发行权益性证券作为支付对价的股份数量	shares	CAS 20
权益性证券的定价原则	text	CAS 20
合并各方交换有表决权股份的比例	X. XX instant	CAS 20
同一控制实际控制人[text block]	text block	CAS 20
同一控制实际控制人公司名称	text	CAS 20
同一控制下企业合并取得的子公司名称	text	CAS 20
本期同一控制下被合并方自合并本期期初至合并日的相关信息	[abstract]	
本期同一控制下被合并方自合并本期期初至合并日的相关信息[table]	table	CAS 20
本期同一控制下合并的子公司名称[axis]	axis	CAS 20
子公司名称[member]	member	CAS 20
本期同一控制下被合并方自合并本期期初至合并日的相关信息	[line items]	line items
同一控制下合并日	yyyy-mm-dd	CAS 20
同一控制下被合并方期初至合并日营业收入	X duration,credit	CAS 20
同一控制下被合并方期初至合并日净利润	X duration,credit	CAS 20
同一控制下被合并方期初至合并日经营活动产生的现金流量净额	X duration,debit	CAS 20

元　素	元素类型	准则
同一控制下被合并方期初至合并日投资活动产生的现金流量净额	X duration,debit	CAS 20
同一控制下被合并方期初至合并日筹资活动产生的现金流量净额	X duration,debit	CAS 20
同一控制下被合并方上年末资产账面价值	X instant,debit	CAS 20
同一控制下被合并方合并日资产账面价值	X instant,debit	CAS 20
同一控制下被合并方上年末负债账面价值	X instant,credit	CAS 20
同一控制下被合并方合并日负债账面价值	X instant,credit	CAS 20
同一控制下被合并方上年末少数股东权益账面价值	X instant,credit	CAS 20
同一控制下被合并方合并日少数股东权益账面价值	X instant,credit	CAS 20
本期同一控制下合并后已处置或准备处置被合并方的信息[abstract]		
本期同一控制下合并后已处置或准备处置被合并方的信息[table]	table	CAS 20
本期同一控制下合并后已处置或准备处置的子公司名称[axis]	axis	CAS 20
子公司名称[member]	member	CAS 20
本期同一控制下合并后已处置或准备处置被合并方的信息[line items]	line items	
合并后已处置或准备处置被合并方处置价格	X instant,credit	CAS 20
合并后已处置被合并方处置日的资产账面价值或准备处置资产于报告日的账面价值	X instant,debit	CAS 20
合并后已处置被合并方处置日的负债账面价值或准备处置负债于报告日的账面价值	X instant,credit	CAS 20
本期通过同一控制下的企业合并取得的子公司其他需要说明的事项[text block]	text block	CAS 20
本期通过非同一控制下的企业合并取得的子公司[text block]	text block	CAS 20
本期通过非同一控制下的企业合并取得的子公司信息[abstract]		
本期通过非同一控制下的企业合并取得的子公司信息[table]	table	CAS 20
本期通过非同一控制下的企业合并取得的子公司名称[axis]	axis	CAS 20
子公司名称[member]	member	CAS 20
本期通过非同一控制下的企业合并取得的子公司信息[line items]	line items	
通过非同一控制下的企业合并取得的子公司注册地	text	CAS 20
通过非同一控制下的企业合并取得的子公司业务性质	text	CAS 20

元　　素	元素类型	准则
通过非同一控制下的企业合并取得的子公司注册资本	X instant,credit	CAS 20
通过非同一控制下的企业合并取得的子公司经营范围	text	CAS 20
通过非同一控制下的企业合并取得的子公司投资期末账面价值	X instant,debit	CAS 20
通过非同一控制下的企业合并取得的子公司直接持股比例	X. XX instant	CAS 20
通过非同一控制下的企业合并取得的子公司间接持股比例	X. XX instant	CAS 20
通过非同一控制下的企业合并取得的子公司直接表决权比例	X. XX instant	CAS 20
通过非同一控制下的企业合并取得的子公司间接表决权比例	X. XX instant	CAS 20
购买日的确定依据	text	CAS 20
合并成本构成[abstract]		
合并成本构成[table]	table	CAS 20
合并成本构成项目[axis]	axis	CAS 20
非同一控制下企业合并中作为支付对价的项目名称[member]	member	CAS 20
合并成本构成[line items]	line items	
合并成本购买日的账面价值	X instant,credit	CAS 20
合并成本公允价值	X instant,credit	CAS 20
合并成本公允价值的确定方法	text	CAS 20
合并成本小于应享有被购买方可辨认净资产公允价值份额的差额	X duration,credit	CAS 20
对合并成本小于应享有被购买方可辨认净资产公允价值份额的差额的描述	text	CAS 20
被购买方自购买日起至报告期期末的相关信息[abstract]		
被购买方自购买日起至报告期期末的相关信息[table]	table	CAS 20
本期通过非同一控制下的企业合并取得的子公司名称[axis]	axis	CAS 20
子公司名称[member]	member	CAS 20
被购买方自购买日起至报告期期末的相关信息[line items]	line items	
非同一控制下购买日	yyyy-mm-dd	CAS 20
非同一控制下被购买方自购买日起至报告期期末营业收入	X duration,credit	CAS 20
非同一控制下被购买方自购买日起至报告期期末净利润	X duration,credit	CAS 20

元　素	元素类型	准则
非同一控制下被购买方自购买日起至报告期期末经营活动产生的现金流量净额	X duration，debit	CAS 20
非同一控制下被购买方自购买日起至报告期期末投资活动产生的现金流量净额	X duration，debit	CAS 20
非同一控制下被购买方自购买日起至报告期期末筹资活动产生的现金流量净额	X duration，debit	CAS 20
被购买方各项可辨认资产及负债在上一会计期间资产负债表日及购买日的账面价值和公允价值[abstract]		
被购买方各项可辨认资产及负债在上一会计期间资产负债表日及购买日的账面价值和公允价值[table]	table	CAS 20
被购买方各项可辨认资产及负债在上一会计期间资产负债表日及购买日的账面价值和公允价值项目[axis]	axis	CAS 20
被购买方各项可辨认资产及负债在上一会计期间资产负债表日及购买日的账面价值和公允价值项目名称[member]	member	CAS 20
被购买方可辨认资产项目[member]	member	CAS 20
被购买方可辨认负债项目[member]	member	CAS 20
被购买方各项可辨认资产及负债在上一会计期间资产负债表日及购买日的账面价值和公允价值[line items]	line items	
被购买方各项可辨认资产及负债上一会计期间资产负债表日账面价值	X instant	CAS 20
被购买方各项可辨认资产及负债上一会计期间资产负债表日公允价值	X instant	CAS 20
被购买方各项可辨认资产及负债购买日账面价值	X instant	CAS 20
被购买方各项可辨认资产及负债购买日公允价值	X instant	CAS 20
商誉的金额及其确定方法	text	CAS 20
本期非同一控制下合并后已处置或准备处置被合并方情况[abstract]		
本期非同一控制下合并后已处置或准备处置被合并方的信息[table]	table	CAS 20
本期非同一控制下合并后已处置或准备处置的子公司名称[axis]	axis	CAS 20
子公司名称[member]	member	CAS 20
本期非同一控制下合并后已处置或准备处置被合并方的信息[line items]	line items	
合并后已处置或准备处置被合并方处置价格	X instant，credit	CAS 20
合并后已处置被合并方处置日的资产账面价值或准备处置资产于报告日的账面价值	X instant，debit	CAS 20
合并后已处置被合并方处置日的负债账面价值或准备处置负债于报告日的账面价值，非同一控制下	X instant，credit	CAS 20

元　　素	元素类型	准则
通过多次交易分步实现非同一控制下企业合并[abstract]		
通过多次交易分步实现非同一控制下企业合并时在购买日之前持有的被购买方的股权在购买日的公允价值	X instant,debit	CAS 20
通过多次交易分步实现非同一控制下企业合并时按照公允价值重新计量产生的相关利得或损失的金额	X duration,credit	CAS 20
本期通过非同一控制下的企业合并取得的子公司其他需要说明的事项	text	CAS 20
CAS21 租赁		
[821100]附注_租赁		
租赁信息披露[text block]	text block	CAS 21
租赁一作为出租人[text block]	text block	CAS 21
出租人的融资租赁[text block]	text block	CAS 21
出租人未实现融资收益[abstract]		
出租人未实现融资收益[table]	table	CAS 21
出租人融资租赁按项目披露[axis]	axis	CAS 21
出租人融资租赁项目[member]	member	CAS 21
出租人未实现融资收益[line items]	line items	
未实现融资收益	X instant,credit	CAS 21
分配未实现融资收益的方法	text	CAS 21
出租人以后年度将收到的最低租赁收款额[abstract]		
一年以内(含一年)出租人融资租赁最低租赁收款额	X instant,debit	CAS 21
一年以上两年以内(含两年)出租人融资租赁最低租赁收款额	X instant,debit	CAS 21
两年以上三年以内(含三年)出租人融资租赁最低租赁收款额	X instant,debit	CAS 21
三年以上出租人融资租赁最低租赁收款额	X instant,debit	CAS 21
出租人以后年度融资租赁将收到的最低租赁收款额合计	X instant,debit	CAS 21
作为出租人的经营租赁[abstract]		
作为出租人的经营租赁[table]	table	CAS 21
出租人经营租赁按项目披露[axis]	axis	CAS 21
出租人经营租赁按项目[member]	member	CAS 21
作为出租人的经营租赁[line items]	line items	
经营租赁账面原价	X instant,debit	CAS 21

元　素	元素类型	准则
经营租赁累计折旧(X) instant,credit	CAS 21	
经营租赁减值准备	(X) instant,credit	CAS 21
经营租赁账面价值	X instant,debit	CAS 21
出租人售后租回交易以及售后租回合同中的重要条款	text	CAS 21
出租人其他需要说明的事项	text	CAS 21
租赁—作为承租方[text block]	text block	CAS 21
承租方融资租赁[text block]	text block	CAS 21
承租方未确认融资费用[abstract]		
承租方未确认融资费用[table]	table	CAS 21
承租方融资租赁按项目披露[axis]	axis	CAS 21
承租方融资租赁项目[member]	member	CAS 21
承租方未确认融资费用[line items]	line items	
未确认融资费用	X instant,debit	CAS 21,CAS 37
承租方分摊未确认融资费用的方法	text	CAS 21
承租方其他融资租赁信息[abstract]		
承租方各类租入固定资产的账面价值[abstract]		
承租方各类租入固定资产的账面价值[table]	table	CAS 21
承租方租入固定资产按项目披露[axis]	axis	CAS 21
承租方租入固定资产的项目[member]	member	CAS 21
承租方各类租入固定资产的账面价值[line items]	line items	
租入固定资产原价	X instant,debit	CAS 21
租入固定资产累计折旧	(X) instant,credit	CAS 21
租入固定资产减值准备	(X) instant,credit	CAS 21
租入固定资产账面价值	X instant,debit	CAS 21
承租方以后年度融资租赁将支付的最低租赁付款额[abstract]		
一年以内(含一年)承租方融资租赁最低租赁付款额	X instant,credit	CAS 21
一年以上两年以内(含两年)承租方融资租赁最低租赁付款额	X instant,credit	CAS 21
两年以上三年以内(含三年)承租方融资租赁最低租赁付款额	X instant,credit	CAS 21
三年以上承租方融资租赁最低租赁付款额	X instant,credit	CAS 21
承租方以后年度融资租赁将支付的最低租赁付款额合计	X instant,credit	CAS 21

元　　素	元素类型	准则
承租方不可撤销的经营租赁[abstract]		
一年以内(含一年)承租人不可撤销经营租赁最低租赁付款额	X instant,credit	CAS 13,CAS 21
一年以上两年以内(含两年)承租人不可撤销经营租赁最低租赁付款额	X instant,credit	CAS 13,CAS 21
两年以上三年以内(含三年)承租人不可撤销经营租赁最低租赁付款额	X instant,credit	CAS 13,CAS 21
三年以上承租人不可撤销经营租赁最低租赁付款额	X instant,credit	CAS 13,CAS 21
承租方经营租赁最低租赁付款额合计	X instant,credit	CAS 13,CAS 21
承租方售后租回交易以及售后租回合同中的重要条款	text	CAS 21
承租方其他需要说明的事项	text	CAS 21
CAS25/26 原保险合同/再保险合同		
[826100]附注_保险公司合并财务报表		
保险公司合并财务报表[text block]	text block	CAS 30
应收保费账龄结构状况[abstract]		
三个月以内(含三个月)的应收保费账面余额	X instant,debit	CAS 33
三个月至一年(含一年)的应收保费账面余额	X instant,debit	CAS 33
一年以上的应收保费账面余额	X instant,debit	CAS 33
应收保费账面余额合计	X instant,debit	CAS 30,CAS 33
应收代位追偿款[abstract]		
应收代位追偿款账龄结构状况[abstract]		
一个月以内(含一个月)应收代位追偿款账面余额	X instant,debit	CAS 33
一个月至三个月(含三个月)应收代位追偿款账面余额	X instant,debit	CAS 33
三个月至一年(含一年)应收代位追偿款账面余额	X instant,debit	CAS 33
一年以上应收代位追偿款账面余额	X instant,debit	CAS 33
应收代位追偿款合计	X instant,debit	CAS 30,CAS 33
金额重大代位追偿款产生的原因和未确认的理由	text	CAS 33
应收分保合同保备金[abstract]		
应收分保未到期责任准备金	X instant,debit	CAS 30
应收分保未决赔款准备金	X instant,debit	CAS 30
应收分保寿险责任准备金	X instant,debit	CAS 30
应收分保长期健康险责任准备金	X instant,debit	CAS 30
应收分保合同准备金合计	X instant,debit	CAS 33
定期存款期限结构[abstract]		

元　　素	元素类型	准则
一个月至三个月(含三个月)定期存款账面余额	X instant,debit	CAS 33
三个月至一年(含一年)定期存款账面余额	X instant,debit	CAS 33
一年至二年(含二年)定期存款账面余额	X instant,debit	CAS 33
二年至三年(含三年)定期存款账面余额	X instant,debit	CAS 33
三年至四年(含四年)定期存款账面余额	X instant,debit	CAS 33
四年至五年(含五年)定期存款账面余额	X instant,debit	CAS 33
五年以上定期存款账面余额	X instant,debit	CAS 33
定期存款账面余额合计	X instant,debit	CAS 30,CAS 33
债券投资到期期限结构[abstract]		
一个月至三个月(含三个月)债券投资账面余额	X instant,debit	CAS 33
三个月至一年(含一年)债券投资账面余额	X instant,debit	CAS 33
一年至二年(含二年)债券投资账面余额	X instant,debit	CAS 33
二年至三年(含三年)债券投资账面余额	X instant,debit	CAS 33
三年至四年(含四年)债券投资账面余额	X instant,debit	CAS 33
四年至五年(含五年)债券投资账面余额	X instant,debit	CAS 33
五年以上债券投资账面余额	X instant,debit	CAS 33
债券投资账面余额合计	X instant,debit	CAS 33
其他资产,保险公司[abstract]		
应收股利	X instant,debit	CAS 30,CAS 33,CAS 37
损余物资	X instant,debit	CAS 33
其他	X instant,debit	CAS 33
其他资产合计	X instant,debit	CAS 30
保户储金或保户投资款[abstract]		
保户储金或保户投资款一年以内(含一年)账面余额	X instant,credit	CAS 33
保户储金或保户投资款一年至三年(含三年)账面余额	X instant,credit	CAS 33
保户储金或保户投资款三年至五年(含五年)账面余额	X instant,credit	CAS 33
保户储金或保户投资款五年以上账面余额	X instant,credit	CAS 33
保户储金或保户投资款账面余额合计	X instant,credit	CAS 33
保险合同准备金增减变动情况[abstract]		
保险合同准备金增减变动情况[table]	table	CAS 26
保险合同类别[axis]	axis	CAS 26
保险合同的类别[member]	member	CAS 26
原保险合同[member]	member	CAS 26

元　　素	元素类型	准则
再保险合同[member]	member	CAS 26
保险合同准备金增减变动情况[line items]	line items	
未到期责任准备金	X instant,credit	CAS 26,CAS 30
未决赔款准备金	X instant,credit	CAS 30
寿险责任准备金	X instant,credit	CAS 26,CAS 30
长期健康险责任准备金	X instant,credit	CAS 30
保险合同准备金合计	X instant,credit	CAS 33
未到期责任准备金本期增加额	X duration,credit	CAS 26
未决赔款准备金本期增加额	X duration,credit	CAS 26
寿险责任准备金本期增加额	X duration,credit	CAS 26
长期健康险责任准备金本期增加额	X duration,credit	CAS 26
保险合同准备金本期增加额合计	X duration,credit	CAS 26
未到期责任准备金本期减少额	X duration,debit	CAS 26
未到期责任准备金本期因赔付款项减少额	X duration,debit	CAS 26
未到期责任准备金本期因提前解除减少额	X duration,debit	CAS 26
未到期责任准备金本期因其他原因减少额	X duration,debit	CAS 26
未决赔款准备金本期减少额	X duration,debit	CAS 26
未决赔款准备金本期因赔付款项减少额	X duration,debit	CAS 26
未决赔款准备金本期因提前解除减少额	X duration,debit	CAS 26
未决赔款准备金本期因其他原因减少额	X duration,debit	CAS 26
寿险责任准备金本期减少额	X duration,debit	CAS 26
寿险责任准备金本期因赔付款项减少额	X duration,debit	CAS 26
寿险责任准备金本期因提前解除减少额	X duration,debit	CAS 26
寿险责任准备金本期因其他原因减少额	X duration,debit	CAS 26
长期健康险责任准备金本期减少额	X duration,debit	CAS 26
长期健康险责任准备金本期因赔付款项减少额	X duration,debit	CAS 26
长期健康险责任准备金本期因提前解除减少额	X duration,debit	CAS 26
长期健康险责任准备金本期因其他原因减少额	X duration,debit	CAS 26
保险合同准备金本期减少额合计	X duration,debit	CAS 26
保险合同准备金本期因赔付款项减少额	X duration,debit	CAS 26
保险合同准备金本期因提前解除减少额	X duration,debit	CAS 26
保险合同准备金本期因其他原因减少额	X duration,debit	CAS 26
保险合同准备金未到期期限[abstract]		

元　素	元素类型	准则
保险合同准备金未到期期限[table]	table	CAS 26
保险合同类别[axis]	axis	CAS 26
保险合同的类别[member]	member	CAS 26
原保险合同[member]	member	CAS 26
再保险合同[member]	member	CAS 26
保险合同准备金未到期期限[line items]	line items	
一年以下(含一年)未到期责任准备金账面余额	X instant,credit	CAS 26
一年以下(含一年)未决赔款准备金账面余额	X instant,credit	CAS 26
一年以下(含一年)寿险责任准备金账面余额	X instant,credit	CAS 26
一年以下(含一年)长期健康险责任准备金账面余额	X instant,credit	CAS 26
一年以下(含一年)保险合同准备金合计	X instant,credit	CAS 26
一年以上未到期责任准备金账面余额	X instant,credit	CAS 26
一年以上未决赔款准备金账面余额	X instant,credit	CAS 26
一年以上寿险责任准备金账面余额	X instant,credit	CAS 26
一年以上长期健康险责任准备金账面余额	X instant,credit	CAS 26
一年以上保险合同准备金合计	X instant,credit	CAS 26
原保险合同未决赔款准备金按构成内容列示[abstract]		
原保险合同已发生已报案未决赔款准备金账面余额	X instant,debit	CAS 26
原保险合同已发生未报案未决赔款准备金账面余额	X instant,debit	CAS 25
原保险合同理赔费用准备金账面余额	X instant,debit	CAS 25
原保险合同未决赔款准备金账面余额合计	X instant,debit	CAS 25
其他负债,保险公司[abstract]		
应付利息	X instant,credit	CAS 30,CAS 33, CAS 37
其他负债	X instant,credit	CAS 30
提取未到期责任准备金[text block]	text block	CAS 25
原保险合同提取未到期责任准备金	X duration,debit	CAS 26
再保险合同提取未到期责任准备金	X duration,debit	CAS 26
提取未到期责任准备金合计	X duration,debit	CAS 30
赔付支出按保险合同列示[abstract]		
原保险合同赔付支出发生额	X duration,debit	CAS 26
再保险合同赔付支出发生额	X duration,debit	CAS 26
赔付支出发生额合计	X duration,debit	CAS 26,CAS 30
赔付支出按内容列示[abstract]		

元　素	元素类型	准则
赔款支出发生额	X duration,debit	CAS 26
满期给付发生额	X duration,debit	CAS 26
年金给付发生额	X duration,debit	CAS 26
死伤医疗给付发生额	X duration,debit	CAS 26
赔付支出发生额合计	X duration,debit	CAS 26,CAS 30
提取保险责任准备金按保险合同列示[abstract]		
提取未决赔款准备金发生额	X duration,debit	CAS 26
原保险合同提取未决赔款准备金发生额	X duration,debit	CAS 26
再保险合同提取未决赔款准备金发生额	X duration,debit	CAS 26
提取寿险责任准备金发生额	X duration,debit	CAS 26
原保险合同提取寿险责任准备金发生额	X duration,debit	CAS 26
再保险合同提取寿险责任准备金发生额	X duration,debit	CAS 26
提取长期健康险责任准备金发生额	X duration,debit	CAS 26
原保险合同提取长期健康险责任准备金发生额	X duration,debit	CAS 26
再保险合同提取长期健康险责任准备金发生额	X duration,debit	CAS 26
提取保险责任准备金发生额合计	X duration,debit	CAS 26,CAS 30
提取原保险合同未决赔款准备金按构成内容列示[abstract]		
原保险合同提取已发生已报案未决赔款准备金发生额	X duration,debit	CAS 26
原保险合同提取已发生未报案未决赔款准备金发生额	X duration,debit	CAS 26
原保险合同提取理赔费用准备金发生额	X duration,debit	CAS 26
原保险合同提取未决赔款准备金发生额合计	X duration,debit	CAS 26
摊回保险责任准备金[abstract]		
摊回未决赔款准备金发生额	X duration,credit	CAS 26
摊回寿险责任准备金发生额	X duration,credit	CAS 26
摊回长期健康险责任准备金发生额	X duration,credit	CAS 26
摊回保险责任准备金发生额合计	X duration,credit	CAS 26,CAS 30
投资连结产品[text block]	text block	CAS 26
投资连结产品基本情况	text	CAS 26
独立账户单位数及每一独立账户单位净资产	text	CAS 26
独立账户的投资组合情况	text	CAS 26
风险保费及独立账户管理费计提情况	text	CAS 26
投资连结产品采用的主要会计政策	text	CAS 26
独立账户资产的估值原则	text	CAS 26

元　　素	元素类型	准则
保险公司其他事项说明[text block]	text block	CAS 26
保险风险[text block]	text block	CAS 26
风险管理目标和减轻风险的政策	text	CAS 26
管理资产负债的技术	text	CAS 26
选择和接受可承保保险风险的政策	text	CAS 26
评估和监控保险风险的方法	text	CAS 26
限制和转移保险风险的方法	text	CAS 26
保险风险类型	text	CAS 26
保险风险的内容	text	CAS 26
减轻保险风险的因素及程度	text	CAS 26
可能引起现金流量发生变动的因素	text	CAS 26
保险风险集中度	text	CAS 26
保险风险集中的险种	text	CAS 26
保险风险集中的地域	text	CAS 26
不考虑分出业务的索赔进展信息的披露[abstract]		
前四年度本年末不考虑分出业务的累计赔付款项估计额	X instant,credit	CAS 26
前四年度一年后不考虑分出业务的累计赔付款项估计额	X instant,credit	CAS 26
前四年度二年后不考虑分出业务的累计赔付款项估计额	X instant,credit	CAS 26
前四年度三年后不考虑分出业务的累计赔付款项估计额	X instant,credit	CAS 26
前四年度四年后不考虑分出业务的累计赔付款项估计额	X instant,credit	CAS 26
前四年度不考虑分出业务的累计赔付款项估计额	X instant,credit	CAS 26
前四年度不考虑分出业务的累计支付的赔付款项	(X) instant,debit	CAS 26
前四年度不考虑分出业务的以前期间调整额	X instant,credit	CAS 26
前四年度不考虑分出业务的尚未支付的赔付款项	X instant,credit	CAS 26
前三年度不考虑分出业务的本年末累计赔付款项估计额	X instant,credit	CAS 26
前三年度不考虑分出业务的一年后累计赔付款项估计额	X instant,credit	CAS 26
前三年度不考虑分出业务的二年后累计赔付款项估计额	X instant,credit	CAS 26
前三年度不考虑分出业务的三年后累计赔付款项估计额	X instant,credit	CAS 26
前三年度不考虑分出业务的累计赔付款项估计额	X instant,credit	CAS 26

元　　素	元素类型	准则
前三年度不考虑分出业务的累计支付的赔付款项	(X) instant,debit	CAS 26
前三年度不考虑分出业务的以前期间调整额	X instant,credit	CAS 26
前三年度不考虑分出业务的尚未支付的赔付款项	X instant,credit	CAS 26
前两年度不考虑分出业务的本年末累计赔付款项估计额	X instant,credit	CAS 26
前两年度不考虑分出业务的一年后累计赔付款项估计额	X instant,credit	CAS 26
前两年度不考虑分出业务的二年后累计赔付款项估计额	X instant,credit	CAS 26
前两年度不考虑分出业务的累计赔付款项估计额	X instant,credit	CAS 26
前两年度不考虑分出业务的累计支付的赔付款项	(X) instant,debit	CAS 26
前两年度不考虑分出业务的以前期间调整额	X instant,credit	CAS 26
前两年度不考虑分出业务的尚未支付的赔付款项	X instant,credit	CAS 26
前一年度不考虑分出业务的本年末累计赔付款项估计额	X instant,credit	CAS 26
前一年度不考虑分出业务的一年后累计赔付款项估计额	X instant,credit	CAS 26
前一年度不考虑分出业务的累计赔付款项估计额	X instant,credit	CAS 26
前一年度不考虑分出业务的累计支付的赔付款项	(X) instant,debit	CAS 26
前一年度不考虑分出业务的以前期间调整额	X instant,credit	CAS 26
前一年度不考虑分出业务的尚未支付的赔付款项	X instant,credit	CAS 26
本年度不考虑分出业务的年末累计赔付款项估计额	X instant,credit	CAS 26
本年度不考虑分出业务的累计赔付款项估计额	X instant,credit	CAS 26
本年度不考虑分出业务的累计支付的赔付款项	(X) instant,debit	CAS 26
本年度不考虑分出业务的以前期间调整额	X instant,credit	CAS 26
本年度不考虑分出业务的尚未支付的赔付款项	X instant,credit	CAS 26
不考虑分出业务的累计赔付款项估计额	X instant,credit	CAS 26
不考虑分出业务的累计支付的赔付款项	(X) instant,debit	CAS 26
不考虑分出业务的以前期间调整额	X instant,credit	CAS 26
不考虑分出业务的尚未支付的赔付款项合计	X instant,credit	CAS 26
扣除分出业务的索赔进展信息的披露[abstract]		
前四年度本年末扣除分出业务的累计赔付款项估计额	X instant,credit	CAS 26
前四年度一年后扣除分出业务的累计赔付款项估计额	X instant,credit	CAS 26
前四年度二年后扣除分出业务的累计赔付款项估计额	X instant,credit	CAS 26

元　素	元素类型	准则
前四年度三年后扣除分出业务的累计赔付款项估计额	X instant,credit	CAS 26
前四年度四年后扣除分出业务的累计赔付款项估计额	X instant,credit	CAS 26
前四年度扣除分出业务的累计赔付款项估计额	X instant,credit	CAS 26
前四年度扣除分出业务的累计支付的赔付款项	(X) instant,debit	CAS 26
前四年度扣除分出业务的以前期间调整额	X instant,credit	CAS 26
前四年度扣除分出业务的尚未支付的赔付款项	X instant,credit	CAS 26
前三年度扣除分出业务的本年末累计赔付款项估计额	X instant,credit	CAS 26
前三年度扣除分出业务的一年后累计赔付款项估计额	X instant,credit	CAS 26
前三年度扣除分出业务的二年后累计赔付款项估计额	X instant,credit	CAS 26
前三年度扣除分出业务的三年后累计赔付款项估计额	X instant,credit	CAS 26
前三年度扣除分出业务的累计赔付款项估计额	X instant,credit	CAS 26
前三年度扣除分出业务的累计支付的赔付款项	(X) instant,debit	CAS 26
前三年度扣除分出业务的以前期间调整额	X instant,credit	CAS 26
前三年度扣除分出业务的尚未支付的赔付款项	X instant,credit	CAS 26
前两年度扣除分出业务的本年末累计赔付款项估计额	X instant,credit	CAS 26
前两年度扣除分出业务的一年后累计赔付款项估计额	X instant,credit	CAS 26
前两年度扣除分出业务的二年后累计赔付款项估计额	X instant,credit	CAS 26
前两年度扣除分出业务的累计赔付款项估计额	X instant,credit	CAS 26
前两年度扣除分出业务的累计支付的赔付款项	(X) instant,debit	CAS 26
前两年度扣除分出业务的以前期间调整额	X instant,credit	CAS 26
前两年度扣除分出业务的尚未支付的赔付款项	X instant,credit	CAS 26
前一年度扣除分出业务的本年末累计赔付款项估计额	X instant,credit	CAS 26
前一年度扣除分出业务的一年后累计赔付款项估计额	X instant,credit	CAS 26
前一年度扣除分出业务的累计赔付款项估计额	X instant,credit	CAS 26
前一年度扣除分出业务的累计支付的赔付款项	(X) instant,debit	CAS 26
前一年度扣除分出业务的以前期间调整额	X instant,credit	CAS 26
前一年度扣除分出业务的尚未支付的赔付款项	X instant,credit	CAS 26
本年度扣除分出业务的年末累计赔付款项估计额	X instant,credit	CAS 26

元　　素	元素类型	准则
本年度扣除分出业务的累计赔付款项估计额	X instant,credit	CAS 26
本年度扣除分出业务的累计支付的赔付款项	(X) instant,debit	CAS 26
本年度扣除分出业务的以前期间调整额	X instant,credit	CAS 26
本年度扣除分出业务的尚未支付的赔付款项	X instant,credit	CAS 26
扣除分出业务的累计赔付款项估计额	X instant,credit	CAS 26
扣除分出业务的累计支付的赔付款项	(X) instant,debit	CAS 26
扣除分出业务的以前期间调整额	X instant,credit	CAS 26
扣除分出业务的尚未支付的赔付款项	X instant,credit	CAS 26
与保险合同有关的重大假设[text block]	text block	CAS 26
重大假设	text	CAS 26
对假设具有重大影响的数据的来源	text	CAS 26
假设变动的影响及敏感性分析	text	CAS 26
影响假设不确定性的事项和程度	text	CAS 26
不同假设之间的关系	text	CAS 26
描述过去经验和当前情况	text	CAS 26
假设与可观察到的市场价格或其他公开信息的符合程度	text	CAS 26
CAS27 石油天然气开采		
[827100]附注_油气资产		
油气资产[text block]	text block	CAS 27
当期在国内和国外发生的取得矿区权益及油气勘探和油气开发各项支出的披露[text block]	text block	CAS 27
当期在国内和国外发生的取得矿区权益及油气勘探和油气开发各项支出的总额	X duration,debit	CAS 27
油气资产的增减变动[abstract]		
油气资产的增减变动[table]	table	CAS 27
油气资产类别[axis]	axis	CAS 27
油气资产[member]	member	CAS 27
探明矿区权益[member]	member	CAS 27
未探明矿区权益[member]	member	CAS 27
井及相关设施[member]	member	CAS 27
油气资产的增减变动[line items]	line items	
油气资产原价[abstract]		
油气资产原价年初账面余额	X instant,debit	CAS 27

元　素	元素类型	准则
油气资产原价本期增加额	X duration,debit	CAS 27
油气资产原价本期减少额	(X) duration,credit	CAS 27
油气资产原价期末账面余额	X instant,debit	CAS 27
油气资产累计折耗[abstract]		
油气资产累计折耗年初账面余额	X instant,credit	CAS 27
油气资产累计折耗本期增加额	X duration,credit	CAS 27
油气资产累计折耗本期减少额	(X) duration,debit	CAS 27
油气资产累计折耗期末账面余额	X instant,credit	CAS 27
油气资产账面净值[abstract]		
油气资产期初账面净值	X instant,debit	CAS 27
油气资产期末账面净值	X instant,debit	CAS 27
油气资产减值准备[abstract]		
期初油气资产减值准备	X instant,credit	CAS 8,CAS 27
油气资产减值准备,本期计提额	X duration,credit	CAS 8,CAS 27
油气资产减值准备,本期减少额	(X) duration,debit	CAS 8,CAS 27
期末油气资产减值准备	X instant,credit	CAS 8,CAS 27
油气资产账面价值[abstract]		
油气资产年初账面价值	X instant,debit	CAS 27,CAS 30,CAS 33
油气资产本期增加额	X duration,debit	CAS 27
油气资产本期减少额	(X) duration,credit	CAS 27
油气资产期末账面价值	X instant,debit	CAS 27,CAS 30,CAS 33
油气储量披露[abstract]		
油气储量披露[table]	table	CAS 27
地区分布[axis]	axis	CAS 27,CAS 30
地区分布的类别[member]	member	CAS 27,CAS 30
国内[member]	member	CAS 27
国外[member]	member	CAS 27
探明油气储量披露[axis]	axis	CAS 27
探明油气储量[member]	member	CAS 27
探明已开发油气储量[member]	member	CAS 27
探明未开发油气储量[member]	member	CAS 27
油气储量披露[line items]	line items	

元　　素	元素类型	准则
油气储量年初账面余额	X. XX instant	CAS 27
油气储量本期增加额	X. XX duration	CAS 27
油气储量本期减少额	(X. XX) duration	CAS 27
油气储量期末账面余额	X. XX instant	CAS 27
油气资产其他需要说明的事项	text	CAS 27
CAS28 会计政策、会计估计变更和差错更正		
[828700]附注_会计政策、会计估计变更和差错更正		
会计政策、会计估计变更以及差错更正的信息披露[text block]	text block	CAS 28
本报告期会计政策变更[abstract]		
会计政策变更的性质、内容和原因	text	CAS 28
当期和各个列报前期财务报表中受影响的项目名称和调整金额[text block]	text block	CAS 28
当期和各个列报前期财务报表中受影响的项目调整金额	X duration	CAS 28
无法进行追溯调整情况说明	text	CAS 28
本报告期会计估计变更[abstract]		
会计估计变更的内容和原因	text	CAS 28
会计估计变更对当期的影响数	X duration	CAS 28
会计估计变更对未来期间的影响数	X duration	CAS 28
会计估计变更的影响数不能确定的说明[text block]	text block	CAS 28
前期差错更正[abstract]		
前期差错的性质	text	CAS 28
各个列报前期财务报表中受影响的项目名称和更正金额[text block]	text block	CAS 28
各个列报前期财务报表中受影响的项目更正金额	X duration	CAS 28
无法进行追溯重述情况说明	text	CAS 28
CAS29 资产负债表日后事项		
[829100]附注_资产负债表日后事项		
资产负债表日后事项信息披露[text block]	text block	CAS 29
财务报告批准事项[text block]	text block	CAS 29
财务报告批准报出者	text	CAS 29
财务报告批准报出日	yyyy-mm-dd	CAS 29
资产负债表日后非调整事项[abstract]		

元　素	元素类型	准则
资产负债表日后非调整事项[table]	table	CAS 29
资产负债表按日后非调整事项[axis]	axis	CAS 29
资产负债表按日后非调整事项[member]	member	CAS 29
日后重大诉讼、仲裁、承诺事项[member]	member	CAS 29
日后资产价格、税收政策、外汇汇率发生重大变化事项[member]	member	CAS 29
日后资产发生重大损失事项[member]	member	CAS 29
日后发行股票和债券以及其他巨额举债事项[member]	member	CAS 29
日后资本公积转增资本事项[member]	member	CAS 29
日后发生巨额亏损事项[member]	member	CAS 29
日后发生企业合并或处置子公司事项[member]	member	CAS 29
资产负债表日后非调整事项[line items]	line items	
日后非调整事项性质、内容	text	CAS 29
日后非调整事项对财务状况的影响	X duration	CAS 29
日后非调整事项对经营成果的影响	X duration	CAS 29
无法估计出财务影响的说明	text	CAS 29
CAS30 财务报表列报		
[130000]财务报表一般信息		
公司基本情况信息披露[text block]	text block	CAS 30
公司基本情况[abstract]		
公司名称	text	CAS 30
批准省市	text	CAS 30
批准日期	yyyy-mm-dd	CAS 30
批准文号	text	CAS 30
发起人	text	CAS 30
营业执照注册号	text	CAS 30
所属行业	text	CAS 30
公司基本情况备注	text	CAS 30
[230005]个别资产负债表		
个别资产负债表[text block]	text block	CAS 30
资产负债表[abstract]		

元　　素	元素类型	准则
资产负债表[table]	table	CAS 30,CAS 33
合并和个别财务报表[axis]	axis	CAS 33
合并[member]	member	CAS 33
个别[member]	member	CAS 33
资产负债表[line items]	line items	
资产[abstract]		
流动资产[abstract]		
货币资金	X instant,debit	CAS 30,CAS 33,CAS 37
以公允价值计量且其变动计入当期损益的金融资产	X instant,debit	CAS 30,CAS 33,CAS 37
衍生金融资产	X instant,debit	CAS 30,CAS 33,CAS 37
应收票据	X instant,debit	CAS 30,CAS 33,CAS 37
应收账款	X instant,debit	CAS 30,CAS 33,CAS 37
预付款项	X instant,debit	CAS 30,CAS 33,CAS 37
应收利息	X instant,debit	CAS 30,CAS 33,CAS 37
应收股利	X instant,debit	CAS 30,CAS 33,CAS 37
其他应收款	X instant,debit	CAS 30,CAS 33,CAS 37
存货	X instant,debit	CAS 1,CAS 30,CAS 33
划分为持有待售的资产	X instant,debit	CAS 30,CAS 33
一年内到期的非流动资产	X instant,debit	CAS 30,CAS 33
其他流动资产	X instant,debit	CAS 30,CAS 33
流动资产合计	X instant,debit	CAS 30,CAS 33,CAS 41
非流动资产[abstract]		
可供出售金融资产	X instant,debit	CAS 30,CAS 33,CAS 37
持有至到期投资	X instant,debit	CAS 30,CAS 33,CAS 37
长期应收款	X instant,debit	CAS 30,CAS 33,CAS 37
长期股权投资	X instant,debit	CAS 2,CAS 30,CAS 33

元　　素	元素类型	准则
投资性房地产	X instant,debit	CAS 3,CAS 30,CAS 33
固定资产	X instant,debit	CAS 4,CAS 30,CAS 33
在建工程	X instant,debit	CAS 4,CAS 30,CAS 33
工程物资	X instant,debit	CAS 4,CAS 30,CAS 33
固定资产清理	X instant,debit	CAS 30,CAS 33
生产性生物资产	X instant,debit	CAS 30,CAS 33
油气资产	X instant,debit	CAS 27,CAS 30,CAS 33
无形资产	X instant,debit	CAS 6,CAS 30,CAS 33
开发支出	X instant,debit	CAS 6,CAS 30,CAS 33
商誉	X instant,debit	CAS 20,CAS 30,CAS 33
长期待摊费用	X instant,debit	CAS 30,CAS 33
递延所得税资产	X instant,debit	CAS 18,CAS 30,CAS 33,CAS 38
其他非流动资产	X instant,debit	CAS 30,CAS 33
非流动资产合计	X instant,debit	CAS 30,CAS 33,CAS 41
资产总计	X instant,debit	CAS 30,CAS 33,CAS 35,CAS 41
负债和所有者权益(或股东权益)[abstract]		
负债[abstract]		
流动负债[abstract]		
短期借款	X instant,credit	CAS 30,CAS 33,CAS 37
以公允价值计量且其变动计入当期损益的金融负债	X instant,credit	CAS 30,CAS 33,CAS 37
衍生金融负债	X instant,credit	CAS 30,CAS 33,CAS 37
应付票据	X instant,credit	CAS 30,CAS 33,CAS 37
应付账款	X instant,credit	CAS 30,CAS 33,CAS 37
预收款项	X instant,credit	CAS 30,CAS 33,CAS 37
应付职工薪酬	X instant,credit	CAS 9,CAS 30,CAS 33

元　素	元素类型	准则
应交税费	X instant,credit	CAS 30,CAS 33
应付利息	X instant,credit	CAS 30,CAS 33,CAS 37
应付股利	X instant,credit	CAS 30,CAS 33,CAS 37
其他应付款	X instant,credit	CAS 30,CAS 33,CAS 37
划分为持有待售的负债	X instant,credit	CAS 30,CAS 33
一年内到期的非流动负债	X instant,credit	CAS 30,CAS 33,CAS 37
其他流动负债	X instant,credit	CAS 30,CAS 33
流动负债合计	X instant,credit	CAS 30,CAS 33,CAS 41
非流动负债[abstract]		
长期借款	X instant,credit	CAS 30,CAS 33,CAS 37
应付债券	X instant,credit	CAS 30,CAS 33,CAS 37
其中:优先股	X instant,credit	CAS 30,CAS 33,CAS 37
永续债	X instant,credit	CAS 30,CAS 33,CAS 37
长期应付款	X instant,credit	CAS 30,CAS 33,CAS 37
长期应付职工薪酬	X instant,credit	CAS 9,CAS 30,CAS 33
专项应付款	X instant,credit	CAS 30,CAS 33,CAS 37
预计负债	X instant,credit	CAS 13,CAS 30,CAS 33
递延收益	X instant,credit	CAS 30,CAS 33
递延所得税负债	X instant,credit	CAS 18,CAS 30,CAS 33,CAS 38
其他非流动负债	X instant,credit	CAS 30,CAS 33
非流动负债合计	X instant,credit	CAS 30,CAS 33,CAS 41
负债合计	X instant,credit	CAS 30,CAS 33,CAS 35,CAS 41
所有者权益(或股东权益)[abstract]		
实收资本(或股本)	X instant,credit	CAS 30,CAS 33
其他权益工具	X instant,credit	CAS 30,CAS 33,CAS 37

元　素	元素类型	准则
其中:优先股	X instant,credit	CAS 30,CAS 33,CAS 37
永续债	X instant,credit	CAS 30,CAS 33,CAS 37
资本公积	X instant,credit	CAS 30,CAS 33
库存股	(X) instant,debit	CAS 30,CAS 33
其他综合收益	X instant,credit	CAS 30,CAS 33
专项储备	X instant,credit	CAS 30,CAS 33
盈余公积	X instant,credit	CAS 30,CAS 33
未分配利润	X instant,credit	CAS 30,CAS 33
所有者权益(或股东权益)合计	X instant,credit	CAS 30,CAS 33
负债和所有者权益(或股东权益)总计	X instant,credit	CAS 30,CAS 33
[230105]个别资产负债表_商业银行		
个别资产负债表,商业银行[text block]	text block	CAS 30
资产负债表[abstract]		
资产负债表[table]	table	CAS 30,CAS 33
合并和个别财务报表[axis]	axis	CAS 33
合并[member]	member	CAS 33
个别[member]	member	CAS 33
资产负债表[line items]	line items	
资产[abstract]		
现金及存放中央银行款项	X instant,debit	CAS 30
存放同业及其他金融机构款项	X instant,debit	CAS 30
贵金属	X instant,debit	CAS 30
拆出资金	X instant,debit	CAS 30,CAS 33
以公允价值计量且其变动计入当期损益的金融资产	X instant,debit	CAS 30,CAS 33,CAS 37
衍生金融资产	X instant,debit	CAS 30,CAS 33,CAS 37
买入返售金融资产	X instant,debit	CAS 30,CAS 33
应收利息	X instant,debit	CAS 30,CAS 33,CAS 37
发放贷款和垫款	X instant,debit	CAS 30,CAS 33
可供出售金融资产	X instant,debit	CAS 30,CAS 33,CAS 37

元　　素	元素类型	准则
持有至到期投资	X instant,debit	CAS 30,CAS 33,CAS 37
长期股权投资	X instant,debit	CAS 2,CAS 30,CAS 33
投资性房地产	X instant,debit	CAS 3,CAS 30,CAS 33
固定资产	X instant,debit	CAS 4,CAS 30,CAS 33
在建工程	X instant,debit	CAS 4,CAS 30,CAS 33
无形资产	X instant,debit	CAS 6,CAS 30,CAS 33
商誉	X instant,debit	CAS 20,CAS 30,CAS 33
递延所得税资产	X instant,debit	CAS 18,CAS 30,CAS 33,CAS 38
其他资产	X instant,debit	CAS 30
资产总计	X instant,debit	CAS 30,CAS 33,CAS 35,CAS 41
负债和所有者权益(或股东权益)[abstract]		
负债[abstract]		
向中央银行借款	X instant,credit	CAS 30,CAS 33
同业及其他金融机构存放款项	X instant,credit	CAS 30
拆入资金	X instant,credit	CAS 30,CAS 33
以公允价值计量且其变动计入当期损益的金融负债	X instant,credit	CAS 30,CAS 33,CAS 37
衍生金融负债	X instant,credit	CAS 30,CAS 33,CAS 37
卖出回购金融资产款	X instant,credit	CAS 30,CAS 33
吸收存款	X instant,credit	CAS 30
应付职工薪酬	X instant,credit	CAS 9,CAS 30
应交税费	X instant,credit	CAS 30,CAS 33
应付利息	X instant,credit	CAS 30,CAS 33,CAS 37
预计负债	X instant,credit	CAS 13,CAS 30,CAS 33
应付债券	X instant,credit	CAS 30,CAS 33,CAS 37
其中:优先股	X instant,credit	CAS 30,CAS 33,CAS 37
永续债	X instant,credit	CAS 30,CAS 33,CAS 37

元　　素	元素类型	准则
递延所得税负债	X instant,credit	CAS 18,CAS 30,CAS 33,CAS 38
其他负债	X instant,credit	CAS 30
负债合计	X instant,credit	CAS 30,CAS 33,CAS 35,CAS 41
所有者权益(或股东权益)[abstract]		
实收资本(或股本)	X instant,credit	CAS 30,CAS 33
其他权益工具	X instant,credit	CAS 30,CAS 33,CAS 37
其中:优先股	X instant,credit	CAS 30,CAS 33,CAS 37
永续债	X instant,credit	CAS 30,CAS 33,CAS 37
资本公积	X instant,credit	CAS 30,CAS 33
库存股	(X) instant,debit	CAS 30,CAS 33
其他综合收益	X instant,credit	CAS 30,CAS 33
盈余公积	X instant,credit	CAS 30,CAS 33
一般风险准备	X instant,credit	CAS 30,CAS 33
未分配利润	X instant,credit	CAS 30,CAS 33
所有者权益(或股东权益)合计	X instant,credit	CAS 30,CAS 33
负债和所有者权益(或股东权益)总计	X instant,credit	CAS 30,CAS 33

[230225]个别资产负债表_证券公司		
个别资产负债表,证券公司[text block]	text block	CAS 30
资产负债表[abstract]		
资产负债表[table]	table	CAS 30,CAS 33
合并和个别财务报表[axis]	axis	CAS 33
合并[member]	member	CAS 33
个别[member]	member	CAS 33
资产负债表[line items]	line items	
资产[abstract]		
货币资金	X instant,debit	CAS 30,CAS 33,CAS 37
其中:客户资金存款	X instant,debit	CAS 30
结算备付金	X instant,debit	CAS 30,CAS 33
其中:客户备付金	X instant,debit	CAS 30

元　　素	元素类型	准则
拆出资金	X instant,debit	CAS 30,CAS 33
融出资金	X instant,debit	CAS 30
以公允价值计量且其变动计入当期损益的金融资产	X instant,debit	CAS 30,CAS 33,CAS 37
衍生金融资产	X instant,debit	CAS 30,CAS 33,CAS 37
买入返售金融资产	X instant,debit	CAS 30,CAS 33
应收款项	X instant,debit	CAS 30
应收利息	X instant,debit	CAS 30,CAS 33,CAS 37
存出保证金	X instant,debit	CAS 30
可供出售金融资产	X instant,debit	CAS 30,CAS 33,CAS 37
持有至到期投资	X instant,debit	CAS 30,CAS 33,CAS 37
长期股权投资	X instant,debit	CAS 2,CAS 30,CAS 33
投资性房地产	X instant,debit	CAS 3,CAS 30,CAS 33
固定资产	X instant,debit	CAS 4,CAS 30,CAS 33
在建工程	X instant,debit	CAS 4,CAS 30,CAS 33
无形资产	X instant,debit	CAS 6,CAS 30,CAS 33
商誉	X instant,debit	CAS 20,CAS 30,CAS 33
递延所得税资产	X instant,debit	CAS 18,CAS 30,CAS 33,CAS 38
其他资产	X instant,debit	CAS 30
资产总计	X instant,debit	CAS 30,CAS 33,CAS 35,CAS 41
负债和所有者权益(或股东权益)[abstract]		
负债[abstract]		
短期借款	X instant,credit	CAS 30,CAS 33,CAS 37
应付短期融资款	X instant,credit	CAS 30
拆入资金	X instant,credit	CAS 30,CAS 33
以公允价值计量且其变动计入当期损益的金融负债	X instant,credit	CAS 30,CAS 33,CAS 37
衍生金融负债	X instant,credit	CAS 30,CAS 33,CAS 37

元　　素	元素类型	准则
卖出回购金融资产款	X instant,credit	CAS 30,CAS 33
代理买卖证券款	X instant,credit	CAS 30,CAS 33
代理承销证券款	X instant,credit	CAS 30,CAS 33
应付职工薪酬	X instant,credit	CAS 9,CAS 30
应交税费	X instant,credit	CAS 30,CAS 33
应付款项	X instant,credit	CAS 30
应付利息	X instant,credit	CAS 30,CAS 33,CAS 37
预计负债	X instant,credit	CAS 13,CAS 30,CAS 33
长期借款	X instant,credit	CAS 30,CAS 33,CAS 37
应付债券	X instant,credit	CAS 30,CAS 33,CAS 37
其中:优先股	X instant,credit	CAS 30,CAS 33,CAS 37
永续债	X instant,credit	CAS 30,CAS 33,CAS 37
递延所得税负债	X instant,credit	CAS 18,CAS 30,CAS 33,CAS 38
其他负债	X instant,credit	CAS 30
负债合计	X instant,credit	CAS 30,CAS 33,CAS 35,CAS 41
所有者权益(或股东权益)[abstract]		
实收资本(或股本)	X instant,credit	CAS 30,CAS 33
其他权益工具	X instant,credit	CAS 30,CAS 33,CAS 37
其中:优先股	X instant,credit	CAS 30,CAS 33,CAS 37
永续债	X instant,credit	CAS 30,CAS 33,CAS 37
资本公积	X instant,credit	CAS 30,CAS 33
库存股	(X) instant,debit	CAS 30,CAS 33
其他综合收益	X instant,credit	CAS 30,CAS 33
盈余公积	X instant,credit	CAS 30,CAS 33
一般风险准备	X instant,credit	CAS 30,CAS 33
未分配利润	X instant,credit	CAS 30,CAS 33
所有者权益(或股东权益)合计	X instant,credit	CAS 30,CAS 33
负债和所有者权益(或股东权益)总计	X instant,credit	CAS 30,CAS 33

元　　素	元素类型	准则
[230335]个别资产负债表_保险公司		
个别资产负债表，保险公司[text block]	text block	CAS 30
资产负债表[abstract]		
资产负债表[table]	table	CAS 30，CAS 33
合并和个别财务报表[axis]	axis	CAS 33
合并[member]	member	CAS 33
个别[member]	member	CAS 33
资产负债表[line items]	line items	
资产[abstract]		
货币资金	X instant，debit	CAS 30，CAS 33，CAS 37
拆出资金	X instant，debit	CAS 30，CAS 33
以公允价值计量且其变动计入当期损益的金融资产	X instant，debit	CAS 30，CAS 33，CAS 37
衍生金融资产	X instant，debit	CAS 30，CAS 33，CAS 37
买入返售金融资产	X instant，debit	CAS 30，CAS 33
应收利息	X instant，debit	CAS 30，CAS 33，CAS 37
应收保费	X instant，debit	CAS 30，CAS 33
应收代位追偿款	X instant，debit	CAS 30，CAS 33
应收分保账款	X instant，debit	CAS 30，CAS 33
应收分保未到期责任准备金	X instant，debit	CAS 30
应收分保未决赔款准备金	X instant，debit	CAS 30
应收分保寿险责任准备金	X instant，debit	CAS 30
应收分保长期健康险责任准备金	X instant，debit	CAS 30
保户质押贷款	X instant，debit	CAS 30
定期存款	X instant，debit	CAS 30，CAS 33
可供出售金融资产	X instant，debit	CAS 30，CAS 33，CAS 37
持有至到期投资	X instant，debit	CAS 30，CAS 33，CAS 37
长期股权投资	X instant，debit	CAS 2，CAS 30，CAS 33
存出资本保证金	X instant，debit	CAS 30
投资性房地产	X instant，debit	CAS 3，CAS 30，CAS 33

元　素	元素类型	准则
固定资产	X instant,debit	CAS 4,CAS 30,CAS 33
在建工程	X instant,debit	CAS 4,CAS 30,CAS 33
无形资产	X instant,debit	CAS 6,CAS 30,CAS 33
商誉	X instant,debit	CAS 20,CAS 30,CAS 33
独立账户资产	X instant,debit	CAS 30
递延所得税资产	X instant,debit	CAS 18,CAS 30,CAS 33,CAS 38
其他资产	X instant,debit	CAS 30
资产总计	X instant,debit	CAS 30,CAS 33,CAS 35,CAS 41
负债和所有者权益(或股东权益)[abstract]		
负债[abstract]		
短期借款	X instant,credit	CAS 30,CAS 33,CAS 37
拆入资金	X instant,credit	CAS 30,CAS 33
以公允价值计量且其变动计入当期损益的金融负债	X instant,credit	CAS 30,CAS 33,CAS 37
衍生金融负债	X instant,credit	CAS 30,CAS 33,CAS 37
卖出回购金融资产款	X instant,credit	CAS 30,CAS 33
预收保费	X instant,credit	CAS 30
应付手续费及佣金	X instant,credit	CAS 30,CAS 33
应付分保账款	X instant,credit	CAS 30,CAS 33
应付职工薪酬	X instant,credit	CAS 9,CAS 30
应交税费	X instant,credit	CAS 30,CAS 33
应付赔付款	X instant,credit	CAS 30
应付保单红利	X instant,credit	CAS 30
保户储金及投资款	X instant,credit	CAS 30
未到期责任准备金	X instant,credit	CAS 26,CAS 30
未决赔款准备金	X instant,credit	CAS 30
寿险责任准备金	X instant,credit	CAS 26,CAS 30
长期健康险责任准备金	X instant,credit	CAS 30
保费准备金	X instant,credit	CAS 30
长期借款	X instant,credit	CAS 30,CAS 33,CAS 37

元　　素	元素类型	准则
应付债券	X instant,credit	CAS 30,CAS 33,CAS 37
其中:优先股	X instant,credit	CAS 30,CAS 33,CAS 37
永续债	X instant,credit	CAS 30,CAS 33,CAS 37
独立账户负债	X instant,credit	CAS 30
递延所得税负债	X instant,credit	CAS 18,CAS 30,CAS 33,CAS 38
其他负债	X instant,credit	CAS 30
负债合计	X instant,credit	CAS 30,CAS 33,CAS 35,CAS 41
所有者权益(或股东权益)[abstract]		
实收资本(或股本)	X instant,credit	CAS 30,CAS 33
其他权益工具	X instant,credit	CAS 30,CAS 33,CAS 37
其中:优先股	X instant,credit	CAS 30,CAS 33,CAS 37
永续债	X instant,credit	CAS 30,CAS 33,CAS 37
资本公积	X instant,credit	CAS 30,CAS 33
库存股	(X) instant,debit	CAS 30,CAS 33
其他综合收益	X instant,credit	CAS 30,CAS 33
盈余公积	X instant,credit	CAS 30,CAS 33
一般风险准备	X instant,credit	CAS 30,CAS 33
大灾风险利润准备	X instant,credit	CAS 30
未分配利润	X instant,credit	CAS 30,CAS 33
所有者权益(或股东权益)合计	X instant,credit	CAS 30,CAS 33
负债和所有者权益(或股东权益)总计	X instant,credit	CAS 30,CAS 33
[330005]个别利润表		
个别利润表[text block]	text block	CAS 30
利润表[abstract]		
利润表[table]	table	CAS 30,CAS 33
合并和个别财务报表[axis]	axis	CAS 33
合并[member]	member	CAS 33
个别[member]	member	CAS 33

元　素	元素类型	准则
利润表[line items]	line items	
营业收入	X duration,credit	CAS 30,CAS 33,CAS 35,CAS 41
营业成本	(X) duration,debit	CAS 30,CAS 33
营业税金及附加	(X) duration,debit	CAS 30,CAS 33
销售费用	(X) duration,debit	CAS 30,CAS 33
管理费用	(X) duration,debit	CAS 30,CAS 33
财务费用	(X) duration,debit	CAS 30,CAS 33,CAS 41
资产减值损失	(X) duration,debit	CAS 8,CAS 30,CAS 33,CAS 35
公允价值变动收益	X duration,credit	CAS 30,CAS 33
投资收益	X duration,credit	CAS 30,CAS 33
其中:对联营企业和合营企业的投资收益	X duration,credit	CAS 30,CAS 33,CAS 35
营业利润	X duration,credit	CAS 30,CAS 33
营业外收入	X duration,credit	CAS 30,CAS 33
其中:非流动资产处置利得	X duration,credit	CAS 30,CAS 33
营业外支出	(X) duration,debit	CAS 30,CAS 33
其中:非流动资产处置损失	(X) duration,debit	CAS 30,CAS 33
利润总额	X duration,credit	CAS 18,CAS 30,CAS 33,CAS 35
所得税费用	(X) duration,debit	CAS 18,CAS 30,CAS 33,CAS 35,CAS 41
净利润	X duration,credit	CAS 30,CAS 31,CAS 33,CAS 41
其他综合收益的税后净额	X duration,credit	CAS 30,CAS 33,CAS 41
以后不能重分类进损益的其他综合收益	X duration,credit	CAS 30
重新计量设定受益计划净负债或净资产的变动	X duration,credit	CAS 30
权益法下在被投资单位不能重分类进损益的其他综合收益中享有的份额	X duration,credit	CAS 30
其他项目	X duration,credit	CAS 30
以后将重分类进损益的其他综合收益	X duration,credit	CAS 30
权益法下在被投资单位以后将重分类进损益的其他综合	X duration,credit	CAS 30
收益中享有的份额		

元　　素	元素类型	准则
可供出售金融资产公允价值变动损益	X duration,credit	CAS 30
持有至到期投资重分类为可供出售金融资产损益	X duration,credit	CAS 30
现金流量套期损益的有效部分	X duration,credit	CAS 30
外币财务报表折算差额	X duration,credit	CAS 30
其他项目	X duration,credit	CAS 30
综合收益总额	X duration,credit	CAS 30,CAS 33,CAS 41
每股收益[abstract]		
基本每股收益	X. XX duration	CAS 30,CAS 33,CAS 34
稀释每股收益	X. XX duration	CAS 30,CAS 33,CAS 34
[330105]个别利润表_商业银行		
个别利润表,商业银行[text block]	text block	CAS 30
利润表[abstract]		
利润表[table]	table	CAS 30,CAS 33
合并和个别财务报表[axis]	axis	CAS 33
合并[member]	member	CAS 33
个别[member]	member	CAS 33
利润表[line items]	line items	
营业收入	X duration,credit	CAS 30,CAS 33,CAS 35,CAS 41
利息净收入	X duration,credit	CAS 30
利息收入	X duration,credit	CAS 14,CAS 30,CAS 33
利息支出	(X) duration,debit	CAS 30,CAS 33
手续费及佣金净收入	X duration,credit	CAS 30
手续费及佣金收入	X duration,credit	CAS 30,CAS 33
手续费及佣金支出	(X) duration,debit	CAS 30,CAS 33
投资收益	X duration,credit	CAS 30,CAS 33
其中:对联营企业和合营企业的投资收益	X duration,credit	CAS 30,CAS 33,CAS 35
公允价值变动收益	X duration,credit	CAS 30,CAS 33
汇兑收益	X duration,credit	CAS 30,CAS 33
其他业务收入	X duration,credit	CAS 30

元　素	元素类型	准则
营业成本	(X) duration,debit	CAS 30,CAS 33
营业税金及附加	(X) duration,debit	CAS 30,CAS 33
业务及管理费	(X) duration,debit	CAS 30
资产减值损失	(X) duration,debit	CAS 8,CAS 30,CAS 33,CAS 35
其他业务成本	(X) duration,debit	CAS 30
营业利润	X duration,credit	CAS 30,CAS 33
营业外收入	X duration,credit	CAS 30,CAS 33
营业外支出	(X) duration,debit	CAS 30,CAS 33
利润总额	X duration,credit	CAS 18,CAS 30,CAS 33,CAS 35
所得税费用	(X) duration,debit	CAS 18,CAS 30,CAS 33,CAS 35,CAS 41
净利润	X duration,credit	CAS 30,CAS 31,CAS 33,CAS 41
其他综合收益的税后净额	X duration,credit	CAS 30,CAS 33,CAS 41
以后不能重分类进损益的其他综合收益	X duration,credit	CAS 30
重新计量设定受益计划净负债或净资产的变动	X duration,credit	CAS 30
权益法下在被投资单位不能重分类进损益的其他综合收益中享有的份额	X duration,credit	CAS 30
其他项目	X duration,credit	CAS 30
以后将重分类进损益的其他综合收益	X duration,credit	CAS 30
权益法下在被投资单位以后将重分类进损益的其他综合收益中享有的份额	X duration,credit	CAS 30
可供出售金融资产公允价值变动损益	X duration,credit	CAS 30
持有至到期投资重分类为可供出售金融资产损益	X duration,credit	CAS 30
现金流量套期损益的有效部分	X duration,credit	CAS 30
外币财务报表折算差额	X duration,credit	CAS 30
其他项目	X duration,credit	CAS 30
综合收益总额	X duration,credit	CAS 30,CAS 33,CAS 41
每股收益[abstract]		
基本每股收益	X. XX duration	CAS 30,CAS 33,CAS 34
稀释每股收益	X. XX duration	CAS 30,CAS 33,CAS 34

元　　素	元素类型	准则
[330205]个别利润表_证券公司		
个别利润表,证券公司[text block]	text block	CAS 30
利润表[abstract]		
利润表[table]	table	CAS 30,CAS 33
合并和个别财务报表[axis]	axis	CAS 33
合并[member]	member	CAS 33
个别[member]	member	CAS 33
利润表[line items]	line items	
营业收入	X duration,credit	CAS 30,CAS 33,CAS 35,CAS 41
手续费及佣金净收入	X duration,credit	CAS 30
其中:经纪业务手续费净收入	X duration,credit	CAS 30
投资银行业务手续费净收入	X duration,credit	CAS 30
资产管理业务手续费净收入	X duration,credit	CAS 30
利息净收入	X duration,credit	CAS 30
投资收益	X duration,credit	CAS 30,CAS 33
其中:对联营企业和合营企业的投资收益	X duration,credit	CAS 30,CAS 33,CAS 35
公允价值变动收益	X duration,credit	CAS 30,CAS 33
汇兑收益	X duration,credit	CAS 30,CAS 33
其他业务收入	X duration,credit	CAS 30
营业成本	(X) duration,debit	CAS 30,CAS 33
营业税金及附加	(X) duration,debit	CAS 30,CAS 33
业务及管理费	(X) duration,debit	CAS 30
资产减值损失	(X) duration,debit	CAS 8,CAS 30,CAS 33,CAS 35
其他业务成本	(X) duration,debit	CAS 30
营业利润	X duration,credit	CAS 30,CAS 33
营业外收入	X duration,credit	CAS 30,CAS 33
营业外支出	(X) duration,debit	CAS 30,CAS 33
利润总额	X duration,credit	CAS 18,CAS 30,CAS 33,CAS 35
所得税费用	(X) duration,debit	CAS 18,CAS 30,CAS 33,CAS 35,CAS 41
净利润	X duration,credit	CAS 30,CAS 31,CAS 33,CAS 41

元　素	元素类型	准则
其他综合收益的税后净额	X duration，credit	CAS 30，CAS 33，CAS 41
以后不能重分类进损益的其他综合收益	X duration，credit	CAS 30
重新计量设定受益计划净负债或净资产的变动	X duration，credit	CAS 30
权益法下在被投资单位不能重分类进损益的其他综合收益中享有的份额	X duration，credit	CAS 30
其他项目	X duration，credit	CAS 30
以后将重分类进损益的其他综合收益	X duration，credit	CAS 30
权益法下在被投资单位以后将重分类进损益的其他综合收益中享有的份额	X duration，credit	CAS 30
可供出售金融资产公允价值变动损益	X duration，credit	CAS 30
持有至到期投资重分类为可供出售金融资产损益	X duration，credit	CAS 30
现金流量套期损益的有效部分	X duration，credit	CAS 30
外币财务报表折算差额	X duration，credit	CAS 30
其他项目	X duration，credit	CAS 30
综合收益总额	X duration，credit	CAS 30，CAS 33，CAS 41
每股收益[abstract]		
基本每股收益	X. XX duration	CAS 30，CAS 33，CAS 34
稀释每股收益	X. XX duration	CAS 30，CAS 33，CAS 34

[330335]个别利润表_保险公司

元　素	元素类型	准则
个别利润表，保险公司[text block]	text block	CAS 30
利润表[abstract]		
利润表[table]	table	CAS 30，CAS 33
合并和个别财务报表[axis]	axis	CAS 33
合并[member]	member	CAS 33
个别[member]	member	CAS 33
利润表[line items]	line items	
营业收入	X duration，credit	CAS 30，CAS 33，CAS 35，CAS 41
已赚保费	X duration，credit	CAS 30，CAS 33
保险业务收入	X duration，credit	CAS 30
其中：分保费收入	X duration，credit	CAS 30

元　　素	元素类型	准则
分出保费	(X) duration,debit	CAS 30
提取未到期责任准备金	(X) duration,debit	CAS 30
投资收益	X duration,credit	CAS 30,CAS 33
其中:对联营企业和合营企业的投资收益	X duration,credit	CAS 30,CAS 33,CAS 35
公允价值变动收益	X duration,credit	CAS 30,CAS 33
汇兑收益	X duration,credit	CAS 30,CAS 33
其他业务收入	X duration,credit	CAS 30
营业成本	(X) duration,debit	CAS 30,CAS 33
退保金	(X) duration,debit	CAS 30,CAS 33
赔付支出	(X) duration,debit	CAS 26,CAS 30
摊回赔付支出	X duration,credit	CAS 30
提取保险责任准备金	(X) duration,debit	CAS 26,CAS 30
摊回保险责任准备金	X duration,credit	CAS 26,CAS 30
提取保费准备金	(X) duration,debit	CAS 30
保单红利支出	(X) duration,debit	CAS 30,CAS 33
分保费用	(X) duration,debit	CAS 30,CAS 33
摊回分保费用	X duration,credit	CAS 30
营业税金及附加	(X) duration,debit	CAS 30,CAS 33
手续费及佣金支出	(X) duration,debit	CAS 30,CAS 33
业务及管理费	(X) duration,debit	CAS 30
其他业务成本	(X) duration,debit	CAS 30
资产减值损失	(X) duration,debit	CAS 8,CAS 30,CAS 35
营业利润	X duration,credit	CAS 30,CAS 33
营业外收入	X duration,credit	CAS 30,CAS 33
营业外支出	(X) duration,debit	CAS 30,CAS 33
利润总额	X duration,credit	CAS 18,CAS 30,CAS 33,CAS 35
所得税费用	(X) duration,debit	CAS 18,CAS 30,CAS 33,CAS 35,CAS 41
净利润	X duration,credit	CAS 30,CAS 31,CAS 33,CAS 41
其他综合收益的税后净额	X duration,credit	CAS 30,CAS 33,CAS 41
以后不能重分类进损益的其他综合收益	X duration,credit	CAS 30

元　　素	元素类型	准则
重新计量设定受益计划净负债或净资产的变动	X duration，credit	CAS 30
权益法下在被投资单位不能重分类进损益的其他综合收益中享有的份额	X duration，credit	CAS 30
其他项目	X duration，credit	CAS 30
以后将重分类进损益的其他综合收益	X duration，credit	CAS 30
权益法下在被投资单位以后将重分类进损益的其他综合收益中享有的份额	X duration，credit	CAS 30
可供出售金融资产公允价值变动损益	X duration，credit	CAS 30
持有至到期投资重分类为可供出售金融资产损益	X duration，credit	CAS 30
现金流量套期损益的有效部分	X duration，credit	CAS 30
外币财务报表折算差额	X duration，credit	CAS 30
其他项目	X duration，credit	CAS 30
综合收益总额	X duration，credit	CAS 30，CAS 33，CAS 41
每股收益[abstract]		
基本每股收益	X. XX duration	CAS 30，CAS 33，CAS 34
稀释每股收益	X. XX duration	CAS 30，CAS 33，CAS 34
[530005]个别所有者权益变动表		
个别所有者权益变动表[text block]	text block	CAS 30
所有者权益变动表[abstract]		
所有者权益变动表[table]	table	CAS 30，CAS 33
合并和个别财务报表[axis]	axis	CAS 33
合并[member]	member	CAS 33
个别[member]	member	CAS 33
所有者权益构成[axis]	axis	CAS 30，CAS 33
所有者权益[member]	member	CAS 30，CAS 33
实收资本（或股本）[member]	member	CAS 30，CAS 33
其他权益工具[member]	member	CAS 30，CAS 33
优先股[member]	member	CAS 30，CAS 33
永续债[member]	member	CAS 30，CAS 33
其他[member]	member	CAS 30，CAS 33
资本公积[member]	member	CAS 30，CAS 33

元　素	元素类型	准则
库存股(负值)[member]	member	CAS 30,CAS 33
其他综合收益[member]	member	CAS 30,CAS 33
专项储备[member]	member	CAS 30,CAS 33
盈余公积[member]	member	CAS 30,CAS 33
未分配利润[member]	member	CAS 30,CAS 33
其他所有者权益[member]	member	CAS 30
所有者权益变动表[line items]	line items	
所有者权益(或股东权益)上年年末余额	X instant,credit	CAS 30,CAS 33
会计政策变更	X instant,credit	CAS 30,CAS 33
前期差错变更	X instant,credit	CAS 30,CAS 33
同一控制下企业合并的影响	X instant,credit	CAS 30,CAS 33
其他调整	X instant,credit	CAS 30,CAS 33
所有者权益(或股东权益),年初余额	X instant,credit	CAS 30,CAS 33
所有者权益增减变动[abstract]		
综合收益	X duration,credit	CAS 30,CAS 33,CAS 41
所有者投入和减少资本[abstract]		
所有者投入资本	X duration,credit	CAS 30,CAS 33
其他权益工具持有者投入资本	X duration,credit	CAS 30,CAS 33
股份支付计入所有者权益的金额	X duration,credit	CAS 30,CAS 33
所有者投入和减少资本,其他	X duration,credit	CAS 30,CAS 33
所有者投入和减少资本小计	X duration,credit	CAS 30,CAS 33
利润分配[abstract]		
提取盈余公积	X duration,credit	CAS 30,CAS 33
对所有者(股东)的分配	X duration,credit	CAS 30,CAS 33
利润分配,其他	X duration,credit	CAS 30,CAS 33
利润分配小计	X duration,credit	CAS 30,CAS 33
所有者权益内部结转[abstract]		
资本公积转增资本(或股本)	X duration,credit	CAS 30,CAS 33
盈余公积转增资本(或股本)	X duration,credit	CAS 30,CAS 33
盈余公积弥补亏损	X duration,credit	CAS 30,CAS 33
所有者权益内部结转,其他	X duration,credit	CAS 30,CAS 33
所有者权益内部结转小计	X duration,credit	CAS 30,CAS 33
专项储备本期变动[abstract]		

元　　素	元素类型	准则
计提专项储备	X duration,credit	CAS 30,CAS 33
使用专项储备	(X) duration,debit	CAS 30,CAS 33
专项储备,本年增减变动	X duration,credit	CAS 30,CAS 33
所有者权益本年增减变动小计	X duration,credit	CAS 30,CAS 33
所有者权益(或股东权益),年末余额	X instant,credit	CAS 30,CAS 33

[530105]个别所有者权益变动表_商业银行

元　　素	元素类型	准则
个别所有者权益变动表,商业银行[text block]	text block	CAS 30
所有者权益变动表[abstract]		
所有者权益变动表[table]	table	CAS 30,CAS 33
合并和个别财务报表[axis]	axis	CAS 33
合并[member]	member	CAS 33
个别[member]	member	CAS 33
所有者权益构成[axis]	axis	CAS 30,CAS 33
所有者权益[member]	member	CAS 30,CAS 33
实收资本(或股本)[member]	member	CAS 30,CAS 33
其他权益工具[member]	member	CAS 30,CAS 33
优先股[member]	member	CAS 30,CAS 33
永续债[member]	member	CAS 30,CAS 33
其他[member]	member	CAS 30,CAS 33
资本公积[member]	member	CAS 30,CAS 33
库存股(负值)[member]	member	CAS 30,CAS 33
其他综合收益[member]	member	CAS 30,CAS 33
盈余公积[member]	member	CAS 30,CAS 33
一般风险准备[member]	member	CAS 30,CAS 33
未分配利润[member]	member	CAS 30,CAS 33
所有者权益变动表[line items]	line items	
所有者权益(或股东权益)上年年末余额	X instant,credit	CAS 30,CAS 33
会计政策变更	X instant,credit	CAS 30,CAS 33
前期差错变更	X instant,credit	CAS 30,CAS 33
其他调整	X instant,credit	CAS 30,CAS 33
所有者权益(或股东权益),年初余额	X instant,credit	CAS 30,CAS 33
所有者权益增减变动[abstract]		

元　素	元素类型	准则
综合收益	X duration, credit	CAS 30, CAS 33, CAS 41
所有者投入和减少资本[abstract]		
所有者投入资本	X duration, credit	CAS 30, CAS 33
其他权益工具持有者投入资本	X duration, credit	CAS 30, CAS 33
股份支付计入所有者权益的金额	X duration, credit	CAS 30, CAS 33
所有者投入和减少资本,其他	X duration, credit	CAS 30, CAS 33
所有者投入和减少资本小计	X duration, credit	CAS 30, CAS 33
利润分配[abstract]		
提取盈余公积	X duration, credit	CAS 30, CAS 33
提取一般风险准备	X duration, credit	CAS 30, CAS 33
对所有者(股东)的分配	X duration, credit	CAS 30, CAS 33
利润分配,其他	X duration, credit	CAS 30, CAS 33
利润分配小计	X duration, credit	CAS 30, CAS 33
所有者权益内部结转[abstract]		
资本公积转增资本(或股本)	X duration, credit	CAS 30, CAS 33
盈余公积转增资本(或股本)	X duration, credit	CAS 30, CAS 33
盈余公积弥补亏损	X duration, credit	CAS 30, CAS 33
所有者权益内部结转,其他	X duration, credit	CAS 30, CAS 33
所有者权益内部结转小计	X duration, credit	CAS 30, CAS 33
所有者权益本年增减变动小计	X duration, credit	CAS 30, CAS 33
所有者权益(或股东权益),年末余额	X instant, credit	CAS 30, CAS 33
[530205]个别所有者权益变动表_证券公司		
个别所有者权益变动表,证券公司[text block]	text block	CAS 30
所有者权益变动表[abstract]		
所有者权益变动表[table]	table	CAS 30, CAS 33
合并和个别财务报表[axis]	axis	CAS 33
合并[member]	member	CAS 33
个别[member]	member	CAS 33
所有者权益构成[axis]	axis	CAS 30, CAS 33
所有者权益[member]	member	CAS 30, CAS 33
实收资本(或股本)[member]	member	CAS 30, CAS 33
其他权益工具[member]	member	CAS 30, CAS 33

元　素	元素类型	准则
优先股[member]	member	CAS 30,CAS 33
永续债[member]	member	CAS 30,CAS 33
其他[member]	member	CAS 30,CAS 33
资本公积[member]	member	CAS 30,CAS 33
库存股(负值)[member]	member	CAS 30,CAS 33
其他综合收益[member]	member	CAS 30,CAS 33
盈余公积[member]	member	CAS 30,CAS 33
一般风险准备[member]	member	CAS 30,CAS 33
未分配利润[member]	member	CAS 30,CAS 33
所有者权益变动表[line items]	line items	
所有者权益(或股东权益)上年年末余额	X instant,credit	CAS 30,CAS 33
会计政策变更	X instant,credit	CAS 30,CAS 33
前期差错变更	X instant,credit	CAS 30,CAS 33
其他调整	X instant,credit	CAS 30,CAS 33
所有者权益(或股东权益),年初余额	X instant,credit	CAS 30,CAS 33
所有者权益增减变动[abstract]		
综合收益	X duration,credit	CAS 30,CAS 33,CAS 41
所有者投入和减少资本[abstract]		
所有者投入资本	X duration,credit	CAS 30,CAS 33
其他权益工具持有者投入资本	X duration,credit	CAS 30,CAS 33
股份支付计入所有者权益的金额	X duration,credit	CAS 30,CAS 33
所有者投入和减少资本,其他	X duration,credit	CAS 30,CAS 33
所有者投入和减少资本小计	X duration,credit	CAS 30,CAS 33
利润分配[abstract]		
提取盈余公积	X duration,credit	CAS 30,CAS 33
提取一般风险准备	X duration,credit	CAS 30,CAS 33
对所有者(股东)的分配	X duration,credit	CAS 30,CAS 33
利润分配,其他	X duration,credit	CAS 30,CAS 33
利润分配小计	X duration,credit	CAS 30,CAS 33
所有者权益内部结转[abstract]		
资本公积转增资本(或股本)	X duration,credit	CAS 30,CAS 33
盈余公积转增资本(或股本)	X duration,credit	CAS 30,CAS 33
盈余公积弥补亏损	X duration,credit	CAS 30,CAS 33

元　　素	元素类型	准则
所有者权益内部结转，其他	X duration，credit	CAS 30，CAS 33
所有者权益内部结转小计	X duration，credit	CAS 30，CAS 33
所有者权益本年增减变动小计	X duration，credit	CAS 30，CAS 33
所有者权益(或股东权益)，年末余额	X instant，credit	CAS 30，CAS 33
[530335]个别所有者权益变动表_保险公司		
个别所有者权益变动表，保险公司[text block]	text block	CAS 30
所有者权益变动表[abstract]		
所有者权益变动表[table]	table	CAS 30，CAS 33
合并和个别财务报表[axis]	axis	CAS 33
合并[member]	member	CAS 33
个别[member]	member	CAS 33
所有者权益构成[axis]	axis	CAS 30，CAS 33
所有者权益[member]	member	CAS 30，CAS 33
实收资本(或股本)[member]	member	CAS 30，CAS 33
其他权益工具[member]	member	CAS 30，CAS 33
优先股[member]	member	CAS 30，CAS 33
永续债[member]	member	CAS 30，CAS 33
其他[member]	member	CAS 30，CAS 33
资本公积[member]	member	CAS 30，CAS 33
库存股(负值)[member]	member	CAS 30，CAS 33
其他综合收益[member]	member	CAS 30，CAS 33
盈余公积[member]	member	CAS 30，CAS 33
一般风险准备[member]	member	CAS 30，CAS 33
大灾风险利润准备[member]	member	CAS 30
未分配利润[member]	member	CAS 30，CAS 33
所有者权益变动表[line items]	line items	
所有者权益(或股东权益)上年年末余额	X instant，credit	CAS 30，CAS 33
会计政策变更	X instant，credit	CAS 30，CAS 33
前期差错变更	X instant，credit	CAS 30，CAS 33
其他调整	X instant，credit	CAS 30，CAS 33
所有者权益(或股东权益)，年初余额	X instant，credit	CAS 30，CAS 33
所有者权益增减变动[abstract]		

元　素	元素类型	准则
综合收益	X duration,credit	CAS 30,CAS 33,CAS 41
所有者投入和减少资本[abstract]		
所有者投入资本	X duration,credit	CAS 30,CAS 33
其他权益工具持有者投入资本	X duration,credit	CAS 30,CAS 33
股份支付计入所有者权益的金额	X duration,credit	CAS 30,CAS 33
所有者投入和减少资本,其他	X duration,credit	CAS 30,CAS 33
所有者投入和减少资本小计	X duration,credit	CAS 30,CAS 33
利润分配[abstract]		
提取盈余公积	X duration,credit	CAS 30,CAS 33
提取一般风险准备	X duration,credit	CAS 30,CAS 33
提取大灾风险利润准备	X duration,credit	CAS 30
对所有者(股东)的分配	X duration,credit	CAS 30,CAS 33
利润分配,其他	X duration,credit	CAS 30,CAS 33
利润分配小计	X duration,credit	CAS 30,CAS 33
所有者权益内部结转[abstract]		
资本公积转增资本(或股本)	X duration,credit	CAS 30,CAS 33
盈余公积转增资本(或股本)	X duration,credit	CAS 30,CAS 33
盈余公积弥补亏损	X duration,credit	CAS 30,CAS 33
所有者权益内部结转,其他	X duration,credit	CAS 30,CAS 33
所有者权益内部结转小计	X duration,credit	CAS 30,CAS 33
所有者权益本年增减变动小计	X duration,credit	CAS 30,CAS 33
所有者权益(或股东权益),年末余额	X instant,credit	CAS 30,CAS 33
[830100]重要会计政策和会计估计		
重要会计政策和会计估计[text block]	text block	CAS 30
重要会计政策及会计估计,会计期间[text block]	text block	CAS 30
会计期间的说明	text	CAS 30
重要会计政策及会计估计,记账本位币及金额单位[text block]	text block	CAS 30
记账本位币及金额单位的说明	text	CAS 30
重要会计政策及会计估计,计量属性[text block]	text block	CAS 30
重要会计政策及会计估计,现金及现金等价物[text block]	text block	CAS 30
现金及现金等价物的说明	text	CAS 30
重要会计政策及会计估计,外币业务及外币报表折算[text block]	text block	CAS 30

元　　素	元素类型	准则
重要会计政策及会计估计，外币业务[text block]	text block	CAS 30
外币业务的说明	text	CAS 30
重要会计政策及会计估计，外币财务报表折算[text block]	text block	CAS 30
外币财务报表折算的说明	text	CAS 30
重要会计政策及会计估计，金融工具[text block]	text block	CAS 30，CAS 37
金融资产和金融负债的分类[text block]	text block	CAS 30，CAS 37
指定为以公允价值计量且其变动计入当期损益的金融资产或金融负债的性质	text	CAS 30，CAS 37
指定为以公允价值计量且其变动计入当期损益的金融资产的性质	text	CAS 30，CAS 37
指定为以公允价值计量且其变动计入当期损益的金融负债的性质	text	CAS 30，CAS 37
将金融资产或负债指定为以公允价值计量且其变动计入当期损益的金融资产或金融负债的依据	text	CAS 30，CAS 37
将金融资产指定为以公允价值计量且其变动计入当期损益的金融资产的依据	text	CAS 30，CAS 37
将金融负债指定为以公允价值计量且其变动计入当期损益的金融负债的依据	text	CAS 30，CAS 37
将金融资产或负债指定为以公允价值计量且其变动计入当期损益的金融资产或负债指定后消除或明显减少不匹配情况的说明	text	CAS 30，CAS 37
指定为以公允价值计量且其变动计入当期损益的金融资产消除确认和计量方面不一致的说明	text	CAS 30，CAS 37
指定为以公允价值计量且其变动计入当期损益的金融负债消除确认和计量方面不一致的说明	text	CAS 30，CAS 37
将金融资产指定为以公允价值计量且其变动计入当期损益的金融资产是否符合企业风险管理或投资策略的说明	text	CAS 30，CAS 37
将金融负债指定为以公允价值计量且其变动计入当期损益的金融负债是否符合企业风险管理或投资策略的说明	text	CAS 30，CAS 37
金融资产和金融负债的确认和计量方法[text block]	text block	CAS 30，CAS 37
以公允价值计量且其变动计入当期损益的金融资产的确认和计量方法	text	CAS 30，CAS 37
以公允价值计量且其变动计入当期损益的金融负债的确认和计量方法	text	CAS 30，CAS 37
持有至到期投资的确认和计量方法[text block]	text block	CAS 30，CAS 37
出售或重分类为可供出售金融资产的相关政策[text block]	text block	CAS 30，CAS 37
持有至到期投资较大金额的标准	text	CAS 30，CAS 37
应收款项的确认和计量方法	text	CAS 30，CAS 37

元　素	元素类型	准则
可供出售金融资产的确认和计量方法[text block]	text block	CAS 30,CAS 37
指定金融资产为可供出售的金融资产的标准	text	CAS 30,CAS 37
其他金融负债的确认和计量方法	text	CAS 30,CAS 37
其他金融工具相关会计政策	text	CAS 30,CAS 37
金融资产转移的确认条件和计量方法[text block]	text block	CAS 30,CAS 37
金融资产和金融负债的抵销[text block]	text block	CAS 30,CAS 37
金融资产和金融负债的公允价值的确定方法[text block]	text block	CAS 30,CAS 37
确定金融资产和金融负债公允价值所采用的方法	text	CAS 30,CAS 37
金融资产和金融负债公允价值是否全部或部分采用估值技术的说明	text	CAS 30,CAS 37
在损益中确认交易价格与初始确认的公允价值之间差额时所采用的会计政策[text block]	text block	CAS 30,CAS 37
金融资产的减值准备的确认标准和计提方法[text block]	text block	CAS 30,CAS 37
存在客观证据表明金融资产已发生减值的适用标准	text	CAS 30,CAS 37
应收款项坏账准备的确认标准和计提方法	text	CAS 30,CAS 37
持有至到期投资的减值准备的确认标准和计提方法	text	CAS 30,CAS 37
可供出售金融资产的减值准备的确认标准和计提方法	text	CAS 30,CAS 37
套期保值[text block]	text block	CAS 30,CAS 37
公允价值套期及现金流量套期和境外经营净投资套期的确认、后续计量所采用的会计处理方法,以及终止确认情况[text block]	text block	CAS 30,CAS 37
权益工具[text block]	text block	CAS 30,CAS 37
嵌入了价值相互关联的多项衍生工具的复合金融工具	text	CAS 30,CAS 37
为避免金融资产逾期或减值而重新议定条款的金融资产所适用的会计政策[text block]	text block	CAS 30,CAS 37
重要会计政策及会计估计,存货[text block]	text block	CAS 1,CAS 30
存货的分类及初始计量[abstract]		
存货分类	text	CAS 1,CAS 30
存货的初始计量方法	text	CAS 1,CAS 30
发出存货的计价方法	text	CAS 1,CAS 30
存货跌价准备的计提方法	text	CAS 1,CAS 30
存货可变现净值的说明	text	CAS 1,CAS 30
存货减值准备的计提说明	text	CAS 1,CAS 30
存货跌价准备转回的说明	text	CAS 1,CAS 30
重要会计政策和会计估计,坏账准备[text block]	text block	CAS 8,CAS 30
重要会计政策及会计估计,长期股权投资[text block]	text block	CAS 2,CAS 30

元　　素	元素类型	准则
初始计量[abstract]		
企业合并形成的长期股权投资	text	CAS 2,CAS 30
其他方式取得的长期股权投资	text	CAS 2,CAS 30
对被投资单位具有控制、共同控制、重大影响的依据	text	CAS 2,CAS 30
后续计量及收益确认[abstract]		
采用成本法核算的对子公司的长期股权投资的描述	text	CAS 2,CAS 30
采用权益法核算的对联营企业或合营企业投资的描述	text	CAS 2,CAS 30
长期股权投资的处置	text	CAS 2,CAS 30
重要会计政策及会计估计,投资性房地产[text block]	text block	CAS 3,CAS 30
重要会计政策及会计估计,固定资产[text block]	text block	CAS 4,CAS 30
固定资产确认条件	text	CAS 4,CAS 30
固定资产的分类	text	CAS 4,CAS 30
固定资产的初始计量	text	CAS 4,CAS 30
固定资产折旧方法	text	CAS 4,CAS 30
固定资产的使用寿命、预计净残值和折旧率	text	CAS 4,CAS 30
重要会计政策和会计估计,在建工程[text block]	text block	CAS 4,CAS 30
在建工程类别	text	CAS 4,CAS 30
在建工程结转为固定资产的标准和时点	text	CAS 4,CAS 30
重要会计政策及会计估计,生物资产[text block]	text block	CAS 5,CAS 30
生物资产的分类	text	CAS 5,CAS 30
生物资产的确认和计量	text	CAS 5,CAS 30
生物资产跌价准备或减值准备的计提	text	CAS 5,CAS 30
重要会计政策及会计估计,无形资产[text block]	text block	CAS 6,CAS 30
无形资产的确认条件	text	CAS 6,CAS 30
无形资产的计量方法	text	CAS 6,CAS 30
无形资产使用寿命及摊销	text	CAS 6,CAS 30
重要会计政策及会计估计,研究与开发[text block]	text block	CAS 6,CAS 30
重要会计政策及会计估计,油气资产[text block]	text block	CAS 27,CAS 30
重要会计政策及会计估计,长期待摊费用[text block]	text block	CAS 30
重要会计政策及会计估计,划分为持有待售的非流动资产[text block]	text block	CAS 30
重要会计政策及会计估计,除存货及金融资产外的其他主要资产的减值[text block]	text block	CAS 8,CAS 30
除存货及金融资产外的其他主要资产的范围及减值方法	text	CAS 8,CAS 30
资产组认定的依据及其减值	text	CAS 8,CAS 30

元　　素	元素类型	准则
重要会计政策及会计估计，长期资产减值[text block]	text block	CAS 8，CAS 30
重要会计政策和会计估计，职工薪酬[text block]	text block	CAS 9，CAS 30
重要会计政策及会计估计，应付债券[text block]	text block	CAS 30
重要会计政策及会计估计，借款费用[text block]	text block	CAS 17，CAS 30
重要会计政策及会计估计，借款费用资本化[text block]	text block	CAS 17，CAS 30
借款费用资本化的确认原则	text	CAS 17，CAS 30
借款费用资本化期间	text	CAS 17，CAS 30
借款费用资本化金额的计算方法	text	CAS 17，CAS 30
重要会计政策及会计估计，或有事项[text block]	text block	CAS 13，CAS 30
重要会计政策及会计估计，预计负债[text block]	text block	CAS 13，CAS 30
重要会计政策及会计估计，收入[text block]	text block	CAS 14，CAS 30
销售商品	text	CAS 14，CAS 30
提供劳务	text	CAS 14，CAS 30
让渡资产使用权	text	CAS 14，CAS 30
建造合同	text	CAS 14，CAS 30
重要会计政策及会计估计，政府补助[text block]	text block	CAS 16，CAS 30
重要会计政策及会计估计，所得税[text block]	text block	CAS 18，CAS 30
重要会计政策及会计估计，递延所得税资产和递延所得税负债[text block]	text block	CAS 18，CAS 30
重要会计政策及会计估计，利润分配[text block]	text block	CAS 30
重要会计政策及会计估计，企业合并[text block]	text block	CAS 20，CAS 30
重要会计政策及会计估计，商誉[text block]	text block	CAS 30
重要会计政策及会计估计，租赁[text block]	text block	CAS 21，CAS 30
重要会计政策及会计估计，债务重组[text block]	text block	CAS 12，CAS 30
重要会计政策及会计估计，非货币性资产交换[text block]	text block	CAS 7，CAS 30
重要会计政策及会计估计，股份支付[text block]	text block	CAS 11，CAS 30
重要会计政策及会计估计，关联方[text block]	text block	CAS 30，CAS 30
重要会计政策及会计估计，分部报告[text block]	text block	CAS 30，CAS 35
重要会计政策及会计估计，保险合同[text block]	text block	CAS 30
保险合同的确定[abstract]		
保险合同定义	text	CAS 30
保险混合合同的分拆	text	CAS 30
保险合同的分类	text	CAS 30
重大保险风险测试[abstract]		

元　素	元素类型	准则
重大保险风险的测试方法和标准	text	CAS 30
重大保险风险测试中合同的分组标准和选取方法	text	CAS 30
重大保险风险测试假设的设定依据	text	CAS 30
保费收入的确认条件和计量方法[abstract]		
保费收入的确认条件	text	CAS 30
保费收入的计量方法	text	CAS 30
保险合同准备金的计量[abstract]		
保险合同准备金的分类	text	CAS 30
保险合同准备金的计量方法,计量单元及其确定方法	text	CAS 30
预期未来现金流入和流出金额的组成内容和计量方法	text	CAS 30
保险合同准备金的计量假设及其确定方法	text	CAS 30
保险合同准备金包含的边际的计量方法和计入当期损益的方法	text	CAS 30
保险合同成本的处理[abstract]		
保险合同成本的组成内容	text	CAS 30
保单取得成本的处理	text	CAS 30
提取保险合同准备金的处理	text	CAS 30
损余物资的处理	text	CAS 30
代位追偿款的处理	text	CAS 30
再保险合同的处理[abstract]		
分出业务的处理	text	CAS 30
分入业务的处理	text	CAS 30
重要会计政策及会计估计,合并财务报表[text block]	text block	CAS 30,CAS 33
重要会计政策和会计估计,库存股[text block]	text block	CAS 30
重要会计政策及会计估计,资产证券化[text block]	text block	CAS 30,CAS 37
重要会计政策及会计估计,重要会计估计和判断[text block]	text block	CAS 30
[830110]财务报表编制基础		
财务报表的编制基础信息披露[text block]	text block	CAS 30
财务报表的编制基础[abstract]		
财务报表的编制基础[text block]	text block	CAS 30
[830120]遵循企业会计准则的声明		
遵循企业会计准则的声明信息披露[text block]	text block	CAS 30

元　　素	元素类型	准则
遵循企业会计准则的声明[abstract]		
遵循企业会计准则的声明[text block]	text block	CAS 30
[830130]税项		
税项信息披露[text block]	text block	CAS 30
税项[abstract]		
税项[text block]	text block	CAS 30
适用的所得税税率	X. XX duration	CAS 18,CAS 30
适用的增值税税率	X. XX duration	CAS 30
适用的营业税税率	X. XX duration	CAS 30
适用的消费税税率	X. XX duration	CAS 30
[830210]附注_划分为持有待售的资产		
划分为持有待售的资产的信息披露[text block]	text block	CAS 30
划分为持有待售的资产[abstract]		
划分为持有待售的非流动资产	X instant,debit	CAS 30
划分为持有待售的非流动资产,固定资产	X instant,debit	CAS 30
划分为持有待售的非流动资产,投资性房地产	X instant,debit	CAS 30
划分为持有待售的业务	X instant,debit	CAS 30
划分为持有待售的业务,固定资产	X instant,debit	CAS 30
划分为持有待售的业务,投资性房地产	X instant,debit	CAS 30
划分为持有待售的资产合计	X instant,debit	CAS 30,CAS 33
[830220]附注_一年内到期的非流动资产		
一年内到期的非流动资产[text block]	text block	CAS 30
一年内到期的非流动资产[abstract]		
一年内到期的非流动资产[table]	table	CAS 30
一年内到期的非流动资产按项目披露[axis]	axis	CAS 30
一年内到期的非流动资产项目[member]	member	CAS 30
一年内到期的非流动资产[line items]	line items	
一年内到期的非流动资产	X instant,debit	CAS 30,CAS 33
[830230]附注_其他流动资产		
其他流动资产[text block]	text block	CAS 30

元　　素	元素类型	准则
其他流动资产[abstract]		
其他流动资产[table]	table	CAS 30
其他流动资产按项目披露[axis]	axis	CAS 30
其他流动资产项目[member]	member	CAS 30
其他流动资产项目,其他[member]	member	CAS 30
其他流动资产[line items]	line items	
其他流动资产年初账面余额	X instant,debit	CAS 30,CAS 33
其他流动资产本期增加额	X duration,debit	CAS 30
其他流动资产本期减少额	(X) duration,credit	CAS 30
其他流动资产期末账面余额	X instant,debit	CAS 30,CAS 33
[830240]附注_在建工程		
在建工程信息披露[text block]	text block	CAS 30
在建工程主要信息[abstract]		
在建工程主要信息[table]	table	CAS 4
在建工程按项目披露[axis]	axis	CAS 4
工程项目名称[member]	member	CAS 4
其他在建工程[member]	member	CAS 30
在建工程主要信息[line items]	line items	
在建工程预算数	X instant,debit	CAS 4
在建工程年初账面余额	X instant,debit	CAS 4,CAS 30,CAS 33
在建工程本期增加额	X duration,debit	CAS 4
在建工程本期减少额中转入固定资产	(X) duration,credit	CAS 4
在建工程本期减少额中其他减少	(X) duration,credit	CAS 4
在建工程外币报表折算差额	X duration,debit	CAS 30
在建工程期末账面余额	X instant,debit	CAS 4,CAS 30,CAS 33
在建工程减值准备	(X) instant,credit	CAS 8,CAS 30
在建工程账面价值	X instant,debit	CAS 4,CAS 30,CAS 33
在建工程资金来源	text	CAS 4
在建工程投入占预算比例	X. XX instant	CAS 4
计入工程成本的借款费用资本化金额[abstract]		
计入工程成本的借款费用资本化金额[table]	table	CAS 17

元　　素	元素类型	准则
计入工程成本的借款费用资本化金额项目[axis]	axis	CAS 17
借款费用资本化的工程项目名称[member]	member	CAS 17
范围[axis]	axis	CAS 17,CAS 39
范围[member]	member	CAS 17,CAS 39
最大值[member]	member	CAS 17
最小值[member]	member	CAS 17
计入工程成本的借款费用资本化金额[line items]	line items	
计入工程成本的借款费用资本化年初账面余额	X instant,debit	CAS 17
计入工程成本的借款费用资本化本期增加额	X duration,debit	CAS 17
计入工程成本的借款费用资本化本期转入固定资产额	(X) duration,credit	CAS 17
计入工程成本的借款费用资本化其他减少额	(X) duration,credit	CAS 17
计入工程成本的借款费用资本化期末账面余额	X instant,debit	CAS 17
计入工程成本的借款费用本期确定资本化金额的资本化率	X. XX duration	CAS 17
在建工程减值准备[abstract]		
在建工程减值准备[table]	table	CAS 4
在建工程按项目披露[axis]	axis	CAS 4
工程项目名称[member]	member	CAS 4
其他在建工程[member]	member	CAS 30
在建工程减值准备[line items]	line items	
期初在建工程减值准备	X instant,credit	CAS 8,CAS 30
在建工程减值准备,本期计提额	X duration,credit	CAS 4,CAS 8,CAS 30
在建工程减值准备,本期减少额	(X) duration,debit	CAS 4,CAS 8,CAS 30
期末在建工程减值准备	X instant,credit	CAS 8,CAS 30
在建工程减值准备计提或减少原因	text	CAS 4
在建工程其他需要说明的事项	text	CAS 4
[830250]附注_工程物资		
工程物资[text block]	text block	CAS 30
工程物资[abstract]		
工程物资[table]	table	CAS 4,CAS 30
工程物资按项目披露[axis]	axis	CAS 4,CAS 30
工程物资的类别[member]	member	CAS 4,CAS 30

元　素	元素类型	准则
专用材料[member]	member	CAS 4,CAS 30
专用设备[member]	member	CAS 4,CAS 30
专用工器具[member]	member	CAS 4,CAS 30
工程物资[line items]	line items	
工程物资,期初账面余额	X instant,debit	CAS 4,CAS 30,CAS 33
工程物资,本期增加额	X duration,debit	CAS 30
工程物资,本期减少额	(X) duration,credit	CAS 30
工程物资,期末账面余额	X instant,debit	CAS 4,CAS 30,CAS 33
工程物资减值准备	(X) instant,credit	CAS 4,CAS 8,CAS 30
工程物资账面价值	X instant,debit	CAS 4,CAS 30,CAS 33
[830260]附注_商誉		
商誉信息披露[text block]	text block	CAS 30
商誉基本信息[abstract]		
商誉基本信息[table]	table	CAS 6
被投资单位按名称披露[axis]	axis	CAS 6
合并产生商誉的被投资单位名称[member]	member	CAS 6
商誉基本信息[line items]	line items	
商誉形成来源	text	CAS 6
商誉初始金额	X instant,debit	CAS 6
商誉减值准备	(X) instant,credit	CAS 8,CAS 30
商誉期初账面价值	X instant,debit	CAS 20,CAS 30,CAS 33
商誉本期增加额	X duration,debit	CAS 6
商誉本期减少额	(X) duration,credit	CAS 6
商誉减值准备,本期计提额	(X) duration,credit	CAS 6,CAS 8,CAS 30
商誉外币报表折算差额	X duration,debit	CAS 30
商誉期末账面价值	X instant,debit	CAS 20,CAS 30,CAS 33
商誉其他需要说明的事项	text	CAS 6
[830270]附注_长期待摊费用		
长期待摊费用信息披露[text block]	text block	CAS 30

元　　素	元素类型	准则
长期待摊费用[abstract]		
长期待摊费用[table]	table	CAS 6,CAS 30
长期待摊费用按项目披露[axis]	axis	CAS 6,CAS 30
长期待摊费用项目[member]	member	CAS 6,CAS 30
预付经营租赁款[member]	member	CAS 30
其他长期待摊费用[member]	member	CAS 30
长期待摊费用[line items]	line items	
长期待摊费用年初账面余额	X instant,debit	CAS 30,CAS 33
长期待摊费用,本期增加额	X duration,debit	CAS 30
长期待摊费用,本期减少额	(X) duration,credit	CAS 30
长期待摊费用,本期摊销	(X) duration,credit	CAS 30
长期待摊费用,其他减少	(X) duration,credit	CAS 30
长期待摊费用期末账面余额	X instant,debit	CAS 30,CAS 33
长期待摊费用剩余摊销年限	text	CAS 6,CAS 30
长期待摊费用其他需要说明的事项	text	CAS 30
[830280]附注_其他非流动资产		
其他非流动资产信息披露[text block]	text block	CAS 30
其他非流动资产[abstract]		
其他非流动资产[table]	table	CAS 30
其他非流动资产按项目披露[axis]	axis	CAS 30
其他非流动资产项目[member]	member	CAS 30
其他非流动资产项目,其他[member]	member	CAS 30
其他非流动资产[line items]	line items	
其他非流动资产	X instant,debit	CAS 30,CAS 33
[830290]附注_所有权受限制的资产		
所有权受限制的资产信息披露[text block]	text block	CAS 30
所有权或使用权受限制的资产[abstract]		
所有权或使用权受限制的资产[table]	table	CAS 30
所有权或使用权受限制的资产项目[axis]	axis	CAS 30
所有权或使用权受限制的资产项目[member]	member	CAS 30
用于担保的资产[member]	member	CAS 30
其他受限的资产[member]	member	CAS 30

元　　素	元素类型	准则
所有权或使用权受限制的资产[line items]	line items	
所有权受限制的资产期初账面价值	X instant,debit	CAS 30
所有权受限制的资产本期增加额	X duration,debit	CAS 30
所有权受限制的资产本期减少额	(X) duration,credit	CAS 30
所有权受限制的资产期末账面价值	X instant,debit	CAS 30
资产所有权或使用权受限制的原因的说明	text	CAS 30
所有权受限制的资产其他需要说明的事项[text block]	text block	CAS 30
[830300]附注_应交税费		
应交税费信息披露[text block]	text block	CAS 30
应交税费[abstract]		
应交税费,增值税	X instant,credit	CAS 30
应交税费,消费税	X instant,credit	CAS 30
应交税费,营业税	X instant,credit	CAS 30
应交税费,城市维护建设税	X instant,credit	CAS 30
应交税费,企业所得税	X instant,credit	CAS 30
应交税费,土地增值税	X instant,credit	CAS 30
应交税费,教育费附加	X instant,credit	CAS 30
应交税费,资源税	X instant,credit	CAS 30
应交税费,房产税	X instant,credit	CAS 30
应交税费,土地使用税	X instant,credit	CAS 30
应交税费,个人所得税	X instant,credit	CAS 30
应交税费,其他应交税费	X instant,credit	CAS 30
应交税费合计	X instant,credit	CAS 30,CAS 33
[830310]附注_划分为持有待售的负债		
划分为持有待售的负债的信息披露[text block]	text block	CAS 30
划分为持有待售的负债[abstract]		
划分为持有待售的负债	X instant,credit	CAS 30,CAS 33
[830320]附注_其他流动负债		
其他流动负债信息披露[text block]	text block	CAS 30
其他流动负债[abstract]		
其他流动负债[table]	table	CAS 30

元　素	元素类型	准则
其他流动负债按项目披露[axis]	axis	CAS 30
其他流动负债项目[member]	member	CAS 30
其他流动负债[line items]	line items	
其他流动负债	X instant,credit	CAS 30,CAS 33
[830330]附注_其他非流动负债		
其他非流动负债信息披露[text block]	text block	CAS 30
其他非流动负债[abstract]		
其他非流动负债[table]	table	CAS 30
其他非流动负债按项目披露[axis]	axis	CAS 30
其他非流动负债项目[member]	member	CAS 30
其他非流动负债[line items]	line items	
其他非流动负债	X instant,credit	CAS 30,CAS 33
[830340]附注_实收资本或股本		
实收资本或股本信息披露[text block]	text block	CAS 30
实收资本或股本[abstract]		
实收资本或股本[table]	table	CAS 30
实收资本项目[axis]	axis	CAS 30
实收资本项目[member]	member	CAS 30
实收资本或股本[line items]	line items	
实收资本(或股本)股数 shares	CAS 30	
实收资本(或股本)	X instant,credit	CAS 30,CAS 33
实收资本(或股本)本期变动情况[abstract]		
实收资本(或股本)本期变动[table]	table	CAS 30
实收资本项目[axis]	axis	CAS 30
实收资本项目[member]	member	CAS 30
实收资本(或股本)本期变动[line items]	line items	
实收资本(或股本)股数本期增减变动[abstract]		
实收资本(或股本)期初股数	shares	CAS 30
实收资本(或股本)股数本期变动,发行新股	shares	CAS 30
实收资本(或股本)股数本期变动,送股	shares	CAS 30
实收资本(或股本)股数本期变动,公积金转股	shares	CAS 30

元　　素	元素类型	准则
实收资本(或股本)股数本期变动,其他	shares	CAS 30
实收资本(或股本)股数本期变动合计	shares	CAS 30
实收资本(或股本)期末股数	shares	CAS 30
实收资本(或股本)本期增减变动[abstract]		
实收资本(或股本)期初余额	X instant,credit	CAS 30,CAS 33
实收资本(或股本)本期变动,发行新股	X duration,credit	CAS 30
实收资本(或股本)本期变动,送股	X duration,credit	CAS 30
实收资本(或股本)本期变动,公积金转股	X duration,credit	CAS 30
实收资本(或股本)本期变动,其他	X duration,credit	CAS 30
实收资本(或股本)本期变动合计	X duration,credit	CAS 30
实收资本(或股本)期末余额	X instant,credit	CAS 30,CAS 33
本期公司实收资本或股本变动情况的其他说明	text	CAS 30
本期公司实收资本或股本其他需要说明的事项[text block]	text block	CAS 30
[830350]附注_其他权益工具		
其他权益工具信息披露[text block]	text block	CAS 30
其他权益工具[abstract]		
其他权益工具[table]	table	CAS 30
其他权益工具类型[axis]	axis	CAS 30
其他权益工具类型[member]	member	CAS 30
优先股[member]	member	CAS 30,CAS 33
永续债[member]	member	CAS 30,CAS 33
其他[member]	member	CAS 30,CAS 33
其他权益工具[line items]	line items	
其他权益工具,期初余额	X instant,credit	CAS 30,CAS 33,CAS 37
其他权益工具,本期增加	X duration,credit	CAS 30
其他权益工具,本期减少	(X) duration,debit	CAS 30
其他权益工具,期末余额	X instant,credit	CAS 30,CAS 33,CAS 37
[830360]附注_资本公积		
资本公积信息披露[text block]	text block	CAS 30
资本公积[abstract]		

元　素	元素类型	准则
资本公积[table]	table	CAS 30
资本公积项目[axis]	axis	CAS 30
资本公积项目[member]	member	CAS 30
资本溢价[member]	member	CAS 30
其他资本公积[member]	member	CAS 30
其他资本公积,原制度资本公积转入[member]	member	CAS 30
其他资本公积,其他[member]	member	CAS 30
资本公积[line items]	line items	
资本公积期初账面余额	X instant,credit	CAS 30,CAS 33
资本公积本期增加额	X duration,credit	CAS 30
资本公积本期减少额	(X) duration,debit	CAS 30
资本公积外币报表折算差额	X duration,credit	CAS 30
资本公积期末账面余额	X instant,credit	CAS 30,CAS 33
[830370]附注_库存股		
库存股信息披露[text block]	text block	CAS 30
库存股的增减变动[abstract]		
库存股的增减变动[table]	table	CAS 30
库存股项目[axis]	axis	CAS 30
库存股项目[member]	member	CAS 30
减资回购股份[member]	member	CAS 30
股权激励回购[member]	member	CAS 30
库存股的增减变动[line items]	line items	
库存回购股占本公司发行在外股份的百分比	X. XX instant	CAS 30
库存股期初账面余额	X instant,debit	CAS 30,CAS 33
库存股本期增加额	X duration,credit	CAS 30
库存股本期减少额	(X) duration,debit	CAS 30
库存股期末账面余额	X instant,debit	CAS 30,CAS 33
库存股回购价格的确定方法	text	CAS 30
库存股调整的披露[abstract]		
库存股调整的披露[table]	table	CAS 30
库存股调整的披露项目[axis]	axis	CAS 30
库存股调整的披露项目的类别[member]	member	CAS 30

元　　素	元素类型	准则
注销资本或股本[member]	member	CAS 30
以权益结算的股份支付的行权[member]	member	CAS 30
库存股调整的披露[line items]	line items	
库存股调整减少的库存股成本	X duration,debit	CAS 30
库存股调整减少的注册资本(或股本)金额	X duration,debit	CAS 30
库存股调整增加或减少的资本公积	X duration,credit	CAS 30
库存股调整增加或减少的盈余公积	X duration,credit	CAS 30
库存股调整增加或减少的未分配利润	X duration,credit	CAS 30
库存股其他需要说明的事项	text	CAS 30
[830380]附注_专项储备		
专项储备信息披露[text block]	text block	CAS 30
专项储备的增减变动[abstract]		
专项储备的增减变动[table]	table	CAS 30
专项储备项目[axis]	axis	CAS 30
专项储备项目的类别[member]	member	CAS 30
安全生产费[member]	member	CAS 30
维简费[member]	member	CAS 30
其他专项储备[member]	member	CAS 30
专项储备的增减变动[line items]	line items	
专项储备期初金额	X instant,credit	CAS 30,CAS 33
专项储备本期增加额	X duration,credit	CAS 30
专项储备本期减少额	(X) duration,debit	CAS 30
专项储备本期减少额,费用性支出	(X) duration,debit	CAS 30
专项储备本期减少额,资本性支出	(X) duration,debit	CAS 30
专项储备本期减少额,其他减少	(X) duration,debit	CAS 30
专项储备期末金额	X instant,credit	CAS 30,CAS 33
专项储备其他需要说明的事项	text	CAS 30
[830390]附注_盈余公积		
盈余公积信息披露[text block]	text block	CAS 30
盈余公积增减变动[abstract]		
盈余公积增减变动[table]	table	CAS 30

元　　素	元素类型	准则
盈余公积类别[axis]	axis	CAS 30
盈余公积类别[member]	member	CAS 30
法定盈余公积[member]	member	CAS 30
任意盈余公积[member]	member	CAS 30
企业发展基金[member]	member	CAS 30
储备基金[member]	member	CAS 30
利润归还投资[member]	member	CAS 30
其他盈余公积[member]	member	CAS 30
盈余公积增减变动[line items]	line items	
盈余公积期初账面余额	X instant,credit	CAS 30,CAS 33
盈余公积本期增加额	X duration,credit	CAS 30
盈余公积本期减少额	(X) duration,debit	CAS 30
盈余公积本期减少额,转增资本	(X) duration,debit	CAS 30
盈余公积本期减少额,弥补亏损	(X) duration,debit	CAS 30
盈余公积本期减少额,其他减少	(X) duration,debit	CAS 30
盈余公积期末账面余额	X instant,credit	CAS 30,CAS 33
提取法定盈余公积描述	text	CAS 30
提取任意盈余公积描述	text	CAS 30
盈余公积其他需要说明的事项	text	CAS 30
[830400]附注_未分配利润		
未分配利润信息披露[text block]	text block	CAS 30
合并财务报表未分配利润的增减变动[abstract]		
未分配利润期初账面余额	X instant,credit	CAS 30,CAS 33
归属于母公司所有者(股东)的净利润	X duration,credit	CAS 30,CAS 33
未分配利润本期减少,提取盈余公积	(X) duration,debit	CAS 30
未分配利润本期减少,提取法定盈余公积	(X) duration,debit	CAS 30
未分配利润本期减少,提取任意盈余公积	(X) duration,debit	CAS 30
未分配利润本期减少,对所有者(股东)的分配	(X) duration,debit	CAS 30
未分配利润本期减少,提取的普通股的现金股利	(X) duration,debit	CAS 30
未分配利润本期减少,转作股本的普通股股利	(X) duration,debit	CAS 30
未分配利润,其他变动	X duration,credit	CAS 30
未分配利润期末账面余额	X instant,credit	CAS 30,CAS 33

元　　素	元素类型	准则
个别财务报表未分配利润的增减变动[abstract]		
个别财务报表未分配利润的增减变动[table]	table	CAS 30
合并和个别财务报表[axis]	axis	CAS 33
合并[member]	member	CAS 33
个别[member]	member	CAS 33
个别财务报表未分配利润的增减变动[line items]	line items	
未分配利润期初账面余额	X instant, credit	CAS 30, CAS 33
净利润	X duration, credit	CAS 30, CAS 31, CAS 33, CAS 41
未分配利润本期减少，提取盈余公积	(X) duration, debit	CAS 30
未分配利润本期减少，提取法定盈余公积	(X) duration, debit	CAS 30
未分配利润本期减少，提取任意盈余公积	(X) duration, debit	CAS 30
未分配利润本期减少，对所有者(股东)的分配	(X) duration, debit	CAS 30
未分配利润本期减少，提取的普通股的现金股利	(X) duration, debit	CAS 30
未分配利润本期减少，转作股本的普通股股利	(X) duration, debit	CAS 30
未分配利润，其他变动	X duration, credit	CAS 30
未分配利润期末账面余额	X instant, credit	CAS 30, CAS 33
盈余公积提取比例和股利分配比例[abstract]		
法定盈余公积提取比例	X. XX instant	CAS 30
任意盈余公积提取比例	X. XX instant	CAS 30
应付普通股股利分配比例	X. XX instant	CAS 30
转作股本的普通股股利分配比例	X. XX instant	CAS 30
与本期利润分配相关的其他事项	text	CAS 30
[830410]附注_少数股东权益		
少数股东权益信息披露[text block]	text block	CAS 30
少数股东权益[abstract]		
归属于各子公司少数股东权益[table]	table	CAS 30
子公司名称[axis]	axis	CAS 30, CAS 30
子公司[member]	member	CAS 18, CAS 30, CAS 36, CAS 41
其他子公司[member]	member	CAS 30
归属于各子公司少数股东权益[line items]	line items	
少数股东权益	X instant, credit	CAS 30, CAS 33, CAS 41

元　素	元素类型	准则
[830420]附注_营业收入及营业成本		
营业收入及营业成本信息披露[text block]	text block	CAS 30
营业收入及营业成本信息披露[abstract]		
营业收入及营业成本信息披露[table]	table	CAS 30
营业收入及营业成本种类[axis]	axis	CAS 30
营业收入及营业成本种类[member]	member	CAS 30
主营业务收入及成本[member]	member	CAS 30
其他业务收入及成本[member]	member	CAS 30
营业收入及营业成本信息披露[line items]	line items	
营业收入	X duration,credit	CAS 30,CAS 33,CAS 35,CAS 41
来自个别利润表的营业成本	X duration,debit	CAS 33
[830430]附注_营业税金及附加		
营业税金及附加信息披露[text block]	text block	CAS 30
营业税金及附加[abstract]		
营业税	X duration,debit	CAS 30
城市维护建设税	X duration,debit	CAS 30
消费税	X duration,debit	CAS 30
资源税	X duration,debit	CAS 30
教育费附加	X duration,debit	CAS 30
土地增值税	X duration,debit	CAS 30
其他营业税金及附加	X duration,debit	CAS 30
营业税金及附加合计	X duration,debit	CAS 30,CAS 33
[830440]附注_销售费用、管理费用及财务费用		
销售费用和管理费用及财务费用信息披露[text block]	text block	CAS 30
销售费用信息披露[text block]	text block	CAS 30
销售费用(按费用性质披露)[abstract]		
产品质量保证,销售费用	X duration,debit	CAS 30
广告费,销售费用	X duration,debit	CAS 30
职工薪酬,销售费用	X duration,debit	CAS 30
折旧、折耗及摊销,销售费用	X duration,debit	CAS 30
运输费,销售费用	X duration,debit	CAS 30

元　　素	元素类型	准则
包装费,销售费用	X duration,debit	CAS 30
装卸费,销售费用	X duration,debit	CAS 30
仓储保管费,销售费用	X duration,debit	CAS 30
保险费,销售费用	X duration,debit	CAS 30
展览费,销售费用	X duration,debit	CAS 30
销售服务费,销售费用	X duration,debit	CAS 30
业务经费,销售费用	X duration,debit	CAS 30
委托代销手续费,销售费用	X duration,debit	CAS 30
修理费,销售费用	X duration,debit	CAS 30
样本及产品损耗,销售费用	X duration,debit	CAS 30
其他销售费用	X duration,debit	CAS 30
销售费用合计	X duration,debit	CAS 30,CAS 33
管理费用信息披露[text block]	text block	CAS 30
管理费用[abstract]		
职工薪酬,管理费用	X duration,debit	CAS 30
咨询费,管理费用	X duration,debit	CAS 30
排污费,管理费用	X duration,debit	CAS 30
折旧、折耗及摊销,管理费用	X duration,debit	CAS 30
固定资产折旧费,管理费用	X duration,debit	CAS 30
无形资产摊销费,管理费用	X duration,debit	CAS 30
修理费,管理费用	X duration,debit	CAS 30
安全生产费用,管理费用	X duration,debit	CAS 30
税费,管理费用	X duration,debit	CAS 30
研究与开发费,管理费用	X duration,debit	CAS 30
业务招待费,管理费用	X duration,debit	CAS 30
保险费,管理费用	X duration,debit	CAS 30
存货盘亏,管理费用	X duration,debit	CAS 30
差旅费,管理费用	X duration,debit	CAS 30
办公费,管理费用	X duration,debit	CAS 30
会议费,管理费用	X duration,debit	CAS 30
诉讼费,管理费用	X duration,debit	CAS 30
聘请中介机构费,管理费	X duration,debit	CAS 30
技术转让费,管理费用	X duration,debit	CAS 30

元　素	元素类型	准则
董事会费，管理费用	X duration，debit	CAS 30
其他管理费用	X duration，debit	CAS 30
管理费用合计	X duration，debit	CAS 30，CAS 33
财务费用信息披露[text block]	text block	CAS 30
财务费用[abstract]		
利息支出，包含资本化利息支出和费用化利息支出	X duration，debit	CAS 30
资本化利息	(X) duration，credit	CAS 30
利息支出	X duration，debit	CAS 30
利息收入	(X) duration，credit	CAS 30
汇兑损失	X duration，debit	CAS 30
汇兑收益	(X) duration，credit	CAS 30
手续费	X duration，debit	CAS 30
其他财务费用	X duration，debit	CAS 30
财务费用合计	X duration，debit	CAS 30，CAS 33，CAS 41
销售费用和管理费用及财务费用其他需要说明的事项	text	CAS 30

[830450]附注_公允价值变动收益(披露形式一)

元　素	元素类型	准则
公允价值变动收益信息披露[text block]	text block	CAS 30
公允价值变动收益[abstract]		
以公允价值计量且其变动计入当期损益的金融资产，公允价值变动收益发生额	X duration，credit	CAS 30
交易性金融资产，公允价值变动收益发生额	X duration，credit	CAS 30
指定为以公允价值计量且其变动计入当期损益的金融资产，公允价值变动收益发生额	X duration，credit	CAS 30
以公允价值计量且其变动计入当期损益的金融负债，公允价值变动收益发生额	X duration，credit	CAS 30
交易性金融负债，公允价值变动收益发生额	X duration，credit	CAS 30
指定为以公允价值计量且其变动计入当期损益的金融负债，公允价值变动收益发生额	X duration，credit	CAS 30
衍生金融工具，公允价值变动收益发生额	X duration，credit	CAS 30
投资性房地产，公允价值变动收益发生额	X duration，credit	CAS 30
其他公允价值变动收益发生额	X duration，credit	CAS 30
公允价值变动收益合计	X duration，credit	CAS 30，CAS 33

元　　素	元素类型	准则
[830450a]附注_公允价值变动收益(披露形式二)		
公允价值变动收益信息披露[text block]	text block	CAS 30
公允价值变动收益[abstract]		
以公允价值计量且其变动计入当期损益的金融资产,公允价值变动收益发生额	X duration,credit	CAS 30
处置交易性金融资产的增加额发生额	X duration,credit	CAS 30
本期影响重大的事项发生额	X duration	CAS 30
以公允价值计量且其变动计入当期损益的金融负债,公允价值变动收益发生额	X duration,credit	CAS 30
清偿交易性金融负债的增加额发生额	X duration,debit	CAS 30
衍生金融工具,公允价值变动收益发生额	X duration,credit	CAS 30
投资性房地产,公允价值变动收益发生额	X duration,credit	CAS 30
其他公允价值变动收益发生额	X duration,credit	CAS 30
公允价值变动收益合计	X duration,credit	CAS 30,CAS 33
[830460]附注_投资收益		
投资收益信息披露[text block]	text block	CAS 30
投资收益的明细情况[abstract]		
股权投资投资收益	X duration,credit	CAS 30
取得的现金股利或利润	X duration,credit	CAS 30
取得的现金股利或利润,以公允价值计量且其变动计入当期损益的金融资产	X duration,credit	CAS 30
取得的现金股利或利润,交易性金融资产	X duration,credit	CAS 30
取得的现金股利或利润,可供出售金融资产	X duration,credit	CAS 30
权益法下确认的收益	X duration,credit	CAS 30
权益法下确认的收益,来自联营企业	X duration,credit	CAS 30
权益法下确认的收益,来自合营企业	X duration,credit	CAS 30
债券利息收入	X duration,credit	CAS 30
债券利息收入,公司债券	X duration,credit	CAS 30
债券利息收入,国债	X duration,credit	CAS 30
处置投资产生的收益	X duration,credit	CAS 30
处置以公允价值计量且其变动计入当期损益的金融资产收益	X duration,credit	CAS 30
处置交易性金融资产收益	X duration,credit	CAS 30
处置衍生金融资产收益	X duration,credit	CAS 30

元　　素	元素类型	准则
处置持有至到期投资收益	X duration,credit	CAS 30
处置可供出售金融资产收益	X duration,credit	CAS 30
处置对子公司投资收益	X duration,credit	CAS 30
处置对联营企业投资收益	X duration,credit	CAS 30
处置对合营企业投资收益	X duration,credit	CAS 30
处置其他资产收益	X duration,credit	CAS 30
其他投资收益	X duration,credit	CAS 30
投资收益合计	X duration,credit	CAS 30,CAS 33
投资收益其他需要说明的事项	text	CAS 30
[830470]附注_营业外收入		
营业外收入信息披露[text block]	text block	CAS 30
营业外收入的明细情况[abstract]		
非流动资产处置利得	X duration,credit	CAS 30,CAS 33
固定资产处置利得	X duration,credit	CAS 30
无形资产处置利得	X duration,credit	CAS 30
非货币性资产交换利得	X duration,credit	CAS 30
债务重组利得	X duration,credit	CAS 30
营业外收入,政府补助	X duration,credit	CAS 30
直接计入损益的政府补助	X duration,credit	CAS 30
递延转入的政府补助	X duration,credit	CAS 30
接受捐赠	X duration,credit	CAS 30
其他营业外收入	X duration,credit	CAS 30
营业外收入合计	X duration,credit	CAS 30,CAS 33
营业外收入其他需要说明的事项	text	CAS 30
[830480]附注_营业外支出		
营业外支出信息披露[text block]	text block	CAS 30
营业外支出的明细情况[abstract]		
非流动资产处置损失	X duration,debit	CAS 30,CAS 33
固定资产处置损失	X duration,debit	CAS 30
无形资产处置损失	X duration,debit	CAS 30
非货币性资产交换损失	X duration,debit	CAS 30

元　素	元素类型	准则
债务重组损失	X duration,debit	CAS 30
捐赠支出	X duration,debit	CAS 30
公益性捐赠支出	X duration,debit	CAS 30
自然灾害净损失	X duration,debit	CAS 30
保险赔偿	X duration,debit	CAS 30
诉讼损失	X duration,debit	CAS 30
罚款支出	X duration,debit	CAS 30
非常损失	X duration,debit	CAS 30
其他营业外支出	X duration,debit	CAS 30
营业外支出合计	X duration,debit	CAS 30,CAS 33
营业外支出其他需要说明的事项	text	CAS 30
[830490]附注_其他综合收益		
其他综合收益信息披露[text block]	text block	CAS 30
其他综合收益各项目及其所得税影响和转入损益情况[abstract]		
以后不能重分类进损益的其他综合收益各项目及其所得税影响[abstract]		
重新计量设定受益计划净负债或净资产的变动[abstract]		
税前金额	X duration,credit	CAS 30
所得税影响	(X) duration,debit	CAS 30
税后净额	X duration,credit	CAS 30
权益法下在被投资单位不能重分类进损益的其他综合收益中享有的份额[abstract]		
税前金额	X duration,credit	CAS 30
所得税影响	(X) duration,debit	CAS 30
税后净额	X duration,credit	CAS 30
以后不能重分类进损益的其他项目[abstract]		
税前金额	X duration,credit	CAS 30
所得税影响	(X) duration,debit	CAS 30
税后净额	X duration,credit	CAS 30
以后不能重分类进损益的其他综合收益[abstract]		
税前金额	X duration,credit	CAS 30
所得税影响	(X) duration,debit	CAS 30
税后净额	X duration,credit	CAS 30

元　素	元素类型	准则
以后将重分类进损益的其他综合收益各项目及其所得税影响和转入损益情况[abstract]		
权益法下在被投资单位以后将重分类进损益的其他综合收益中享有的份额[abstract]		
权益法下在被投资单位以后将重分类进损益的其他综合收益中享有的份额，税前金额[abstract]		
权益法下在被投资单位以后将重分类进损益的其他综合收益中享有的份额	X duration，credit	CAS 30
前期计入其他综合收益当期转入损益	(X) duration，debit	CAS 30
小计	X duration，credit	CAS 30
权益法下在被投资单位以后将重分类进损益的其他综合收益中享有的份额，所得税影响[abstract]		
权益法下在被投资单位以后将重分类进损益的其他综合收益中享有的份额	(X) duration，debit	CAS 30
前期计入其他综合收益当期转入损益	X duration，credit	CAS 30
小计	(X) duration，debit	CAS 30
权益法下在被投资单位以后将重分类进损益的其他综合收益中享有的份额，税后净额[abstract]		
权益法下在被投资单位以后将重分类进损益的其他综合收益中享有的份额	X duration，credit	CAS 30
前期计入其他综合收益当期转入损益	(X) duration，debit	CAS 30
小计	X duration，credit	CAS 30
可供出售金融资产公允价值变动损益[abstract]		
可供出售金融资产公允价值变动损益，税前金额[abstract]		
可供出售金融资产公允价值变动损益	X duration，credit	CAS 30
前期计入其他综合收益当期转入损益	(X) duration，debit	CAS 30
小计	X duration，credit	CAS 30
可供出售金融资产公允价值变动损益，所得税影响[abstract]		
可供出售金融资产公允价值变动损益	(X) duration，debit	CAS 30
前期计入其他综合收益当期转入损益	X duration，credit	CAS 30
小计	(X) duration，debit	CAS 30
可供出售金融资产公允价值变动损益，税后净额[abstract]		
可供出售金融资产公允价值变动损益	X duration，credit	CAS 30
前期计入其他综合收益当期转入损益	(X) duration，debit	CAS 30
小计	X duration，credit	CAS 30
持有至到期投资重分类为可供出售金融资产损益[abstract]		

元　　素	元素类型	准则
持有至到期投资重分类为可供出售金融资产损益,税前金额[abstract]		
持有至到期投资重分类为可供出售金融资产损益	X duration,credit	CAS 30
前期计入其他综合收益当期转入损益	(X) duration,debit	CAS 30
小计	X duration,credit	CAS 30
持有至到期投资重分类为可供出售金融资产损益,所得税影响[abstract]		
持有至到期投资重分类为可供出售金融资产损益	(X) duration,debit	CAS 30
前期计入其他综合收益当期转入损益	X duration,credit	CAS 30
小计	(X) duration,debit	CAS 30
持有至到期投资重分类为可供出售金融资产损益,税后净额[abstract]		
持有至到期投资重分类为可供出售金融资产损益	X duration,credit	CAS 30
前期计入其他综合收益当期转入损益	(X) duration,debit	CAS 30
小计	X duration,credit	CAS 30
现金流量套期损益的有效部分[abstract]		
现金流量套期损益的有效部分,税前金额[abstract]		
现金流量套期损益的有效部分	X duration,credit	CAS 30
前期计入其他综合收益当期转入损益	(X) duration,debit	CAS 30
转为被套期项目初始确认金额的调整额	(X) duration,debit	CAS 30
小计	X duration,credit	CAS 30
现金流量套期损益的有效部分,所得税影响[abstract]		
现金流量套期损益的有效部分	(X) duration,debit	CAS 30
前期计入其他综合收益当期转入损益	X duration,credit	CAS 30
转为被套期项目初始确认金额的调整额	X duration,credit	CAS 30
小计	(X) duration,debit	CAS 30
现金流量套期损益的有效部分,税后净额[abstract]		
现金流量套期损益的有效部分	X duration,credit	CAS 30,CAS 37
前期计入其他综合收益当期转入损益	(X) duration,debit	CAS 30,CAS 37
转为被套期项目初始确认金额的调整额	(X) duration,debit	CAS 30
小计	X duration,credit	CAS 30
外币财务报表折算差额[abstract]		

元　　素	元素类型	准则
外币财务报表折算差额的利得或损失，税前金额[abstract]		
外币财务报表折算差额的利得或损失	X duration，credit	CAS 30
前期计入其他综合收益当期转入损益	(X) duration，debit	CAS 30
小计	X duration，credit	CAS 30
外币财务报表折算差额的利得或损失，所得税影响[abstract]		
外币财务报表折算差额的利得或损失	(X) duration，debit	CAS 30
前期计入其他综合收益当期转入损益	X duration，credit	CAS 30
小计	(X) duration，debit	CAS 30
外币财务报表折算差额的利得或损失，税后净额[abstract]		
外币财务报表折算差额的利得或损失	X duration，credit	CAS 30
前期计入其他综合收益当期转入损益	(X) duration，debit	CAS 30
小计	X duration，credit	CAS 30
以后将重分类进损益的其他项目[abstract]		
以后将重分类进损益的其他项目，税前金额[abstract]		
其他项目	X duration，credit	CAS 30
前期计入其他综合收益当期转入损益	(X) duration，debit	CAS 30
小计	X duration，credit	CAS 30
以后将重分类进损益的其他项目，所得税影响[abstract]		
其他项目	X duration，debit	CAS 30
前期计入其他综合收益当期转入损益	(X) duration，credit	CAS 30
小计	X duration，debit	CAS 30
以后将重分类进损益的其他项目，税后净额[abstract]		
其他项目	X duration，credit	CAS 30
前期计入其他综合收益当期转入损益	(X) duration，debit	CAS 30
小计	X duration，credit	CAS 30
以后将重分类进损益的其他综合收益[abstract]		
税前金额	X duration，credit	CAS 30
所得税影响	(X) duration，debit	CAS 30
税后净额	X duration，credit	CAS 30
其他综合收益及其所得税影响[abstract]		

元　　素	元素类型	准则
税前金额	X duration,credit	CAS 30
所得税影响	(X) duration,debit	CAS 30
税后净额	X duration,credit	CAS 30,CAS 33,CAS 41
合并财务报表其他综合收益各项目的调节情况[abstract]		
合并财务报表其他综合收益各项目的调节情况[table]	table	CAS 30
其他综合收益按项目披露[axis]	axis	CAS 30
其他综合收益项目[member]	member	CAS 30
重新计量设定受益计划净负债或净资产的变动[member]	member	CAS 30
权益法下在被投资单位不能重分类进损益的其他综合收益中享有的份额[member]	member	CAS 30
权益法下在被投资单位以后将重分类进损益的其他综合收益中享有的份额[member]	member	CAS 30
可供出售金融资产公允价值变动损益[member]	member	CAS 30
持有至到期投资重分类为可供出售金融资产损益[member]	member	CAS 30
现金流量套期损益的有效部分[member]	member	CAS 30
外币报表折算差额[member]	member	CAS 30
合并财务报表其他综合收益各项目的调节情况[line items]	line items	
其他综合收益期初账面余额	X instant,credit	CAS 30,CAS 33
归属于母公司所有者的其他综合收益的税后净额	X duration,credit	CAS 30,CAS 33
其他综合收益期末账面余额	X instant,credit	CAS 30,CAS 33
个别财务报表其他综合收益各项目的调节情况[abstract]		
个别财务报表其他综合收益各项目的调节情况[table]	table	CAS 30
合并和个别财务报表[axis]	axis	CAS 33
合并[member]	member	CAS 33
个别[member]	member	CAS 33
其他综合收益按项目披露[axis]	axis	CAS 30
其他综合收益项目[member]	member	CAS 30
重新计量设定受益计划净负债或净资产的变动[member]	member	CAS 30
权益法下在被投资单位不能重分类进损益的其他综合收益中享有的份额[member]	member	CAS 30
权益法下在被投资单位以后将重分类进损益的其他综合收益中享有的份额[member]	member	CAS 30

元　素	元素类型	准则
可供出售金融资产公允价值变动损益[member]	member	CAS 30
持有至到期投资重分类为可供出售金融资产损益[member]	member	CAS 30
现金流量套期损益的有效部分[member]	member	CAS 30
外币报表折算差额[member]	member	CAS 30
个别财务报表其他综合收益各项目的调节情况[line items]	line items	
其他综合收益期初账面余额	X instant,credit	CAS 30,CAS 33
其他综合收益的税后净额	X duration,credit	CAS 30,CAS 33,CAS 41
其他综合收益期末账面余额	X instant,credit	CAS 30,CAS 33
其他综合收益其他需要说明的事项	text	CAS 30

[830500]附注_终止经营

终止经营信息披露[text block]	text block	CAS 30
终止经营[abstract]		
终止经营收入发生额	X duration,credit	CAS 30
终止经营费用发生额	(X) duration,debit	CAS 30
终止经营利润总额	X duration,credit	CAS 30
终止经营所得税费用	(X) duration,debit	CAS 30
终止经营净利润	X duration,credit	CAS 30,CAS 41
归属于母公司所有者的终止经营净利润	X duration,credit	CAS 30
终止经营其他需要说明的事项	text	CAS 30

[830510]财务报表的批准报出

财务报表的批准报出信息披露[text block]	text block	CAS 30
财务报表的批准报出[abstract]		
财务报表的批准报出[text block]	text block	CAS 30

[830520]附注_利润表补充资料(费用按性质披露)

费用按照性质分类的信息披露[text block]	text block	CAS 30
费用按照性质分类[abstract]		
耗用的原材料	X duration,debit	CAS 30
产成品及在产品存货变动	X duration,debit	CAS 30
职工薪酬费用	X duration,debit	CAS 30

元　　素	元素类型	准则
折旧和摊销费用	X duration,debit	CAS 30
非流动资产减值损失	X duration,debit	CAS 30
支付的租金	X duration,debit	CAS 30
财务费用	X duration,debit	CAS 30,CAS 33,CAS 41
其他按照性质分类的费用	X duration,debit	CAS 30
按照性质分类的费用合计	X duration,debit	CAS 30
[830530]附注_管理资本的目标、政策及程序		
管理资本的目标、政策及程序的信息披露[text block]	text block	CAS 30
管理资本的目标、政策及程序的信息披露[abstract]		
企业管理资本的目标、政策及程序的定性信息	text	CAS 30
企业资本结构的定量数据摘要	text	CAS 30
对企业管理资本的目标、政策及程序变动的描述	text	CAS 30
企业是否遵循了其受制的外部强制性资本要求的信息	text	CAS 30
企业未遵循外部强制性资本要求的后果的信息	text	CAS 30
[830600]附注_商业银行合并财务报表		
商业银行合并财务报表[text block]	text block	CAS 30
现金及存放中央银行款项[abstract]		
库存现金账面余额	X instant,debit	CAS 30,CAS 31
存放中央银行法定准备金账面余额	X instant,debit	CAS 30
存放中央银行超额存款准备金账面余额	X instant,debit	CAS 30
存放中央银行的其他款项账面余额	X instant,debit	CAS 30
现金及存放中央银行款项合计	X instant,debit	CAS 30
存放同业款项[abstract]		
存放其他银行账面余额	X instant,debit	CAS 30
存放境内银行账面余额	X instant,debit	CAS 30
存放境外银行账面余额	X instant,debit	CAS 30
拆出资金[abstract]		
拆放其他银行账面余额	X instant,debit	CAS 30
拆放境内银行账面余额	X instant,debit	CAS 30
拆放境外银行账面余额	X instant,debit	CAS 30
拆放非银行金融机构账面余额	X instant,debit	CAS 30

元　素	元素类型	准则
拆出资金减值准备	(X) instant,credit	CAS 30
拆出资金账面价值	X instant,debit	CAS 30,CAS 33
衍生工具[abstract]		
衍生工具[table]	table	CAS 37
衍生金融工具[axis]	axis	CAS 37
衍生金融工具的类别[member]	member	CAS 37
利率衍生工具[member]	member	CAS 37
货币衍生工具[member]	member	CAS 37
权益衍生工具[member]	member	CAS 37
信用衍生工具[member]	member	CAS 37
其他衍生工具[member]	member	CAS 30
衍生工具[line items]	line items	
套期工具名义金额	X instant	CAS 37
套期工具资产公允价值	X instant,debit	CAS 37
套期工具负债公允价值	X instant,credit	CAS 37
非套期工具名义金额	X instant	CAS 37
非套期工具资产公允价值	X instant,debit	CAS 37
非套期工具负债公允价值	X instant,credit	CAS 37
买入返售金融资产[abstract]		
买入返售金融资产账面余额,证券	X instant,debit	CAS 37
买入返售金融资产账面余额,票据	X instant,debit	CAS 37
买入返售金融资产账面余额,贷款	X instant,debit	CAS 37
买入返售金融资产账面余额,其他金融资产	X instant,debit	CAS 37
买入返售金融资产,减值准备	X instant,credit	CAS 37
买入返售金融资产净额	X instant,debit	CAS 30,CAS 33
发放贷款和垫款[abstract]		
贷款和垫款按个人和企业分布情况[abstract]		
个人贷款和垫款账面余额	X instant,debit	CAS 30
信用卡个人贷款和垫款账面余额	X instant,debit	CAS 30
住房抵押个人贷款和垫款账面余额	X instant,debit	CAS 30
其他个人贷款和垫款账面余额	X instant,debit	CAS 30
企业贷款和垫款账面余额	X instant,debit	CAS 30
贷款企业贷款和垫款账面余额	X instant,debit	CAS 30

元　　素	元素类型	准则
贴现企业贷款和垫款账面余额	X instant,debit	CAS 30
其他企业贷款和垫款账面余额	X instant,debit	CAS 30
贷款和垫款总额	X instant,debit	CAS 30
贷款损失准备账面余额	(X) instant,credit	CAS 30
贷款损失准备单项金额	(X) instant,credit	CAS 30
贷款损失准备组合金额	(X) instant,credit	CAS 30
贷款和垫款账面价值	X instant,debit	CAS 30,CAS 33
贷款和垫款按行业分布情况[abstract]		
贷款和垫款按行业分布情况[table]	table	CAS 30
贷款和垫款行业[axis]	axis	CAS 30
贷款和垫款行业的类别[member]	member	CAS 30
农牧业、渔业[member]	member	CAS 30
采掘业[member]	member	CAS 30
房地产业[member]	member	CAS 30
建筑业[member]	member	CAS 30
金融保险业[member]	member	CAS 30
贷款和垫款按行业分布情况[line items]	line items	
贷款和垫款账面余额	X instant,debit	CAS 30
占贷款和垫款总额比例	X. XX instant	CAS 30
贷款损失准备账面余额	(X) instant,credit	CAS 30
贷款损失准备单项金额	(X) instant,credit	CAS 30
贷款损失准备组合金额	(X) instant,credit	CAS 30
贷款损失准备所占总额比例	X. XX instant	CAS 30
单项计提占贷款损失准备总额的比例	X. XX instant	CAS 30
组合计提占贷款损失准备总额的比例	X. XX instant	CAS 30
贷款和垫款账面价值	X instant,debit	CAS 30,CAS 33
贷款和垫款按地区分布情况[abstract]		
贷款和垫款按地区分布情况[table]	table	CAS 30
地区分布[axis]	axis	CAS 27,CAS 30
地区分布的类别[member]	member	CAS 27,CAS 30
华南地区[member]	member	CAS 30
华北地区[member]	member	CAS 30
贷款和垫款按地区分布情况[line items]	line items	

元 素	元素类型	准则
贷款和垫款账面余额	X instant,debit	CAS 30
贷款损失准备账面余额	(X) instant,credit	CAS 30
贷款损失准备单项金额	(X) instant,credit	CAS 30
贷款损失准备组合金额	(X) instant,credit	CAS 30
贷款损失准备所占总额比例	X. XX instant	CAS 30
单项计提占贷款损失准备总额的比例	X. XX instant	CAS 30
组合计提占贷款损失准备总额的比例	X. XX instant	CAS 30
贷款和垫款账面价值	X instant,debit	CAS 30,CAS 33
贷款和垫款按担保方式分布情况[abstract]		
信用贷款	X instant,debit	CAS 30
保证贷款	X instant,debit	CAS 30
附担保物贷款	X instant,debit	CAS 30
质押贷款	X instant,debit	CAS 30
抵押贷款	X instant,debit	CAS 30
贷款和垫款总额	X instant,debit	CAS 30
贷款损失准备账面余额	(X) instant,credit	CAS 30
贷款损失准备单项金额	(X) instant,credit	CAS 30
贷款损失准备组合金额	(X) instant,credit	CAS 30
贷款和垫款账面价值	X instant,debit	CAS 30,CAS 33
逾期贷款情况[abstract]		
逾期贷款情况[table]	table	CAS 30
逾期贷款[axis]	axis	CAS 30
逾期贷款的类别[member]	member	CAS 30
信用贷款[member]	member	CAS 30
保证贷款[member]	member	CAS 30
担保物贷款[member]	member	CAS 30
抵押贷款[member]	member	CAS 30
质押贷款[member]	member	CAS 30
逾期贷款情况[line items]	line items	
逾期 1 天至 90 天(含 90 天)贷款账面余额	X instant,debit	CAS 30
逾期 90 天至 360 天(含 360 天)贷款账面余额	X instant,debit	CAS 30
逾期 360 天至 3 年(含 3 年)贷款账面余额	X instant,debit	CAS 30
逾期 3 年以上贷款账面余额	X instant,debit	CAS 30

元　　素	元素类型	准则
逾期贷款合计	X instant,debit	CAS 30
贷款损失准备[abstract]		
贷款损失准备单项本期期初金额	X instant,credit	CAS 30
贷款损失准备单项本期计提金额	X duration,credit	CAS 30
贷款损失准备单项本期转出金额	(X) duration,debit	CAS 30
贷款损失准备单项本期核销金额	(X) duration,debit	CAS 30
贷款损失准备单项本期转回金额	(X) duration,debit	CAS 30
贷款损失准备单项本期收回原转销贷款和垫款导致的转回金额	(X) duration,debit	CAS 30
贷款损失准备单项本期贷款和垫款因折现价值上升导致转回金额	(X) duration,debit	CAS 30
贷款损失准备单项本期其他因素导致的转回金额	(X) duration,debit	CAS 30
贷款损失准备单项外币报表折算差额	X duration,credit	CAS 30
贷款损失准备单项本期期末金额	X instant,credit	CAS 30
贷款损失准备组合本期期初金额	X instant,credit	CAS 30
贷款损失准备组合本期计提金额	X duration,credit	CAS 30
贷款损失准备组合本期转出金额	(X) duration,debit	CAS 30
贷款损失准备组合本期核销金额	(X) duration,debit	CAS 30
贷款损失准备组合本期转回金额	(X) duration,debit	CAS 30
贷款损失准备组合本期收回原转销贷款和垫款导致的转回金额	(X) duration,debit	CAS 30
贷款损失准备组合本期贷款和垫款因折现价值上升导致转回金额	(X) duration,debit	CAS 30
贷款损失准备组合本期其他因素导致的转回金额	(X) duration,debit	CAS 30
贷款损失准备组合外币报表折算差额	X duration,credit	CAS 30
贷款损失准备组合本期期末金额	X instant,credit	CAS 30
其他资产,商业银行[abstract]		
存出保证金	X instant,debit	CAS 30
应收股利	X instant,debit	CAS 30,CAS 33,CAS 37
其他应收款	X instant,debit	CAS 30,CAS 33,CAS 37
抵债资产	X instant,debit	CAS 30
其他资产合计	X instant,debit	CAS 30
向中央银行借款,商业银行[abstract]		
借入中央银行存款	X instant,credit	CAS 30

元　素	元素类型	准则
国家外汇存款	X instant, credit	CAS 30
同业及其他金融机构存放款项，商业银行[abstract]		
其他银行存放款账面余额	X instant, credit	CAS 30
非银行金融机构存放款账面余额	X instant, credit	CAS 30
拆入资金，商业银行[abstract]		
拆入其他银行账面余额	X instant, credit	CAS 30
拆入其他银行中境内银行账面余额	X instant, credit	CAS 30
拆入其他银行中境外银行账面余额	X instant, credit	CAS 30
拆入非银行金融机构账面余额	X instant, credit	CAS 30
卖出回购金融资产款，商业银行[abstract]		
证券账面余额	X instant, credit	CAS 30
票据账面余额	X instant, credit	CAS 30
贷款账面余额	X instant, credit	CAS 30
其他金融资产账面余额	X instant, credit	CAS 30
卖出回购金融资产款合计	X instant, credit	CAS 30, CAS 33
吸收存款，商业银行[abstract]		
活期存款	X instant, credit	CAS 30
定期存款（含通知存款）	X instant, credit	CAS 30
其他存款（含汇出汇款、应解汇款等）	X instant, credit	CAS 30
吸收存款合计	X instant, credit	CAS 30
其他负债，商业银行[abstract]		
存入保证金	X instant, credit	CAS 30
应付股利	X instant, credit	CAS 30, CAS 33, CAS 37
其他应付款	X instant, credit	CAS 30, CAS 33, CAS 37
其他负债合计	X instant, credit	CAS 30
一般风险准备[abstract]		
一般风险准备[table]	table	CAS 30
一般风险准备项目[axis]	axis	CAS 30
一般风险准备项目[member]	member	CAS 30
一般风险准备[line items]	line items	
一般风险准备计提比例	X. XX instant	CAS 30
一般风险准备	X instant, credit	CAS 30, CAS 33

元　　素	元素类型	准则
利息净收入，商业银行[abstract]		
利息收入，商业银行[abstract]		
存放同业利息收入发生额	X duration，credit	CAS 30
存放中央银行利息收入发生额	X duration，credit	CAS 30
拆出资金利息收入发生额	X duration，credit	CAS 30
发放贷款和垫款利息收入发生额	X duration，credit	CAS 30
发放贷款和垫款中个人贷款和垫款利息收入发生额	X duration，credit	CAS 30
发放贷款和垫款中公司贷款和垫款利息收入发生额	X duration，credit	CAS 30
发放贷款和垫款中票据贴现利息收入发生额	X duration，credit	CAS 30
买入返售金融资产利息收入发生额	X duration，credit	CAS 30
债券投资利息收入发生额	X duration，credit	CAS 30
其他利息收入发生额	X duration，credit	CAS 30
利息收入小计	X duration，credit	CAS 30
已减值金融资产利息收入	X duration，credit	CAS 30
利息支出，商业银行[abstract]		
同业存放利息支出发生额	X duration，debit	CAS 30
向中央银行借款利息支出发生额	X duration，debit	CAS 30
拆入资金利息支出发生额	X duration，debit	CAS 30
吸收存款利息支出发生额	X duration，debit	CAS 30
卖出回购金融资产利息支出发生额	X duration，debit	CAS 30
发行债券利息支出发生额	X duration，debit	CAS 30
其他利息支出发生额	X duration，debit	CAS 30
利息支出小计	X duration，debit	CAS 30
利息净收入，商业银行	X duration，credit	CAS 30
手续费及佣金净收入，商业银行[abstract]		
手续费及佣金收入，商业银行	X duration，credit	CAS 30
商业银行结算与清算手续费发生额	X duration，credit	CAS 30
商业银行代理业务手续费发生额	X duration，credit	CAS 30
商业银行信用承诺手续费及佣金发生额	X duration，credit	CAS 30
商业银行银行卡手续费发生额	X duration，credit	CAS 30
商业银行顾问和咨询费发生额	X duration，credit	CAS 30
商业银行托管及其他受托业务佣金发生额	X duration，credit	CAS 30

元　素	元素类型	准则
商业银行其他手续费和佣金发生额	X duration,credit	CAS 30
手续费及佣金支出,商业银行	X duration,debit	CAS 30
商业银行手续费支出发生额	X duration,debit	CAS 30
商业银行佣金支出发生额	X duration,debit	CAS 30
商业银行手续费及佣金净收入发生额	X duration,credit	CAS 30
业务及管理费,商业银行[abstract]		
电子设备运转费	X duration,debit	CAS 30
安全防范费	X duration,debit	CAS 30
物业管理费	X duration,debit	CAS 30
其他业务及管理费	X duration,debit	CAS 30
业务及管理费合计	X duration,debit	CAS 30
担保物,商业银行[abstract]		
作为负债或或有负债的担保物账面价值	X instant,debit	CAS 30
与作为负债或或有负债担保物的金融资产有关的条款和条件	text	CAS 30
所持有担保物公允价值	X instant,credit	CAS 30
出售或再作为担保物的收到担保物公允价值	X instant,credit	CAS 30
出售或再作为担保物的收到担保物退回义务	text	CAS 30
与使用企业取得的、在所有人未违约时可出售或再抵押的担保物的使用条款和条件	text	CAS 30
[830700]附注_证券公司合并财务报表		
证券公司合并财务报表[text block]	text block	CAS 30
货币资金[abstract]		
库存现金账面余额	X instant,debit	CAS 30,CAS 31
银行存款账面余额	X instant,debit	CAS 30
银行存款中公司自有账面余额	X instant,debit	CAS 30
银行存款中经纪业务客户账面余额	X instant,debit	CAS 30
结算备付金	X instant,debit	CAS 30,CAS 33
结算备付金中公司自有账面余额	X instant,debit	CAS 30
结算备付金中经纪业务客户账面余额	X instant,debit	CAS 30
其他货币资金账面余额	X instant,debit	CAS 30
其他货币资金中新股申购款账面余额	X instant,debit	CAS 30
货币资金合计	X instant,debit	CAS 30,CAS 33,CAS 37

元　　素	元素类型	准则
买入返售金融资产[abstract]		
买入返售金融资产同业账面余额	X instant,debit	CAS 30
买入返售金融资产其他非银行金融机构账面余额	X instant,debit	CAS 30
买入返售金融资产账面余额合计	X instant,debit	CAS 30,CAS 33
存出保证金[abstract]		
交易保证金账面余额	X instant,debit	CAS 30
履约保证金	X instant,debit	CAS 30,CAS 37
存出保证金合计	X instant,debit	CAS 30
交易席位费[abstract]		
交易席位费原价账面余额	X instant,debit	CAS 30
上海证券交易所交易席位费原价账面余额	X instant,debit	CAS 30
上海证券交易所 A 股交易席位费原价账面余额	X instant,debit	CAS 30
上海证券交易所 B 股交易席位费原价账面余额	X instant,debit	CAS 30
深圳证券交易所交易席位费原价账面余额	X instant,debit	CAS 30
深圳证券交易所 A 股交易席位费原价账面余额	X instant,debit	CAS 30
深圳证券交易所 B 股交易席位费原价账面余额	X instant,debit	CAS 30
交易席位费累计摊销账面余额	X instant,credit	CAS 30
上海证券交易所交易席位费累计摊销账面余额	X instant,credit	CAS 30
上海证券交易所 A 股交易席位费累计摊销账面余额	X instant,credit	CAS 30
上海证券交易所 B 股交易席位费累计摊销账面余额	X instant,credit	CAS 30
深圳证券交易所交易席位费累计摊销账面余额	X instant,credit	CAS 30
深圳证券交易所 A 股交易席位费累计摊销账面余额	X instant,credit	CAS 30
深圳证券交易所 B 股交易席位费累计摊销账面余额	X instant,credit	CAS 30
交易席位费账面价值	X instant,debit	CAS 30
上海证券交易所交易席位费账面价值	X instant,debit	CAS 30
上海证券交易所 A 股交易席位费账面价值	X instant,debit	CAS 30
上海证券交易所 B 股交易席位费账面价值	X instant,debit	CAS 30
深圳证券交易所交易席位费账面价值	X instant,debit	CAS 30
深圳证券交易所 A 股交易席位费账面价值	X instant,debit	CAS 30
深圳证券交易所 B 股交易席位费账面价值	X instant,debit	CAS 30
交易席位费原价本期增加额	X duration,debit	CAS 30

元　　素	元素类型	准则
上海证券交易所交易席位费原价本期增加额	X duration, debit	CAS 30
上海证券交易所A股交易席位费原价本期增加额	X duration, debit	CAS 30
上海证券交易所B股交易席位费原价本期增加额	X duration, debit	CAS 30
深圳证券交易所交易席位费原价本期增加额	X duration, debit	CAS 30
深圳证券交易所A股交易席位费原价本期增加额	X duration, debit	CAS 30
深圳证券交易所B股交易席位费原价本期增加额	X duration, debit	CAS 30
交易席位费累计摊销本期增加额	X duration, credit	CAS 30
上海证券交易所交易席位费累计摊销本期增加额	X duration, credit	CAS 30
上海证券交易所A股交易席位费累计摊销本期增加额	X duration, credit	CAS 30
上海证券交易所B股交易席位费累计摊销本期增加额	X duration, credit	CAS 30
深圳证券交易所交易席位费累计摊销本期增加额	X duration, credit	CAS 30
深圳证券交易所A股交易席位费累计摊销本期增加额	X duration, credit	CAS 30
深圳证券交易所B股交易席位费累计摊销本期增加额	X duration, credit	CAS 30
交易席位费账面价值本期增加额	X duration, debit	CAS 30
上海证券交易所交易席位费本期增加额	X duration, debit	CAS 30
上海证券交易所A股交易席位费本期增加额	X duration, debit	CAS 30
上海证券交易所B股交易席位费本期增加额	X duration, debit	CAS 30
深圳证券交易所交易席位费本期增加额	X duration, debit	CAS 30
深圳证券交易所A股交易席位费本期增加额	X duration, debit	CAS 30
深圳证券交易所B股交易席位费本期增加额	X duration, debit	CAS 30
交易席位费原价本期减少额	X duration, credit	CAS 30
上海证券交易所交易席位费原价本期减少额	X duration, credit	CAS 30
上海证券交易所A股交易席位费原价本期减少额	X duration, credit	CAS 30
上海证券交易所B股交易席位费原价本期减少额	X duration, credit	CAS 30
深圳证券交易所交易席位费原价本期减少额	X duration, credit	CAS 30
深圳证券交易所A股交易席位费原价本期减少额	X duration, credit	CAS 30
深圳证券交易所B股交易席位费原价本期减少额	X duration, credit	CAS 30
交易席位费累计摊销本期减少额	X duration, debit	CAS 30
上海证券交易所交易席位费累计摊销本期减少额	X duration, debit	CAS 30

元　　素	元素类型	准则
上海证券交易所A股交易席位费累计摊销本期减少额	X duration,debit	CAS 30
上海证券交易所B股交易席位费累计摊销本期减少额	X duration,debit	CAS 30
深圳证券交易所交易席位费累计摊销本期减少额	X duration,debit	CAS 30
深圳证券交易所A股交易席位费累计摊销本期减少额	X duration,debit	CAS 30
深圳证券交易所B股交易席位费累计摊销本期减少额	X duration,debit	CAS 30
交易席位费账面价值本期减少额	X duration,credit	CAS 30
上海证券交易所交易席位费本期减少额	X duration,credit	CAS 30
上海证券交易所A股交易席位费本期减少额	X duration,credit	CAS 30
上海证券交易所B股交易席位费本期减少额	X duration,credit	CAS 30
深圳证券交易所交易席位费本期减少额	X duration,credit	CAS 30
深圳证券交易所A股交易席位费本期减少额	X duration,credit	CAS 30
深圳证券交易所B股交易席位费本期减少额	X duration,credit	CAS 30
其他资产,证券公司[abstract]		
应收股利	X instant,debit	CAS 30,CAS 33,CAS 37
其他应收款	X instant,debit	CAS 30,CAS 33,CAS 37
其他资产合计	X instant,debit	CAS 30
卖出回购金融资产款,证券公司[abstract]		
卖出回购金融资产款同业	X instant,credit	CAS 30
卖出回购金融资产款其他非银行金融机构	X instant,credit	CAS 30
卖出回购金融资产款	X instant,credit	CAS 30,CAS 33
代理买卖证券款[abstract]		
代理买卖证券款,个人客户	X instant,credit	CAS 30
代理买卖证券款,法人客户	X instant,credit	CAS 30
代理买卖证券款合计	X instant,credit	CAS 30,CAS 33
代理承销证券款[abstract]		
代理承销证券款中股票	X instant,credit	CAS 30
代理承销证券款中债券	X instant,credit	CAS 30
代理承销证券款中债券中的国债	X instant,credit	CAS 30
代理承销证券款中债券中的国债中的金融债券	X instant,credit	CAS 30
代理承销证券款中债券中的国债中的企业债券	X instant,credit	CAS 30

元　　素	元素类型	准则
代理承销证券款中其他有价证券	X instant,credit	CAS 30
代理承销证券款账面余额合计	X instant,credit	CAS 30,CAS 33
代理兑付证券[abstract]		
国债账面余额	X instant,debit	CAS 30
国债本期收到兑付资金	X duration,credit	CAS 30
国债本期已兑付债券	X duration,debit	CAS 30
国债本期结转手续费收入	X duration,credit	CAS 30
企业债券账面余额	X instant,debit	CAS 30
企业债券本期收到兑付资金	X duration,credit	CAS 30
企业债券本期已兑付债券	X duration,debit	CAS 30
企业债券本期结转手续费收入	X duration,credit	CAS 30
金融债券账面余额	X instant,debit	CAS 30
金融债券本期收到兑付资金	X duration,credit	CAS 30
金融债券本期已兑付债券	X duration,debit	CAS 30
金融债券本期结转手续费收入	X duration,credit	CAS 30
其他债券账面余额	X instant,debit	CAS 30
其他债券本期收到兑付资金	X duration,credit	CAS 30
其他债券本期已兑付债券	X duration,debit	CAS 30
其他债券本期结转手续费收入	X duration,credit	CAS 30
代理兑付证券账面余额	X instant,debit	CAS 30
代理兑付证券本期收到兑付资金	X duration,credit	CAS 30
代理兑付证券本期已兑付债券	X duration,debit	CAS 30
代理兑付证券本期结转手续费收入	X duration,credit	CAS 30
其他负债,证券公司[abstract]		
应付股利	X instant,credit	CAS 30,CAS 33,CAS 37
其他应付款	X instant,credit	CAS 30,CAS 33,CAS 37
其他负债合计	X instant,credit	CAS 30
受托客户资产管理业务[abstract]		
受托客户资产管理业务,资产项目[abstract]		
受托客户资产管理业务,受托管理资金存款	X instant,debit	CAS 30
受托客户资产管理业务,客户结算备付金	X instant,debit	CAS 30
受托客户资产管理业务,应收款项	X instant,debit	CAS 30

元　　素	元素类型	准则
受托客户资产管理业务，受托投资	X instant，debit	CAS 30
受托客户资产管理业务，受托投资，投资成本	X instant，debit	CAS 30
受托客户资产管理业务，受托投资，已实现未结算损益	X instant，debit	CAS 30
受托客户资产管理业务，资产项目合计	X instant，debit	CAS 30
受托客户资产管理业务，负债项目[abstract]		
受托客户资产管理业务，受托管理资金	X instant，credit	CAS 30
受托客户资产管理业务，应付款项	X instant，credit	CAS 30
受托客户资产管理业务，负债项目合计	X instant，credit	CAS 30
手续费及佣金净收入，证券公司[abstract]		
手续费及佣金收入，证券公司	X duration，credit	CAS 30
证券公司证券承销业务手续费及佣金收入发生额	X duration，credit	CAS 30
证券公司证券经纪业务手续费及佣金收入发生额	X duration，credit	CAS 30
证券公司受托客户资产管理业务手续费及佣金收入发生额	X duration，credit	CAS 30
证券公司代理兑付证券手续费及佣金收入发生额	X duration，credit	CAS 30
证券公司代理保管证券手续费及佣金收入发生额	X duration，credit	CAS 30
证券公司其他手续费及佣金收入发生额	X duration，credit	CAS 30
手续费及佣金支出，证券公司	X duration，debit	CAS 30
证券公司证券经纪业务手续费支出发生额	X duration，debit	CAS 30
证券公司佣金支出发生额	X duration，debit	CAS 30
证券公司其他手续费和佣金支出发生额	X duration，debit	CAS 30
证券公司手续费及佣金净收入发生额	X duration，credit	CAS 30
受托客户资产管理手续费及佣金收入，证券公司[abstract]		
受托客户资产管理手续费及佣金收入，定向资产管理业务	X duration，credit	CAS 30
受托客户资产管理手续费及佣金收入，专项资产管理业务	X duration，credit	CAS 30
受托客户资产管理手续费及佣金收入，集合资产管理业务	X duration，credit	CAS 30
受托客户资产管理业务手续费及佣金收入合计	X duration，credit	CAS 30
其他信息披露，证券公司[abstract]		
质押借款	X instant，credit	CAS 30
代理买卖证券业务净收入	X duration，credit	CAS 30
证券承销业务净收入	X duration，credit	CAS 30
受托客户资产管理业务净收入	X duration，credit	CAS 30
处置交易性金融资产净增加额	X duration，debit	CAS 31，CAS 33

元　素	元素类型	准则
CAS31 现金流量表		
[431005]个别现金流量表		
个别现金流量表[text block]	text block	CAS 31
现金流量表[abstract]		
现金流量表[table]	table	CAS 31,CAS 33
合并和个别财务报表[axis]	axis	CAS 33
合并[member]	member	CAS 33
个别[member]	member	CAS 33
现金流量表[line items]	line items	
经营活动产生的现金流量[abstract]		
经营活动现金流入[abstract]		
销售商品及提供劳务收到的现金	X duration,debit	CAS 31,CAS 33
收到的税费返还	X duration,debit	CAS 31,CAS 33
收到其他与经营活动有关的现金	X duration,debit	CAS 31,CAS 33
经营活动现金流入小计	X duration,debit	CAS 31,CAS 33
经营活动现金流出[abstract]		
购买商品及接受劳务支付的现金	(X) duration,credit	CAS 31,CAS 33
支付给职工以及为职工支付的现金	(X) duration,credit	CAS 31,CAS 33
支付的各项税费	(X) duration,credit	CAS 31,CAS 33
支付其他与经营活动有关的现金	(X) duration,credit	CAS 31,CAS 33
经营活动现金流出小计	(X) duration,credit	CAS 31,CAS 33
经营活动产生的现金流量净额	X duration	CAS 31,CAS 33,CAS 41
投资活动产生的现金流量[abstract]		
投资活动现金流入[abstract]		
收回投资收到的现金	X duration,debit	CAS 31,CAS 33
取得投资收益收到的现金	X duration,debit	CAS 31,CAS 33
处置固定资产、无形资产和其他长期资产收回的现金净额	X duration,debit	CAS 31,CAS 33
处置子公司及其他营业单位收到的现金净额	X duration,debit	CAS 31,CAS 33
收到其他与投资活动有关的现金	X duration,debit	CAS 31,CAS 33
投资活动现金流入小计	X duration,debit	CAS 31,CAS 33
投资活动现金流出[abstract]		
购建固定资产、无形资产和其他长期资产支付的现金	(X) duration,credit	CAS 31,CAS 33

元素	元素类型	准则
投资支付的现金	(X) duration,credit	CAS 31,CAS 33
取得子公司及其他营业单位支付的现金净额	(X) duration,credit	CAS 31,CAS 33
支付其他与投资活动有关的现金	(X) duration,credit	CAS 31,CAS 33
投资活动现金流出小计	(X) duration,credit	CAS 31,CAS 33
投资活动产生的现金流量净额	X duration,debit	CAS 31,CAS 33
筹资活动产生的现金流量[abstract]		
筹资活动现金流入[abstract]		
吸收投资收到的现金	X duration,debit	CAS 31,CAS 33
取得借款收到的现金	X duration,debit	CAS 31,CAS 33
发行债券收到的现金	X duration,debit	CAS 31,CAS 33
收到其他与筹资活动有关的现金	X duration,debit	CAS 31,CAS 33
筹资活动现金流入小计	X duration,debit	CAS 31,CAS 33
筹资活动现金流出[abstract]		
偿还债务支付的现金	(X) duration,credit	CAS 31,CAS 33
分配股利、利润或偿付利息支付的现金	(X) duration,credit	CAS 31,CAS 33
支付其他与筹资活动有关的现金	(X) duration,credit	CAS 31,CAS 33
筹资活动现金流出小计	(X) duration,credit	CAS 31,CAS 33
筹资活动产生的现金流量净额	X duration,debit	CAS 31,CAS 33
汇率变动对现金及现金等价物的影响	X duration,debit	CAS 31,CAS 33
现金及现金等价物净增加额	X duration,debit	CAS 31,CAS 33
期初现金和现金等价物	X instant,debit	CAS 31,CAS 33,CAS 41
期末现金和现金等价物	X instant,debit	CAS 31,CAS 33,CAS 41
[431105]个别现金流量表_商业银行		
个别现金流量表,商业银行[text block]	text block	CAS 31
现金流量表[abstract]		
现金流量表[table]	table	CAS 31,CAS 33
合并和个别财务报表[axis]	axis	CAS 33
合并[member]	member	CAS 33
个别[member]	member	CAS 33
现金流量表[line items]	line items	
经营活动产生的现金流量[abstract]		

元　　素	元素类型	准则
经营活动现金流入[abstract]		
客户存款和同业及其他金融机构存放款项净增加额	X duration,debit	CAS 31,CAS 33
客户存款净增加额	X duration,debit	CAS 31
同业及其他金融机构存放款项净增加额	X duration,debit	CAS 31
向中央银行借款净增加额	X duration,debit	CAS 31,CAS 33
卖出回购金融资产款净增加额	X duration,debit	CAS 31
向其他金融机构拆入资金净增加额	X duration,debit	CAS 31,CAS 33
发放贷款及垫款净减少额	X duration,debit	CAS 31
存放中央银行和同业及其他金融机构款项净减少额	X duration,debit	CAS 31
存放中央银行款项净减少额	X duration,debit	CAS 31
存放同业及其他金融机构款项净减少额	X duration,debit	CAS 31
买入返售金融资产净减少额	X duration,debit	CAS 31
收取利息及手续费及佣金的现金	X duration,debit	CAS 31,CAS 33
收到其他与经营活动有关的现金	X duration,debit	CAS 31,CAS 33
经营活动现金流入小计	X duration,debit	CAS 31,CAS 33
经营活动现金流出[abstract]		
客户存款和同业及其他金融机构存放款项净减少额	(X) duration,credit	CAS 31
客户存款净减少额	(X) duration,credit	CAS 31
同业及其他金融机构存放款项净减少额	(X) duration,credit	CAS 31
向中央银行借款净减少额	(X) duration,credit	CAS 31
卖出回购金融资产款净减少额	(X) duration,credit	CAS 31
向其他金融机构拆入资金净减少额	(X) duration,credit	CAS 31
客户贷款及垫款净增加额	(X) duration,credit	CAS 31,CAS 33
存放中央银行和同业及其他金融机构款项净增加额	X duration,credit	CAS 31,CAS 33
存放中央银行款项净增加额	(X) duration,credit	CAS 31
存放同业及其他金融机构款项净增加额	(X) duration,credit	CAS 31
买入返售金融资产净增加额	(X) duration,credit	CAS 31
支付利息、手续费及佣金的现金	(X) duration,credit	CAS 31,CAS 33
支付给职工以及为职工支付的现金	(X) duration,credit	CAS 31,CAS 33
支付的各项税费	(X) duration,credit	CAS 31,CAS 33
支付其他与经营活动有关的现金	(X) duration,credit	CAS 31,CAS 33

元　　素	元素类型	准则
经营活动现金流出小计	(X) duration,credit	CAS 31,CAS 33
经营活动产生的现金流量净额	X duration	CAS 31,CAS 33,CAS 41
投资活动产生的现金流量[abstract]		
投资活动现金流入[abstract]		
收回投资收到的现金	X duration,debit	CAS 31,CAS 33
取得投资收益收到的现金	X duration,debit	CAS 31,CAS 33
处置固定资产、无形资产和其他长期资产收回的现金净额	X duration,debit	CAS 31,CAS 33
处置子公司及其他营业单位收到的现金净额	X duration,debit	CAS 31,CAS 33
收到其他与投资活动有关的现金	X duration,debit	CAS 31,CAS 33
投资活动现金流入小计	X duration,debit	CAS 31,CAS 33
投资活动现金流出[abstract]		
投资支付的现金	(X) duration,credit	CAS 31,CAS 33
购建固定资产、无形资产和其他长期资产支付的现金	(X) duration,credit	CAS 31,CAS 33
支付其他与投资活动有关的现金	(X) duration,credit	CAS 31,CAS 33
投资活动现金流出小计	(X) duration,credit	CAS 31,CAS 33
投资活动产生的现金流量净额	X duration,debit	CAS 31,CAS 33
筹资活动产生的现金流量[abstract]		
筹资活动现金流入[abstract]		
吸收投资收到的现金	X duration,debit	CAS 31,CAS 33
发行债券收到的现金	X duration,debit	CAS 31,CAS 33
收到其他与筹资活动有关的现金	X duration,debit	CAS 31,CAS 33
筹资活动现金流入小计	X duration,debit	CAS 31,CAS 33
筹资活动现金流出[abstract]		
偿还债务支付的现金	(X) duration,credit	CAS 31,CAS 33
分配股利、利润或偿付利息支付的现金	(X) duration,credit	CAS 31,CAS 33
支付其他与筹资活动有关的现金	(X) duration,credit	CAS 31,CAS 33
筹资活动现金流出小计	(X) duration,credit	CAS 31,CAS 33
筹资活动产生的现金流量净额	X duration,debit	CAS 31,CAS 33
汇率变动对现金及现金等价物的影响	X duration,debit	CAS 31,CAS 33

元　　素	元素类型	准则
现金及现金等价物净增加额	X duration,debit	CAS 31,CAS 33
期初现金和现金等价物	X instant,debit	CAS 31,CAS 33,CAS 41
期末现金和现金等价物	X instant,debit	CAS 31,CAS 33,CAS 41
[431205]个别现金流量表_证券公司		
个别现金流量表,证券公司[text block]	text block	CAS 31
现金流量表[abstract]		
现金流量表[table]	table	CAS 31,CAS 33
合并和个别财务报表[axis]	axis	CAS 33
合并[member]	member	CAS 33
个别[member]	member	CAS 33
现金流量表[line items]	line items	
经营活动产生的现金流量[abstract]		
经营活动现金流入[abstract]		
处置以公允价值计量且其变动计入当期损益的金融资产净增加额	X duration,debit	CAS 31,CAS 33
收取利息及手续费及佣金的现金	X duration,debit	CAS 31,CAS 33
拆入资金净增加额	X duration,debit	CAS 31,CAS 33
回购业务资金净增加额	X duration,debit	CAS 31,CAS 33
融出资金净减少额	X duration,debit	CAS 31
代理买卖证券收到的现金净额	X duration,debit	CAS 31
收到其他与经营活动有关的现金	X duration,debit	CAS 31,CAS 33
经营活动现金流入小计	X duration,debit	CAS 31,CAS 33
经营活动现金流出[abstract]		
融出资金净增加额	(X) duration,credit	CAS 31
代理买卖证券支付的现金净额	(X) duration,credit	CAS 31
支付利息、手续费及佣金的现金	(X) duration,credit	CAS 31,CAS 33
支付给职工以及为职工支付的现金	(X) duration,credit	CAS 31,CAS 33
支付的各项税费	(X) duration,credit	CAS 31,CAS 33
支付其他与经营活动有关的现金	(X) duration,credit	CAS 31,CAS 33
经营活动现金流出小计	(X) duration,credit	CAS 31,CAS 33
经营活动产生的现金流量净额	X duration	CAS 31,CAS 33,CAS 41

元　　素	元素类型	准则
投资活动产生的现金流量[abstract]		
投资活动现金流入[abstract]		
收回投资收到的现金	X duration,debit	CAS 31,CAS 33
取得投资收益收到的现金	X duration,debit	CAS 31,CAS 33
收到其他与投资活动有关的现金	X duration,debit	CAS 31,CAS 33
投资活动现金流入小计	X duration,debit	CAS 31,CAS 33
投资活动现金流出[abstract]		
投资支付的现金	(X) duration,credit	CAS 31,CAS 33
购建固定资产、无形资产和其他长期资产支付的现金	(X) duration,credit	CAS 31,CAS 33
支付其他与投资活动有关的现金	(X) duration,credit	CAS 31,CAS 33
投资活动现金流出小计	(X) duration,credit	CAS 31,CAS 33
投资活动产生的现金流量净额	X duration,debit	CAS 31,CAS 33
筹资活动产生的现金流量[abstract]		
筹资活动现金流入[abstract]		
吸收投资收到的现金	X duration,debit	CAS 31,CAS 33
取得借款收到的现金	X duration,debit	CAS 31,CAS 33
发行债券收到的现金	X duration,debit	CAS 31,CAS 33
收到其他与筹资活动有关的现金	X duration,debit	CAS 31,CAS 33
筹资活动现金流入小计	X duration,debit	CAS 31,CAS 33
筹资活动现金流出[abstract]		
偿还债务支付的现金	(X) duration,credit	CAS 31,CAS 33
分配股利、利润或偿付利息支付的现金	(X) duration,credit	CAS 31,CAS 33
支付其他与筹资活动有关的现金	(X) duration,credit	CAS 31,CAS 33
筹资活动现金流出小计	(X) duration,credit	CAS 31,CAS 33
筹资活动产生的现金流量净额	X duration,debit	CAS 31,CAS 33
汇率变动对现金及现金等价物的影响	X duration,debit	CAS 31,CAS 33
现金及现金等价物净增加额	X duration,debit	CAS 31,CAS 33
期初现金和现金等价物	X instant,debit	CAS 31,CAS 33,CAS 41
期末现金和现金等价物	X instant,debit	CAS 31,CAS 33,CAS 41
[431335]个别现金流量表_保险公司		
个别现金流量表,保险公司[text block]	text block	CAS 31

元　素	元素类型	准则
现金流量表[abstract]		
现金流量表[table]	table	CAS 31,CAS 33
合并和个别财务报表[axis]	axis	CAS 33
合并[member]	member	CAS 33
个别[member]	member	CAS 33
现金流量表[line items]	line items	
经营活动产生的现金流量[abstract]		
经营活动现金流入[abstract]		
收到原保险合同保费取得的现金	X duration,debit	CAS 31,CAS 33
收到再保业务现金净额	X duration,debit	CAS 31,CAS 33
保户储金及投资款净增加额	X duration,debit	CAS 31,CAS 33
收到其他与经营活动有关的现金	X duration,debit	CAS 31,CAS 33
经营活动现金流入小计	X duration,debit	CAS 31,CAS 33
经营活动现金流出[abstract]		
支付原保险合同赔付款项的现金	(X) duration,credit	CAS 31,CAS 33
支付手续费及佣金的现金	(X) duration,credit	CAS 31
支付保单红利的现金	(X) duration,credit	CAS 31,CAS 33
支付给职工以及为职工支付的现金	(X) duration,credit	CAS 31,CAS 33
支付的各项税费	(X) duration,credit	CAS 31,CAS 33
支付其他与经营活动有关的现金	(X) duration,credit	CAS 31,CAS 33
经营活动现金流出小计	(X) duration,credit	CAS 31,CAS 33
经营活动产生的现金流量净额	X duration	CAS 31,CAS 33,CAS 41
投资活动产生的现金流量[abstract]		
投资活动现金流入[abstract]		
收回投资收到的现金	X duration,debit	CAS 31,CAS 33
取得投资收益收到的现金	X duration,debit	CAS 31,CAS 33
收到其他与投资活动有关的现金	X duration,debit	CAS 31,CAS 33
投资活动现金流入小计	X duration,debit	CAS 31,CAS 33
投资活动现金流出[abstract]		
投资支付的现金	(X) duration,credit	CAS 31,CAS 33
质押贷款净增加额	(X) duration,credit	CAS 31,CAS 33
购建固定资产、无形资产和其他长期资产支付的现金	(X) duration,credit	CAS 31,CAS 33

元　　素	元素类型	准则
支付其他与投资活动有关的现金	(X) duration,credit	CAS 31,CAS 33
投资活动现金流出小计	(X) duration,credit	CAS 31,CAS 33
投资活动产生的现金流量净额	X duration,debit	CAS 31,CAS 33
筹资活动产生的现金流量[abstract]		
筹资活动现金流入[abstract]		
吸收投资收到的现金	X duration,debit	CAS 31,CAS 33
发行债券收到的现金	X duration,debit	CAS 31,CAS 33
收到其他与筹资活动有关的现金	X duration,debit	CAS 31,CAS 33
筹资活动现金流入小计	X duration,debit	CAS 31,CAS 33
筹资活动现金流出[abstract]		
偿还债务支付的现金	(X) duration,credit	CAS 31,CAS 33
分配股利、利润或偿付利息支付的现金	(X) duration,credit	CAS 31,CAS 33
支付其他与筹资活动有关的现金	(X) duration,credit	CAS 31,CAS 33
筹资活动现金流出小计	(X) duration,credit	CAS 31,CAS 33
筹资活动产生的现金流量净额	X duration,debit	CAS 31,CAS 33
汇率变动对现金及现金等价物的影响	X duration,debit	CAS 31,CAS 33
现金及现金等价物净增加额	X duration,debit	CAS 31,CAS 33
期初现金和现金等价物	X instant,debit	CAS 31,CAS 33,CAS 41
期末现金和现金等价物	X instant,debit	CAS 31,CAS 33,CAS 41
[831600]附注_现金流量表补充资料		
现金流量表补充信息披露[text block]	text block	CAS 31
收到或支付的其他与经营活动、投资活动、筹资活动有关的现金[abstract]		
收到其他与经营活动有关的现金	X duration,debit	CAS 31,CAS 33
支付其他与经营活动有关的现金	(X) duration,credit	CAS 31,CAS 33
收到其他与投资活动有关的现金	X duration,debit	CAS 31,CAS 33
支付其他与投资活动有关的现金	(X) duration,credit	CAS 31,CAS 33
收到其他与筹资活动有关的现金	X duration,debit	CAS 31,CAS 33
支付其他与筹资活动有关的现金	(X) duration,credit	CAS 31,CAS 33
收到或支付的其他与经营活动、投资活动、筹资活动有关的现金合计	X duration,debit	CAS 31
间接法下的经营活动现金流量表披露[abstract]		

元　　素	元素类型	准则
净利润	X duration, credit	CAS 30, CAS 31, CAS 33, CAS 41
资产减值损失	X duration, debit	CAS 31
固定资产折旧/油气资产折耗/生产性生物资产折旧	X duration, debit	CAS 31
投资性房地产的折旧及摊销	X duration, debit	CAS 31
无形资产摊销	X duration, debit	CAS 31
长期待摊费用摊销	X duration, debit	CAS 31
处置固定资产、无形资产和其他长期资产的损失	X duration, debit	CAS 31
固定资产报废损失	X duration, debit	CAS 31
公允价值变动损失	X duration, debit	CAS 31
财务费用	X duration, debit	CAS 31
投资损失	X duration, debit	CAS 31
递延所得税资产减少	X duration, debit	CAS 31
递延所得税负债增加	X duration, debit	CAS 31
存货的减少	X duration, debit	CAS 31
经营性应收项目的减少	X duration, debit	CAS 31
经营性应付项目的增加	X duration, debit	CAS 31
其他经营活动现金流量	X duration, debit	CAS 31
经营活动产生的现金流量净额	X duration	CAS 31, CAS 33, CAS 41
不涉及现金收支的重大投资和筹资活动[abstract]		
债务转为资本	X duration, credit	CAS 31
一年内到期的可转换公司债券	X duration, credit	CAS 31
融资租入固定资产	X duration	CAS 31
现金及现金等价物净变动情况[abstract]		
现金的期末余额	X instant, debit	CAS 31
现金的期初余额	X instant, debit	CAS 31
现金等价物的期末余额	X instant, debit	CAS 31
现金等价物的期初余额	X instant, debit	CAS 31
现金及现金等价物净增加额	X duration, debit	CAS 31, CAS 33
当期取得或处置子公司及其他营业单位的相关信息[abstract]		
取得子公司及其他营业单位的有关信息[abstract]		
取得子公司及其他营业单位的价格	X duration, credit	CAS 31
取得子公司及其他营业单位支付的现金和现金等价物	X duration, credit	CAS 31

元　　素	元素类型	准则
取得子公司及其他营业单位持有的现金和现金等价物	(X) duration，debit	CAS 31
取得子公司及其他营业单位支付的现金和现金等价物净额	X duration，credit	CAS 31，CAS 33
取得子公司的净资产	X duration，debit	CAS 31
取得子公司流动资产	X duration，debit	CAS 31
取得子公司非流动资产	X duration，debit	CAS 31
取得子公司流动负债	(X) duration，credit	CAS 31
取得子公司非流动负债	(X) duration，credit	CAS 31
处置子公司及其他营业单位的有关信息[abstract]		
处置子公司及其他营业单位的价格	X duration，debit	CAS 31
处置子公司及其他营业单位收到的现金和现金等价物	X duration，debit	CAS 31
处置子公司及其他营业单位持有的现金和现金等价物	(X) duration，credit	CAS 31
处置子公司及其他营业单位收到的现金和现金等价物净额	X duration，debit	CAS 31，CAS 33
处置子公司的净资产	X duration，debit	CAS 31
处置子公司流动资产	X duration，debit	CAS 31
处置子公司非流动资产	X duration，debit	CAS 31
处置子公司流动负债	(X) duration，credit	CAS 31
处置子公司非流动负债	(X) duration，credit	CAS 31
现金及现金等价物[abstract]		
现金[abstract]		
库存现金	X instant，debit	CAS 30，CAS 31
可随时用于支付的银行存款	X instant，debit	CAS 31
可随时用于支付的其他货币资金	X instant，debit	CAS 31
现金合计	X instant，debit	CAS 31
现金等价物[abstract]		
三个月内到期的债券投资	X instant，debit	CAS 31
现金等价物合计	X instant，debit	CAS 31
现金和现金等价物合计	X instant，debit	CAS 31，CAS 33，CAS 41
CAS33 合并财务报表		
[233000]合并资产负债表		
资产负债表[abstract]		
资产[abstract]		

元　素	元素类型	准则
流动资产[abstract]		
货币资金	X instant,debit	CAS 30,CAS 33,CAS 37
结算备付金	X instant,debit	CAS 30,CAS 33
拆出资金	X instant,debit	CAS 30,CAS 33
以公允价值计量且其变动计入当期损益的金融资产	X instant,debit	CAS 30,CAS 33,CAS 37
衍生金融资产	X instant,debit	CAS 30,CAS 33,CAS 37
应收票据	X instant,debit	CAS 30,CAS 33,CAS 37
应收账款	X instant,debit	CAS 30,CAS 33,CAS 37
预付款项	X instant,debit	CAS 30,CAS 33,CAS 37
应收保费	X instant,debit	CAS 30,CAS 33
应收分保账款	X instant,debit	CAS 30,CAS 33
应收分保合同准备金	X instant,debit	CAS 33
应收利息	X instant,debit	CAS 30,CAS 33,CAS 37
应收股利	X instant,debit	CAS 30,CAS 33,CAS 37
其他应收款	X instant,debit	CAS 30,CAS 33,CAS 37
买入返售金融资产	X instant,debit	CAS 30,CAS 33
存货	X instant,debit	CAS 1,CAS 30,CAS 33
划分为持有待售的资产	X instant,debit	CAS 30,CAS 33
一年内到期的非流动资产	X instant,debit	CAS 30,CAS 33
其他流动资产	X instant,debit	CAS 30,CAS 33
流动资产合计	X instant,debit	CAS 30,CAS 33,CAS 41
非流动资产[abstract]		
发放贷款和垫款	X instant,debit	CAS 30,CAS 33
可供出售金融资产	X instant,debit	CAS 30,CAS 33,CAS 37
持有至到期投资	X instant,debit	CAS 30,CAS 33,CAS 37
长期应收款	X instant,debit	CAS 30,CAS 33,CAS 37

元　　素	元素类型	准则
长期股权投资	X instant,debit	CAS 2,CAS 30,CAS 33
投资性房地产	X instant,debit	CAS 3,CAS 30,CAS 33
固定资产	X instant,debit	CAS 4,CAS 30,CAS 33
在建工程	X instant,debit	CAS 4,CAS 30,CAS 33
工程物资	X instant,debit	CAS 4,CAS 30,CAS 33
固定资产清理	X instant,debit	CAS 30,CAS 33
生产性生物资产	X instant,debit	CAS 30,CAS 33
油气资产	X instant,debit	CAS 27,CAS 30,CAS 33
无形资产	X instant,debit	CAS 6,CAS 30,CAS 33
开发支出	X instant,debit	CAS 6,CAS 30,CAS 33
商誉	X instant,debit	CAS 20,CAS 30,CAS 33
长期待摊费用	X instant,debit	CAS 30,CAS 33
递延所得税资产	X instant,debit	CAS 18,CAS 30,CAS 33,CAS 38
其他非流动资产	X instant,debit	CAS 30,CAS 33
非流动资产合计	X instant,debit	CAS 30,CAS 33,CAS 41
资产总计	X instant,debit	CAS 30,CAS 33,CAS 35,CAS 41
负债和所有者权益(或股东权益)[abstract]		
负债[abstract]		
流动负债[abstract]		
短期借款	X instant,credit	CAS 30,CAS 33,CAS 37
向中央银行借款	X instant,credit	CAS 30,CAS 33
吸收存款及同业存款	X instant,credit	CAS 33
拆入资金	X instant,credit	CAS 30,CAS 33
以公允价值计量且其变动计入当期损益的金融负债	X instant,credit	CAS 30,CAS 33,CAS 37
衍生金融负债	X instant,credit	CAS 30,CAS 33,CAS 37

元　　素	元素类型	准则
应付票据	X instant,credit	CAS 30,CAS 33,CAS 37
应付账款	X instant,credit	CAS 30,CAS 33,CAS 37
预收款项	X instant,credit	CAS 30,CAS 33,CAS 37
卖出回购金融资产款	X instant,credit	CAS 30,CAS 33
应付手续费及佣金	X instant,credit	CAS 30,CAS 33
应付职工薪酬	X instant,credit	CAS 9,CAS 30,CAS 33
应交税费	X instant,credit	CAS 30,CAS 33
应付利息	X instant,credit	CAS 30,CAS 33,CAS 37
应付股利	X instant,credit	CAS 30,CAS 33,CAS 37
其他应付款	X instant,credit	CAS 30,CAS 33,CAS 37
应付分保账款	X instant,credit	CAS 30,CAS 33
保险合同准备金	X instant,credit	CAS 33
代理买卖证券款	X instant,credit	CAS 30,CAS 33
代理承销证券款	X instant,credit	CAS 30,CAS 33
划分为持有待售的负债	X instant,credit	CAS 30,CAS 33
一年内到期的非流动负债	X instant,credit	CAS 30,CAS 33,CAS 37
其他流动负债	X instant,credit	CAS 30,CAS 33
流动负债合计	X instant,credit	CAS 30,CAS 33,CAS 41
非流动负债[abstract]		
长期借款	X instant,credit	CAS 30,CAS 33,CAS 37
应付债券	X instant,credit	CAS 30,CAS 33,CAS 37
其中:优先股	X instant,credit	CAS 30,CAS 33,CAS 37
永续债	X instant,credit	CAS 30,CAS 33,CAS 37
长期应付款	X instant,credit	CAS 30,CAS 33,CAS 37
长期应付职工薪酬	X instant,credit	CAS 9, CAS 30,CAS 33
专项应付款	X instant,credit	CAS 30,CAS 33,CAS 37

元　素	元素类型	准则
预计负债	X instant, credit	CAS 13, CAS 30, CAS 33
递延收益	X instant, credit	CAS 30, CAS 33
递延所得税负债	X instant, credit	CAS 18, CAS 30, CAS 33, CAS 38
其他非流动负债	X instant, credit	CAS 30, CAS 33
非流动负债合计	X instant, credit	CAS 30, CAS 33, CAS 41
负债合计	X instant, credit	CAS 30, CAS 33, CAS 35, CAS 41
所有者权益(或股东权益) [abstract]		
实收资本(或股本)	X instant, credit	CAS 30, CAS 33
其他权益工具	X instant, credit	CAS 30, CAS 33, CAS 37
其中:优先股	X instant, credit	CAS 30, CAS 33, CAS 37
永续债	X instant, credit	CAS 30, CAS 33, CAS 37
资本公积	X instant, credit	CAS 30, CAS 33
库存股	(X) instant, debit	CAS 30, CAS 33
其他综合收益	X instant, credit	CAS 30, CAS 33
专项储备	X instant, credit	CAS 30, CAS 33
盈余公积	X instant, credit	CAS 30, CAS 33
一般风险准备	X instant, credit	CAS 30, CAS 33
未分配利润	X instant, credit	CAS 30, CAS 33
归属于母公司所有者权益(或股东权益)合计	X instant, credit	CAS 33
少数股东权益	X instant, credit	CAS 30, CAS 33, CAS 41
所有者权益(或股东权益)合计	X instant, credit	CAS 30, CAS 33
负债和所有者权益(或股东权益)总计	X instant, credit	CAS 30, CAS 33
[333000]合并利润表		
利润表[abstract]		
营业总收入	X duration, credit	CAS 30, CAS 33, CAS 35, CAS 41
其中:营业收入	X duration, credit	CAS 33
利息收入	X duration, credit	CAS 14, CAS 30, CAS 33

元　　素	元素类型	准则
已赚保费	X duration,credit	CAS 30,CAS 33
手续费及佣金收入	X duration,credit	CAS 30,CAS 33
营业总成本	(X) duration,debit	CAS 30,CAS 33
其中:营业成本	(X) duration,debit	CAS 33
利息支出	(X) duration,debit	CAS 30,CAS 33
手续费及佣金支出	(X) duration,debit	CAS 30,CAS 33
退保金	(X) duration,debit	CAS 30,CAS 33
赔付支出净额	(X) duration,debit	CAS 26,CAS 33
提取保险合同准备金净额	(X) duration,debit	CAS 33
保单红利支出	(X) duration,debit	CAS 30,CAS 33
分保费用	(X) duration,debit	CAS 30,CAS 33
营业税金及附加(X) duration,debit	CAS 30,CAS 33	
销售费用	(X) duration,debit	CAS 30,CAS 33
管理费用	(X) duration,debit	CAS 30,CAS 33
财务费用	(X) duration,debit	CAS 30,CAS 33,CAS 41
资产减值损失	(X) duration,debit	CAS 8,CAS 30,CAS 35
公允价值变动收益	X duration,credit	CAS 30,CAS 33
投资收益	X duration,credit	CAS 30,CAS 33
其中:对联营企业和合营企业的投资收益	X duration,credit	CAS 30,CAS 33,CAS 35
汇兑收益	X duration,credit	CAS 30,CAS 33
营业利润	X duration,credit	CAS 30,CAS 33
营业外收入	X duration,credit	CAS 30,CAS 33
其中:非流动资产处置利得	X duration,credit	CAS 30,CAS 33
营业外支出	(X) duration,debit	CAS 30,CAS 33
其中:非流动资产处置损失	(X) duration,debit	CAS 30,CAS 33
利润总额	X duration,credit	CAS 18,CAS 30,CAS 33,CAS 35
所得税费用	(X) duration,debit	CAS 18,CAS 30,CAS 33,CAS 35,CAS 41
净利润	X duration,credit	CAS 30,CAS 31,CAS 33,CAS 41
归属于母公司所有者(股东)的净利润	X duration,credit	CAS 30,CAS 33
少数股东损益	X duration,credit	CAS 33,CAS 41

元　　素	元素类型	准则
其中:被合并方在合并前实现的净利润	X duration,credit	CAS 33
其他综合收益的税后净额	X duration,credit	CAS 30,CAS 33,CAS 41
归属于母公司所有者的其他综合收益的税后净额	X duration,credit	CAS 30,CAS 33
以后不能重分类进损益的其他综合收益	X duration,credit	CAS 33
重新计量设定受益计划净负债或净资产的变动	X duration,credit	CAS 33
权益法下在被投资单位不能重分类进损益的其他综合收益中享有的份额	X duration,credit	CAS 33
其他项目	X duration,credit	CAS 33
以后将重分类进损益的其他综合收益	X duration,credit	CAS 33
权益法下在被投资单位以后将重分类进损益的其他综合收益中享有的份额	X duration,credit	CAS 33
可供出售金融资产公允价值变动损益	X duration,credit	CAS 33
持有至到期投资重分类为可供出售金融资产损益	X duration,credit	CAS 33
现金流量套期损益的有效部分	X duration,credit	CAS 33
外币财务报表折算差额	X duration,credit	CAS 33
其他项目	X duration,credit	CAS 33
归属于少数股东的其他综合收益的税后净额	X duration,credit	CAS 33
综合收益总额	X duration,credit	CAS 30,CAS 33,CAS 41
归属于母公司所有者(股东)的综合收益总额	X duration,credit	CAS 33
归属于少数股东的综合收益总额	X duration,credit	CAS 33
每股收益[abstract]		
基本每股收益	X. XX duration	CAS 30,CAS 33,CAS 34
稀释每股收益	X. XX duration	CAS 30,CAS 33,CAS 34
[433000]合并现金流量表		
现金流量表[abstract]		
经营活动产生的现金流量[abstract]		
经营活动现金流入[abstract]		
销售商品及提供劳务收到的现金	X duration,debit	CAS 31,CAS 33
客户存款和同业及其他金融机构存放款项净增加额	X duration,debit	CAS 31,CAS 33
向中央银行借款净增加额	X duration,debit	CAS 31,CAS 33
向其他金融机构拆入资金净增加额	X duration,debit	CAS 31,CAS 33

元　　素	元素类型	准则
收到原保险合同保费取得的现金	X duration,debit	CAS 31,CAS 33
收到再保业务现金净额	X duration,debit	CAS 31,CAS 33
保户储金及投资款净增加额	X duration,debit	CAS 31,CAS 33
处置以公允价值计量且其变动计入当期损益的金融资产净增加额	X duration,debit	CAS 31,CAS 33
收取利息及手续费及佣金的现金	X duration,debit	CAS 31,CAS 33
拆入资金净增加额	X duration,debit	CAS 31,CAS 33
回购业务资金净增加额	X duration,debit	CAS 31,CAS 33
收到的税费返还	X duration,debit	CAS 31,CAS 33
收到其他与经营活动有关的现金	X duration,debit	CAS 31,CAS 33
经营活动现金流入小计	X duration,debit	CAS 31,CAS 33
经营活动现金流出[abstract]		
购买商品及接受劳务支付的现金	(X) duration,credit	CAS 31,CAS 33
客户贷款及垫款净增加额	(X) duration,credit	CAS 31,CAS 33
存放中央银行和同业及其他金融机构款项净增加额	(X) duration,credit	CAS 31,CAS 33
支付原保险合同赔付款项的现金	(X) duration,credit	CAS 31,CAS 33
支付利息、手续费及佣金的现金	(X) duration,credit	CAS 31,CAS 33
支付保单红利的现金	(X) duration,credit	CAS 31,CAS 33
支付给职工以及为职工支付的现金	(X) duration,credit	CAS 31,CAS 33
支付的各项税费	(X) duration,credit	CAS 31,CAS 33
支付其他与经营活动有关的现金	(X) duration,credit	CAS 31,CAS 33
经营活动现金流出小计	(X) duration,credit	CAS 31,CAS 33
经营活动产生的现金流量净额	X duration	CAS 31,CAS 33,CAS 41
投资活动产生的现金流量[abstract]		
投资活动现金流入[abstract]		
收回投资收到的现金	X duration,debit	CAS 31,CAS 33
取得投资收益收到的现金	X duration,debit	CAS 31,CAS 33
处置固定资产、无形资产和其他长期资产收回的现金净额	X duration,debit	CAS 31,CAS 33
处置子公司及其他营业单位收到的现金净额	X duration,debit	CAS 31,CAS 33
收到其他与投资活动有关的现金	X duration,debit	CAS 31,CAS 33
投资活动现金流入小计	X duration,debit	CAS 31,CAS 33
投资活动现金流出[abstract]		
购建固定资产、无形资产和其他长期资产支付的现金	(X) duration,credit	CAS 31,CAS 33

元　素	元素类型	准则
投资支付的现金	(X) duration,credit	CAS 31,CAS 33
质押贷款净增加额	(X) duration,credit	CAS 31,CAS 33
取得子公司及其他营业单位支付的现金净额	(X) duration,credit	CAS 31,CAS 33
支付其他与投资活动有关的现金	(X) duration,credit	CAS 31,CAS 33
投资活动现金流出小计	(X) duration,credit	CAS 31,CAS 33
投资活动产生的现金流量净额	X duration,debit	CAS 31,CAS 33
筹资活动产生的现金流量[abstract]		
筹资活动现金流入[abstract]		
吸收投资收到的现金	X duration,debit	CAS 31,CAS 33
其中:子公司吸收少数股东投资收到的现金	X duration,debit	CAS 33
取得借款收到的现金	X duration,debit	CAS 31,CAS 33
发行债券收到的现金	X duration,debit	CAS 31,CAS 33
收到其他与筹资活动有关的现金	X duration,debit	CAS 31,CAS 33
筹资活动现金流入小计	X duration,debit	CAS 31,CAS 33
筹资活动现金流出[abstract]		
偿还债务支付的现金	(X) duration,credit	CAS 31,CAS 33
分配股利、利润或偿付利息支付的现金	(X) duration,credit	CAS 31,CAS 33
其中:子公司支付给少数股东的股利及利润	(X) duration,credit	CAS 33
支付其他与筹资活动有关的现金	(X) duration,credit	CAS 31,CAS 33
筹资活动现金流出小计	(X) duration,credit	CAS 31,CAS 33
筹资活动产生的现金流量净额	X duration,debit	CAS 31,CAS 33
汇率变动对现金及现金等价物的影响	X duration,debit	CAS 31,CAS 33
现金及现金等价物净增加额	X duration,debit	CAS 31,CAS 33
期初现金和现金等价物	X instant,debit	CAS 31,CAS 33,CAS 41
期末现金和现金等价物	X instant,debit	CAS 31,CAS 33,CAS 41
[533000]合并所有者权益变动表		
所有者权益变动表[abstract]		
所有者权益变动表[table]	table	CAS 30,CAS 33
所有者权益构成[axis]	axis	CAS 30,CAS 33
所有者权益[member]	member	CAS 30,CAS 33
归属于母公司所有者权益[member]	member	CAS 33

元 素	元素类型	准则
实收资本(或股本)[member]	member	CAS 30,CAS 33
其他权益工具[member]	member	CAS 30,CAS 33
优先股[member]	member	CAS 30,CAS 33
永续债[member]	member	CAS 30,CAS 33
其他[member]	member	CAS 30,CAS 33
资本公积[member]	member	CAS 30,CAS 33
库存股(负值)[member]	member	CAS 30,CAS 33
其他综合收益[member]	member	CAS 30,CAS 33
专项储备[member]	member	CAS 30,CAS 33
盈余公积[member]	member	CAS 30,CAS 33
一般风险准备[member]	member	CAS 30,CAS 33
未分配利润[member]	member	CAS 30,CAS 33
其他归属于母公司的所有者权益[member]	member	CAS 33
少数股东权益[member]	member	CAS 33
所有者权益变动表[line items]	line items	
所有者权益(或股东权益)上年年末余额	X instant,credit	CAS 30,CAS 33
会计政策变更	X instant,credit	CAS 30,CAS 33
前期差错变更	X instant,credit	CAS 30,CAS 33
同一控制下企业合并的影响	X instant,credit	CAS 30,CAS 33
其他调整	X instant,credit	CAS 30,CAS 33
所有者权益(或股东权益),年初余额	X instant,credit	CAS 30,CAS 33
所有者权益增减变动[abstract]		
综合收益	X duration,credit	CAS 30,CAS 33,CAS 41
所有者投入和减少资本[abstract]		
所有者投入资本	X duration,credit	CAS 30,CAS 33
其他权益工具持有者投入资本	X duration,credit	CAS 30,CAS 33
股份支付计入所有者权益的金额	X duration,credit	CAS 30,CAS 33
与少数股东的权益性交易	X duration,credit	CAS 33
所有者投入和减少资本,其他	X duration,credit	CAS 30,CAS 33
所有者投入和减少资本小计	X duration,credit	CAS 30,CAS 33
利润分配[abstract]		
提取盈余公积	X duration,credit	CAS 30,CAS 33
提取一般风险准备	X duration,credit	CAS 30,CAS 33

元　　素	元素类型	准则
对所有者(股东)的分配	X duration,credit	CAS 30,CAS 33
利润分配,其他	X duration,credit	CAS 30,CAS 33
利润分配小计	X duration,credit	CAS 30,CAS 33
所有者权益内部结转[abstract]		
资本公积转增资本(或股本)	X duration,credit	CAS 30,CAS 33
盈余公积转增资本(或股本)	X duration,credit	CAS 30,CAS 33
盈余公积弥补亏损	X duration,credit	CAS 30,CAS 33
所有者权益内部结转,其他	X duration,credit	CAS 30,CAS 33
所有者权益内部结转小计	X duration,credit	CAS 30,CAS 33
专项储备本期变动[abstract]		
计提专项储备	X duration,credit	CAS 30,CAS 33
使用专项储备	(X) duration,debit	CAS 30,CAS 33
专项储备,本年增减变动	X duration,credit	CAS 30,CAS 33
所有者权益本年增减变动小计	X duration,credit	CAS 30,CAS 33
所有者权益(或股东权益),年末余额	X instant,credit	CAS 30,CAS 33
CAS34 每股收益		
[834600]附注_每股收益		
每股收益信息披露[text block]	text block	CAS 34
每股收益[abstract]		
基本每股收益[abstract]		
归属于母公司普通股股东的净利润	X duration,credit	CAS 34
发行在外的普通股的加权平均数 shares	CAS 34	
基本每股收益	X. XX duration	CAS 30,CAS 33,CAS 34
稀释每股收益[abstract]		
稀释后归属于母公司普通股股东的净利润	X duration,credit	CAS 34
稀释后发行在外的普通股的加权平均数 shares	CAS 34	
稀释每股收益	X. XX duration	CAS 30,CAS 33,CAS 34
基本每股收益分子的计算过程	text	CAS 34
基本每股收益分母的计算过程	text	CAS 34
稀释每股收益分子的计算过程	text	CAS 34
稀释每股收益分母的计算过程	text	CAS 34

元　素	元素类型	准则
列报期间不具有稀释性但以后期间很可能具有稀释性的潜在普通股	text	CAS 34
在资产负债表日至财务报告批准报出日之间，企业发行在外普通股或潜在普通股股数发生重大变化的情况	text	CAS 34
每股收益其他需要说明的事项	text	CAS 34
CAS35 分部报告		
[835600]附注_分部报告		
分部报告信息披露[text block]	text block	CAS 35
一般性信息[text block]	text block	CAS 35
确定报告分部考虑的因素	text	CAS 35
报告分部的产品和劳务的类型	text	CAS 35
计量报告分部利润或亏损、资产和负债的会计政策	text	CAS 35
报告分部利润或亏损，资产和负债的信息[abstract]		
报告分部利润或亏损，资产和负债的信息[table]	table	CAS 35
报告分部利润或亏损及资产和负债[axis]	axis	CAS 35
报告分部项目的类别[member]	member	CAS 35
分部项目[member]	member	CAS 35
其他分部[member]	member	CAS 35
未分配的金额[member]	member	CAS 35
分部间抵销[member]	member	CAS 35
报告分部利润或亏损，资产和负债的信息[line items]	line items	
分部抵销前收入	X duration，credit	CAS 35
分部间交易收入	X duration，credit	CAS 35
分部对外交易收入	X duration，credit	CAS 30，CAS 33，CAS 35，CAS 41
对联营企业和合营企业的投资收益	X duration，credit	CAS 30，CAS 33，CAS 35
资产减值损失	X duration，debit	CAS 8，CAS 30，CAS 35
折旧费和摊销费	X duration，debit	CAS 35
利润总额	X duration，credit	CAS 18，CAS 30，CAS 33，CAS 35
所得税费用	X duration，debit	CAS 18，CAS 30，CAS 33，CAS 35，CAS 41
资产	X instant，debit	CAS 30，CAS 33，CAS 35，CAS 41

元　　素	元素类型	准则
负债	X instant, credit	CAS 30, CAS 33, CAS 35, CAS 41
其他分部报告补充信息[abstract]		
其他重要的非现金项目	X instant, debit	CAS 35
折旧费和摊销费以外的其他非现金费用	X duration, debit	CAS 35
对联营企业和合营企业的长期股权投资	X instant, debit	CAS 35
长期股权投资以外的其他非流动资产增加额	X duration, debit	CAS 35
资本性支出	X duration, credit	CAS 35
对报告分部收入,利润或亏损,资产和负债的调节[text block]	text block	CAS 35
对报告分部利润或亏损的调节[abstract]		
报告分部的利润总额	X duration, credit	CAS 35
分部间利润的抵销金额	(X) duration, debit	CAS 35
利润的未分配金额	X duration, credit	CAS 35
利润总额	X duration, credit	CAS 18, CAS 30, CAS 33, CAS 35
对报告分部资产的调节[abstract]		
报告分部的资产总额	X instant, debit	CAS 35
分部间资产的抵销金额	(X) instant, credit	CAS 35
资产的未分配金额	X instant, debit	CAS 35
资产总计	X instant, debit	CAS 30, CAS 33, CAS 35, CAS 41
对报告分部负债的调节[abstract]		
报告分部的负债总额	X instant, credit	CAS 35
分部间负债的抵销金额	(X) instant, debit	CAS 35
负债未分配金额	X instant, credit	CAS 35
负债合计	X instant, credit	CAS 30, CAS 33, CAS 35, CAS 41
分部报告其他信息[text block]	text block	CAS 35
每一产品和劳务或每一类似产品和劳务组合的对外交易收入	text	CAS 35
企业取得的来自于本国的对外交易收入总额	X duration, credit	CAS 35
企业取得的来自于其他国家的对外交易收入总额	X duration, credit	CAS 35
企业位于本国的非流动资产总额	X instant, debit	CAS 35
企业位于其他国家的非流动资产总额	X instant, debit	CAS 35
对主要客户的依赖程度	text	CAS 35

元　　素	元素类型	准则
CAS36 关联方披露		
[836600]附注_关联方关系及其交易		
关联方及其交易信息披露[text block]	text block	CAS 36
关联方关系[text block]	text block	CAS 36
控制本公司的关联方[text block]	text block	CAS 36
控制本公司的关联方[abstract]		
控制本公司的关联方[table]	table	CAS 36
控制本公司的关联方企业名称[axis]	axis	CAS 36
控制本公司的关联方企业名称[member]	member	CAS 36
控制本公司的关联方[line items]	line items	
控制本公司的关联方企业类型	text	CAS 36
控制本公司的关联方注册地址	text	CAS 36
控制本公司的关联方法定代表人	text	CAS 36
控制本公司的关联方业务性质	text	CAS 36
控制本公司的关联方注册资本	X instant,credit	CAS 36
控制本公司的关联方与本企业关系	text	CAS 36
控制本公司的关联方直接持股比例	X. XX instant	CAS 36
控制本公司的关联方间接持股比例	X. XX instant	CAS 36
控制本公司的关联方直接表决权比例	X. XX instant	CAS 36
控制本公司的关联方间接表决权比例	X. XX instant	CAS 36
本公司的最终控制方公司名称	text	CAS 36
母公司之上与其最相近的对外提供财务报表的母公司名称	text	CAS 36
存在控制关系的关联方的注册资本及其变化[abstract]		
存在控制关系的关联方的注册资本及其变化[table]	table	CAS 36
子公司名称[axis]	axis	CAS 30,CAS 30
子公司[member]	member	CAS 18,CAS 30,CAS 36,CAS 41
存在控制关系的关联方的注册资本及其变化[line items]	line items	
存在控制关系的关联方注册资本期初账面余额	X instant,credit	CAS 36
存在控制关系的关联方注册资本本期增加额	X duration,credit	CAS 36
存在控制关系的关联方注册资本本期减少额	(X) duration,debit	CAS 36
存在控制关系的关联方注册资本期末账面余额	X instant,credit	CAS 36

元　　素	元素类型	准则
存在控制关系的关联方所持股份及其变化[abstract]		
存在控制关系的关联方所持股份及其变化[table]	table	CAS 36
子公司名称[axis]	axis	CAS 30,CAS 30
子公司[member]	member	CAS 18,CAS 30,CAS 36,CAS 41
存在控制关系的关联方所持股份及其变化[line items]	line items	
持有存在控制关系的关联方的期初股份金额	X instant,credit	CAS 36
持有存在控制关系的关联方的期初股份比例	X. XX instant	CAS 36
持有存在控制关系的关联方的股份本期增加额	X duration,credit	CAS 36
持有存在控制关系的关联方的股份比例本期增加额	X. XX duration	CAS 36
持有存在控制关系的关联方的股份本期减少额	(X) duration,debit	CAS 36
持有存在控制关系的关联方的股份比例本期减少额	(X. XX) duration	CAS 36
持有存在控制关系的关联方的期末股份金额	X instant,credit	CAS 36
持有存在控制关系的关联方的期末股份比例	X. XX instant	CAS 36
不存在控制关系的关联方[abstract]		
不存在控制关系的关联方[table]	table	CAS 36
不存在控制关系的关联方名称[axis]	axis	CAS 36
不存在控制关系的关联方名称[member]	member	CAS 36
不存在控制关系的关联方[line items]	line items	
不存在控制关系的关联方与本公司的关系	text	CAS 36
关联方交易信息披露[text block]	text block	CAS 36
关联交易定价政策[text block]	text block	CAS 36
向关联方采购货物的交易[abstract]		
向关联方采购货物的交易[table]	table	CAS 36
发生采购货物的交易的关联方企业名称[axis]	axis	CAS 36
发生采购货物的交易的关联方企业名称[member]	member	CAS 36
关联交易项目[axis]	axis	CAS 36
关联交易项目[member]	member	CAS 36
向关联方采购货物的交易[line items]	line items	
向关联方采购货物金额	X duration,debit	CAS 36
向关联方采购货物占年度同类交易百分比	X. XX duration	CAS 36
向关联方销售货物的交易[abstract]		

元　　素	元素类型	准则
向关联方销售货物的交易[table]	table	CAS 36
发生销售货物交易的关联方企业名称[axis]	axis	CAS 36
发生销售货物交易的关联方企业名称[member]	member	CAS 36
关联交易项目[axis]	axis	CAS 36
关联交易项目[member]	member	CAS 36
向关联方销售货物的交易[line items]	line items	
向关联方销售货物金额	X duration,credit	CAS 36
向关联方销售货物占年度同类交易百分比	X. XX duration	CAS 36
关联方往来款项余额[abstract]		
关联方往来款项余额[table]	table	CAS 36
关联方[axis]	axis	CAS 36
关联方[member]	member	CAS 36
往来款项目[axis]	axis	CAS 36
往来款项目[member]	member	CAS 36
应收账款[member]	member	CAS 36,CAS 39
应收票据[member]	member	CAS 36
其他应收款[member]	member	CAS 36,CAS 39
应付账款[member]	member	CAS 36,CAS 39
应付票据[member]	member	CAS 36
其他应付款[member]	member	CAS 36,CAS 39
关联方往来款项余额[line items]	line items	
关联方往来款项余额	X instant,debit	CAS 36
关联方往来款项占所属项目全部往来款项余额的比重	X. XX instant	CAS 36
关联方往来款项坏账准备	X instant,credit	CAS 36
关联方交易担保事项[abstract]		
关联方交易担保事项[table]	table	CAS 36
被担保单位[axis]	axis	CAS 36
被担保单位[member]	member	CAS 36
关联担保项目[axis]	axis	CAS 36
关联担保项目[member]	member	CAS 36
关联方交易担保事项[line items]	line items	
关联方交易担保金额	X instant	CAS 36

元　　素	元素类型	准则
关联方交易债务到期日	yyyy-mm-dd	CAS 36
关联方交易当期确认的担保损失	X duration,debit	CAS 36
关联方交易预计负债期末余额	X instant,credit	CAS 36
关键管理人员薪酬[abstract]		
关键管理人员薪酬	X duration,debit	CAS 36
其他关联方交易事项[text block]	text block	CAS 36
其他关联方交易类型	text	CAS 36
其他关联方交易要素	text	CAS 36
其他关联方交易需要说明的事项	text	CAS 36
CAS37 金融工具列报		
[837000]附注_金融工具及其风险		
金融工具及其风险信息披露[text block]	text block	CAS 37
风险管理概述[abstract]		
风险管理定性信息[abstract]		
风险敞口描述	text	CAS 37
风险管理目标、政策和程序	text	CAS 37
计量风险的方法	text	CAS 37
风险敞口的本期变化	text	CAS 37
风险管理目标、政策和程序的本期变化	text	CAS 37
计量风险方法的本期变化	text	CAS 37
风险管理定量信息[abstract]		
资产负债表日风险敞口汇总数据	text	CAS 37
风险集中度信息	text	CAS 37
管理层确定风险集中度的说明	text	CAS 37
管理层确定风险集中度的参考因素	text	CAS 37
各风险集中度相关的风险敞口金额	X instant	CAS 37
信用风险[abstract]		
不考虑可利用的担保物或其他信用增级下的最大信用风险敞口[abstract]		
资产负债表内金融工具相关的信用风险敞口	X instant,debit	CAS 37
资产负债表外金融工具相关的信用风险敞口	X instant,debit	CAS 37
金融工具资产负债表日的最大信用风险敞口合计	X instant,debit	CAS 37
可利用担保物或其他信用增级的信息及其对最大信用风险敞口的财务影响	text	CAS 37

元　　素	元素类型	准则
未逾期且未减值的金融资产的信用质量的信息披露[text block]	text block	CAS 37
使用外部信用评级系统进行的风险敞口分析[text block]	text block	CAS 37
外部信用级别的信用风险敞口	X instant	CAS 37
所使用的评级机构	text	CAS 37
已评级的信用风险敞口	X instant	CAS 37
未评级的信用风险敞口	X instant	CAS 37
内部和外部评级之间的关系	text	CAS 37
使用内部信用评级系统进行的风险敞口分析[text block]	text block	CAS 37
内部信用评级的流程	text	CAS 37
内部信用级别的信用风险敞口	X instant	CAS 37
内部和外部评级之间的关系	text	CAS 37
交易对手方的性质	text	CAS 37
关于交易对手方违约率的历史信息	text	CAS 37
用于评估信用质量的其他信息	text	CAS 37
已逾期未减值的金融资产的账龄分析[text block]	text block	CAS 37
已逾期未减值的金融资产的账龄分析[abstract]		
已逾期未减值的金融资产的账龄分析[table]	table	CAS 37
已逾期未减值的金融资产的账龄结构[axis]	axis	CAS 37
已逾期未减值的金融资产的账龄结构[member]	member	CAS 37
不大于三个月[member]	member	CAS 37
不大于一个月[member]	member	CAS 37
大于一个月但小于三个月[member]	member	CAS 37
大于三个月但小于一年[member]	member	CAS 37
大于三个月但小于六个月[member]	member	CAS 37
大于六个月但小于一年[member]	member	CAS 37
大于一年[member]	member	CAS 37
大于一年但小于五年[member]	member	CAS 37
大于一年但小于三年[member]	member	CAS 37
大于三年但小于五年[member]	member	CAS 37

元　　素	元素类型	准则
大于五年[member]	member	CAS 37
已逾期未减值的金融资产的账龄分析[line items]	line items	
已逾期未减值的金融资产	X instant, debit	CAS 37
已发生单项减值的金融资产的分析[text block]	text block	CAS 37
流动性风险[abstract]		
以未折现合同现金流列示的金融资产和金融负债的到期期限分析[abstract]		
以未折现合同现金流列示的金融资产和金融负债的到期期限分析[table]	table	CAS 37
剩余到期期限[axis]	axis	CAS 37
剩余到期期限[member]	member	CAS 37
逾期[member]	member	CAS 37
即期偿还[member]	member	CAS 37
剩余到期期限在 1 个月以内[member]	member	CAS 37
剩余到期期限在 1 个月至 3 个月[member]	member	CAS 37
剩余到期期限在 3 个月至 1 年[member]	member	CAS 37
剩余期限在 1 年至 5 年[member]	member	CAS 37
剩余期限 5 年以上[member]	member	CAS 37
无期限[member]	member	CAS 37
以未折现合同现金流列示的金融资产和金融负债的到期期限分析	[line items]	line items
非衍生金融工具现金流[abstract]		
非衍生金融资产未折现的合同现金流量[abstract]		
货币资金未折现的合同现金流量	X instant, debit	CAS 37
以公允价值计量且其变动计入当期损益的金融资产		
未折现的合同现金流量	X instant, debit	CAS 37
交易性金融资产未折现的合同现金流量	X instant, debit	CAS 37
应收账款及其他应收款未折现的合同现金流量	X instant, debit	CAS 37
可供出售金融资产未折现的合同现金流量	X instant, debit	CAS 37
持有至到期投资未折现的合同现金流量	X instant, debit	CAS 37
长期应收款未折现的合同现金流量	X instant, debit	CAS 37
其他金融资产未折现的合同现金流量	X instant, debit	CAS 37
金融资产未折现的合同现金流量合计	X instant, debit	CAS 37

元　　素	元素类型	准则
非衍生金融负债未折现的合同现金流量[abstract]		
短期借款未折现的合同现金流量	X instant,credit	CAS 37
以公允价值计量且其变动计入当期损益的金融负债		
未折现的合同现金流量	X instant,credit	CAS 37
交易性金融负债未折现的合同现金流	X instant,credit	CAS 37
应付账款及其他应付款未折现的合同现金流量	X instant,credit	CAS 37
长期借款未折现的合同现金流量	X instant,credit	CAS 37
应付债券未折现的合同现金流量	X instant,credit	CAS 37
长期应付款未折现的合同现金流量	X instant,credit	CAS 37
其他金融负债未折现的合同现金流量	X instant,credit	CAS 37
金融负债未折现的合同现金流量合计	X instant,credit	CAS 37
衍生金融工具现金流[abstract]		
衍生金融负债未折现的合同现金流量	X instant,credit	CAS 37
流动性风险管理[text block]	text block	CAS 37
持有用于流动性风险管理的金融资产的到期期限分析[abstract]		
持有用于流动性风险管理的金融资产的到期期限分析[table]	table	CAS 37
剩余到期期限[axis]	axis	CAS 37
剩余到期期限[member]	member	CAS 37
逾期[member]	member	CAS 37
即期偿还[member]	member	CAS 37
剩余到期期限在1个月以内[member]	member	CAS 37
剩余到期期限在1个月至3个月[member]	member	CAS 37
剩余到期期限在3个月至1年[member]	member	CAS 37
剩余期限在1年至5年[member]	member	CAS 37
剩余期限5年以上[member]	member	CAS 37
无期限[member]	member	CAS 37
持有用于流动性风险管理的金融资产的到期期限分析[line items]	line items	
持有用于流动性风险管理的金融资产	X instant,debit	CAS 37
管理金融资产和金融负债流动性风险的方法	text	CAS 37
市场风险[abstract]		

元　素	元素类型	准则
利率风险[abstract]		
计息金融工具情况[abstract]		
计息金融工具情况[table]	table	CAS 37
按利率类别的金融工具[axis]	axis	CAS 37
按利率类别的金融工具[member]	member	CAS 37
固定利率金融工具[member]	member	CAS 37
浮动利率金融工具[member]	member	CAS 37
按项目类别的金融工具[axis]	axis	CAS 37
按项目类别的金融工具[member]	member	CAS 37
金融资产[member]	member	CAS 37
货币资金[member]	member	CAS 37
可供出售金融资产[member]	member	CAS 37,CAS 39
持有至到期投资[member]	member	CAS 37,CAS 39
长期应收款[member]	member	CAS 37
其他金融资产[member]	member	CAS 37
金融负债[member]	member	CAS 37
短期借款[member]	member	CAS 37
长期借款[member]	member	CAS 37
应付债券[member]	member	CAS 37,CAS 39
长期应付款[member]	member	CAS 37
其他金融负债[member]	member	CAS 37
计息金融工具情况[line items]	line items	
年利率	X. XX instant	CAS 37
金融工具账面价值	X instant,debit	CAS 37
利率风险敏感性分析[abstract]		
利率变动对当前损益及所有者权益(或股东权益)的影响[abstract]		
利率变动对当前损益及所有者权益(或股东权益)的影响[table]	table	CAS 37
利率变动[axis]	axis	CAS 37
利率变动[member]	member	CAS 37
利率上升[member]	member	CAS 37
利率下降[member]	member	CAS 37
利率变动对当前损益及所有者权益(或股东权益)的影响[line items]	line items	

元　　素	元素类型	准则
利率基点变化	text	CAS 37
利率基点变化，对当期损益的影响	X instant，credit	CAS 37
利率基点变化，对其他综合收益的影响	X instant，credit	CAS 37
利率基点变化，对所有者权益（或股东权益）的影响	X instant，credit	CAS 37
本年敏感性分析所使用的方法和假设以及与前一期发生改变的原因	text	CAS 37
外汇风险[abstract]		
各外币资产负债项目外汇风险敞口情况[abstract]		
各外币资产负债项目外汇风险敞口情况[table]	table	CAS 37
货币种类[axis]	axis	CAS 37
货币[member]	member	CAS 37
美元[member]	member	CAS 37
欧元[member]	member	CAS 37
港币[member]	member	CAS 37
日元[member]	member	CAS 37
英镑[member]	member	CAS 37
瑞士法郎[member]	member	CAS 37
加拿大元[member]	member	CAS 37
澳大利亚元[member]	member	CAS 37
新加坡元[member]	member	CAS 37
丹麦克朗[member]	member	CAS 37
挪威克朗[member]	member	CAS 37
瑞典克朗[member]	member	CAS 37
澳门元[member]	member	CAS 37
新西兰元[member]	member	CAS 37
韩元[member]	member	CAS 37
其他外币[member]	member	CAS 37
各外币资产负债项目外汇风险敞口情况[line items]	line items	
资产	X instant，debit	CAS 37
现金	X instant，debit	CAS 37
应收账款及其他应收款	X instant，debit	CAS 37
可供出售金融资产	X instant，debit	CAS 37
持有至到期投资	X instant，debit	CAS 37

元　素	元素类型	准则
长期应收款	X instant，debit	CAS 37
其他外币资产	X instant，debit	CAS 37
负债	X instant，credit	CAS 37
短期借款	X instant，credit	CAS 37
应付账款及其他应付款	X instant，credit	CAS 37
长期借款	X instant，credit	CAS 37
应付债券	X instant，credit	CAS 37
长期应付款	X instant，credit	CAS 37
其他外币负债	X instant，credit	CAS 37
资产负债表敞口总额	X instant，debit	CAS 37
用于套期保值的远期外汇合同	X instant，credit	CAS 37
资产负债表敞口净额	X instant，debit	CAS 37
外汇风险敏感性分析[abstract]		
汇率变动对当前损益及所有者权益（或股东权益）的影响[abstract]		
汇率变动对当前损益及所有者权益（或股东权益）的影响[table]	table	CAS 37
汇率变动[axis]	axis	CAS 37
汇率变动[member]	member	CAS 37
外币升值[member]	member	CAS 37
外币贬值[member]	member	CAS 37
货币种类[axis]	axis	CAS 37
货币[member]	member	CAS 37
美元[member]	member	CAS 37
欧元[member]	member	CAS 37
港币[member]	member	CAS 37
日元[member]	member	CAS 37
英镑[member]	member	CAS 37
瑞士法郎[member]	member	CAS 37
加拿大元[member]	member	CAS 37
澳大利亚元[member]	member	CAS 37
新加坡元[member]	member	CAS 37
丹麦克朗[member]	member	CAS 37
挪威克朗[member]	member	CAS 37

元　素	元素类型	准则
瑞典克朗[member]	member	CAS 37
澳门元[member]	member	CAS 37
新西兰元[member]	member	CAS 37
韩元[member]	member	CAS 37
其他外币[member]	member	CAS 37
汇率变动对当前损益及所有者权益(或股东权益)的影响[line items]	line items	
汇率浮动比例	text	CAS 37
汇率浮动比例,对当期损益的影响	X instant,credit	CAS 37
汇率浮动比例,对其他综合收益的影响	X instant,credit	CAS 37
汇率浮动比例,对所有者权益(或股东权益)的影响	X instant,credit	CAS 37
本年敏感性分析所使用的方法和假设以及与前一期发生改变的原因	text	CAS 37
其他价格风险[text block]	text block	CAS 37
资产负债表日相关风险变量发生合理、可能的变动时,将对企业当期损益或所有者权益产生的影响[text block]	text block	CAS 37
本年敏感性分析所使用的方法和假设以及与前一期发生改变的原因	text	CAS 37
在险价值法[abstract]		
使用在险价值法进行敏感性分析[abstract]		
使用在险价值法进行敏感性分析[text block]	text block	CAS 37
反映金融风险变量之间关联性的敏感性分析方法	text	CAS 37
敏感性分析方法提供的信息在反映相关资产和负债公允价值方面的局限性	text	CAS 37
套期保值[abstract]		
套期总括信息[abstract]		
套期类型描述	text	CAS 37
每类套期工具的描述	text	CAS 37
每类被套期风险的性质	text	CAS 37
现金流量套期[abstract]		
现金流量预期发生及其影响损益的期间	text	CAS 37
以前运用套期会计方法处理但预期不会发生的预期交易的描述	text	CAS 37
本期在其他综合收益中确认的金额	X duration,credit	CAS 30,CAS 37
本期从所有者权益中转出至利润表各项目的金额	X duration,debit	CAS 30,CAS 37

元　　素	元素类型	准则
本期预期交易形成的非金融资产或非金融负债在初始确认时从所有者权益转入的金额	X duration	CAS 37
本期无效套期形成的利得或损失	X duration,credit	CAS 37
公允价值套期[abstract]		
本年套期工具形成的利得或损失	X duration,credit	CAS 37
被套期项目因被套期风险形成的利得或损失	X duration,credit	CAS 37
本年无效的境外经营净投资套期形成的利得或损失	X duration,credit	CAS 37
金融资产和金融负债的公允价值[abstract]		
期初交易价格与初始确认的公允价值之间的差额尚未在损益中确认的金额	X instant	CAS 37
交易价格与初始确认的公允价值之间的差额尚未在损益中确认的金额,本期增加(减少)	X duration	CAS 37
期末交易价格与初始确认的公允价值之间的差额尚未在损益中确认的金额	X instant	CAS 37
对认定交易价格并非公允价值的最佳证据的描述	text	CAS 37
金融资产和金融负债抵销[text block]	text block	CAS 37
金融资产的抵销[text block]	text block	CAS 37
金融资产的抵销[abstract]		
金融资产的抵销[table]	table	CAS 37
金融资产类型[axis]	axis	CAS 37
金融资产类型[member]	member	CAS 37
交易对手方[axis]	axis	CAS 37
交易对手方[member]	member	CAS 37
金融资产的抵销[line items]	line items	
在可执行的总互抵协议或类似协议下的已确认金融资产[abstract]		
已确认金融资产总额	X instant,debit	CAS 37
已确认金融负债中抵销的金额	(X) instant,credit	CAS 37
金融资产的净额	X instant,debit	CAS 37
可执行的总互抵协议或类似协议确定的不满足准则抵销金融资产条件的金额[abstract]		
未予以抵销的已确认金融工具的金额	(X) instant,credit	CAS 37
财务担保物(包括现金担保)相关的金额	(X) instant,credit	CAS 37
不满足准则抵销金融资产条件的金额	(X) instant,credit	CAS 37
可执行的总互抵协议或类似协议下金融资产净额	X instant,debit	CAS 37
与金融资产相关的可执行的总互抵协议或类似协议中抵销权的条款及其性质	text	CAS 37

元　　素	元素类型	准则
与金融资产相关的不同计量基础的金融工具抵销时产生的计量差异	text	CAS 37
金融负债的抵销[text block]	text block	CAS 37
金融负债的抵销[abstract]		
金融负债的抵销[table]	table	CAS 37
金融负债类型[axis]	axis	CAS 37
金融负债类型[member]	member	CAS 37
交易对手方[axis]	axis	CAS 37
交易对手方[member]	member	CAS 37
金融负债的抵销[line items]	line items	
在可执行的总互抵协议或类似协议下的已确认金融负债[abstract]		
已确认金融负债总额	X instant,credit	CAS 37
已确认金融资产中抵销的金额	(X) instant,debit	CAS 37
金融负债的净额	X instant,credit	CAS 37
可执行的总互抵协议或类似协议确定的不满足准则抵销金融负债条件的金额[abstract]		
未予以抵销的已确认金融工具的金额	(X) instant,debit	CAS 37
财务担保物(包括现金担保)相关的金额	(X) instant,debit	CAS 37
不满足准则抵销金融负债条件的金额	(X) instant,debit	CAS 37
可执行的总互抵协议或类似协议下金融负债净额	X instant,credit	CAS 37
与金融负债相关的可执行的总互抵协议或类似协议中抵销权的条款及其性质	text	CAS 37
与金融负债相关的不同计量基础的金融工具抵销时产生的计量差异	text	CAS 37
[837100]附注_金融资产转移(含资产证券化)		
金融资产转移(含资产证券化)的信息披露[text block]	text block	CAS 37
已转移但未整体终止确认的金融资产信息披露[text block]	text block	CAS 37
已转移但未整体终止确认的金融资产的性质	text	CAS 37
仍保留的与所有权有关的风险和报酬的性质	text	CAS 37
已转移但未整体终止确认的金融资产与相关负债之间关系的性质	text	CAS 37
已转移但未整体终止确认的金融资产[abstract]		
已转移但未整体终止确认的金融资产[table]	table	CAS 37

元　　素	元素类型	准则
已转移但未整体终止确认的金融资产[axis]	axis	CAS 37
已转移但未整体终止确认的金融资产[member]	member	CAS 37
已转移但未整体终止确认的金融资产[line items]	line items	
继续确认已转移金融资产整体的金融资产账面价值	X instant，debit	CAS 37
继续确认已转移金融资产整体的相关负债的账面价值	X instant，credit	CAS 37
交易对手方仅对已转移金融资产有追索权的情况下已转移但未整体终止确认的金融资产与相关负债的公允价值[abstract]		
金融资产的公允价值	X instant，debit	CAS 37
相关负债的公允价值	(X) instant，credit	CAS 37
净头寸的公允价值	X instant，debit	CAS 37
按继续涉入程度确认所转移金融资产转移前金融资产整体的账面价值	X instant，debit	CAS 37
按继续涉入程度确认的已转移金融资产账面价值	X instant，debit	CAS 37
按继续涉入程度确认的已转移金融资产相关负债的账面价值	X instant，credit	CAS 37
已整体终止确认但转出方继续涉入的已转移金融资产信息披露[text block]	text block	CAS 37
已整体终止确认但转出方继续涉入的已转移金融资产[abstract]		
已整体终止确认但转出方继续涉入的已转移金融资产[table]	table	CAS 37
已整体终止确认但转出方继续涉入的已转移金融资产，按金融工具类型[axis]	axis	CAS 37
金融工具类型[member]	member	CAS 37
签出的看跌期权[member]	member	CAS 37
购入的看涨期权[member]	member	CAS 37
担保[member]	member	CAS 37
已整体终止确认但转出方继续涉入的已转移金融资产，按转移方式[axis]	axis	CAS 37
转移方式[member]	member	CAS 37
融券业务[member]	member	CAS 37
应收账款保理[member]	member	CAS 37
资产证券化[member]	member	CAS 37
已整体终止确认但转出方继续涉入的已转移金融资产[line items]	line items	
应当或可能回购已终止确认的金融资产需要支付的未折现现金流量	X instant，credit	CAS 37

元　　素	元素类型	准则
已整体终止确认但转出方继续涉入确认的资产账面价值	X instant,debit	CAS 37
已整体终止确认但转出方继续涉入确认的资产公允价值	X instant,debit	CAS 37
已整体终止确认但转出方继续涉入确认的负债账面价值	X instant,credit	CAS 37
已整体终止确认但转出方继续涉入确认的负债公允价值	X instant,credit	CAS 37
因继续涉入导致企业发生损失的最大风险敞口	X instant	CAS 37
因继续涉入导致企业发生损失的最大风险敞口的确定方法	text	CAS 37
应当或可能回购已终止确认的金融资产需要支付的未折现现金流量或款项的到期期限分析[text block]	text block	CAS 37
应当或可能回购已终止确认的金融资产需要支付的未折现现金流量或款项的到期期限分析[abstract]		
应当或可能回购已终止确认的金融资产需要支付的未折现现金流量或款项的到期期限分析[table]	table	CAS 37
剩余到期期限[axis]	axis	CAS 37
剩余到期期限[member]	member	CAS 37
逾期[member]	member	CAS 37
即期偿还[member]	member	CAS 37
剩余到期期限在 1 个月以内[member]	member	CAS 37
剩余到期期限在 1 个月至 3 个月[member]	member	CAS 37
剩余到期期限在 3 个月至 1 年[member]	member	CAS 37
剩余期限在 1 年至 5 年[member]	member	CAS 37
剩余期限 5 年以上[member]	member	CAS 37
无期限[member]	member	CAS 37
已整体终止确认但转出方继续涉入的已转移金融资产,按金融工具类型[axis]	axis	CAS 37
金融工具类型[member]	member	CAS 37
签出的看跌期权[member]	member	CAS 37
购入的看涨期权[member]	member	CAS 37
担保[member]	member	CAS 37
已整体终止确认但转出方继续涉入的已转移金融资产,按转移方式[axis]	axis	CAS 37
转移方式[member]	member	CAS 37
融券业务[member]	member	CAS 37

元　素	元素类型	准则
应收账款保理[member]	member	CAS 37
资产证券化[member]	member	CAS 37
应当或可能回购已终止确认的金融资产需要支付的未折现现金流量或款项的到期期限分析[line items]	line items	
应当或可能回购已终止确认的金融资产需要支付的未折现现金流量	X instant，credit	CAS 37
因资产转移导致的其他应向转入方支付的款项	X instant，credit	CAS 37
已整体终止确认但转出方继续涉入确认的资产定量信息的解释性说明	text	CAS 37
金融资产转移日确认的利得或损失以及因继续涉入产生的收益或费用[abstract]		
金融资产转移日确认的利得或损失以及因继续涉入产生的收益或费用[table]	table	CAS 37
已整体终止确认但转出方继续涉入的已转移金融资产，按金融工具类型[axis]	axis	CAS 37
金融工具类型[member]	member	CAS 37
签出的看跌期权[member]	member	CAS 37
购入的看涨期权[member]	member	CAS 37
担保[member]	member	CAS 37
已整体终止确认但转出方继续涉入的已转移金融资产，按转移方式[axis]	axis	CAS 37
转移方式[member]	member	CAS 37
融券业务[member]	member	CAS 37
应收账款保理[member]	member	CAS 37
资产证券化[member]	member	CAS 37
金融资产转移日确认的利得或损失以及因继续涉入产生的收益或费用[line items]	line items	
金融资产转移日确认的利得或损失	X duration，credit	CAS 37
因继续涉入已终止确认金融资产确认的当期收益	X duration，credit	CAS 37
因继续涉入已终止确认金融资产的累计确认收益	X instant，credit	CAS 37
因继续涉入已终止确认金融资产确认的当期费用	X duration，debit	CAS 37
因继续涉入已终止确认金融资产的累计确认费用	X instant，debit	CAS 37
终止确认产生的收款总额在本期分布不均衡的披露[abstract]		
终止确认产生的收款总额在本期分布不均衡的披露[table]	table	CAS 37
已整体终止确认但转出方继续涉入的已转移金融资产，按金融工具类型[axis]	axis	CAS 37

元　素	元素类型	准则
金融工具类型[member]	member	CAS 37
签出的看跌期权[member]	member	CAS 37
购入的看涨期权[member]	member	CAS 37
担保[member]	member	CAS 37
已整体终止确认但转出方继续涉入的已转移金融资产,按转移方式[axis]	axis	CAS 37
转移方式[member]	member	CAS 37
融券业务[member]	member	CAS 37
应收账款保理[member]	member	CAS 37
资产证券化[member]	member	CAS 37
终止确认产生的收款总额在本期分布不均衡的披露[line items]	line items	
终止确认产生的收款总额在本期分布不均衡时本期最大转移活动发生的时间段	text	CAS 37
终止确认产生的收款总额在本期分布不均衡时最大转移活动发生期间所确认的利得(损失)	X duration,credit	CAS 37
终止确认产生的收款总额在本期分布不均衡时最大转移活动发生期间所确认的收款总额	X duration,debit	CAS 37
非金融资产证券化业务[text block]	text block	CAS 37
非金融资产证券化的主要交易安排及其会计处理	text	CAS 37
资产证券化业务的破产隔离条款	text	CAS 37
[837200]附注_货币资金		
货币资金信息披露[text block]	text block	CAS 37
货币资金年初期末余额[abstract]		
货币资金年初期末余额[table]	table	CAS 37
货币资金类别[axis]	axis	CAS 37
货币资金种类[member]	member	CAS 37
库存现金[member]	member	CAS 37
银行存款[member]	member	CAS 37
其他货币资金[member]	member	CAS 37
货币种类[axis]	axis	CAS 37
货币[member]	member	CAS 37
人民币[member]	member	CAS 37
美元[member]	member	CAS 37
欧元[member]	member	CAS 37

元　　素	元素类型	准则
港币[member]	member	CAS 37
日元[member]	member	CAS 37
英镑[member]	member	CAS 37
瑞士法郎[member]	member	CAS 37
加拿大元[member]	member	CAS 37
澳大利亚元[member]	member	CAS 37
新加坡元[member]	member	CAS 37
丹麦克朗[member]	member	CAS 37
挪威克朗[member]	member	CAS 37
瑞典克朗[member]	member	CAS 37
澳门元[member]	member	CAS 37
新西兰元[member]	member	CAS 37
韩元[member]	member	CAS 37
其他外币[member]	member	CAS 37
货币资金年初期末余额[line items]	line items	
货币资金原币金额	X instant,debit	CAS 37
货币资金折算汇率	X. XX instant	CAS 37
货币资金人民币金额	X instant,debit	CAS 37
受限制的货币资金年初期末余额[abstract]		
银行承兑汇票保证金	X instant,debit	CAS 37
信用证保证金	X instant,debit	CAS 37
履约保证金	X instant,debit	CAS 30,CAS 37
用于担保的定期存款或通知存款	X instant,debit	CAS 37
受限制的货币资金年初期末余额合计	X instant,debit	CAS 37
货币资金其他需要说明的事项	text	CAS 37
[837210]附注_以公允价值计量且其变动计入当期损益的金融资产		
以公允价值计量且其变动计入当期损益的金融资产信息披露[text block]	text block	CAS 37
以公允价值计量且其变动计入当期损益的金融资产[abstract]		
交易性金融资产公允价值	X instant,debit	CAS 37
交易性债券投资公允价值	X instant,debit	CAS 37
交易性权益工具投资公允价值	X instant,debit	CAS 37
交易性其他债务工具投资公允价值	X instant,debit	CAS 37

元　素	元素类型	准则
指定为以公允价值计量且其变动计入当期损益的金融资产公允价值	X instant,debit	CAS 37
指定为以公允价值计量且其变动计入当期损益的债券	X instant,debit	CAS 37
指定为以公允价值计量且其变动计入当期损益的权益工具	X instant,debit	CAS 37
指定为以公允价值计量且其变动计入当期损益的其他金融资产	X instant,debit	CAS 37
其他以公允价值计量且其变动计入当期损益的金融资产公允价值	X instant,debit	CAS 37
以公允价值计量且其变动计入当期损益的金融资产合计	X instant,debit	CAS 30,CAS 33,CAS 37
投资变现受限制的以公允价值计量且其变动计入当期损益的金融资产公允价值	X instant,debit	CAS 37
以公允价值计量且其变动计入当期损益的金融资产注释备注	text	CAS 37
贷款或应收款项指定为以公允价值计量且其变动计入当期损益的金融资产[abstract]		
被指定的贷款或应收款项的最大信用风险敞口	X instant	CAS 37
被指定的贷款或应收款项因信用风险变动引起的公允价值累计变动额	X instant,debit	CAS 37
被指定的贷款或应收款项因信用风险变动引起的公允价值本期变动额	X duration,debit	CAS 37
相关衍生工具或类似工具使最大信用风险敞口的降低额	X instant	CAS 37
相关衍生工具或类似工具自贷款或应收款项被指定以来的公允价值累计变动额	X instant	CAS 37
相关衍生工具或类似工具的公允价值本期变动额	X duration	CAS 37
指定为以公允价值计量且其变动计入当期损益的贷款或应收款项因信用风险变动引起的公允价值变动金额的计量方法	text	CAS 37
公允价值变动金额未能真实反映指定为以公允价值计量且其变动计入当期损益的贷款和应收款公允价值变动中由信用风险引起部分的原因及其他需要考虑的因素	text	CAS 37
以公允价值计量且其变动计入当期损益的金融资产其他需要说明的事项	text	CAS 37
[837220]附注_应收票据		
应收票据信息披露[text block]	text block	CAS 37
应收票据信息披露[abstract]		
银行承兑汇票账面余额,应收票据	X instant,debit	CAS 37
商业承兑汇票账面余额,应收票据	X instant,debit	CAS 37
应收票据账面余额合计	X instant,debit	CAS 30,CAS 33,CAS 37

元　　素	元素类型	准则
单项金额重大的已质押应收票据	X instant,debit	CAS 37
已贴现未到期的商业承兑汇票金额	X instant,debit	CAS 37
已贴现未到期的银行承兑汇票金额	X instant,debit	CAS 37
因出票人无力履约而将票据转为应收账款的票据金额	X instant,debit	CAS 37
应收票据坏账准备增减变动[abstract]		
应收票据坏账准备年初账面余额	X instant,credit	CAS 37
应收票据坏账准备本期计提额	X duration,credit	CAS 37
应收票据坏账准备本期减少额,转回	(X) duration,debit	CAS 37
应收票据坏账准备本期减少额,转销	(X) duration,debit	CAS 37
应收票据坏账准备期末账面余额	X instant,credit	CAS 37
应收票据性质的说明	text	CAS 37
应收票据到期时间的说明	text	CAS 37
应收票据其他需要说明的事项	text	CAS 37
[837230]附注_应收账款		
应收账款信息披露[text block]	text block	CAS 37
应收账款按账龄结构披露[abstract]		
应收账款按账龄结构披露[table]	table	CAS 37
应收账款账龄结构[axis]	axis	CAS 37
应收账款按账龄结构[member]	member	CAS 37
一年以内(含一年)[member]	member	CAS 37
一年至两年(含两年)[member]	member	CAS 37
两年至三年(含三年)[member]	member	CAS 37
三年以上[member]	member	CAS 37
应收账款按账龄结构披露[line items]	line items	
应收账款账面余额	X instant,debit	CAS 37
应收账款占应收账款总额比例	X. XX instant	CAS 37
应收账款坏账准备	X instant,credit	CAS 8,CAS 37
应收账款坏账准备占坏账准备总额比例	X. XX instant	CAS 37
应收账款坏账准备占应收账款账面余额总额比例	X. XX instant	CAS 37
应收账款按金额及风险结构披露[abstract]		
应收账款按金额及风险结构披露[table]	table	CAS 37
应收账款按金额及风险结构分类[axis]	axis	CAS 37

元　素	元素类型	准则
应收账款按金额及风险结构分类[member]	member	CAS 37
单项金额重大[member]	member	CAS 37
单项金额不重大但按信用风险特征组合后该组合的风险较大[member]	member	CAS 37
其他不重大[member]	member	CAS 37
应收账款按金额及风险结构披露[line items]	line items	
应收账款账面余额	X instant,debit	CAS 37
应收账款坏账准备	X instant,credit	CAS 8,CAS 37
应收账款按客户类别披露[abstract]		
应收账款按客户类别披露[table]	table	CAS 37
客户类别[axis]	axis	CAS 37
客户[member]	member	CAS 37
应收账款按客户类别披露[line items]	line items	
应收账款账面余额	X instant,debit	CAS 37
应收账款坏账准备增减变动[abstract]		
应收账款坏账准备年初账面余额	X instant,credit	CAS 8,CAS 37
应收账款坏账准备,本期计提额	X duration,credit	CAS 8,CAS 37
应收账款坏账准备本期减少额,转回	(X) duration,debit	CAS 8,CAS 37
应收账款坏账准备本期减少额,转销	(X) duration,debit	CAS 8,CAS 37
应收账款坏账准备期末账面余额	X instant,credit	CAS 8,CAS 37
不符合终止确认条件的应收账款的转移[text block]	text block	CAS 37
不符合终止确认条件的应收账款的转移金额	X instant,debit	CAS 37
以有追索权方式转移的应收账款金额	X instant,debit	CAS 37
预期一年后收回的应收账款金额	X instant,debit	CAS 37
应收账款其他需要说明的事项	text	CAS 37
[837240]附注_预付款项		
预付账款信息披露[text block]	text block	CAS 37
预付账款按账龄结构披露[abstract]		
预付账款按账龄结构披露[table]	table	CAS 37
预付账款按账龄[axis]	axis	CAS 37
预付账款按账龄的类别[member]	member	CAS 37
一年以内(含一年)[member]	member	CAS 37
一年至两年(含两年)[member]	member	CAS 37

元　素	元素类型	准则
两年至三年(含三年)[member]	member	CAS 37
三年以上[member]	member	CAS 37
预付账款按账龄结构披露[line items]	line items	
预付账款账面余额	X instant,debit	CAS 37
预付账款账面余额占预付账款余额总额比例	X. XX instant	CAS 37
预付账款按供应商类别披露[abstract]		
预付账款按供应商类别披露[table]	table	CAS 37
供应商类别[axis]	axis	CAS 37
供应商[member]	member	CAS 37
预付账款供应商类别披露[line items]	line items	
预付账款账面余额	X instant,debit	CAS 37
预付账款坏账准备增减变动[abstract]		
预付账款坏账准备期初账面余额	X instant,credit	CAS 8,CAS 37
预付账款坏账准备,本期计提额	X duration,credit	CAS 8,CAS 37
预付账款坏账准备本期减少额,转回	(X) duration,debit	CAS 8,CAS 37
预付账款坏账准备本期减少额,转销	(X) duration,debit	CAS 8,CAS 37
预付账款坏账准备期末账面余额	X instant,credit	CAS 8,CAS 37
预付账款其他需要说明的事项	text	CAS 37
[837250]附注_应收利息		
应收利息信息披露[text block]	text block	CAS 37
应收利息[abstract]		
应收利息,债券投资	X instant,debit	CAS 37
国债应收利息账面余额	X instant,debit	CAS 37
公司债应收利息账面余额	X instant,debit	CAS 37
其他债应收利息账面余额	X instant,debit	CAS 37
应收利息,其他	X instant,debit	CAS 37
应收利息账面余额合计	X instant,debit	CAS 37
应收利息减值准备	(X) instant,credit	CAS 37
应收利息账面价值	X instant,debit	CAS 30,CAS 33,CAS 37
[837260]附注_应收股利		
应收股利信息披露[text block]	text block	CAS 37

元　　素	元素类型	准则
应收股利[abstract]		
联营企业应收股利账面余额	X instant,debit	CAS 37
合营企业应收股利账面余额	X instant,debit	CAS 37
其他应收股利账面余额	X instant,debit	CAS 37
应收股利账面余额合计	X instant,debit	CAS 37
应收股利减值准备	(X) instant,credit	CAS 37
应收股利账面价值	X instant,debit	CAS 30,CAS 33, CAS 37
[837270]附注_其他应收款		
其他应收款信息披露[text block]	text block	CAS 37
其他应收款按账龄结构披露[abstract]		
其他应收款按账龄结构披露[table]	table	CAS 37
其他应收款按账龄结构披露[axis]	axis	CAS 37
其他应收款按账龄结构的类别[member]	member	CAS 37
一年以内(含一年)[member]	member	CAS 37
一年至两年(含两年)[member]	member	CAS 37
两年至三年(含三年)[member]	member	CAS 37
三年以上[member]	member	CAS 37
其他应收款按账龄结构披露[line items]	line items	
其他应收款账面余额	X instant,debit	CAS 37
其他应收款占其他应收款总额比例	X. XX instant	CAS 37
其他应收款坏账准备	X instant,credit	CAS 8,CAS 37
其他应收款坏账准备占坏账准备总额比例	X. XX instant	CAS 37
其他应收款坏账准备占其他应收款账面余额总额比例	X. XX instant	CAS 37
其他应收款按金额及风险结构披露[abstract]		
其他应收款按金额及风险结构披露[table]	table	CAS 37
其他应收款按金额及风险结构披露[axis]	axis	CAS 37
其他应收款按金额及风险结构的类别[member]	member	CAS 37
单项金额重大[member]	member	CAS 37
单项金额不重大但按信用风险特征组合后该组合的风险较大[member]	member	CAS 37
其他不重大[member]	member	CAS 37
其他应收款按金额及风险结构披露[line items]	line items	

元　　素	元素类型	准则
其他应收款账面余额	X instant,debit	CAS 37
其他应收款坏账准备	X instant,credit	CAS 8,CAS 37
其他应收款按客户类别披露[abstract]		
其他应收款按客户类别披露[table]	table	CAS 37
客户类别[axis]	axis	CAS 37
客户[member]	member	CAS 37
其他应收款按客户类别披露[line items]	line items	
其他应收款账面余额	X instant,debit	CAS 37
其他应收款坏账准备增减变动[abstract]		
其他应收款坏账准备年初账面余额	X instant,credit	CAS 8,CAS 37
其他应收款坏账准备,本期计提额	X duration,credit	CAS 8,CAS 37
其他应收款坏账准备本期减少额,转回	(X) duration,debit	CAS 8,CAS 37
其他应收款坏账准备本期减少额,转销	(X) duration,debit	CAS 8,CAS 37
其他应收款坏账准备期末账面余额	X instant,credit	CAS 8,CAS 37
不符合终止确认条件的其他应收款转移的说明[text block]	text block	CAS 37
不符合终止确认条件的其他应收款的转移金额	X instant,debit	CAS 37
有追索权方式转移的其他应收款金额	X instant,debit	CAS 37
预期一年后收回的其他应收款金额	X instant,debit	CAS 37
其他应收款其他需要说明的事项	text	CAS 37
[837280]附注_可供出售金融资产		
可供出售金融资产信息披露[text block]	text block	CAS 37
可供出售金融资产的构成[abstract]		
可供出售金融资产按公允价值计量[abstract]		
可供出售债券的公允价值	X instant,debit	CAS 37
可供出售权益工具公允价值	X instant,debit	CAS 37
其他可供出售金融资产公允价值	X instant,debit	CAS 37
可供出售金融资产公允价值合计	X instant,debit	CAS 37
本期从持有至到期投资转入的可供出售金融资产的公允价值	X instant,debit	CAS 37
投资变现受限的可供出售金融资产的公允价值	X instant,debit	CAS 37
可供出售金融资产本期转入持有至到期投资	X instant	CAS 37
一年内到期的可供出售金融资产的公允价值	X instant,debit	CAS 37
可供出售金融资产按成本计量[abstract]		

元　　素	元素类型	准则
可供出售权益工具按成本计量	X instant,debit	CAS 37
其他可供出售金融资产按成本计量	X instant,debit	CAS 37
可供出售金融资产按成本计量,减值准备	(X) instant,credit	CAS 37
可供出售金融资产按成本计量净额	X instant,debit	CAS 37
有限售条件的可供出售金融资产情况说明	text	CAS 37
可供出售金融资产其他需要说明的事项	text	CAS 37
[837290]附注_持有至到期投资		
持有至到期投资信息披露[text block]	text block	CAS 37
持有至到期投资的构成[abstract]		
持有至到期投资的构成[table]	table	CAS 37
持有至到期的投资项目[axis]	axis	CAS 37
持有至到期的投资项目[member]	member	CAS 37
持有至到期投资的构成[line items]	line items	
持有至到期投资账面余额	X instant,debit	CAS 30,CAS 33,CAS 37
持有至到期投资减值准备	X instant,credit	CAS 8,CAS 37
持有至到期投资公允价值	X instant,debit	CAS 37
一年内到期的持有至到期投资的账面余额	X instant,debit	CAS 37
一年内到期的持有至到期投资的减值准备	X instant,credit	CAS 37
一年内到期的持有至到期投资的公允价值	X instant,debit	CAS 37
持有至到期投资减值准备的增减变动[abstract]		
持有至到期投资减值准备期初账面余额	X instant,credit	CAS 8,CAS 37
持有至到期投资减值准备,本期计提额	X duration,credit	CAS 8,CAS 37
持有至到期投资减值准备本期减少额,转回	(X) duration,debit	CAS 8,CAS 37
持有至到期投资减值准备本期减少额,转销	(X) duration,debit	CAS 8,CAS 37
持有至到期投资减值准备期末账面余额	X instant,credit	CAS 8,CAS 37
本期出售尚未到期的持有至到期投资[abstract]		
本期出售尚未到期的持有至到期投资[table]	table	CAS 37
本期出售尚未到期的持有至到期投资项目名称[axis]	axis	CAS 37
本期出售尚未到期的持有至到期投资项目名称[member]	member	CAS 37
本期出售尚未到期的持有至到期投资[line items]	line items	
本期出售尚未到期的持有至到期投资金额	X instant,debit	CAS 37

元　　素	元素类型	准则
本期出售尚未到期的持有至到期投资占该项投资出售前金额的比例	X. XX instant	CAS 37
本期出售尚未到期的持有至到期投资减值准备	X instant,credit	CAS 37
本期出售尚未到期的持有至到期投资账面价值	X instant,debit	CAS 37
持有至到期投资其他需要说明的事项	text	CAS 37
[837300]附注_长期应收款		
长期应收款信息披露[text block]	text block	CAS 37
长期应收款按账龄结构披露[abstract]		
长期应收款按账龄结构披露[table]	table	CAS 37
长期应收款账龄结构[axis]	axis	CAS 37
长期应收款账龄结构[member]	member	CAS 37
一年以内(含一年)[member]	member	CAS 37
一年至两年(含两年)[member]	member	CAS 37
两年至三年(含三年)[member]	member	CAS 37
三年以上[member]	member	CAS 37
长期应收款按账龄结构披露[line items]	line items	
长期应收款账面余额	X instant,debit	CAS 30,CAS 33,CAS 37
长期应收款占长期应收款余额总额比例	X. XX instant	CAS 37
长期应收款坏账准备	X instant,credit	CAS 37
长期应收款坏账准备占坏账准备总额的比例	X. XX instant	CAS 37
长期应收款坏账准备占长期应收款余额总额比例(含一年内到期的长期应收款)	X. XX instant	CAS 37
一年内到期的长期应收款账面余额	X instant,debit	CAS 37
一年内到期的长期应收款占长期应收款余额总额比例	X. XX instant	CAS 37
一年内到期的长期应收款坏账准备	X instant,credit	CAS 37
一年内到期的长期应收款坏账准备占坏账准备总额比例	X. XX instant	CAS 37
一年内到期的长期应收款坏账准备占一年内到期的长期应收款余额总额比例	X. XX instant	CAS 37
长期应收款按客户类别披露[abstract]		
长期应收款按客户类别披露[table]	table	CAS 37
客户类别[axis]	axis	CAS 37
客户[member]	member	CAS 37
长期应收款按客户类别披露[line items]	line items	

元　素	元素类型	准则
长期应收款账面余额	X instant, debit	CAS 30, CAS 33, CAS 37
长期应收款具体项目的披露[abstract]		
长期应收款具体项目的披露[table]	table	CAS 37
长期应收款具体项目类别[axis]	axis	CAS 37
长期应收款具体项目类别[member]	member	CAS 37
应收融资租赁款[member]	member	CAS 37
减:未实现融资收益[member]	member	CAS 37
分期收款销售商品[member]	member	CAS 37
分期收款提供劳务[member]	member	CAS 37
实质上构成对被投资单位投资的长期应收款[member]	member	CAS 37
其他长期应收款[member]	member	CAS 37
长期应收款具体项目的披露[line items]	line items	
长期应收款账面余额	X instant, debit	CAS 30, CAS 33, CAS 37
长期应收款坏账准备	X instant, credit	CAS 37
长期应收款其他需要说明的事项	text	CAS 37
[837310]附注_以公允价值计量且其变动计入当期损益的金融负债		
以公允价值计量且其变动计入当期损益的金融负债信息披露[text block]	text block	CAS 37
以公允价值计量且其变动计入当期损益的金融负债[abstract]		
交易性金融负债公允价值	X instant, credit	CAS 37
发行的交易性债券公允价值	X instant, credit	CAS 37
其他交易性金融负债公允价值	X instant, credit	CAS 37
指定为以公允价值计量且其变动计入当期损益的金融负债公允价值	X instant, credit	CAS 37
其他以公允价值计量且其变动计入当期损益的金融负债公允价值	X instant, credit	CAS 37
以公允价值计量且其变动计入当期损益的金融负债合计	X instant, credit	CAS 30, CAS 33, CAS 37
指定为以公允价值计量且其变动计入当期损益的金融负债[abstract]		
被指定的金融负债因信用风险变动引起的公允价值累计变动额	X instant, credit	CAS 37
被指定的金融负债因信用风险变动引起的公允价值本期变动额	X duration, credit	CAS 37

元　　素	元素类型	准则
被指定金融负债账面价值与合同约定到期应支付金额之间的差额	X instant	CAS 37
指定以公允价值计量且其变动计入当期损益的金融负债因信用风险变动引起的公允价值变动金额的计量方法	text	CAS 37
公允价值变动金额未能真实反映指定以公允价值计量且其变动计入当期损益的金融负债公允价值变动中由信用风险引起部分的原因及其他需要考虑的因素	text	CAS 37
以公允价值计量且其变动计入当期损益的金融负债其他需要说明的事项	text	CAS 37
[837320]附注_应付票据		
应付票据信息披露[text block]	text block	CAS 37
应付票据[abstract]		
银行承兑汇票账面余额,应付票据	X instant,credit	CAS 37
商业承兑汇票账面余额,应付票据	X instant,credit	CAS 37
应付票据账面余额合计	X instant,credit	CAS 30,CAS 33,CAS 37
应付票据需要说明的事项	text	CAS 37
[837390]附注_短期借款		
短期借款信息披露[text block]	text block	CAS 37
短期借款[abstract]		
短期借款[table]	table	CAS 37
短期借款类别[axis]	axis	CAS 37
短期借款类别[member]	member	CAS 37
短期信用借款[member]	member	CAS 37
短期质押借款[member]	member	CAS 37
短期抵押借款[member]	member	CAS 37
短期保证借款[member]	member	CAS 37
货币种类[axis]	axis	CAS 37
货币[member]	member	CAS 37
人民币[member]	member	CAS 37
美元[member]	member	CAS 37
欧元[member]	member	CAS 37
港币[member]	member	CAS 37
日元[member]	member	CAS 37

元　素	元素类型	准则
英镑[member]	member	CAS 37
瑞士法郎[member]	member	CAS 37
加拿大元[member]	member	CAS 37
澳大利亚元[member]	member	CAS 37
新加坡元[member]	member	CAS 37
丹麦克朗[member]	member	CAS 37
挪威克朗[member]	member	CAS 37
瑞典克朗[member]	member	CAS 37
澳门元[member]	member	CAS 37
新西兰元[member]	member	CAS 37
韩元[member]	member	CAS 37
其他外币[member]	member	CAS 37
短期借款[line items]	line items	
短期借款原币金额	X instant,credit	CAS 37
短期借款折算汇率	X. XX instant	CAS 37
短期借款人民币金额	X instant,credit	CAS 37
逾期的短期借款[abstract]		
逾期的短期借款[table]	table	CAS 37
短期借款项目[axis]	axis	CAS 37
短期借款项目[member]	member	CAS 37
逾期的短期借款[line items]	line items	
逾期的短期借款贷款单位	text	CAS 37
逾期的短期借款期末余额	X instant,credit	CAS 37
逾期的短期借款逾期时间	text	CAS 37
逾期的短期借款年利率	X. XX instant	CAS 37
逾期的短期借款借款资金用途	text	CAS 37
逾期的短期借款逾期未偿还原因	text	CAS 37
逾期的短期借款预期还款期	yyyy-mm-dd	CAS 37
逾期的短期借款备注	text	CAS 37
已到期的短期借款获得展期,说明展期条件及新的到期日	text	CAS 37
短期借款其他需要说明的事项	text	CAS 37
[837400]附注_应付账款		
应付账款信息披露[text block]	text block	CAS 37

元　　素	元素类型	准则
应付账款按供应商类别披露[abstract]		
应付账款按供应商类别披露[table]	table	CAS 37
供应商类别[axis]	axis	CAS 37
供应商[member]	member	CAS 37
应付账款按供应商类别披露[line items]	line items	
应付账款账面余额	X instant, credit	CAS 30, CAS 33, CAS 37
应付账款占应付账款总额比例	X. XX instant	CAS 37
账龄超过一年的应付账款	X instant, credit	CAS 37
应付账款其他需要说明的事项[text block]	text block	CAS 37
[837410]附注_预收款项		
预收账款信息披露[text block]	text block	CAS 37
预收账款按客户类别披露[abstract]		
预收账款按客户类别披露[table]	table	CAS 37
客户类别[axis]	axis	CAS 37
客户[member]	member	CAS 37
预收账款按客户类别披露[line items]	line items	
预收账款账面余额	X instant, credit	CAS 30, CAS 33, CAS 37
预收账款余额占预收账款余额总额比例	X. XX instant	CAS 37
预收账款其他需要说明的事项	text	CAS 37
[837420]附注_应付利息		
应付利息信息披露[text block]	text block	CAS 37
应付利息[abstract]		
应付利息，借款利息	X instant, credit	CAS 37
应付利息，分期付息到期还本的长期借款利息	X instant, credit	CAS 37
应付利息，短期借款利息	X instant, credit	CAS 37
应付利息，债券利息	X instant, credit	CAS 37
应付利息，其他	X instant, credit	CAS 37
应付利息账面余额合计	X instant, credit	CAS 30, CAS 33, CAS 37
[837430]附注_应付股利		

元　　素	元素类型	准则
应付股利信息披露[text block]	text block	CAS 37
应付股利尚未支付的原因	text	CAS 37
[837440]附注_其他应付款		
其他应付款信息披露[text block]	text block	CAS 37
其他应付款[abstract]		
其他应付款披露[table]	table	CAS 37
其他应付款按项目披露[axis]	axis	CAS 37
其他应付款项目[member]	member	CAS 37
其他应付款披露[line items]	line items	
其他应付款	X instant, credit	CAS 30, CAS 33, CAS 37
其他应付款其他需要说明的事项	text	CAS 37
[837450]附注_一年内到期的非流动负债		
一年内到期的非流动负债[text block]	text block	CAS 37
一年内到期的非流动负债[abstract]		
一年内到期的长期借款账面余额	X instant, credit	CAS 37
一年内到期的应付债券账面余额	X instant, credit	CAS 37
一年内到期的长期应付款账面余额	X instant, credit	CAS 37
一年内到期的其他非流动负债账面余额	X instant, credit	CAS 37
一年内到期的非流动负债合计	X instant, credit	CAS 30, CAS 33, CAS 37
一年内到期的长期借款[abstract]		
一年内到期的长期借款[table]	table	CAS 37
长期借款项目[axis]	axis	CAS 37
长期借款项目[member]	member	CAS 37
长期信用借款[member]	member	CAS 37
长期质押借款[member]	member	CAS 37
长期抵押借款[member]	member	CAS 37
长期保证借款[member]	member	CAS 37
货币种类[axis]	axis	CAS 37
货币[member]	member	CAS 37
人民币[member]	member	CAS 37

元　　素	元素类型	准则
美元[member]	member	CAS 37
欧元[member]	member	CAS 37
港币[member]	member	CAS 37
日元[member]	member	CAS 37
英镑[member]	member	CAS 37
瑞士法郎[member]	member	CAS 37
加拿大元[member]	member	CAS 37
澳大利亚元[member]	member	CAS 37
新加坡元[member]	member	CAS 37
丹麦克朗[member]	member	CAS 37
挪威克朗[member]	member	CAS 37
瑞典克朗[member]	member	CAS 37
澳门元[member]	member	CAS 37
新西兰元[member]	member	CAS 37
韩元[member]	member	CAS 37
其他外币[member]	member	CAS 37
一年内到期的长期借款[line items]	line items	
一年内到期的长期借款的账面原币金额	X instant,credit	CAS 37
一年内到期的长期借款的折算汇率	X. XX instant	CAS 37
一年内到期的长期借款的账面人民币金额	X instant,credit	CAS 37
一年内到期的应付债券[abstract]		
一年内到期的应付债券[table]	table	CAS 37
一年内到期的应付债券类型[axis]	axis	CAS 37
一年内到期的应付债券类别[member]	member	CAS 37
一年内到期的应付债券[line items]	line items	
一年内到期的应付债券发行日期	yyyy-mm-dd	CAS 37
一年内到期的应付债券到期日	yyyy-mm-dd	CAS 37
一年内到期的应付债券面值	X instant,credit	CAS 37
一年内到期的应付债券利率	X. XX instant	CAS 37
一年内到期的应付债券期初账面余额	X instant,credit	CAS 37
一年内到期的应付债券本期增加额	X duration,credit	CAS 37
一年内到期的应付债券本期减少额	(X) duration,debit	CAS 37
一年内到期的应付债券期末账面余额	X instant,credit	CAS 37

元　　素	元素类型	准则
一年内到期的长期应付款[abstract]		
一年内到期的长期应付款[table]	table	CAS 37
一年内到期的长期应付款按种类披露[axis]	axis	CAS 37
一年内到期的长期应付款种类[member]	member	CAS 37
一年内到期的长期应付款[line items]	line items	CAS 37
一年内到期的长期应付款期限	text	CAS 37
一年内到期的长期应付款账面余额	X instant,credit	CAS 37
一年内到期的非流动负债其他需要说明的事项	text	CAS 37
[837470]附注_长期借款		
长期借款信息披露[text block]	text block	CAS 37
长期借款[abstract]		
长期借款[table]	table	CAS 37
长期借款种类[axis]	axis	CAS 37
长期借款种类[member]	member	CAS 37
长期信用借款[member]	member	CAS 37
长期质押借款[member]	member	CAS 37
长期抵押借款[member]	member	CAS 37
长期保证借款[member]	member	CAS 37
货币种类[axis]	axis	CAS 37
货币[member]	member	CAS 37
人民币[member]	member	CAS 37
美元[member]	member	CAS 37
欧元[member]	member	CAS 37
港币[member]	member	CAS 37
日元[member]	member	CAS 37
英镑[member]	member	CAS 37
瑞士法郎[member]	member	CAS 37
加拿大元[member]	member	CAS 37
澳大利亚元[member]	member	CAS 37
新加坡元[member]	member	CAS 37
丹麦克朗[member]	member	CAS 37
挪威克朗[member]	member	CAS 37

元　　素	元素类型	准则
瑞典克朗[member]	member	CAS 37
澳门元[member]	member	CAS 37
新西兰元[member]	member	CAS 37
韩元[member]	member	CAS 37
其他外币[member]	member	CAS 37
长期借款[line items]	line items	
长期借款原币金额	X instant,credit	CAS 37
长期借款折算汇率	X. XX instant	CAS 37
长期借款人民币金额	X instant,credit	CAS 37
长期借款到期日分析[abstract]		
长期借款,一至二年到期	X instant,credit	CAS 37
长期借款,二至五年到期	X instant,credit	CAS 37
长期借款,五年以上到期	X instant,credit	CAS 37
长期借款合计	X instant,credit	CAS 30,CAS 33,CAS 37
逾期的长期借款[abstract]		
逾期的长期借款[table]	table	CAS 37
逾期的长期借款项目[axis]	axis	CAS 37
逾期的长期借款项目[member]	member	CAS 37
逾期的长期借款[line items]	line items	
逾期的长期借款贷款单位	text	CAS 37
逾期的长期借款期末余额	X instant,credit	CAS 37
逾期的长期借款逾期时间	text	CAS 37
逾期的长期借款年利率	X. XX instant	CAS 37
逾期的长期借款借款资金用途	text	CAS 37
逾期的长期借款逾期未偿还原因	text	CAS 37
逾期的长期借款预期还款期	yyyy-mm-dd	CAS 37
逾期的长期借款备注	text	CAS 37
已到期的长期借款获得展期的情况	text	CAS 37
长期借款其他需要说明的事项	text	CAS 37
[837490]附注_应付债券		
应付债券信息披露[text block]	text block	CAS 37
应付债券的增减变动[abstract]		

元　素	元素类型	准则
应付债券的增减变动[table]	table	CAS 37
应付债券类型[axis]	axis	CAS 37
应付债券类别[member]	member	CAS 37
应付债券的增减变动[line items]	line items	
应付债券发行日	yyyy-mm-dd	CAS 37
应付债券到期日	yyyy-mm-dd	CAS 37
应付债券期限	text	CAS 37
应付债券面值	X instant,credit	CAS 37
应付债券利率	X. XX instant	CAS 37
应付债券年初账面余额	X instant,credit	CAS 30,CAS 33,CAS 37
应付债券本期增加额	X duration,credit	CAS 37
应付债券本期减少额	(X) duration,debit	CAS 37
应付债券期末账面余额	X instant,credit	CAS 30,CAS 33,CAS 37
应付债券其他需要说明的事项	text	CAS 37
[837500]附注_长期应付款		
长期应付款信息披露[text block]	text block	CAS 37
长期应付款变动情况[abstract]		
应付融资租赁款	X instant,credit	CAS 37
未确认融资费用	(X) instant,debit	CAS 21,CAS 37
应付融资租赁款净额	X instant,credit	CAS 37
其他长期应付款	X instant,credit	CAS 37
长期应付款合计	X instant,credit	CAS 30,CAS 33,CAS 37
长期应付款的到期日分析[abstract]		
长期应付款,一到二年到期	X instant,credit	CAS 37
长期应付款,二到五年到期	X instant,credit	CAS 37
长期应付款,五年以上到期	X instant,credit	CAS 37
长期应付款合计	X instant,credit	CAS 30,CAS 33,CAS 37
[837550]附注_专项应付款		
专项应付款信息披露[text block]	text block	CAS 37

元　　素	元素类型	准则
专项应付款[abstract]		
专项应付款[table]	table	CAS 37
专项应付款项目[axis]	axis	CAS 37
专项应付款项目[member]	member	CAS 37
专项应付款[line items]	line items	
专项应付款期初账面余额	X instant,credit	CAS 30,CAS 33,CAS 37
专项应付款本期增加额	X duration,credit	CAS 37
专项应付款本期减少额	(X) duration,debit	CAS 37
专项应付款期末账面余额	X instant,credit	CAS 30,CAS 33,CAS 37
CAS38 首次执行企业会计准则		
[838100]附注_首次执行企业会计准则		
首次执行企业会计准则信息披露[text block]	text block	CAS 38
首次执行企业会计准则的合并股东权益及合并利润表的调节项目列示[abstract]		
首次执行企业会计准则的合并股东权益的调节项目列示[abstract]		
按原会计准则和制度列报的合并股东权益账面余额	X instant,credit	CAS 38
少数股东权益转入,影响权益	X instant,credit	CAS 38
长期股权投资差额,影响权益	X instant,credit	CAS 38
同一控制下企业合并形成的长期股权投资差额,影响权益	X instant,credit	CAS 38
其他采用权益法核算的长期股权投资贷方差额影响权益	X instant,credit	CAS 38
商誉账面余额	X instant,debit	CAS 38
同一控制下企业合并产生的商誉账面余额	X instant,credit	CAS 38
非同一控制下企业合并产生商誉的减值准备账面余额	X instant,debit	CAS 38
以公允价值计量且其变动计入当期损益的金融资产以及可供出售金融资产,影响权益	X instant,credit	CAS 38
开发费用资本化,影响权益	X instant,credit	CAS 38
一般借款借款费用资本化,影响权益	X instant,credit	CAS 38
所得税,影响权益	X instant,debit	CAS 38
递延所得税资产,影响权益	X instant,credit	CAS 38
递延所得税负债,影响权益	X instant,debit	CAS 38

元　素	元素类型	准则
按企业会计准则列报的合并股东权益	X instant,credit	CAS 38
首次执行企业会计准则的合并利润表的调节项目列示[abstract]		
按原会计准则和制度列报的合并净利润	X duration,credit	CAS 38
少数股东权益转入,影响利润	X duration,credit	CAS 38
长期股权投资差额,影响利润	X duration,credit	CAS 38
同一控制下企业合并形成的长期股权投资差额,影响利润	X duration,credit	CAS 38
其他采用权益法核算的长期股权投资贷方差额影响利润	X duration,credit	CAS 38
以公允价值计量且其变动计入当期损益的金融资产以及可供出售金融资产,影响利润	X duration,credit	CAS 38
开发费用资本化,影响利润	X duration,credit	CAS 38
一般借款借款费用资本化,影响利润	X duration,credit	CAS 38
所得税,影响利润	X duration,debit	CAS 38
递延所得税负债,影响利润	X instant,credit	CAS 18,CAS 30,CAS 33,CAS 38
递延所得税资产,影响利润	X instant,debit	CAS 18,CAS 30,CAS 33,CAS 38
按企业会计准则列报的合并净利润	X duration,credit	CAS 38
CAS39 公允价值计量		
[839100]附注_公允价值计量(一)		
公允价值计量信息披露[text block]	text block	CAS 39
资产项目公允价值计量信息披露[text block]	text block	CAS 39
资产项目公允价值计量信息披露[abstract]		
资产项目公允价值计量信息披露[table]	table	CAS 39
计量方法[axis]	axis	CAS 39
计量方法[member]	member	CAS 39
持续的公允价值计量[member]	member	CAS 39
非持续的公允价值计量[member]	member	CAS 39
以公允价值计量的资产类别[axis]	axis	CAS 39
以公允价值计量的资产项目[member]	member	CAS 39
以公允价值计量且其变动计入当期损益的金融资产[member]	member	CAS 39
交易性金融资产[member]	member	CAS 39
交易性金融资产，债务工具投资[member]	member	CAS 39

元　　素	元素类型	准则
交易性金融资产，权益工具投资[member]	member	CAS 39
指定为以公允价值计量且其变动计入当期损益的金融资产[member]	member	CAS 39
指定为以公允价值计量且其变动计入当期损益的金融资产，债务工具投资[member]	member	CAS 39
指定为以公允价值计量且其变动计入当期损益的金融资产，权益工具投资[member]	member	CAS 39
衍生金融资产[member]	member	CAS 39
衍生金融资产，利率衍生工具[member]	member	CAS 39
衍生金融资产，货币衍生工具[member]	member	CAS 39
衍生金融资产，权益衍生工具[member]	member	CAS 39
衍生金融资产，信用衍生工具[member]	member	CAS 39
衍生金融资产，其他衍生工具[member]	member	CAS 39
可供出售金融资产[member]	member	CAS 37，CAS 39
可供出售金融资产，债务工具投资[member]	member	CAS 39
可供出售金融资产，权益工具投资[member]	member	CAS 39
可供出售金融资产，其他[member]	member	CAS 39
投资性房地产[member]	member	CAS 3，CAS 39
投资性房地产，出租的土地使用权[member]	member	CAS 39
投资性房地产，出租的建筑物[member]	member	CAS 39
投资性房地产，持有并准备增值后转让的土地	member	CAS 39
使用权[member]		
生物资产[member]	member	CAS 39
消耗性生物资产[member]	member	CAS 1，CAS 5，CAS 39
生产性生物资产[member]	member	CAS 5，CAS 39
持有待售资产[member]	member	CAS 39
公允价值层次[axis]	axis	CAS 39

元　　素	元素类型	准则
公允价值层次[member]	member	CAS 39
第一层次公允价值计量[member]	member	CAS 39
第二层次公允价值计量[member]	member	CAS 39
第三层次公允价值计量[member]	member	CAS 39
资产项目公允价值计量信息披露[line items]	line items	
资产,公允价值	X instant,debit	CAS 39
其他相关会计准则要求或者允许企业在特定情况下非持续以公允价值计量资产项目的原因	text	CAS 39
资产项目第二层次公允价值计量使用的估值技术和输入值的披露[text block]	text block	CAS 39
资产项目第三层次公允价值计量使用的估值技术、输入值以及估值流程的披露[text block]	text block	CAS 39
资产项目第三层次公允价值计量使用的重大不可观察输入值的定量信息披露[abstract]		
资产项目第三层次公允价值计量使用的重大不可观察输入值的定量信息披露[table]	table	CAS 39
计量方法[axis]	axis	CAS 39
计量方法[member]	member	CAS 39
持续的公允价值计量[member]	member	CAS 39
非持续的公允价值计量[member]	member	CAS 39
以公允价值计量的资产类别[axis]	axis	CAS 39
以公允价值计量的资产项目[member]	member	CAS 39
以公允价值计量且其变动计入当期损益的金融资产[member]	member	CAS 39
交易性金融资产[member]	member	CAS 39
交易性金融资产，债务工具投资[member]	member	CAS 39
交易性金融资产，权益工具投资[member]	member	CAS 39
指定为以公允价值计量且其变动计入当期损益的金融资产[member]	member	CAS 39
指定为以公允价值计量且其变动计入当期损益的金融资产,债务工具投资[member]	member	CAS 39
指定为以公允价值计量且其变动计入当期损益的金融资产,权益工具投资[member]	member	CAS 39

元　素	元素类型	准则
衍生金融资产[member]	member	CAS 39
衍生金融资产，利率衍生工具[member]	member	CAS 39
衍生金融资产，货币衍生工具[member]	member	CAS 39
衍生金融资产，权益衍生工具[member]	member	CAS 39
衍生金融资产，信用衍生工具[member]	member	CAS 39
衍生金融资产，其他衍生工具[member]	member	CAS 39
可供出售金融资产[member]	member	CAS 37，CAS 39
可供出售金融资产，债务工具投资[member]	member	CAS 39
可供出售金融资产，权益工具投资[member]	member	CAS 39
可供出售金融资产，其他[member]	member	CAS 39
投资性房地产[member]	member	CAS 3，CAS 39
投资性房地产，出租的土地使用权[member]	member	CAS 39
投资性房地产，出租的建筑物[member]	member	CAS 39
投资性房地产，持有并准备增值后转让的土地使用权[member]	member	CAS 39
生物资产[member]	member	CAS 39
消耗性生物资产[member]	member	CAS 1，CAS 5，CAS 39
生产性生物资产[member]	member	CAS 5，CAS 39
持有待售资产[member]	member	CAS 39
公允价值计量使用的估值技术[axis]	axis	CAS 39
估值技术[member]	member	CAS 39
市场法[member]	member	CAS 39
上市公司比较法[member]	member	CAS 39
市场可比价格法[member]	member	CAS 39
矩阵定价[member]	member	CAS 39
达成一致的定价[member]	member	CAS 39
成本法[member]	member	CAS 39
收益法[member]	member	CAS 39

元　　素	元素类型	准则
现金流量折现法[member]	member	CAS 39
期权定价模型[member]	member	CAS 39
多期超额收益折现法[member]	member	CAS 39
范围[axis]	axis	CAS 17,CAS 39
范围[member]	member	CAS 17,CAS 39
加权平均值[member]	member	CAS 39
资产项目第三层次公允价值计量使用的重大不可观察输入值的定量信息披露[line items]	line items	
资产项目第三层次公允价值	X instant,debit	CAS 39
资产项目重大不可观察输入值,加权平均资本成本	X. XX duration	CAS 39
资产项目重大不可观察输入值,长期收入增长率	X. XX duration	CAS 39
资产项目重大不可观察输入值,长期税前营业利润	X duration,credit	CAS 39
资产项目重大不可观察输入值,流动性折价	X duration	CAS 39
资产项目重大不可观察输入值,控制权溢价	X duration	CAS 39
资产项目重大不可观察输入值,恒定的提前偿付率	X. XX duration	CAS 39
资产项目重大不可观察输入值,违约概率	X. XX duration	CAS 39
资产项目重大不可观察输入值,违约损失率	X. XX duration	CAS 39
资产项目重大不可观察输入值,波动率	X. XX duration	CAS 39
资产项目重大不可观察输入值,交易对手信用风险	X. XX duration	CAS 39
资产项目重大不可观察输入值,自身信用风险	X. XX duration	CAS 39
资产项目重大不可观察输入值,长期净营业收入利润率	X. XX duration	CAS 39
资产项目重大不可观察输入值,计算资产余值使用的利率	X. XX duration	CAS 39
资产项目重大不可观察输入值,利率	X. XX duration	CAS 39
资产项目重大不可观察输入值,股票的历史波动率	X. XX duration	CAS 39
资产项目重大不可观察输入值,对互换市场共识中间价格的调整比率	X. XX duration	CAS 39
资产项目重大不可观察输入值,履行义务需要支付的未来现金流量的估计	X duration	CAS 39
资产项目重大不可观察输入值,现金生产单位损益的财务预测	X duration	CAS 39

元　素	元素类型	准则
资产项目重大不可观察输入值，现金生产单位现金流量的财务预测	X duration	CAS 39
资产项目重大不可观察输入值，收入倍数	X. XX duration	CAS 39
公允价值计量的非金融资产的最高效、最佳用途不同于当前用途的事实及原因的描述	text	CAS 39
负债项目公允价值计量信息披露[text block]	text block	CAS 39
负债项目公允价值计量信息披露[abstract]		
负债项目公允价值计量信息披露[table]	table	CAS 39
计量方法[axis]	axis	CAS 39
计量方法[member]	member	CAS 39
持续的公允价值计量[member]	member	CAS 39
非持续的公允价值计量[member]	member	CAS 39
以公允价值计量的负债类别[axis]	axis	CAS 39
以公允价值计量的负债项目[member]	member	CAS 39
以公允价值计量且其变动计入当期损益的金融负债[member]	member	CAS 39
交易性金融负债[member]	member	CAS 39
交易性金融负债，债券[member]	member	CAS 39
指定为以公允价值计量且其变动计入当期损益的金融负债[member]	member	CAS 39
指定为以公允价值计量且其变动计入当期损益的金融负债，债券[member]	member	CAS 39
衍生金融负债[member]	member	CAS 39
衍生金融负债，利率衍生工具[member]	member	CAS 39
衍生金融负债，货币衍生工具[member]	member	CAS 39
衍生金融负债，权益衍生工具[member]	member	CAS 39
衍生金融负债，信用衍生工具[member]	member	CAS 39
衍生金融负债，其他衍生工具[member]	member	CAS 39
持有待售负债[member]	member	CAS 39
公允价值层次[axis]	axis	CAS 39
公允价值层次[member]	member	CAS 39
第一层次公允价值计量[member]	member	CAS 39

元　　素	元素类型	准则
第二层次公允价值计量[member]	member	CAS 39
第三层次公允价值计量[member]	member	CAS 39
负债项目公允价值计量信息披露[line items]	line items	
负债,公允价值	X instant,credit	CAS 39
其他相关会计准则要求或者允许企业在特定情况下非持续以公允价值计量负债项目的原因	text	CAS 39
负债项目第二层次公允价值计量使用的估值技术和输入值的披露[text block]	text block	CAS 39
负债项目第三层次公允价值计量使用的估值技术、输入值以及估值流程的披露[text block]	text block	CAS 39
负债项目第三层次公允价值计量使用的重大不可观察输入值的定量信息披露[abstract]		
负债项目第三层次公允价值计量使用的重大不可观察输入值的定量信息披露[table]	table	CAS 39
计量方法[axis]	axis	CAS 39
计量方法[member]	member	CAS 39
持续的公允价值计量[member]	member	CAS 39
非持续的公允价值计量[member]	member	CAS 39
以公允价值计量的负债类别[axis]	axis	CAS 39
以公允价值计量的负债项目[member]	member	CAS 39
以公允价值计量且其变动计入当期损益的金融负债[member]	member	CAS 39
交易性金融负债[member]	member	CAS 39
交易性金融负债,债券[member]	member	CAS 39
指定为以公允价值计量且其变动计入当期损益的金融负债[member]	member	CAS 39
指定为以公允价值计量且其变动计	member	CAS 39
入当期损益的金融负债,债券[member]		
衍生金融负债[member]	member	CAS 39
衍生金融负债,利率衍生工具[member]	member	CAS 39
衍生金融负债,货币衍生工具[member]	member	CAS 39
衍生金融负债,权益衍生工具[member]	member	CAS 39
衍生金融负债,信用衍生工具[member]	member	CAS 39

元　　素	元素类型	准则
衍生金融负债，其他衍生工具[member]	member	CAS 39
持有待售负债[member]	member	CAS 39
公允价值计量使用的估值技术[axis]	axis	CAS 39
估值技术[member]	member	CAS 39
市场法[member]	member	CAS 39
上市公司比较法[member]	member	CAS 39
市场可比价格法[member]	member	CAS 39
矩阵定价[member]	member	CAS 39
达成一致的定价[member]	member	CAS 39
成本法[member]	member	CAS 39
收益法[member]	member	CAS 39
现金流量折现法[member]	member	CAS 39
期权定价模型[member]	member	CAS 39
多期超额收益折现法[member]	member	CAS 39
范围[axis]	axis	CAS 17，CAS 39
范围[member]	member	CAS 17，CAS 39
加权平均值[member]	member	CAS 39
负债项目第三层次公允价值计量使用的重大不可观察输入值的定量信息披露[line items]	line items	
负债项目第三层次公允价值	X instant，credit	CAS 39
负债项目重大不可观察输入值，加权平均资本成本	X. XX duration	CAS 39
负债项目重大不可观察输入值，长期收入增长率	X. XX duration	CAS 39
负债项目重大不可观察输入值，长期税前营业利润	X duration，credit	CAS 39
负债项目重大不可观察输入值，流动性折价	X duration	CAS 39
负债项目重大不可观察输入值，控制权溢价	X duration	CAS 39
负债项目重大不可观察输入值，恒定的提前偿付率	X. XX duration	CAS 39
负债项目重大不可观察输入值，违约概率	X. XX duration	CAS 39
负债项目重大不可观察输入值，违约损失率	X. XX duration	CAS 39
负债项目重大不可观察输入值，波动率	X. XX duration	CAS 39
负债项目重大不可观察输入值，交易对手信用风险	X. XX duration	CAS 39

元　素	元素类型	准则
负债项目重大不可观察输入值，自身信用风险	X. XX duration	CAS 39
负债项目重大不可观察输入值，长期营业收入利润率	X. XX duration	CAS 39
负债项目重大不可观察输入值，计算资产余值使用的利率	X. XX duration	CAS 39
负债项目重大不可观察输入值，利率	X. XX duration	CAS 39
负债项目重大不可观察输入值，股票的历史波动率	X. XX duration	CAS 39
负债项目重大不可观察输入值，对互换市场共识中间价格的调整比率	X. XX duration	CAS 39
负债项目重大不可观察输入值，履行义务需要支付的未来现金流量的估计	X duration	CAS 39
负债项目重大不可观察输入值，现金生产单位损益的财务预测	X duration	CAS 39
负债项目重大不可观察输入值，现金生产单位现金流量的财务预测	X duration	CAS 39
负债项目重大不可观察输入值，收入倍数	X. XX duration	CAS 39
以公允价值计量且在发行时附有不可分割的第三方信用增级的负债的信息披露[text block]	text block	CAS 39
以公允价值计量且在发行时附有不可分割的第三方信用增级的负债的信息披露[abstract]		
以公允价值计量且在发行时附有不可分割的第三方信用增级的负债的信息披露[table]	table	CAS 39
以公允价值计量且在发行时附有不可分割的第三方信用增级的负债[axis]	axis	CAS 39
以公允价值计量且在发行时附有不可分割的第三方信用增级的负债[member]	member	CAS 39
以公允价值计量且在发行时附有不可分割的第三方信用增级的负债的信息披露[line items]	line items	
第三方信用增级存在的描述	text	CAS 39
第三方信用增级是否已反映在负债的公允价值计量中的描述	text	CAS 39
公允价值计量的非金融负债的最高效、最佳用途不同于当前用途的事实及原因的描述	text	CAS 39
资产项目不以公允价值计量但以公允价值披露信息披露[text block]	text block	CAS 39
资产项目不以公允价值计量但以公允价值披露[abstract]		
资产项目不以公允价值计量但以公允价值披露[table]	table	CAS 39
不以公允价值计量但以公允价值披露的资产项目类别[axis]	axis	CAS 39

元　　素	元素类型	准则
不以公允价值计量但以公允价值披露的资产项目[member]	member	CAS 39
贷款及应收款项[member]	member	CAS 39
应收账款[member]	member	CAS 36,CAS 39
其他应收款[member]	member	CAS 36,CAS 39
委托贷款[member]	member	CAS 39
持有至到期投资[member]	member	CAS 37,CAS 39
持有至到期投资,债券[member]	member	CAS 39
公允价值层次[axis]	axis	CAS 39
公允价值层次[member]	member	CAS 39
第一层次公允价值计量[member]	member	CAS 39
第二层次公允价值计量[member]	member	CAS 39
第三层次公允价值计量[member]	member	CAS 39
资产项目不以公允价值计量但以公允价值披露[line items]	line items	
账面价值	X instant,debit	CAS 39
公允价值	X instant,debit	CAS 39
资产项目第二层次不以公允价值计量但以公允价值披露使用的估值技术和输入值的披露[text block]	text block	CAS 39
资产项目第三层次不以公允价值计量但以公允价值披露使用的估值技术和输入值的披露[text block]	text block	CAS 39
不以公允价值计量但以公允价值披露的非金融资产的最高效、最佳用途不同于当前用途的事实及原因的描述	text	CAS 39
负债项目不以公允价值计量但以公允价值披露信息披露[text block]	text block	CAS 39
负债项目不以公允价值计量但以公允价值披露[abstract]		
负债项目不以公允价值计量但以公允价值披露[table]	table	CAS 39
不以公允价值计量但以公允价值披露的负债项目类别[axis]	axis	CAS 39
不以公允价值计量但以公允价值披露的负债项目类别[member]	member	CAS 39
以摊余成本计量的金融负债[member]	member	CAS 39
银行借款[member]	member	CAS 39
应付账款[member]	member	CAS 36,CAS 39
其他应付款[member]	member	CAS 36,CAS 39
应付债券[member]	member	CAS 37,CAS 39

元　　素	元素类型	准则
公允价值层次[axis]	axis	CAS 39
公允价值层次[member]	member	CAS 39
第一层次公允价值计量[member]	member	CAS 39
第二层次公允价值计量[member]	member	CAS 39
第三层次公允价值计量[member]	member	CAS 39
负债项目不以公允价值计量但以公允价值披露[line items]	line items	
账面价值	X duration,credit	CAS 39
公允价值	X duration,credit	CAS 39
负债项目第二层次不以公允价值计量但以公允价值披露使用的估值技术和输入值的披露[text block]	text block	CAS 39
负债项目第三层次不以公允价值计量但以公允价值披露使用的估值技术和输入值的披露[text block]	text block	CAS 39
不以公允价值计量但以公允价值披露的非金融负债的最高效、最佳用途不同于当前用途的事实及原因的描述	text	CAS 39
[839200]附注_公允价值计量(二)		
公允价值计量信息披露[text block]	text block	CAS 39
资产项目持续以公允价值计量的信息披露[text block]	text block	CAS 39
持续以公允价值计量的相关资产在各层次之间的转换[abstract]		
持续以公允价值计量的相关资产在各层次之间的转换[table]	table	CAS 39
计量方法[axis]	axis	CAS 39
计量方法[member]	member	CAS 39
持续的公允价值计量[member]	member	CAS 39
以公允价值计量的资产类别[axis]	axis	CAS 39
以公允价值计量的资产项目[member]	member	CAS 39
以公允价值计量且其变动计入当期损益的金融资产[member]		
交易性金融资产[member]	member	CAS 39
交易性金融资产，债务工具投资[member]	member	CAS 39
交易性金融资产，权益工具投资[member]	member	CAS 39
指定为以公允价值计量且其变动计入当期损益的金融资产[member]	member	CAS 39

元　　素	元素类型	准则
指定为以公允价值计量且其变动计入当期损益的金融资产，债务工具投资[member]	member	CAS 39
指定为以公允价值计量且其变动计入当期损益的金融资产，权益工具投资[member]	member	CAS 39
衍生金融资产[member]	member	CAS 39
衍生金融资产，利率衍生工具[member]	member	CAS 39
衍生金融资产，货币衍生工具[member]	member	CAS 39
衍生金融资产，权益衍生工具[member]	member	CAS 39
衍生金融资产，信用衍生工具[member]	member	CAS 39
衍生金融资产，其他衍生工具[member]	member	CAS 39
可供出售金融资产[member]	member	CAS 37，CAS 39
可供出售金融资产，债务工具投资[member]	member	CAS 39
可供出售金融资产，权益工具投资[member]	member	CAS 39
可供出售金融资产，其他[member]	member	CAS 39
投资性房地产[member]	member	CAS 3，CAS 39
投资性房地产，出租的土地使用权[member]	member	CAS 39
投资性房地产，出租的建筑物[member]	member	CAS 39
投资性房地产，持有并准备增值后转让的土地使用权[member]	member	CAS 39
生物资产[member]	member	CAS 39
消耗性生物资产[member]	member	CAS 1，CAS 5，CAS 39
生产性生物资产[member]	member	CAS 5，CAS 39
持续以公允价值计量的相关资产在各层次之间的转换[line items]	line items	
资产项目自公允价值计量的第一层次转入第二层次的本期发生额	X duration	CAS 39
资产项目自公允价值计量的第二层次转入第一层次的本期发生额	X duration	CAS 39
资产项目自公允价值计量的第一层次转入第三层次的本期发生额	X duration	CAS 39

元　素	元素类型	准则
资产项目自公允价值计量的第三层次转入第一层次的本期发生额	X duration	CAS 39
资产项目自公允价值计量的第二层次转入第三层次的本期发生额	X duration	CAS 39
资产项目自公允价值计量的第三层次转入第二层次的本期发生额	X duration	CAS 39
资产项目自公允价值计量的第一层次转入第二层次的原因描述	text	CAS 39
资产项目自公允价值计量的第二层次转入第一层次的原因描述	text	CAS 39
资产项目自公允价值计量的第一层次转入第三层次的原因描述	text	CAS 39
资产项目自公允价值计量的第三层次转入第一层次的原因描述	text	CAS 39
资产项目自公允价值计量的第二层次转入第三层次的原因描述	text	CAS 39
资产项目自公允价值计量的第三层次转入第二层次的原因描述	text	CAS 39
确定资产项目在公允价值计量的各层次之间转换时点的政策描述	text	CAS 39
资产项目持续的第三层次公允价值计量的期初期末调节情况[abstract]		
资产项目持续的第三层次公允价值计量的期初期末调节情况[table]	table	CAS 39
计量方法[axis]	axis	CAS 39
计量方法[member]	member	CAS 39
持续的公允价值计量[member]	member	CAS 39
以公允价值计量的资产类别[axis]	axis	CAS 39
以公允价值计量的资产项目[member]	member	CAS 39
以公允价值计量且其变动计入当期损益的金融资产[member]	member	CAS 39
交易性金融资产[member]	member	CAS 39
交易性金融资产，债务工具投资[member]	member	CAS 39
交易性金融资产，权益工具投资[member]	member	CAS 39
指定为以公允价值计量且其变动计入当期损益的金融资产[member]	member	CAS 39
指定为以公允价值计量且其变动计入当期损益的金融资产，债务工具投资[member]	member	CAS 39

元　　素	元素类型	准则
指定为以公允价值计量且其变动计入当期损益的金融资产，权益工具投资[member]	member	CAS 39
衍生金融资产[member]	member	CAS 39
衍生金融资产，利率衍生工具[member]	member	CAS 39
衍生金融资产，货币衍生工具[member]	member	CAS 39
衍生金融资产，权益衍生工具[member]	member	CAS 39
衍生金融资产，信用衍生工具[member]	member	CAS 39
衍生金融资产，其他衍生工具[member]	member	CAS 39
可供出售金融资产[member]	member	CAS 37，CAS 39
可供出售金融资产，债务工具投资[member]	member	CAS 39
可供出售金融资产，权益工具投资[member]	member	CAS 39
可供出售金融资产，其他[member]	member	CAS 39
投资性房地产[member]	member	CAS 3，CAS 39
投资性房地产，出租的土地使用权[member]	member	CAS 39
投资性房地产，出租的建筑物[member]	member	CAS 39
投资性房地产，持有并准备增值后转让的土地使用权[member]	member	CAS 39
生物资产[member]	member	CAS 39
消耗性生物资产[member]	member	CAS 1，CAS 5，CAS 39
生产性生物资产[member]	member	CAS 5，CAS 39
资产项目持续的第三层次公允价值计量的期初期末调节情况[line items]	line items	
期初的公允价值	X instant，debit	CAS 39
转入第三层次	X duration，debit	CAS 39
转出第三层次	(X) duration，credit	CAS 39
汇率变动	X duration，debit	CAS 39
计入当期损益的利得(或损失)	X duration	CAS 39
已实现的利得(或损失)	X duration，credit	CAS 39
计入当期其他综合收益的利得(或损失)	X duration	CAS 39

元　　素	元素类型	准则
购买	X duration,debit	CAS 39
发行	X duration,debit	CAS 39
出售	(X) duration,credit	CAS 39
结算	(X) duration,credit	CAS 39
期末的公允价值	X instant,debit	CAS 39
对于在报告期末持有的资产、计入损益的当期未实现利得(或损失)的变动	X duration,credit	CAS 39
资产项目持续的第三层次公允价值计量使用的不可观察输入值的其他信息的披露[text block]	text block	CAS 39
负债项目持续以公允价值计量的信息披露[text block]	text block	CAS 39
持续以公允价值计量的相关负债在各层次之间的转换[abstract]		
持续以公允价值计量的相关负债在各层次之间的转换[table]	table	CAS 39
计量方法[axis]	axis	CAS 39
计量方法[member]	member	CAS 39
持续的公允价值计量[member]	member	CAS 39
以公允价值计量的负债类别[axis]	axis	CAS 39
以公允价值计量的负债项目[member]	member	CAS 39
以公允价值计量且其变动计入当期损益的金融负债[member]	member	CAS 39
交易性金融负债[member]	member	CAS 39
交易性金融负债，债券[member]	member	CAS 39
指定为以公允价值计量且其变动计入当期损益的金融负债[member]	member	CAS 39
指定为以公允价值计量且其变动计入当期损益的金融负债，债券[member]	member	CAS 39
衍生金融负债[member]	member	CAS 39
衍生金融负债，利率衍生工具[member]	member	CAS 39
衍生金融负债，货币衍生工具[member]	member	CAS 39
衍生金融负债，权益衍生工具[member]	member	CAS 39
衍生金融负债，信用衍生工具[member]	member	CAS 39
衍生金融负债，其他衍生工具[member]	member	CAS 39
持续以公允价值计量的相关负债在各层次之间的转换[line items]	line items	
负债项目自公允价值计量的第一层次转入第二层次的本期发生额	X duration	CAS 39

元　　素	元素类型	准则
负债项目自公允价值计量的第二层次转入第一层次的本期发生额	X duration	CAS 39
负债项目自公允价值计量的第一层次转入第三层次的本期发生额	X duration	CAS 39
负债项目自公允价值计量的第三层次转入第一层次的本期发生额	X duration	CAS 39
负债项目自公允价值计量的第二层次转入第三层次的本期发生额	X duration	CAS 39
负债项目自公允价值计量的第三层次转入第二层次的本期发生额	X duration	CAS 39
负债项目自公允价值计量的第一层次转入第二层次的原因描述	text	CAS 39
负债项目自公允价值计量的第二层次转入第一层次的原因描述	text	CAS 39
负债项目自公允价值计量的第一层次转入第三层次的原因描述	text	CAS 39
负债项目自公允价值计量的第三层次转入第一层次的原因描述	text	CAS 39
负债项目自公允价值计量的第二层次转入第三层次的原因描述	text	CAS 39
负债项目自公允价值计量的第三层次转入第二层次的原因描述	text	CAS 39
确定负债项目在公允价值计量的各层次之间转换时点的政策描述	text	CAS 39
负债项目持续的第三层次公允价值计量的期初期末调节情况[abstract]		
负债项目持续的第三层次公允价值计量的期初期末调节情况[table]	table	CAS 39
计量方法[axis]	axis	CAS 39
计量方法[member]	member	CAS 39
持续的公允价值计量[member]	member	CAS 39
以公允价值计量的负债类别[axis]	axis	CAS 39
以公允价值计量的负债项目[member]	member	CAS 39
以公允价值计量且其变动计入当期损益的金融负债[member]	member	CAS 39
交易性金融负债[member]	member	CAS 39
交易性金融负债，债券[member]	member	CAS 39
指定为以公允价值计量且其变动计入当期损益的金融负债[member]	member	CAS 39
指定为以公允价值计量且其变动计入当期损益的金融负债，债券[member]	member	CAS 39

元　　素	元素类型	准则
衍生金融负债[member]	member	CAS 39
衍生金融负债,利率衍生工具[member]	member	CAS 39
衍生金融负债,货币衍生工具[member]	member	CAS 39
衍生金融负债,权益衍生工具[member]	member	CAS 39
衍生金融负债,信用衍生工具[member]	member	CAS 39
衍生金融负债,其他衍生工具[member]	member	CAS 39
负债项目持续的第三层次公允价值计量的期初期末调节情况[line items]	line items	
期初的公允价值	X instant,credit	CAS 39
转入第三层次	X duration,credit	CAS 39
转出第三层次	(X) duration,debit	CAS 39
汇率变动	X duration,credit	CAS 39
计入当期损益的损失(或利得)	(X) duration	CAS 39
已实现的损失(或利得)	(X) duration,credit	CAS 39
计入当期其他综合收益的损失(或利得)	(X) duration	CAS 39
购买	X duration,credit	CAS 39
发行	X duration,credit	CAS 39
出售	(X) duration,debit	CAS 39
结算	(X) duration,debit	CAS 39
期末的公允价值	X instant,credit	CAS 39
对于在报告期末持有的负债、计入损益的当期未实现损失(或利得)的变动	(X) duration,credit	CAS 39
负债项目持续的第三层次公允价值计量使用的不可观察输入值的其他信息的披露[text block]	text block	CAS 39
CAS41 在其他主体中权益的披露		
[841100]附注_在其他主体中权益的披露(一)		
在其他主体中权益的披露[text block]	text block	CAS 41
企业集团的构成[text block]	text block	CAS 41
企业集团的构成[abstract]		
企业集团的构成[table]	table	CAS 41
子公司[axis]	axis	CAS 41

元　素	元素类型	准则
企业的全部子公司[member]	member	CAS 41
子公司[member]	member	CAS 18,CAS 30,CAS 36,CAS 41
企业集团的构成[line items]	line items	
子公司的主要经营地	text	CAS 41
子公司的注册地	text	CAS 41
子公司的业务性质	text	CAS 41
对子公司的持股比例	X. XX instant	CAS 41
本公司直接持有纳入合并财务报表范围子公司股权比例	X. XX instant	CAS 41
本公司间接持有纳入合并财务报表范围子公司股权比例	X. XX instant	CAS 41
对子公司的表决权比例	X. XX instant	CAS 41
本公司直接持有纳入合并财务报表范围子公司表决权比例	X. XX instant	CAS 41
本公司间接持有纳入合并财务报表范围子公司表决权比例	X. XX instant	CAS 41
[841200]附注_在其他主体中权益的披露(二)		
在其他主体中权益的披露[text block]	text block	CAS 41
重要的非全资子公司的信息披露[text block]	text block	CAS 41
重要的非全资子公司的基础信息[abstract]		
重要的非全资子公司的基础信息[table]	table	CAS 41
子公司[axis]	axis	CAS 41
企业的全部子公司[member]	member	CAS 41
子公司[member]	member	CAS 18,CAS 30,CAS 36,CAS 41
重要的非全资子公司[member]	member	CAS 41
重要的非全资子公司的基础信息[line items]	line items	
少数股东的持股比例	X. XX instant	CAS 41
少数股东的表决权比例	X. XX instant	CAS 41
当期归属于少数股东的损益	X duration,credit	CAS 33,CAS 41
当期向少数股东支付的股利	X duration,credit	CAS 41
期末累计少数股东权益	X instant,credit	CAS 30,CAS 33,CAS 41
重要的非全资子公司的主要财务信息[abstract]		
重要的非全资子公司的主要财务信息[table]	table	CAS 41

元　素	元素类型	准则
子公司[axis]	axis	CAS 41
企业的全部子公司[member]	member	CAS 41
子公司[member]	member	CAS 18,CAS 30,CAS 36,CAS 41
重要的非全资子公司[member]	member	CAS 41
重要的非全资子公司的主要财务信息[line items]	line items	
流动资产	X instant,debit	CAS 30,CAS 33,CAS 41
现金和现金等价物	X instant,debit	CAS 31,CAS 33,CAS 41
非流动资产	X instant,debit	CAS 30,CAS 33,CAS 41
资产总计	X instant,debit	CAS 30,CAS 33,CAS 35,CAS 41
流动负债	X instant,credit	CAS 30,CAS 33,CAS 41
非流动负债	X instant,credit	CAS 30,CAS 33,CAS 41
负债合计	X instant,credit	CAS 30,CAS 33,CAS 35,CAS 41
营业收入	X duration,credit	CAS 30,CAS 33,CAS 35,CAS 41
净利润	X duration,credit	CAS 30,CAS 31,CAS 33,CAS 41
终止经营净利润	X duration,credit	CAS 30,CAS 41
综合收益总额	X duration,credit	CAS 30,CAS 33,CAS 41
经营活动产生的现金流量	X duration	CAS 31,CAS 33,CAS 41
对企业持有其他主体半数或以下的表决权但仍控制该主体的重大判断和假设的描述	text	CAS 41
对企业持有其他主体半数以上的表决权但并不控制该主体的重大判断和假设的描述	text	CAS 41
对使用企业集团资产和清偿企业集团债务存在重大限制的说明[text block]	text block	CAS 41
对企业在使用集团资产和清偿集团负债方面的重大限制的描述	text	CAS 41
少数股东享有的保护性权利对企业使用集团资产和清偿集团负债的能力存在重大限制的性质和程度的描述	text	CAS 41
使用企业集团资产和清偿企业集团债务的重大限制所涉及的资产在合并财务报表中的金额	X instant,debit	CAS 41
使用企业集团资产和清偿企业集团债务的重大限制所涉及的负债在合并财务报表中的金额	X instant,credit	CAS 41

元　　素	元素类型	准则
纳入合并财务报表范围的结构化主体的披露[text block]	text block	CAS 41
纳入合并财务报表范围的结构化主体的披露[abstract]		
纳入合并财务报表范围的结构化主体的披露[table]	table	CAS 41
纳入合并财务报表范围的结构化主体[axis]	axis	CAS 41
纳入合并财务报表范围的结构化主体[member]	member	CAS 41
理财产品[member]	member	CAS 41
资产支持融资[member]	member	CAS 41
信托计划[member]	member	CAS 41
资产管理计划[member]	member	CAS 41
投资基金[member]	member	CAS 41
纳入合并财务报表范围的结构化主体的披露[line items]	line items	
合同约定企业或其子公司向纳入合并财务报表范围的结构化主体提供财务支持的情形[abstract]		
企业或其子公司向结构化主体提供财务支持的合同条款的描述	text	CAS 41
企业或其子公司向结构化主体提供财务支持可能导致企业承担损失的事项或情况的描述	text	CAS 41
在没有合同约定的情况下，企业或其子公司向纳入合并财务报表范围的结构化主体提供财务支持或其他支持的情形[abstract]		
企业或其子公司向结构化主体提供支持的类型的描述	text	CAS 41
企业或其子公司向结构化主体提供支持的金额	X duration	CAS 41
企业或其子公司向结构化主体提供支持的原因的描述	text	CAS 41
决定向原先未纳入合并财务报表的结构化主体提供支持从而实现控制的相关因素的解释	text	CAS 41
对企业向结构化主体提供支持的意图的描述	text	CAS 41
企业在其子公司的所有者权益份额发生变化的情况说明[text block]	text block	CAS 41
企业在其子公司所有者权益份额发生变化且该变化未导致企业丧失对子公司控制权的情形[abstract]		
企业在其子公司所有者权益份额发生变化且该变化未导致企业丧失对子公司控制权的情形[table]	table	CAS 41
所有者权益份额发生变化且该变化未导致丧失控制权的子公司[axis]	axis	CAS 41

元　　素	元素类型	准则
所有者权益份额发生变化且该变化未导致丧失控制权的子公司[member]	member	CAS 41
企业在其子公司所有者权益份额发生变化且该变化未导致企业丧失对子公司控制权的情形[line items]	line items	
处置股权对归属于母公司的所有者权益的影响	X duration, credit	CAS 41
处置股权对少数股东权益的影响	X duration, credit	CAS 41
处置股权对所有者权益的影响	X duration, credit	CAS 41
企业在其子公司所有者权益份额发生变化导致丧失对子公司控制权的情形[abstract]		
企业在其子公司所有者权益份额发生变化导致丧失对子公司控制权的情形[table]	table	CAS 41
所有者权益份额发生变化导致丧失控制权的原子公司[axis]	axis	CAS 41
所有者权益份额发生变化导致丧失控制权的原子公司[member]	member	CAS 41
企业在其子公司所有者权益份额发生变化导致丧失对子公司控制权的情形[line items]	line items	
由于丧失控制权而产生的利得或损失计入投资收益的金额	X duration, credit	CAS 41
剩余股权在丧失控制权日的公允价值	X instant, debit	CAS 41
剩余股权在丧失控制权日按照公允价值重新计量而产生的利得或损失	X duration, credit	CAS 41
企业在合营安排或联营企业中权益的相关信息的披露[text block]	text block	CAS 41
重要的合营企业和联营企业的基础信息[text block]	text block	CAS 41
重要合营企业和联营企业的基础信息[abstract]		
重要合营企业和联营企业的基础信息[table]	table	CAS 41
重要合营企业和联营企业[axis]	axis	CAS 41
重要合营企业和联营企业[member]	member	CAS 41
合营企业[member]	member	CAS 2, CAS 18, CAS 41
联营企业[member]	member	CAS 2, CAS 18, CAS 41
重要合营企业和联营企业的基础信息[line items]	line items	
合营企业和联营企业的主要经营地	text	CAS 41
合营企业和联营企业的注册地	text	CAS 41
合营企业和联营企业的业务性质	text	CAS 41
合营企业和联营企业的注册资本	X instant, credit	CAS 41
对合营企业和联营企业的持股比例	X. XX instant	CAS 41

元　素	元素类型	准则
对合营企业和联营企业的表决权比例	X. XX instant	CAS 41
合营企业和联营企业对企业活动是否具有战略性	text	CAS 41
对企业持有其他主体20%以下的表决权但对该主体具有重大影响的判断或假设	text	CAS 41
对企业持有其他主体20%或以上的表决权但对该主体不具有重大影响的判断或假设	text	CAS 41
合营安排下共同经营的基础信息[text block]	text block	CAS 41
合营安排下共同经营的基础信息[abstract]		
合营安排下共同经营的基础信息[table]	table	CAS 41
共同经营[axis]	axis	CAS 41
共同经营[member]	member	CAS 41
合营安排下共同经营的基础信息[line items]	line items	
共同经营的主要经营地	text	CAS 41
共同经营的注册地	text	CAS 41
共同经营的业务性质	text	CAS 41
共同经营的注册资本	X instant, credit	CAS 41
对共同经营的持股比例	X. XX instant	CAS 41
对共同经营的表决权比例	X. XX instant	CAS 41
共同经营对企业活动是否具有战略性	text	CAS 41
对企业通过单独主体达成合营安排时确定该合营安排是共同经营或合营企业的重大判断和假设的描述	text	CAS 41
重要合营企业和联营企业的主要财务信息[text block]	text block	CAS 41
重要合营企业的主要财务信息[abstract]		
重要合营企业的主要财务信息[table]	table	CAS 41
合营企业[axis]	axis	CAS 41
企业的全部合营企业[member]	member	CAS 41
合营企业[member]	member	CAS 2, CAS 18, CAS 41
重要合营企业的主要财务信息[line items]	line items	
流动资产	X instant, debit	CAS 30, CAS 33, CAS 41
现金和现金等价物	X instant, debit	CAS 31, CAS 33, CAS 41
非流动资产	X instant, debit	CAS 30, CAS 33, CAS 41
资产总计	X instant, debit	CAS 30, CAS 33, CAS 35, CAS 41

元　　素	元素类型	准则
流动负债	X instant,credit	CAS 30,CAS 33,CAS 41
非流动负债	X instant,credit	CAS 30,CAS 33,CAS 41
负债合计	X instant,credit	CAS 30,CAS 33,CAS 35,CAS 41
净资产	X instant,debit	CAS 41
按持股比例计算的净资产份额	X instant,debit	CAS 41
调整事项	X instant	CAS 41
对合营企业权益投资的账面价值	X instant,debit	CAS 2,CAS 41
存在公开报价的权益投资的公允价值	X instant,debit	CAS 41
营业收入	X duration,credit	CAS 30,CAS 33,CAS 35,CAS 41
财务费用	X duration,debit	CAS 30,CAS 33,CAS 41
所得税费用	X duration,debit	CAS 18,CAS 30,CAS 33,CAS 35,CAS 41
净利润	X duration,credit	CAS 30,CAS 31,CAS 33,CAS 41
终止经营净利润	X duration,credit	CAS 30,CAS 41
其他综合收益	X duration,credit	CAS 30,CAS 33,CAS 41
综合收益总额	X duration,credit	CAS 30,CAS 33,CAS 41
对合营企业投资的会计处理方法	text	CAS 41
企业本期收到的来自合营企业的股利	X duration,debit	CAS 41
重要联营企业的主要财务信息[abstract]		
重要联营企业的主要财务信息[table]	table	CAS 41
联营企业[axis]	axis	CAS 41
企业的全部联营企业[member]	member	CAS 41
联营企业[member]	member	CAS 2,CAS 18,CAS 41
重要联营企业的主要财务信息[line items]	line items	
流动资产	X instant,debit	CAS 30,CAS 33,CAS 41
现金和现金等价物	X instant,debit	CAS 31,CAS 33,CAS 41
非流动资产	X instant,debit	CAS 30,CAS 33,CAS 41

元　　素	元素类型	准则
资产总计	X instant, debit	CAS 30, CAS 33, CAS 35, CAS 41
流动负债	X instant, credit	CAS 30, CAS 33, CAS 41
非流动负债	X instant, credit	CAS 30, CAS 33, CAS 41
负债合计	X instant, credit	CAS 30, CAS 33, CAS 35, CAS 41
净资产	X instant, debit	CAS 41
按持股比例计算的净资产份额	X instant, debit	CAS 41
调整事项	X instant	CAS 41
对联营企业权益投资的账面价值	X instant, debit	CAS 2, CAS 41
存在公开报价的权益投资的公允价值	X instant, debit	CAS 41
营业收入	X duration, credit	CAS 30, CAS 33, CAS 35, CAS 41
净利润	X duration, credit	CAS 30, CAS 31, CAS 33, CAS 41
终止经营净利润	X duration, credit	CAS 30, CAS 41
其他综合收益	X duration, credit	CAS 30, CAS 33, CAS 41
综合收益总额	X duration, credit	CAS 30, CAS 33, CAS 41
对联营企业投资的会计处理方法	text	CAS 41
企业本期收到的来自联营企业的股利	X duration, debit	CAS 41
不重要合营企业和联营企业的汇总信息[abstract]		
不重要合营企业和联营企业的汇总信息[table]	table	CAS 41
不重要合营企业和联营企业[axis]	axis	CAS 41
全部不重要的合营企业和联营企业[member]	member	CAS 41
不重要合营企业和联营企业[member]	member	CAS 41
单个不重要合营企业的汇总[member]	member	CAS 41
单个不重要联营企业的汇总[member]	member	CAS 41
不重要合营企业和联营企业的汇总信息[line items]	line items	
权益法核算的长期股权投资账面价值	X instant, debit	CAS 2, CAS 41
按照持股比例计算的合营企业和和联营企业的净利润的份额	X duration, credit	CAS 41
按照持股比例计算的合营企业和和联营企业的终止经营净利润的份额	X duration, credit	CAS 41

元　素	元素类型	准则
按照持股比例计算的合营企业和和联营企业的其他综合收益的份额	X duration，credit	CAS 41
按照持股比例计算的合营企业和和联营企业的综合收益的份额	X duration，credit	CAS 41
权益法核算的合营企业或联营企业超额亏损的分担额[abstract]		
权益法核算的合营企业或联营企业超额亏损的分担额[table]	table	CAS 41
权益法下被投资单位[axis]	axis	CAS 2，CAS 41
权益法下被投资单位[member]	member	CAS 2，CAS 41
合营企业[member]	member	CAS 2，CAS 18，CAS 41
联营企业[member]	member	CAS 2，CAS 18，CAS 41
权益法核算的合营企业或联营企业超额亏损的分担额[line items]	line items	
前期累积未确认的损失份额	X instant，debit	CAS 41
本期未确认的损失份额（或本期实现的净利润的分享额）	X duration，debit	CAS 41
本期末累积未确认的损失份额	X instant，debit	CAS 41
与企业对合营企业投资相关的未确认承诺	X instant，credit	CAS 41
与企业对合营企业或联营企业投资相关的或有负债	X instant，credit	CAS 41
在未纳入合并财务报表范围的结构化主体中权益的披露[text block]	text block	CAS 41
在未纳入合并财务报表范围的结构化主体中享有权益的披露[abstract]		
在未纳入合并财务报表范围的结构化主体中权益的披露[table]	table	CAS 41
未纳入合并财务报表范围的结构化主体[axis]	axis	CAS 41
未纳入合并财务报表范围的结构化主体[member]	member	CAS 41
理财产品[member]	member	CAS 41
资产支持融资[member]	member	CAS 41
信托计划[member]	member	CAS 41
资产管理计划[member]	member	CAS 41
投资基金[member]	member	CAS 41
结构化主体的设立方式[axis]	axis	CAS 41
结构化主体的设立方式[member]	member	CAS 41
企业发起设立[member]	member	CAS 41
第三方机构发起设立[member]	member	CAS 41

元　　素	元素类型	准则
在未纳入合并财务报表范围的结构化主体中权益的披露[line items]	line items	
未纳入合并财务报表范围的结构化主体的基础信息[text block]	text block	CAS 41
在财务报表中确认的与结构化主体中权益相关的资产的账面价值	X instant, debit	CAS 41
持有至到期投资的账面价值	X instant, debit	CAS 41
可供出售金融资产的账面价值	X instant, debit	CAS 41
在财务报表中确认的与结构化主体中权益相关的负债的账面价值	X instant, credit	CAS 41
在结构化主体中权益的最大损失敞口金额	X instant	CAS 41
在结构化主体中权益的最大损失敞口金额的确认方法的信息	text	CAS 41
企业不能量化其在结构化主体中权益的最大损失敞口的事实及其原因的描述	text	CAS 41
对确认的与结构化主体中权益相关的资产和负债的账面价值与其最大损失敞口的比较的描述	text	CAS 41
在企业发起设立的未纳入合并财务报表范围的结构化主体中未享有权益的披露[abstract]		
在企业发起设立的未纳入合并财务报表范围的结构化主体中未享有权益的披露[table]	table	CAS 41
未纳入合并财务报表范围的结构化主体[axis]	axis	CAS 41
未纳入合并财务报表范围的结构化主体[member]	member	CAS 41
理财产品[member]	member	CAS 41
资产支持融资[member]	member	CAS 41
信托计划[member]	member	CAS 41
资产管理计划[member]	member	CAS 41
投资基金[member]	member	CAS 41
结构化主体的设立方式[axis]	axis	CAS 41
结构化主体的设立方式[member]	member	CAS 41
企业发起设立[member]	member	CAS 41
第三方机构发起设立[member]	member	CAS 41
在企业发起设立的未纳入合并财务报表范围的结构化主体中未享有权益的披露[line items]	line items	
企业作为结构化主体发起人的认定依据	text	CAS 41
从结构化主体中获得的收益	X duration, credit	CAS 41
服务收费	X duration, credit	CAS 41
向结构化主体转移资产的收益	X duration, credit	CAS 41

元　素	元素类型	准则
当期向结构化主体转移资产的账面价值	X duration，credit	CAS 41
向未纳入合并财务报表范围的结构化主体提供支持的情况披露[abstract]		
向未纳入合并财务报表范围的结构化主体提供支持情况的披露[table]	table	CAS 41
未纳入合并财务报表范围的结构化主体[axis]	axis	CAS 41
未纳入合并财务报表范围的结构化主体[member]	member	CAS 41
理财产品[member]	member	CAS 41
资产支持融资[member]	member	CAS 41
信托计划[member]	member	CAS 41
资产管理计划[member]	member	CAS 41
投资基金[member]	member	CAS 41
向未纳入合并财务报表范围的结构化主体提供支持情况的披露[line items]	line items	
对企业向结构化主体提供支持的意图的描述	text	CAS 41
在没有合同约定的情况下企业或其子公司向结构化主体提供支持的类型的描述	text	CAS 41
在没有合同约定的情况下企业或其子公司向结构化主体提供支持的金额	X duration	CAS 41
在没有合同约定的情况下企业或其子公司向结构化主体提供支持的原因的描述	text	CAS 41
与未纳入合并财务报表范围的结构化主体中权益相关的风险的性质及其变化的额外信息[abstract]		
与未纳入合并财务报表范围的结构化主体中权益相关的风险的性质及其变化的额外信息[table]	table	CAS 41
未纳入合并财务报表范围的结构化主体[axis]	axis	CAS 41
未纳入合并财务报表范围的结构化主体[member]	member	CAS 41
理财产品[member]	member	CAS 41
资产支持融资[member]	member	CAS 41
信托计划[member]	member	CAS 41
资产管理计划[member]	member	CAS 41
投资基金[member]	member	CAS 41
与未纳入合并财务报表范围的结构化主体中权益相关的风险的性质及其变化的额外信息[line items]	line items	
与结构化主体中权益相关风险的性质及其变化的额外信息[text block]	text block	CAS 41
企业或其子公司向结构化主体提供财务支持的合同条款的描述	text	CAS 41

元　　素	元素类型	准则
因在结构化主体中持有权益而遭受损失的金额	X duration, debit	CAS 41
计入当期损益的金额	X duration, debit	CAS 41
计入其他综合收益的金额	X duration, debit	CAS 41
从结构化主体中获得收益的类型	text	CAS 41
企业需要承担与结构化主体相关的损失的最大限额	X instant, credit	CAS 41
是否要求企业在其他主体之前承担结构化主体的损失的描述	text	CAS 41
对当其他主体在结构化主体中的权益级别低于企业的权益时,其他主体承担潜在损失的级别和金额的披露[text block]	text block	CAS 41
第三方提供的、对企业在结构化主体中权益的公允价值或风险可能产生影响的流动性支持、担保、承诺的信息披露[text block]	text block	CAS 41
结构化主体在融资活动中遇到的困难的描述	text	CAS 41
结构化主体的融资形式及其加权平均期限的披露[text block]	text block	CAS 41
投资性主体的相关信息披露[text block]	text block	CAS 41
对投资性主体的判断及主体身份转换的说明[text block]	text block	CAS 41
对确定企业为投资性主体的重大判断和假设的描述	text	CAS 41
对不具备投资性主体的一项或多项特征但仍被确定为投资性主体的原因的描述	text	CAS 41
对投资性主体身份转换的描述	text	CAS 41
对投资性主体身份转换的原因的描述	text	CAS 41
投资性主体身份转换对财务报表影响的披露[text block]	text block	CAS 41
未纳入合并财务报表范围的子公司的基础信息[text block]	text block	CAS 41
未纳入合并财务报表范围的子公司的基础信息[abstract]		
未纳入合并财务报表范围的子公司的基础信息[table]	table	CAS 41
未纳入合并财务报表范围的子公司[axis]	axis	CAS 41
未纳入合并财务报表范围的子公司[member]	member	CAS 41
未纳入合并财务报表范围的子公司的基础信息[line items]	line items	
子公司的主要经营地	text	CAS 41
子公司的注册地	text	CAS 41
对子公司的持股比例	X. XX instant	CAS 41

元　素	元素类型	准则
对子公司的表决权比例	X. XX instant	CAS 41
与在未纳入合并财务报表范围的子公司中权益相关的风险信息披露[text block]	text block	CAS 41
与在未纳入合并财务报表范围的子公司中权益相关的风险信息披露[abstract]		
与在未纳入合并财务报表范围的子公司中权益相关的风险信息披露[table]	table	CAS 41
未纳入合并财务报表范围的子公司[axis]	axis	CAS 41
未纳入合并财务报表范围的子公司[member]	member	CAS 41
与在未纳入合并财务报表范围的子公司中权益相关的风险信息披露[line items]	line items	
对向企业转移资金的能力存在重大限制的性质和程度的描述	text	CAS 41
对向未纳入合并财务报表范围的子公司提供支持的说明[abstract]		
对向子公司提供支持的承诺或意图的描述	text	CAS 41
在没有合同约定的情况下投资性主体或其子公司向子公司提供支持的类型	text	CAS 41
在没有合同约定的情况下投资性主体或其子公司向子公司提供支持的金额	X duration	CAS 41
在没有合同约定的情况下投资性主体或其子公司向子公司提供支持的原因	text	CAS 41
未纳入合并报表范围的子公司向未纳入合并财务报表范围但受企业控制的结构化主体提供财务支持的情形[abstract]		
投资性主体控制的未纳入合并财务报表范围的结构化主体的披露[table]	table	CAS 41
投资性主体控制的未纳入合并财务报表范围的结构化主体[axis]	axis	CAS 41
投资性主体控制的未纳入合并财务报表范围的结构化主体[member]	member	CAS 41
理财产品[member]	member	CAS 41
资产支持融资[member]	member	CAS 41
信托计划[member]	member	CAS 41
资产管理计划[member]	member	CAS 41
投资基金[member]	member	CAS 41
投资性主体控制的未纳入合并财务报表范围的结构化主体的披露[line items]	line items	
投资性主体或其子公司向未纳入合并财务报表范围的结构化主体提供财务支持的合同条款的描述	text	CAS 41

元　　素	元素类型	准则
投资性主体或其子公司向未纳入合并财务报表范围的结构化主体提供财务支持可能导致企业承担损失的事项或情况	text	CAS 41
投资性主体或其子公司决定向未纳入合并财务报表范围的结构化主体提供支持从而实现控制的相关因素的解释	text	CAS 41
本期合并财务报表范围变更的说明[text block]	text block	CAS 41
本年新增纳入合并财务报表范围的单位数	X. XX instant	CAS 41
本年新增纳入合并财务报表范围的单位的原因	text	CAS 41
本年减少纳入合并财务报表范围的单位数	X. XX instant	CAS 41
本年减少纳入合并财务报表范围单位的原因	text	CAS 41
报告期内新纳入合并财务报表范围的子公司的信息[abstract]		
报告期内新纳入合并财务报表范围的子公司的信息[table]	table	CAS 41
报告期内新纳入合并财务报表范围的子公司名称[axis]	axis	CAS 41
报告期内新纳入合并财务报表范围的子公司名称[member]	member	CAS 41
报告期内新纳入合并财务报表范围的子公司的信息[line items]	line items	
本公司直接持有新纳入合并财务报表范围子公司股权比例	X. XX instant	CAS 41
本公司间接持有新纳入合并财务报表范围子公司股权比例	X. XX instant	CAS 41
新纳入合并财务报表范围子公司购买日的可辨认净资产公允价值	X instant，credit	CAS 41
新纳入合并财务报表范围子公司净资产公允价值	X instant，credit	CAS 41
新纳入合并财务报表范围子公司购买日至期末净利润	X duration，credit	CAS 41
本报告期内不再纳入合并财务报表范围的原子公司的信息[abstract]		
本报告期内不再纳入合并财务报表范围的原子公司的信息[table]	table	CAS 41
报告期内不再纳入合并财务报表范围的子公司名称[axis]	axis	CAS 41
本报告期内不再纳入合并财务报表范围的原子公司名称[member]	member	CAS 41

元　　素	元素类型	准则
本报告期内不再纳入合并财务报表范围的原子公司的信息[line items]	line items	
不再纳入合并财务报表范围的原子公司注册地	text	CAS 41
不再纳入合并财务报表范围的原子公司业务性质	text	CAS 41
不再纳入合并财务报表范围的原子公司直接表决权比例	X. XX instant	CAS 41
不再纳入合并财务报表范围的原子公司间接表决权比例	X. XX instant	CAS 41
不再纳入合并财务报表范围的原子公司直接持股比例	X. XX instant	CAS 41
不再纳入合并财务报表范围的原子公司间接持股比例	X. XX instant	CAS 41
不再纳入合并财务报表范围的原子公司出售日资产总额	X instant, debit	CAS 41
不再纳入合并财务报表范围的原子公司出售日负债总额	X instant, credit	CAS 41
不再纳入合并财务报表范围的原子公司出售日所有者权益总额	X instant, credit	CAS 41
不再纳入合并财务报表范围的原子公司上一会计期间资产负债表日资产总额	X instant, debit	CAS 41
不再纳入合并财务报表范围的原子公司上一会计期间资产负债表日负债总额	X instant, credit	CAS 41
不再纳入合并财务报表范围的原子公司上一会计期间资产负债表日所有者权益总额	X instant, credit	CAS 41
不再纳入合并财务报表范围的原子公司本期营业收入	X duration, credit	CAS 41
不再纳入合并财务报表范围的原子公司本期营业成本及费用	X duration, debit	CAS 41
不再纳入合并财务报表范围的原子公司净利润	X duration, credit	CAS 41
本报告期内原子公司不再纳入合并财务报表范围的原因	text	CAS 41

通用维度

[901000]维度_追溯应用和追溯重述

元　　素	元素类型	准则
追溯应用和追溯重述[axis]	axis	CAS 28
重述[member]	member	CAS 28
前期重述[member]	member	CAS 28
会计政策变更的财务影响[member]	member	CAS 28

元　素	元素类型	准则
会计差错更正的财务影响[member]	member	CAS 28
[902000]维度_创建日期		
创建日期[axis]	axis	CAS 28
默认财务报告日期[member]	member	CAS 28
[904000]维度_合并和个别财务报表		
合并和个别财务报表[axis]	axis	CAS 33
合并[member]	member	CAS 33
个别[member]	member	CAS 33

附录二　企业会计准则通用分类标准银行业扩展部分元素清单

目　录

元　　素	元素属性
[900101]合并资产负债表	
资产负债表[abstract]	
资产[abstract]	
现金及存放中央银行款项	X instant,debit
存放同业及其他金融机构款项	X instant,debit
贵金属	X instant,debit
拆出资金	X instant,debit
以公允价值计量且其变动计入当期损益的金融资产	X instant,debit
衍生金融资产	X instant,debit
买入返售金融资产	X instant,debit
应收利息	X instant,debit
发放贷款和垫款	X instant,debit
应收融资租赁款	X instant,debit
可供出售金融资产	X instant,debit
持有至到期投资	X instant,debit
应收款项类投资	X instant,debit
长期股权投资	X instant,debit
投资性房地产	X instant,debit
固定资产	X instant,debit
在建工程	X instant,debit
无形资产	X instant,debit
商誉	X instant,debit
递延所得税资产	X instant,debit
其他资产	X instant,debit
资产总计	X instant,debit
负债和所有者权益(或股东权益)[abstract]	
负债[abstract]	
向中央银行借款	X instant,credit
同业及其他金融机构存放款项	X instant,credit
拆入资金	X instant,credit
以公允价值计量且其变动计入当期损益的金融负债	X instant,credit
衍生金融负债	X instant,credit
卖出回购金融资产款	X instant,credit
吸收存款	X instant,credit
应付职工薪酬	X instant,credit
应交税费	X instant,credit
应付利息	X instant,credit
预计负债	X instant,credit

元　　素	元素属性
应付债券	X instant,credit
其中:优先股	X instant,credit
永续债	X instant,credit
递延所得税负债	X instant,credit
其他负债	X instant,credit
负债合计	X instant,credit
所有者权益(或股东权益) [abstract]	
实收资本(或股本)	X instant,credit
其他权益工具	X instant,credit
其中:优先股	X instant,credit
永续债	X instant,credit
资本公积	X instant,credit
减:库存股	(X) instant,debit
其他综合收益	X instant,credit
盈余公积	X instant,credit
一般风险准备	X instant,credit
未分配利润	X instant,credit
归属于母公司所有者权益(或股东权益)合计	X instant,credit
少数股东权益	X instant,credit
所有者权益(或股东权益)合计	X instant,credit
负债和所有者权益(或股东权益)总计	X instant,credit

[900102]本行资产负债表

本行资产负债表[text block]	text block
资产负债表[abstract]	
资产负债表[table]	table
合并和个别财务报表[axis]	axis
合并[member]	member
本行[member]	member
资产负债表[line items]	line items
资产[abstract]	
现金及存放中央银行款项	X instant,debit
存放同业及其他金融机构款项	X instant,debit
贵金属	X instant,debit
拆出资金	X instant,debit
以公允价值计量且其变动计入当期损益的金融资产	X instant,debit
衍生金融资产	X instant,debit
买入返售金融资产	X instant,debit

元　　素	元素属性
应收利息	X instant,debit
发放贷款和垫款	X instant,debit
应收融资租赁款	X instant,debit
可供出售金融资产	X instant,debit
持有至到期投资	X instant,debit
应收款项类投资	X instant,debit
长期股权投资	X instant,debit
投资性房地产	X instant,debit
固定资产	X instant,debit
在建工程	X instant,debit
无形资产	X instant,debit
商誉	X instant,debit
递延所得税资产	X instant,debit
其他资产	X instant,debit
资产总计	X instant,debit
负债和所有者权益(或股东权益)[abstract]	
负债[abstract]	
向中央银行借款	X instant,credit
同业及其他金融机构存放款项	X instant,credit
拆入资金	X instant,credit
以公允价值计量且其变动计入当期损益的金融负债	X instant,credit
衍生金融负债	X instant,credit
卖出回购金融资产款	X instant,credit
吸收存款	X instant,credit
应付职工薪酬	X instant,credit
应交税费	X instant,credit
应付利息	X instant,credit
预计负债	X instant,credit
应付债券	X instant,credit
其中:优先股	X instant,credit
永续债	X instant,credit
递延所得税负债	X instant,credit
其他负债	X instant,credit
负债合计	X instant,credit
所有者权益(或股东权益)[abstract]	
实收资本(或股本)	X instant,credit
其他权益工具	X instant,credit
其中:优先股	X instant,credit

元　　素	元素属性
永续债	X instant，credit
资本公积	X instant，credit
减：库存股	(X) instant，debit
其他综合收益	X instant，credit
盈余公积	X instant，credit
一般风险准备	X instant，credit
未分配利润	X instant，credit
所有者权益(或股东权益)合计	X instant，credit
负债和所有者权益(或股东权益)总计	X instant，credit
[900103]合并利润表	
利润表[abstract]	
营业收入	X duration，credit
利息净收入	X duration，credit
利息收入	X duration，credit
利息支出	(X) duration，debit
手续费及佣金净收入	X duration，credit
手续费及佣金收入	X duration，credit
手续费及佣金支出	(X) duration，debit
投资收益(损失以"－"号填列)	X duration，credit
其中：对联营企业和合营企业的投资收益	X duration，credit
公允价值变动收益(损失以"－"号填列)	X duration，credit
汇兑收益(损失以"－"号填列)	X duration，credit
其他业务收入	X duration，credit
营业成本	(X) duration，debit
营业税金及附加	(X) duration，debit
业务及管理费	(X) duration，debit
资产减值损失	(X) duration，debit
其他业务成本	(X) duration，debit
营业利润(亏损以"－"号填列)	X duration，credit
加：营业外收入	X duration，credit
减：营业外支出	(X) duration，debit
利润总额(亏损总额以"－"号填列)	X duration，credit
减：所得税费用	(X) duration，debit
净利润	X duration，credit
归属于母公司所有者(或股东)的净利润	X duration，credit
少数股东损益	X duration，credit
其他综合收益的税后净额	X duration，credit

元　　　素	元素属性
归属于母公司所有者的其他综合收益的税后净额	X duration,credit
以后不能重分类进损益的其他综合收益	X duration,credit
重新计量设定受益计划净负债或净资产的变动	X duration,credit
权益法下在被投资单位不能重分类进损益的其他综合收益中享有的份额	X duration,credit
其他项目	X duration,credit
以后将重分类进损益的其他综合收益	X duration,credit
权益法下在被投资单位以后将重分类进损益的其他综合收益中享有的份额	X duration,credit
可供出售金融资产公允价值变动损益	X duration,credit
持有至到期投资重分类为可供出售金融资产损益	X duration,credit
现金流量套期损益的有效部分	X duration,credit
外币财务报表折算差额	X duration,credit
其他项目	X duration,credit
归属于少数股东的其他综合收益的税后净额	X duration,credit
综合收益总额	X duration,credit
归属于母公司所有者(股东)的综合收益总额	X duration,credit
归属于少数股东的综合收益总额	X duration,credit
每股收益[abstract]	
基本每股收益	X. XX duration
稀释每股收益	X. XX duration
[330105]个别利润表_商业银行	
本行利润表[text block]	text block
利润表[abstract]	
利润表[table]	table
合并和个别财务报表[axis]	axis
合并[member]	member
个别[member]	member
利润表[line items]	line items
营业收入	X duration,credit
利息净收入	X duration,credit
利息收入	X duration,credit
利息支出	(X) duration,debit
手续费及佣金净收入	X duration,credit
手续费及佣金收入	X duration,credit
手续费及佣金支出	(X) duration,debit
投资收益	X duration,credit
其中:对联营企业和合营企业的投资收益	X duration,credit

元　　素	元素属性
公允价值变动收益	X duration,credit
汇兑收益	X duration,credit
其他业务收入	X duration,credit
营业成本	(X) duration,debit
营业税金及附加	(X) duration,debit
业务及管理费	(X) duration,debit
资产减值损失	(X) duration,debit
其他业务成本	(X) duration,debit
营业利润	X duration,credit
营业外收入	X duration,credit
减:营业外支出	(X) duration,debit
利润总额	X duration,credit
减:所得税费用	(X) duration,debit
净利润	X duration,credit
其他综合收益的税后净额	X duration,credit
以后不能重分类进损益的其他综合收益	X duration,credit
重新计量设定受益计划净负债或净资产的变动	X duration,credit
权益法下在被投资单位不能重分类进损益的其他综合收益中享有的份额	X duration,credit
其他项目	X duration,credit
以后将重分类进损益的其他综合收益	X duration,credit
权益法下在被投资单位以后将重分类进损益的其他综合收益中享有的份额	X duration,credit
可供出售金融资产公允价值变动损益	X duration,credit
持有至到期投资重分类为可供出售金融资产损益	X duration,credit
现金流量套期损益的有效部分	X duration,credit
外币财务报表折算差额	X duration,credit
其他项目	X duration,credit
综合收益总额	X duration,credit
每股收益[abstract]	
基本每股收益	X. XX duration
稀释每股收益	X. XX duration

[900105]合并现金流量表

元　　素	元素属性
现金流量表[abstract]	
经营活动产生的现金流量[abstract]	
经营活动现金流入[abstract]	
客户存款净增加额	X duration,debit
同业及其他金融机构存放款项净增加额	X duration,debit

元　　素	元素属性
向中央银行借款净增加额	X duration,debit
卖出回购金融资产款净增加额	X duration,debit
向其他金融机构拆入资金净增加额	X duration,debit
发放贷款及垫款净减少额	X duration,debit
存放中央银行款项净减少额	X duration,debit
存放同业及其他金融机构款项净减少额	X duration,debit
买入返售金融资产净减少额	X duration,debit
向其他金融机构拆出资金净减少额	X duration,debit
收取利息、手续费及佣金的现金	X duration,debit
收到其他与经营活动有关的现金	X duration,debit
经营活动现金流入小计	X duration,debit
经营活动现金流出[abstract]	
客户存款净减少额	(X) duration,credit
同业及其他金融机构存放款项净减少额	(X) duration,credit
向中央银行借款净减少额	(X) duration,credit
卖出回购金融资产款净减少额	(X) duration,credit
向其他金融机构拆入资金净减少额	(X) duration,credit
发放贷款及垫款净增加额	(X) duration,credit
存放中央银行款项净增加额	(X) duration,credit
存放同业及其他金融机构款项净增加额	(X) duration,credit
买入返售金融资产净增加额	(X) duration,credit
向其他金融机构拆出资金净增加额	(X) duration,credit
支付利息、手续费及佣金的现金	(X) duration,credit
支付给职工以及为职工支付的现金	(X) duration,credit
支付的各项税费	(X) duration,credit
支付其他与经营活动有关的现金	(X) duration,credit
经营活动现金流出小计	(X) duration,credit
经营活动产生的现金流量净额	X duration
投资活动产生的现金流量[abstract]	
投资活动现金流入[abstract]	
收回投资收到的现金	X duration,debit
取得投资收益收到的现金	X duration,debit
处置固定资产、无形资产和其他长期资产收回的现金净额	X duration,debit
处置子公司及其他营业单位收到的现金净额	X duration,debit
收到其他与投资活动有关的现金	X duration,debit
投资活动现金流入小计	X duration,debit
投资活动现金流出[abstract]	
投资支付的现金	(X) duration,credit

元　　素	元素属性
购建固定资产、无形资产和其他长期资产支付的现金	(X) duration, credit
取得子公司及其他营业单位支付的现金净额	(X) duration, credit
支付其他与投资活动有关的现金	(X) duration, credit
投资活动现金流出小计	(X) duration, credit
投资活动产生的现金流量净额	X duration, debit
筹资活动产生的现金流量[abstract]	
筹资活动现金流入[abstract]	
吸收投资收到的现金	X duration, debit
其中:子公司吸收少数股东投资收到的现金	X duration, debit
发行债券收到的现金	X duration, debit
收到其他与筹资活动有关的现金	X duration, debit
筹资活动现金流入小计	X duration, debit
筹资活动现金流出[abstract]	
偿还债务支付的现金	(X) duration, credit
分配股利、利润或偿付利息支付的现金	(X) duration, credit
其中:子公司向少数股东分配股利支付的现金	(X) duration, credit
支付其他与筹资活动有关的现金	(X) duration, credit
筹资活动现金流出小计	(X) duration, credit
筹资活动产生的现金流量净额	X duration, debit
汇率变动对现金及现金等价物的影响	X duration, debit
现金及现金等价物净增加额	X duration, debit
加:年初现金及现金等价物余额	X instant, debit
现金及现金等价物的期末余额	X instant, debit

[900106]本行现金流量表	
本行现金流量表[text block]	text block
现金流量表[abstract]	
现金流量表[table]	table
合并和个别财务报表[axis]	axis
合并[member]	member
本行[member]	member
现金流量表[line items]	line items
经营活动产生的现金流量[abstract]	
经营活动现金流入[abstract]	
客户存款净增加额	X duration, debit
同业及其他金融机构存放款项净增加额	X duration, debit
向中央银行借款净增加额	X duration, debit
卖出回购金融资产款净增加额	X duration, debit

元　　素	元素属性
向其他金融机构拆入资金净增加额	X duration,debit
发放贷款及垫款净减少额	X duration,debit
存放中央银行款项净减少额	X duration,debit
存放同业及其他金融机构款项净减少额	X duration,debit
买入返售金融资产净减少额	X duration,debit
向其他金融机构拆出资金净减少额	X duration,debit
收取利息、手续费及佣金的现金	X duration,debit
收到其他与经营活动有关的现金	X duration,debit
经营活动现金流入小计	X duration,debit
经营活动现金流出[abstract]	
客户存款净减少额	(X) duration,credit
同业及其他金融机构存放款项净减少额	(X) duration,credit
向中央银行借款净减少额	(X) duration,credit
卖出回购金融资产款净减少额	(X) duration,credit
向其他金融机构拆入资金净减少额	(X) duration,credit
发放贷款及垫款净增加额	(X) duration,credit
存放中央银行款项净增加额	(X) duration,credit
存放同业及其他金融机构款项净增加额	(X) duration,credit
买入返售金融资产净增加额	(X) duration,credit
向其他金融机构拆出资金净增加额	(X) duration,credit
支付利息、手续费及佣金的现金	(X) duration,credit
支付给职工以及为职工支付的现金	(X) duration,credit
支付的各项税费	(X) duration,credit
支付其他与经营活动有关的现金	(X) duration,credit
经营活动现金流出小计	(X) duration,credit
经营活动产生的现金流量净额	X duration
投资活动产生的现金流量[abstract]	
投资活动现金流入[abstract]	
收回投资收到的现金	X duration,debit
取得投资收益收到的现金	X duration,debit
处置固定资产、无形资产和其他长期资产收回的现金净额	X duration,debit
处置子公司及其他营业单位收到的现金净额	X duration,debit
收到其他与投资活动有关的现金	X duration,debit
投资活动现金流入小计	X duration,debit
投资活动现金流出[abstract]	
投资支付的现金	(X) duration,credit
购建固定资产、无形资产和其他长期资产支付的现金	(X) duration,credit
取得子公司及其他营业单位支付的现金净额	(X) duration,credit

元　　素	元素属性
支付其他与投资活动有关的现金	(X) duration,credit
投资活动现金流出小计	(X) duration,credit
投资活动产生的现金流量净额	X duration,debit
筹资活动产生的现金流量[abstract]	
筹资活动现金流入[abstract]	
吸收投资收到的现金	X duration,debit
发行债券收到的现金	X duration,debit
收到其他与筹资活动有关的现金	X duration,debit
筹资活动现金流入小计	X duration,debit
筹资活动现金流出[abstract]	
偿还债务支付的现金	(X) duration,credit
分配股利、利润或偿付利息支付的现金	(X) duration,credit
支付其他与筹资活动有关的现金	(X) duration,credit
筹资活动现金流出小计	(X) duration,credit
筹资活动产生的现金流量净额	X duration,debit
汇率变动对现金及现金等价物的影响	X duration,debit
现金及现金等价物净增加额	X duration,debit
加:年初现金及现金等价物余额	X instant,debit
现金及现金等价物的期末余额	X instant,debit

[900107]合并所有者权益变动表	
所有者(或股东)权益变动表[abstract]	
所有者(或股东)权益变动表[table]	table
所有者(或股东)权益构成[axis]	axis
所有者(或股东)权益[member]	member
归属于母公司所有者(或股东)所有者权益[member]	member
实收资本(或股本)[member]	member
其他权益工具[member]	member
优先股[member]	member
永续债[member]	member
其他[member]	member
资本公积[member]	member
减:库存股[member]	member
其他综合收益[member]	member
盈余公积[member]	member
一般风险准备[member]	member
未分配利润[member]	member
少数股东权益[member]	member

元　　　素	元素属性
所有者(或股东)权益变动表[line items]	line items
所有者权益(或股东权益)上年年末余额	X instant,credit
加:会计政策变更	X instant,credit
前期差错变更	X instant,credit
其他调整	X instant,credit
上期期末余额	X instant,credit
所有者权益增减变动[abstract]	
综合收益	X duration,credit
所有者投入和减少资本[abstract]	
所有者(或股东)投入资本	X duration,credit
其他权益工具持有者投入资本	X duration,credit
股份支付计入所有者权益的金额	X duration,credit
发行可转换债券的权益部分	X duration,credit
与少数股东的权益性交易	X duration,credit
其他	X duration,credit
所有者投入和减少资本小计	X duration,credit
利润分配[abstract]	
提取盈余公积	X duration,credit
提取一般风险准备	X duration,credit
对所有者(或股东)的分配	X duration,credit
其他	X duration,credit
利润分配小计	X duration,credit
所有者权益内部结转[abstract]	
资本公积转增资本(或股本)	X duration,credit
盈余公积转增资本(或股本)	X duration,credit
盈余公积弥补亏损	X duration,credit
其他	X duration,credit
所有者权益内部结转小计	X duration,credit
所有者权益本年增减变动小计	X duration,credit
本期期末余额	X instant,credit
[900108]本行所有者权益变动表	
本行所有者权益变动表[text block]	text block
所有者(或股东)权益变动表[abstract]	
所有者(或股东)权益变动表[table]	table
合并和个别财务报表[axis]	axis
合并[member]	member
本行[member]	member

元　　素	元素属性
所有者(或股东)权益构成[axis]	axis
所有者(或股东)权益[member]	member
实收资本(或股本)[member]	member
其他权益工具[member]	member
优先股[member]	member
永续债[member]	member
其他[member]	member
资本公积[member]	member
减:库存股[member]	member
其他综合收益[member]	member
盈余公积[member]	member
一般风险准备[member]	member
未分配利润[member]	member
所有者(或股东)权益变动表[line items]	line items
所有者权益(或股东权益)上年年末余额	X instant,credit
加:会计政策变更	X instant,credit
前期差错变更	X instant,credit
其他调整	X instant,credit
上期期末余额	X instant,credit
所有者权益增减变动[abstract]	
综合收益	X duration,credit
所有者投入和减少资本[abstract]	
所有者(或股东)投入资本	X duration,credit
其他权益工具持有者投入资本	X duration,credit
股份支付计入所有者权益的金额	X duration,credit
发行可转换债券的权益部分	X duration,credit
其他	X duration,credit
所有者投入和减少资本小计	X duration,credit
利润分配[abstract]	
提取盈余公积	X duration,credit
提取一般风险准备	X duration,credit
对所有者(或股东)的分配	X duration,credit
其他	X duration,credit
利润分配小计	X duration,credit
所有者权益内部结转[abstract]	
资本公积转增资本(或股本)	X duration,credit
盈余公积转增资本(或股本)	X duration,credit
盈余公积弥补亏损	X duration,credit

元　　素	元素属性
其他	X duration,credit
所有者权益内部结转小计	X duration,credit
所有者权益本年增减变动小计	X duration,credit
本期期末余额	X instant,credit
[130000]财务报表一般信息	
公司基本情况信息披露[text block]	text block
公司基本情况[abstract]	
公司名称	text
批准省市	text
批准日期	yyyy-mm-dd
批准文号	text
发起人	text
营业执照注册号	text
所属行业	text
公司基本情况备注	text
[830110]财务报表编制基础	
财务报表的编制基础信息披露[text block]	text block
财务报表的编制基础[abstract]	
财务报表的编制基础[text block]	text block
[830120]遵循企业会计准则的声明	
遵循企业会计准则的声明信息披露[text block]	text block
遵循企业会计准则的声明[abstract]	
遵循企业会计准则的声明[text block]	text block
[900300]重要会计政策和会计估计	
重要会计政策和会计估计[text block]	text block
重要会计政策和会计估计(会计政策)[abstract]	
重要会计政策及会计估计,会计期间[text block]	text block
重要会计政策及会计估计,记账本位币及金额单位[text block]	text block
重要会计政策及会计估计,现金及现金等价物[text block]	text block
重要会计政策及会计估计,外币业务及外币报表折算[text block]	text block
重要会计政策及会计估计,外币业务[text block]	text block
重要会计政策及会计估计,外币财务报表折算[text block]	text block
重要会计政策及会计估计,金融工具[text block]	text block
重要会计政策和会计估计,贵金属[text block]	text block

元　　素	元素属性
重要会计政策及会计估计，长期股权投资[text block]	text block
重要会计政策及会计估计，投资性房地产[text block]	text block
重要会计政策及会计估计，固定资产[text block]	text block
重要会计政策和会计估计，在建工程[text block]	text block
重要会计政策及会计估计，无形资产[text block]	text block
重要会计政策和会计估计，抵债资产[text block]	text block
重要会计政策及会计估计，长期待摊费用[text block]	text block
重要会计政策及会计估计，除存货及金融资产外的其他主要资产的减值[text block]	text block
重要会计政策和会计估计，职工薪酬[text block]	text block
重要会计政策及会计估计，保险合同[text block]	text block
重要会计政策和会计估计，库存股[text block]	text block
重要会计政策及会计估计，或有事项[text block]	text block
重要会计政策和会计估计，财务担保合同[text block]	text block
重要会计政策和会计估计，受托业务[text block]	text block
重要会计政策及会计估计，收入[text block]	text block
重要会计政策及会计估计，政府补助[text block]	text block
重要会计政策及会计估计，所得税[text block]	text block
重要会计政策及会计估计，利润分配[text block]	text block
重要会计政策及会计估计，企业合并[text block]	text block
重要会计政策及会计估计，商誉[text block]	text block
重要会计政策及会计估计，租赁[text block]	text block
重要会计政策及会计估计，债务重组[text block]	text block
重要会计政策及会计估计，非货币性资产交换[text block]	text block
重要会计政策及会计估计，股份支付[text block]	text block
重要会计政策及会计估计，关联方[text block]	text block
重要会计政策及会计估计，分部报告[text block]	text block
重要会计政策及会计估计，合并财务报表[text block]	text block

[828700]附注_会计政策、会计估计变更和差错更正

会计政策、会计估计变更以及差错更正的信息披露[text block]	text block
本报告期会计政策变更[abstract]	
会计政策变更的性质、内容和原因	text
当期和各个列报前期财务报表中受影响的项目名称和调整金额[text block]	text block
当期和各个列报前期财务报表中受影响的项目调整金额	X duration
无法进行追溯调整情况说明	text
本报告期会计估计变更[abstract]	
会计估计变更的内容和原因	text

元　　素	元素属性
会计估计变更对当期的影响数	X duration
会计估计变更对未来期间的影响数	X duration
会计估计变更的影响数不能确定的说明[text block]	text block
前期差错更正[abstract]	
前期差错的性质	text
各个列报前期财务报表中受影响的项目名称和更正金额[text block]	text block
各个列报前期财务报表中受影响的项目更正金额	X duration
无法进行追溯重述情况说明	text
[900500]附注_重要会计政策的确定依据以及会计估计中所采用的关键假设和不确定因素	
重要会计政策的确定依据以及会计估计中所采用的关键假设和不确定因素信息披露[text block]	text block
重要会计政策的确定依据以及会计估计中所采用的关键假设和不确定因素	text
[830130]税项	
税项信息披露[text block]	text block
税项[abstract]	
税项[text block]	text block
适用的所得税税率	X. XX duration
适用的增值税税率	X. XX duration
适用的营业税税率	X. XX duration
适用的消费税税率	X. XX duration
[900701]附注_在其他主体中权益的披露(一)	
在其他主体中权益的披露[text block]	text block
企业集团的构成[text block]	text block
企业集团的构成[abstract]	
企业集团的构成[table]	table
子公司[axis]	axis
企业的全部子公司[member]	member
子公司[member]	member
企业集团的构成[line items]	line items
子公司的主要经营地	text
子公司的注册地	text
子公司的业务性质	text
对子公司的持股比例	X. XX instant
本行直接持有纳入合并财务报表范围子公司股权比例	X. XX instant
本行间接持有纳入合并财务报表范围子公司股权比例	X. XX instant

元　　素	元素属性
对子公司的表决权比例	X. XX instant
本行直接持有纳入合并财务报表范围子公司表决权比例	X. XX instant
本行间接持有纳入合并财务报表范围子公司表决权比例	X. XX instant
[900702]附注_在其他主体中权益的披露(二)	
在其他主体中权益的披露[text block]	text block
重要的非全资子公司的信息披露[text block]	text block
重要的非全资子公司的基础信息[abstract]	
重要的非全资子公司的基础信息[table]	table
子公司[axis]	axis
企业的全部子公司[member]	member
子公司[member]	member
重要的非全资子公司[member]	member
重要的非全资子公司的基础信息[line items]	line items
少数股东的持股比例	X. XX instant
少数股东的表决权比例	X. XX instant
当期归属于少数股东的损益	X duration, credit
当期向少数股东支付的股利	X duration, credit
期末累计少数股东权益	X instant, credit
重要的非全资子公司的主要财务信息[abstract]	
重要的非全资子公司的主要财务信息[table]	table
子公司[axis]	axis
企业的全部子公司[member]	member
子公司[member]	member
重要的非全资子公司[member]	member
重要的非全资子公司的主要财务信息[line items]	line items
流动资产	X instant, debit
现金及现金等价物	X instant, debit
非流动资产	X instant, debit
资产总计	X instant, debit
流动负债	X instant, credit
非流动负债	X instant, credit
负债合计	X instant, credit
营业收入	X duration, credit
净利润	X duration, credit
终止经营净利润	X duration, credit
上述二者小计	X duration, credit
经营活动产生的现金流量	X duration

元　　素	元素属性
对企业持有其他主体半数或以下的表决权但仍控制该主体的重大判断和假设的描述	text
对企业持有其他主体半数以上的表决权但并不控制该主体的重大判断和假设的描述	text
对使用企业集团资产和清偿企业集团债务存在重大限制的说明[text block]	text block
对企业在使用集团资产和清偿集团负债方面的重大限制的描述	text
少数股东享有的保护性权利对企业使用集团资产和清偿集团负债的能力存在重大限制的性质和程度的描述	text
使用企业集团资产和清偿企业集团债务的重大限制所涉及的资产在合并财务报表中的金额	X instant,debit
使用企业集团资产和清偿企业集团债务的重大限制所涉及的负债在合并财务报表中的金额	X instant,credit
纳入合并财务报表范围的结构化主体的披露[text block]	text block
纳入合并财务报表范围的结构化主体的披露[abstract]	
纳入合并财务报表范围的结构化主体的披露[table]	table
纳入合并财务报表范围的结构化主体[axis]	axis
纳入合并财务报表范围的结构化主体[member]	member
理财产品[member]	member
资产支持融资[member]	member
信托计划[member]	member
资产管理计划[member]	member
投资基金[member]	member
纳入合并财务报表范围的结构化主体的披露[line items]	line items
合同约定企业或其子公司向纳入合并财务报表范围的结构化主体提供财务支持的情形[abstract]	
企业或其子公司向结构化主体提供财务支持的合同条款的描述	text
企业或其子公司向结构化主体提供财务支持可能导致企业承担损失的事项或情况的描述	text
在没有合同约定的情况下,企业或其子公司向纳入合并财务报表范围的结构化主体提供财务支持或其他支持的情形[abstract]	
企业或其子公司向结构化主体提供支持的类型的描述	text
企业或其子公司向结构化主体提供支持的金额	X duration
企业或其子公司向结构化主体提供支持的原因的描述	text
决定向原先未纳入合并财务报表的结构化主体提供支持从而实现控制的相关因素的解释	text
对企业向结构化主体提供支持的意图的描述	text
企业在其子公司的所有者权益份额发生变化的情况说明[text block]	text block
企业在其子公司所有者权益份额发生变化且该变化未导致企业丧失对子公司控制权的情形[abstract]	
企业在其子公司所有者权益份额发生变化且该变化未导致企业丧失对子公司控制权的情形[table]	table

元　　素	元素属性
所有者权益份额发生变化且该变化未导致丧失控制权的子公司[axis]	axis
所有者权益份额发生变化且该变化未导致丧失控制权的子公司[member]	member
企业在其子公司所有者权益份额发生变化且该变化未导致企业丧失对子公司控制权的情形[line items]	line items
处置股权对归属于母公司的所有者权益的影响	X duration，credit
处置股权对少数股东权益的影响	X duration，credit
处置股权对所有者权益的影响	X duration，credit
企业在其子公司所有者权益份额发生变化导致丧失对子公司控制权的情形[abstract]	
企业在其子公司所有者权益份额发生变化导致丧失对子公司控制权的情形[table]	table
所有者权益份额发生变化导致丧失控制权的原子公司[axis]	axis
所有者权益份额发生变化导致丧失控制权的原子公司[member]	member
企业在其子公司所有者权益份额发生变化导致丧失对子公司控制权的情形[line items]	line items
由于丧失控制权而产生的利得或损失计入投资收益的金额	X duration，credit
剩余股权在丧失控制权日的公允价值	X instant，debit
剩余股权在丧失控制权日按照公允价值重新计量而产生的利得或损失	X duration，credit
企业在合营安排或联营企业中权益的相关信息的披露[text block]	text block
重要的合营企业和联营企业的基础信息[text block]	text block
重要合营企业和联营企业的基础信息[abstract]	
重要合营企业和联营企业的基础信息[table]	table
重要合营企业和联营企业[axis]	axis
重要合营企业和联营企业[member]	member
合营企业[member]	member
联营企业[member]	member
重要合营企业和联营企业的基础信息[line items]	line items
合营企业和联营企业的主要经营地	text
合营企业和联营企业的注册地	text
合营企业和联营企业的业务性质	text
合营企业和联营企业的注册资本	X instant，credit
对合营企业和联营企业的持股比例	X. XX instant
对合营企业和联营企业的表决权比例	X. XX instant
合营企业和联营企业对企业活动是否具有战略性	text
对企业持有其他主体20%以下的表决权但对该主体具有重大影响的判断或假设	text
对企业持有其他主体20%或以上的表决权但对该主体不具有重大影响的判断或假设	text

元　　素	元素属性
合营安排下共同经营的基础信息[text block]	text block
合营安排下共同经营的基础信息[abstract]	
合营安排下共同经营的基础信息[table]	table
共同经营[axis]	axis
共同经营[member]	member
合营安排下共同经营的基础信息[line items]	line items
共同经营的主要经营地	text
共同经营的注册地	text
共同经营的业务性质	text
共同经营的注册资本	X instant，credit
对共同经营的持股比例	X. XX instant
对共同经营的表决权比例	X. XX instant
共同经营对企业活动是否具有战略性	text
对企业通过单独主体达成合营安排时确定该合营安排是共同经营或合营企业的重大判断和假设的描述	text
重要合营企业和联营企业的主要财务信息[text block]	text block
重要合营企业的主要财务信息[abstract]	
重要合营企业的主要财务信息[table]	table
合营企业[axis]	axis
企业的全部合营企业[member]	member
合营企业[member]	member
重要合营企业的主要财务信息[line items]	line items
流动资产	X instant，debit
现金及现金等价物	X instant，debit
非流动资产	X instant，debit
资产总计	X instant，debit
流动负债	X instant，credit
非流动负债	X instant，credit
负债合计	X instant，credit
净资产	X instant，debit
按持股比例计算的净资产份额	X instant，debit
调整事项	X instant
对合营企业权益投资的账面价值	X instant，debit
存在公开报价的权益投资的公允价值	X instant，debit
营业收入	X duration，credit
财务费用	X duration，debit
所得税费用	X duration，debit
净利润	X duration，credit

元　　素	元素属性
终止经营净利润	X duration,credit
其他综合收益	X duration,credit
综合收益总额	X duration,credit
对合营企业投资的会计处理方法	text
企业本期收到的来自合营企业的股利	X duration,debit
重要联营企业的主要财务信息[abstract]	
重要联营企业的主要财务信息[table]	table
联营企业[axis]	axis
企业的全部联营企业[member]	member
联营企业[member]	member
重要联营企业的主要财务信息[line items]	line items
流动资产	X instant,debit
现金及现金等价物	X instant,debit
非流动资产	X instant,debit
资产总计	X instant,debit
流动负债	X instant,credit
非流动负债	X instant,credit
负债合计	X instant,credit
净资产	X instant,debit
按持股比例计算的净资产份额	X instant,debit
调整事项	X instant
对联营企业权益投资的账面价值	X instant,debit
存在公开报价的权益投资的公允价值	X instant,debit
营业收入	X duration,credit
净利润	X duration,credit
终止经营净利润	X duration,credit
其他综合收益	X duration,credit
综合收益总额	X duration,credit
对联营企业投资的会计处理方法	text
企业本期收到的来自联营企业的股利	X duration,debit
不重要合营企业和联营企业的汇总信息[abstract]	
不重要合营企业和联营企业的汇总信息[table]	table
不重要合营企业和联营企业[axis]	axis
全部不重要的合营企业和联营企业[member]	member
不重要合营企业和联营企业[member]	member
单个不重要合营企业的汇总[member]	member
单个不重要联营企业的汇总[member]	member
不重要合营企业和联营企业的汇总信息[line items]	line items

元　　素	元素属性
权益法核算的长期股权投资账面价值	X instant,debit
按照持股比例计算的合营企业和和联营企业的净利润的份额	X duration,credit
按照持股比例计算的合营企业和和联营企业的终止经营净利润的份额	X duration,credit
按照持股比例计算的合营企业和和联营企业的其他综合收益的份额	X duration,credit
按照持股比例计算的合营企业和和联营企业的综合收益的份额	X duration,credit
权益法核算的合营企业或联营企业超额亏损的分担额[abstract]	
权益法核算的合营企业或联营企业超额亏损的分担额[table]	table
权益法下被投资单位[axis]	axis
权益法下被投资单位[member]	member
合营企业[member]	member
联营企业[member]	member
权益法核算的合营企业或联营企业超额亏损的分担额[line items]	line items
前期累积未确认的损失份额	X instant,debit
本期未确认的损失份额(或本期实现的净利润的分享额)	X duration,debit
本期末累积未确认的损失份额	X instant,debit
与企业对合营企业投资相关的未确认承诺	X instant,credit
与企业对合营企业或联营企业投资相关的或有负债	X instant,credit
在未纳入合并财务报表范围的结构化主体中权益的披露[text block]	text block
在未纳入合并财务报表范围的结构化主体中享有权益的披露[abstract]	
在未纳入合并财务报表范围的结构化主体中权益的披露[table]	table
未纳入合并财务报表范围的结构化主体[axis]	axis
未纳入合并财务报表范围的结构化主体[member]	member
理财产品[member]	member
资产支持融资[member]	member
信托计划[member]	member
资产管理计划[member]	member
投资基金[member]	member
结构化主体的设立方式[axis]	axis
结构化主体的设立方式[member]	member
企业发起设立[member]	member
第三方机构发起设立[member]	member
在未纳入合并财务报表范围的结构化主体中权益的披露[line items]	line items
未纳入合并财务报表范围的结构化主体的基础信息[text block]	text block
在财务报表中确认的与结构化主体中权益相关的资产的账面价值	X instant,debit
持有至到期投资的账面价值	X instant,debit
可供出售金融资产的账面价值	X instant,debit

元　　素	元素属性
应收款项类投资的账面价值	X instant, debit
在财务报表中确认的与结构化主体中权益相关的负债的账面价值	X instant, credit
在结构化主体中权益的最大损失敞口金额	X instant
在结构化主体中权益的最大损失敞口金额的确认方法的信息	text
企业不能量化其在结构化主体中权益的最大损失敞口的事实及其原因的描述	text
对确认的与结构化主体中权益相关的资产和负债的账面价值与其最大损失敞口的比较的描述	text
在企业发起设立的未纳入合并财务报表范围的结构化主体中未享有权益的披露[abstract]	
在企业发起设立的未纳入合并财务报表范围的结构化主体中未享有权益的披露[table]	table
未纳入合并财务报表范围的结构化主体[axis]	axis
未纳入合并财务报表范围的结构化主体[member]	member
理财产品[member]	member
资产支持融资[member]	member
信托计划[member]	member
资产管理计划[member]	member
投资基金[member]	member
结构化主体的设立方式[axis]	axis
结构化主体的设立方式[member]	member
企业发起设立[member]	member
第三方机构发起设立[member]	member
在企业发起设立的未纳入合并财务报表范围的结构化主体中未享有权益的披露[line items]	line items
企业作为结构化主体发起人的认定依据	text
从结构化主体中获得的收益	X duration, credit
服务收费	X duration, credit
向结构化主体转移资产的收益	X duration, credit
当期向结构化主体转移资产的账面价值	X duration, credit
向未纳入合并财务报表范围的结构化主体提供支持的情况披露[abstract]	
向未纳入合并财务报表范围的结构化主体提供支持情况的披露[table]	table
未纳入合并财务报表范围的结构化主体[axis]	axis
未纳入合并财务报表范围的结构化主体[member]	member
理财产品[member]	member
资产支持融资[member]	member
信托计划[member]	member
资产管理计划[member]	member
投资基金[member]	member

元　　素	元素属性
向未纳入合并财务报表范围的结构化主体提供支持情况的披露[line items]	line items
对企业向结构化主体提供支持的意图的描述	text
在没有合同约定的情况下企业或其子公司向结构化主体提供支持的类型的描述	text
在没有合同约定的情况下企业或其子公司向结构化主体提供支持的金额	X duration
在没有合同约定的情况下企业或其子公司向结构化主体提供支持的原因的描述	text
与未纳入合并财务报表范围的结构化主体中权益相关的风险的性质及其变化的额外信息[abstract]	
与未纳入合并财务报表范围的结构化主体中权益相关的风险的性质及其变化的额外信息[table]	table
未纳入合并财务报表范围的结构化主体[axis]	axis
未纳入合并财务报表范围的结构化主体[member]	member
理财产品[member]	member
资产支持融资[member]	member
信托计划[member]	member
资产管理计划[member]	member
投资基金[member]	member
与未纳入合并财务报表范围的结构化主体中权益相关的风险的性质及其变化的额外信息[line items]	line items
与结构化主体中权益相关风险的性质及其变化的额外信息[text block]	text block
企业或其子公司向结构化主体提供财务支持的合同条款的描述	text
因在结构化主体中持有权益而遭受损失的金额	X duration,debit
计入当期损益的金额	X duration,debit
计入其他综合收益的金额	X duration,debit
从结构化主体中获得收益的类型	text
企业需要承担与结构化主体相关的损失的最大限额	X instant,credit
是否要求企业在其他主体之前承担结构化主体的损失的描述	text
对当其他主体在结构化主体中的权益级别低于企业的权益时,其他主体承担潜在损失的级别和金额的披露[text block]	text block
第三方提供的、对企业在结构化主体中权益的公允价值或风险可能产生影响的流动性支持、担保、承诺的信息披露[text block]	text block
结构化主体在融资活动中遇到的困难的描述	text
结构化主体的融资形式及其加权平均期限的披露[text block]	text block
投资性主体的相关信息披露[text block]	text block
对投资性主体的判断及主体身份转换的说明[text block]	text block

元　　素	元素属性
对确定企业为投资性主体的重大判断和假设的描述	text
对不具备投资性主体的一项或多项特征但仍被确定为投资性主体的原因的描述	text
对投资性主体身份转换的描述	text
对投资性主体身份转换的原因的描述	text
投资性主体身份转换对财务报表影响的披露[text block]	text block
未纳入合并财务报表范围的子公司的基础信息[text block]	text block
未纳入合并财务报表范围的子公司的基础信息[abstract]	
未纳入合并财务报表范围的子公司的基础信息[table]	table
未纳入合并财务报表范围的子公司[axis]	axis
未纳入合并财务报表范围的子公司[member]	member
未纳入合并财务报表范围的子公司的基础信息[line items]	line items
子公司的主要经营地	text
子公司的注册地	text
对子公司的持股比例	X. XX instant
对子公司的表决权比例	X. XX instant
与在未纳入合并财务报表范围的子公司中权益相关的风险信息披露[text block]	text block
与在未纳入合并财务报表范围的子公司中权益相关的风险信息披露[abstract]	
与在未纳入合并财务报表范围的子公司中权益相关的风险信息披露[table]	table
未纳入合并财务报表范围的子公司[axis]	axis
未纳入合并财务报表范围的子公司[member]	member
与在未纳入合并财务报表范围的子公司中权益相关的风险信息披露[line items]	line items
对向企业转移资金的能力存在重大限制的性质和程度的描述	text
对向未纳入合并财务报表范围的子公司提供支持的说明[abstract]	
对向子公司提供支持的承诺或意图的描述	text
在没有合同约定的情况下投资性主体或其子公司向子公司提供支持的类型	text
在没有合同约定的情况下投资性主体或其子公司向子公司提供支持的金额	X duration
在没有合同约定的情况下投资性主体或其子公司向子公司提供支持的原因	text
未纳入合并报表范围的子公司向未纳入合并财务报表范围但受企业控制的结构化主体提供财务支持的情形[abstract]	
投资性主体控制的未纳入合并财务报表范围的结构化主体的披露[table]	table
投资性主体控制的未纳入合并财务报表范围的结构化主体[axis]	axis

元　　素	元素属性
投资性主体控制的未纳入合并财务报表范围的结构化主体[member]	member
理财产品[member]	member
资产支持融资[member]	member
信托计划[member]	member
资产管理计划[member]	member
投资基金[member]	member
投资性主体控制的未纳入合并财务报表范围的结构化主体的披露[line items]	line items
投资性主体或其子公司向未纳入合并财务报表范围的结构化主体提供财务支持的合同条款的描述	text
投资性主体或其子公司向未纳入合并财务报表范围的结构化主体提供财务支持可能导致企业承担损失的事项或情况	text
投资性主体或其子公司决定向未纳入合并财务报表范围的结构化主体提供支持从而实现控制的相关因素的解释	text
本期合并财务报表范围变更的说明[text block]	text block
本年新增纳入合并财务报表范围的单位数	X. XX instant
本年新增纳入合并财务报表范围的单位的原因	text
本年减少纳入合并财务报表范围的单位数	X. XX instant
本年减少纳入合并财务报表范围单位的原因	text
报告期内新纳入合并财务报表范围的子公司的信息[abstract]	
报告期内新纳入合并财务报表范围的子公司的信息[table]	table
报告期内新纳入合并财务报表范围的子公司名称[axis]	axis
报告期内新纳入合并财务报表范围的子公司名称[member]	member
报告期内新纳入合并财务报表范围的子公司的信息[line items]	line items
本行直接持有新纳入合并财务报表范围子公司股权比例	X. XX instant
本行间接持有新纳入合并财务报表范围子公司股权比例	X. XX instant
新纳入合并财务报表范围子公司购买日的可辨认净资产公允价值	X instant，credit
新纳入合并财务报表范围子公司净资产公允价值	X instant，credit
新纳入合并财务报表范围子公司购买日至期末净利润	X duration，credit
本报告期内不再纳入合并财务报表范围的原子公司的信息[abstract]	
本报告期内不再纳入合并财务报表范围的原子公司的信息[table]	table
报告期内不再纳入合并财务报表范围的子公司名称[axis]	axis
本报告期内不再纳入合并财务报表范围的原子公司名称[member]	member
本报告期内不再纳入合并财务报表范围的原子公司的信息[line items]	line items
不再纳入合并财务报表范围的原子公司注册地	text
不再纳入合并财务报表范围的原子公司业务性质	text
不再纳入合并财务报表范围的原子公司直接表决权比例	X. XX instant

元　　素	元素属性
不再纳入合并财务报表范围的原子公司间接表决权比例	X. XX instant
不再纳入合并财务报表范围的原子公司直接持股比例	X. XX instant
不再纳入合并财务报表范围的原子公司间接持股比例	X. XX instant
不再纳入合并财务报表范围的原子公司出售日资产总额	X instant,debit
不再纳入合并财务报表范围的原子公司出售日负债总额	X instant,credit
不再纳入合并财务报表范围的原子公司出售日所有者权益总额	X instant,credit
不再纳入合并财务报表范围的原子公司上一会计期间资产负债表日资产总额	X instant,debit
不再纳入合并财务报表范围的原子公司上一会计期间资产负债表日负债总额	X instant,credit
不再纳入合并财务报表范围的原子公司上一会计期间资产负债表日所有者权益总额	X instant,credit
不再纳入合并财务报表范围的原子公司本期营业收入	X duration,credit
不再纳入合并财务报表范围的原子公司本期营业成本及费用	X duration,debit
不再纳入合并财务报表范围的原子公司净利润	X duration,credit
本报告期内原子公司不再纳入合并财务报表范围的原因	text
[900801]附注_现金及存放中央银行款项	
现金及存放中央银行款项信息披露[text block]	text block
现金及存放中央银行款项[abstract]	
库存现金	X instant,debit
存放中央银行法定准备金账面余额	X instant,debit
存放中央银行超额存款准备金账面余额	X instant,debit
存放中央银行的其他款项账面余额	X instant,debit
合计	X instant,debit
[900802]附注_存放同业款项	
存放同业款项信息披露[text block]	text block
存放同业款项[abstract]	
存放境内银行账面余额	X instant,debit
存放境内非银行金融机构账面余额	X instant,debit
存放境外银行账面余额	X instant,debit
存放境外非银行金融机构账面余额	X instant,debit
合计	X instant,debit
减:减值准备	(X) instant,credit
存放同业及其他金融机构款项	X instant,debit
[900803]附注_拆出资金	
拆出资金[text block]	text block

元　　素	元素属性
拆出资金[abstract]	
拆放境内银行账面余额	X instant,debit
拆放境内非银行金融机构账面余额	X instant,debit
拆放境外银行账面余额	X instant,debit
拆放境外非银行金融机构账面余额	X instant,debit
合计	X instant,debit
减:减值准备	(X) instant,credit
拆出资金账面价值	X instant,debit
[900804]附注_以公允价值计量且其变动计入当期损益的金融资产	
以公允价值计量且其变动计入当期损益的金融资产信息披露[text block]	text block
以公允价值计量且其变动计入当期损益的金融资产[abstract]	
交易性金融资产	X instant,debit
为交易目的而持有的债券	X instant,debit
其他为交易目的而持有的金融资产	X instant,debit
基金	X instant,debit
权益工具	X instant,debit
指定为以公允价值计量且其变动计入当期损益的金融资产	X instant,debit
指定为以公允价值计量且其变动计入当期损益的债券	X instant,debit
其他指定为以公允价值计量且其变动计入当期损益的金融资产	X instant,debit
基金	X instant,debit
贷款	X instant,debit
权益工具	X instant,debit
其他	X instant,debit
合计	X instant,debit
以公允价值计量且其变动计入当期损益的金融资产的年初期末余额,债券明细[abstract]	
以公允价值计量且其变动计入当期损益的金融资产的年初期末余额,债券明细[table]	table
地区分布[axis]	axis
地区分布的类别[member]	member
境内[member]	member
境外[member]	member
发行机构[axis]	axis
发行机构[member]	member
政府及中央银行[member]	member
公共实体[member]	member
金融机构[member]	member
公司[member]	member

元　　素	元素属性
其他机构[member]	member
以公允价值计量且其变动计入当期损益的金融资产的年初期末余额，债券明细[line items]	line items
为交易目的而持有的债券	X instant，debit
指定为以公允价值计量且其变动计入当期损益的债券	X instant，debit
贷款或应收款项指定为以公允价值计量且其变动计入当期损益的金融资产[abstract]	
被指定的贷款或应收款项的最大信用风险敞口	X instant
被指定的贷款或应收款项因信用风险变动引起的公允价值累计变动额	X instant，debit
其中：被指定的贷款或应收款项因信用风险变动引起的公允价值本期变动额	X duration，debit
相关衍生工具或类似工具使最大信用风险敞口的降低额	X instant
相关衍生工具或类似工具自贷款或应收款项被指定以来的公允价值累计变动额	X instant
其中：相关衍生工具或类似工具的公允价值本期变动额	X duration
指定为以公允价值计量且其变动计入当期损益的贷款或应收款项因信用风险变动引起的公允价值变动金额的计量方法	text
公允价值变动金额未能真实反映指定为以公允价值计量且其变动计入当期损益的贷款和应收款公允价值变动中由信用风险引起部分的原因及其他需要考虑的因素	text
其他需要说明的事项	text
[900805]附注_衍生工具	
衍生工具信息披露[text block]	text block
衍生工具[abstract]	
衍生工具[table]	table
衍生金融工具[axis]	axis
衍生金融工具的类别[member]	member
利率衍生工具[member]	member
货币衍生工具[member]	member
权益衍生工具[member]	member
信用衍生工具[member]	member
其他衍生工具[member]	member
衍生工具[line items]	line items
非套期工具名义金额	X instant
非套期工具资产公允价值	X instant，debit
非套期工具负债公允价值	X instant，credit
套期工具名义金额	X instant
套期工具资产公允价值	X instant，debit
套期工具负债公允价值	X instant，credit

元　　　素	元素属性
[900806]附注_买入返售金融资产	
买入返售金融资产[text block]	text block
买入返售金融资产[abstract]	
债券	X instant,debit
票据	X instant,debit
银行承兑	X instant,debit
商业承兑	X instant,debit
贷款	X instant,debit
其他	X instant,debit
合计	X instant,debit
减:减值准备	(X) instant,credit
买入返售金融资产账面价值	X instant,debit
买入返售金融资产,债券明细[abstract]	
买入返售金融资产,债券明细[table]	table
发行机构[axis]	axis
发行机构[member]	member
政府及中央银行[member]	member
公共实体[member]	member
金融机构[member]	member
公司[member]	member
其他机构[member]	member
买入返售金融资产,债券明细[line items]	line items
债券	X instant,debit
[900807]附注_应收利息	
应收利息信息披露[text block]	text block
应收利息[abstract]	
存放中央银行款项	X instant,debit
存放同业款项	X instant,debit
拆出资金	X instant,debit
发放贷款和垫款	X instant,debit
债券投资	X instant,debit
买入返售金融资产	X instant,debit
其他	X instant,debit
合计	X instant,debit
减:减值准备	(X) instant,credit
应收利息账面价值	X instant,debit

元　　素	元素属性
[900808]附注_发放贷款和垫款	
发放贷款和垫款信息披露[text block]	text block
发放贷款和垫款[abstract]	
贷款和垫款按个人和企业分布情况[abstract]	
企业贷款和垫款	X instant,debit
贷款	X instant,debit
贴现	X instant,debit
其他	X instant,debit
个人贷款和垫款	X instant,debit
信用卡	X instant,debit
住房抵押贷款	X instant,debit
经营贷款	X instant,debit
消费贷款	X instant,debit
助学贷款	X instant,debit
其他	X instant,debit
合计	X instant,debit
减:减值准备	(X) instant,credit
其中:单项计提数	(X) instant,credit
组合计提数	(X) instant,credit
发放贷款和垫款账面价值	X instant,debit
发放贷款和垫款按担保方式分布情况[abstract]	
信用贷款	X instant,debit
保证贷款	X instant,debit
附担保物贷款	X instant,debit
抵押贷款	X instant,debit
质押贷款	X instant,debit
合计	X instant,debit
减:减值准备	(X) instant,credit
其中:单项计提数	(X) instant,credit
组合计提数	(X) instant,credit
发放贷款和垫款账面价值	X instant,debit
贷款和垫款按评估方式列示情况[abstract]	
贷款和垫款按评估方式列示情况[table]	table
贷款和垫款按评估方式分类[axis]	axis
贷款和垫款按评估方式分类[member]	member
组合计提减值准备的未识别减值的贷款及垫款[member]	member
已识别减值的贷款及垫款[member]	member

元　　素	元素属性
组合计提减值准备[member]	member
单项计提减值准备[member]	member
贷款和垫款按评估方式分类[line items]	line items
发放贷款和垫款总额	X instant,debit
发放贷款和垫款减值准备	(X) instant,credit
其中:单项计提数	(X) instant,credit
组合计提数	(X) instant,credit
发放贷款和垫款账面价值	X instant,debit
已识别减值的贷款及垫款占发放贷款及垫款总额的比例	X. XX instant
贷款损失准备[abstract]	
单项年初金额	X instant,credit
其中:单项计提数	X duration,credit
单项本期转出	(X) duration,debit
单项本期核销	(X) duration,debit
单项本期转回	(X) duration,debit
单项收回原转销贷款和垫款导致的转回	(X) duration,debit
单项因贷款和垫款折现价值上升导致的转回	(X) duration,debit
单项其他因素导致的转回	(X) duration,debit
单项外币报表折算差额	X duration,credit
单项期末余额	X instant,credit
组合年初余额	X instant,credit
组合计提数	X duration,credit
组合本期转出	(X) duration,debit
组合本期核销	(X) duration,debit
组合本期转回	(X) duration,debit
组合收回原转销贷款和垫款导致的转回	(X) duration,debit
组合因贷款和垫款折现价值上升导致的转回	(X) duration,debit
组合其他因素导致的转回	(X) duration,debit
组合外币报表折算差额	X duration,credit
组合期末余额	X instant,credit
[900809]附注_应收融资租赁款	
应收融资租赁款[text block]	text block
应收融资租赁款[abstract]	
应收融资租赁款账面余额	X instant,debit
减:未实现融资收益	(X) instant,credit
坏账准备	(X) instant,credit
应收融资租赁款净额	X instant,debit

元　　素	元素属性
出租人以后年度将收到的最低租赁收款额[abstract]	
1年以内(含1年)	X instant,debit
1年以上2年以内(含2年)	X instant,debit
2年以上3年以内(含3年)	X instant,debit
3年以上	X instant,debit
合计	X instant,debit

[900810]附注_可供出售金融资产

元　　素	元素属性
可供出售金融资产信息披露[text block]	text block
可供出售金融资产的构成[abstract]	
可供出售金融资产按公允价值计量[abstract]	
债券	X instant,debit
权益工具	X instant,debit
其他	X instant,debit
合计	X instant,debit
其中:本期持有至到期投资转入可供出售金融资产	X instant,debit
可供出售金融资产本期转入持有至到期投资	X instant
投资变现受限的可供出售金融资产	X instant,debit
可供出售金融资产按成本计量[abstract]	
权益工具	X instant,debit
其他	X instant,debit
减:减值准备	(X) instant,credit
净额	X instant,debit
可供出售金融资产,债券明细[abstract]	
可供出售金融资产,债券明细[table]	table
地区分布[axis]	axis
地区分布的类别[member]	member
境内[member]	member
境外[member]	member
发行机构[axis]	axis
发行机构[member]	member
政府及中央银行[member]	member
公共实体[member]	member
金融机构[member]	member
公司[member]	member
其他机构[member]	member
可供出售金融资产,债券明细[line items]	line items
债券	X instant,debit

元　　素	元素属性
有限售条件的情况说明	text
其他需要说明的事项	text
[900811]附注_持有至到期投资	
持有至到期投资信息披露[text block]	text block
持有至到期投资[abstract]	
持有至到期投资的构成[abstract]	
持有至到期投资账面余额	X instant,debit
减:减值准备	(X) instant,credit
持有至到期投资账面价值	X instant,debit
持有至到期投资的构成,投资明细[abstract]	
持有至到期投资的构成,投资明细[table]	table
地区分布[axis]	axis
地区分布的类别[member]	member
境内[member]	member
境外[member]	member
发行机构[axis]	axis
发行机构[member]	member
政府及中央银行[member]	member
公共实体[member]	member
金融机构[member]	member
公司[member]	member
其他机构[member]	member
持有至到期投资的构成,投资明细[line items]	line items
持有至到期投资账面余额	X instant,debit
持有至到期投资减值准备的增减变动[abstract]	
持有至到期投资减值准备年初账面余额	X instant,credit
本期计提额	X duration,credit
本期减少额,转回	(X) duration,debit
本期减少额,转销	(X) duration,debit
持有至到期投资减值准备期末账面余额	X instant,credit
本期出售尚未到期的持有至到期投资[abstract]	
本期出售尚未到期的持有至到期投资[table]	table
本期出售尚未到期的持有至到期投资项目名称[axis]	axis
本期出售尚未到期的持有至到期投资项目名称[member]	member
本期出售尚未到期的持有至到期投资[line items]	line items
金额	X instant,debit
占该项投资出售前金额的比例	X. XX instant

元素	元素属性
减:减值准备	(X) instant,credit
合计	X instant,debit
其他需要说明的事项	text
[900812]附注_应收款项类投资	
应收款项类投资信息披露[text block]	text block
应收款项类投资[abstract]	
应收款项类投资账面余额	X instant,debit
减:减值准备	(X) instant,credit
应收款项类投资账面价值	X instant,debit
应收款项类投资,投资明细[abstract]	
应收款项类投资,投资明细[table]	table
发行机构[axis]	axis
发行机构[member]	member
政府及中央银行[member]	member
公共实体[member]	member
金融机构[member]	member
公司[member]	member
其他机构[member]	member
应收款项类投资,投资明细[line items]	line items
应收款项类投资账面余额	X instant,debit
[802100]附注_长期股权投资	
长期股权投资信息披露[text block]	text block
长期股权投资分类[abstract]	
长期股权投资分类[table]	table
被投资单位[axis]	axis
被投资单位[member]	member
合营企业[member]	member
联营企业[member]	member
长期股权投资分类[line items]	line items
长期股权投资账面余额	X instant,debit
长期股权投资减值准备	(X) instant,credit
长期股权投资账面价值	X instant,debit
权益法核算的长期股权投资[abstract]	
权益法核算的长期股权投资[table]	table
权益法下被投资单位[axis]	axis
权益法下被投资单位[member]	member

元　　素	元素属性
合营企业[member]	member
联营企业[member]	member
权益法核算的长期股权投资[line items]	line items
权益法核算的长期股权投资年初账面价值	X instant,debit
权益法核算的长期股权投资本期增加投资	X duration,debit
权益法核算的长期股权投资损益调整	X duration,debit
权益法核算的长期股权投资其他权益变动	X duration,debit
权益法核算的长期股权投资已宣告分派现金股利	(X) duration,credit
权益法核算的长期股权投资处置投资	(X) duration,credit
权益法核算的长期股权投资本期提取的减值准备	(X) duration,credit
权益法核算的长期股权投资外币报表折算差额	X duration,debit
权益法核算的长期股权投资期末账面价值	X instant,debit
实质上构成对被投资单位投资的长期应收款	X duration,debit
长期股权投资其他需要说明的事项	text
[803100]附注_投资性房地产	
投资性房地产信息披露[text block]	text block
采用成本模式进行后续计量的投资性房地产的信息披露[abstract]	
采用成本模式进行后续计量的投资性房地产的信息披露[table]	table
投资性房地产类别[axis]	axis
投资性房地产[member]	member
房屋建筑物[member]	member
土地使用权[member]	member
采用成本模式进行后续计量的投资性房地产的信息披露[line items]	line items
投资性房地产原价[abstract]	
采用成本模式进行后续计量的投资性房地产原价，年初余额	X instant,debit
采用成本模式进行后续计量的投资性房地产原价，本期增加[abstract]	
采用成本模式进行后续计量的投资性房地产原价，本期购置	X duration,debit
采用成本模式进行后续计量的投资性房地产原价，在建工程转入	X duration,debit
采用成本模式进行后续计量的投资性房地产原价，自用房地产或存货转入	X duration,debit
采用成本模式进行后续计量的投资性房地产原价，因不符合持有待售条件而增加	X duration,debit
采用成本模式进行后续计量的投资性房地产原价，其他增加	X duration,debit
采用成本模式进行后续计量的投资性房地产原价，本期增加小计	X duration,debit

元　　素	元素属性
采用成本模式进行后续计量的投资性房地产原价,本期减少[abstract]	
采用成本模式进行后续计量的投资性房地产原价,转为自用房地产或存货	(X) duration,credit
采用成本模式进行后续计量的投资性房地产原价,处置	(X) duration,credit
采用成本模式进行后续计量的投资性房地产原价,因分类为持有待售而减少	(X) duration,credit
采用成本模式进行后续计量的投资性房地产原价,其他减少	(X) duration,credit
采用成本模式进行后续计量的投资性房地产原价,本期减少小计	(X) duration,credit
采用成本模式进行后续计量的投资性房地产原价,外币报表折算差额	X duration,debit
采用成本模式进行后续计量的投资性房地产原价,期末余额	X instant,debit
投资性房地产累计折旧[abstract]	
投资性房地产累计折旧年初余额	X instant,credit
投资性房地产累计折旧,本期计提	X duration,credit
投资性房地产累计折旧,本期减少	(X) duration,debit
投资性房地产累计折旧,外币报表折算差额	X duration,credit
投资性房地产累计折旧期末余额	X instant,credit
投资性房地产账面净值[abstract]	
投资性房地产期初账面净值	X instant,debit
投资性房地产期末账面净值	X instant,debit
投资性房地产减值准备[abstract]	
投资性房地产减值准备年初账面余额	X instant,credit
投资性房地产减值准备,本期计提额	X duration,credit
投资性房地产减值准备,本期减少额	(X) duration,debit
投资性房地产减值准备,外币报表折算差额	X duration,credit
投资性房地产减值准备期末账面余额	X instant,credit
投资性房地产账面价值[abstract]	
投资性房地产年初账面价值	X instant,debit
投资性房地产期末账面价值	X instant,debit
采用公允价值模式进行后续计量的投资性房地产的信息披露[text block]	text block
采用公允价值模式进行后续计量的投资性房地产的增减变动[abstract]	
采用公允价值模式进行后续计量的投资性房地产的增减变动[table]	table
投资性房地产类别[axis]	axis
投资性房地产[member]	member
房屋建筑物[member]	member
土地使用权[member]	member
采用公允价值模式进行后续计量的投资性房地产的增减变动[line items]	line items

元　　素	元素属性
投资性房地产年初账面价值	X instant,debit
采用公允价值模式进行后续计量的投资性房地产,本期增加[abstract]	
采用公允价值模式进行后续计量的投资性房地产,购置或者在建工程转入	X duration,debit
采用公允价值模式进行后续计量的投资性房地产,因不符合持有待售条件而增加	X duration,debit
采用公允价值模式进行后续计量的投资性房地产,自用房地产或存货转入	X duration,debit
采用公允价值模式进行后续计量的投资性房地产,公允价值变动增加额	X duration,debit
采用公允价值模式进行后续计量的投资性房地产,其他增加	X duration,debit
采用公允价值模式进行后续计量的投资性房地产,本期增加小计	X duration,debit
采用公允价值模式进行后续计量的投资性房地产,本期减少[abstract]	
采用公允价值模式进行后续计量的投资性房地产,转为自用房地产或存货	(X) duration,credit
采用公允价值模式进行后续计量的投资性房地产,因分类为持有待售而减少	(X) duration,credit
采用公允价值模式进行后续计量的投资性房地产,公允价值变动减少额	(X) duration,credit
采用公允价值模式进行后续计量的投资性房地产,处置	(X) duration,credit
采用公允价值模式进行后续计量的投资性房地产,本期减少小计	(X) duration,credit
采用公允价值模式进行后续计量的投资性房地产,外币报表折算差额	X duration,debit
投资性房地产期末账面价值	X instant,debit
投资性房地产期末公允价值	X instant,debit
投资性房地产公允价值变动增加(减少)利润总额	X duration
投资性房地产公允价值的确定依据	text
投资性房地转换情况及理由以及对损益或所有者权益的影响	text
当期处置投资性房地产及其对损益的影响	text
投资性房地产后续计量模式变更的说明	text
投资性房地产其他需要说明的事项	text
[804100]附注_固定资产	
固定资产信息披露[text block]	text block
固定资产增减变动[abstract]	
固定资产增减变动[table]	table
固定资产类别[axis]	axis
固定资产[member]	member

元　　素	元素属性
房屋及建筑物[member]	member
机器设备[member]	member
办公设备及其他设备[member]	member
运输工具[member]	member
汽车[member]	member
飞行设备及船舶[member]	member
电子设备[member]	member
其他固定资产[member]	member
固定资产增减变动[line items]	line items
固定资产原价[abstract]	
固定资产原价年初余额	X instant,debit
固定资产本期增加	X duration,debit
固定资产本期增加,本期购置	X duration,debit
固定资产本期增加,在建工程转入	X duration,debit
固定资产本期增加,因不符合持有待售条件而增加	X duration,debit
固定资产本期增加,本年其他增加	X duration,debit
固定资产本期减少	(X) duration,credit
固定资产本年减少,转让和出售	(X) duration,credit
固定资产本年减少,清理报废	(X) duration,credit
固定资产本年减少,因分类为持有待售而减少	(X) duration,credit
固定资产本年减少,其他减少	(X) duration,credit
固定资产,外币报表折算差额	X duration,debit
固定资产原价期末余额	X instant,debit
固定资产累计折旧[abstract]	
固定资产累计折旧年初余额	X instant,credit
固定资产累计折旧,本期计提	X duration,credit
固定资产累计折旧,本期减少	(X) duration,debit
固定资产累计折旧,外币报表折算差额	X duration,credit
固定资产累计折旧期末余额	X instant,credit
固定资产账面净值[abstract]	
固定资产年初账面净值	X instant,debit
固定资产期末账面净值	X instant,debit
固定资产减值准备[abstract]	
固定资产减值准备年初账面余额	X instant,credit
固定资产减值准备,本期计提额	X duration,credit
固定资产减值准备,本期减少额	(X) duration,debit
固定资产减值准备,外币报表折算差额	X duration,credit
固定资产减值准备期末账面余额	X instant,credit

元　　素	元素属性
固定资产[abstract]	
固定资产年初账面价值	X instant,debit
用于担保的固定资产	X instant,debit
其他所有权或使用权受限的固定资产	X instant,debit
固定资产期末账面价值	X instant,debit
用于担保的固定资产	X instant,debit
其他所有权或使用权受限的固定资产	X instant,debit
持有待售的固定资产[abstract]	
持有待售的固定资产[table]	table
持有待售的固定资产项目[axis]	axis
持有待售的固定资产[member]	member
持有待售的固定资产[line items]	line items
持有待售的固定资产	X instant,debit
持有待售的固定资产公允价值	X instant,debit
持有待售的固定资产预计处置费用	X instant,credit
持有待售的固定资产预计处置时间	yyyy-mm-dd
固定资产其他需要说明的事项	text
[830240]附注_在建工程	
在建工程信息披露[text block]	text block
在建工程主要信息[abstract]	
在建工程主要信息[table]	table
在建工程按项目披露[axis]	axis
工程项目名称[member]	member
其他在建工程[member]	member
在建工程主要信息[line items]	line items
在建工程预算数	X instant,debit
在建工程年初账面余额	X instant,debit
在建工程本期增加额	X duration,debit
在建工程本期减少额中转入固定资产	(X) duration,credit
在建工程本期减少额中其他减少	(X) duration,credit
在建工程外币报表折算差额	X duration,debit
在建工程期末账面余额	X instant,debit
在建工程减值准备	(X) instant,credit
在建工程账面价值	X instant,debit
在建工程资金来源	text
在建工程投入占预算比例	X. XX instant
计入工程成本的借款费用资本化金额[abstract]	

元　　素	元素属性
计入工程成本的借款费用资本化金额[table]	table
计入工程成本的借款费用资本化金额项目[axis]	axis
借款费用资本化的工程项目名称[member]	member
范围[axis]	axis
范围[member]	member
最大值[member]	member
最小值[member]	member
计入工程成本的借款费用资本化金额[line items]	line items
计入工程成本的借款费用资本化年初账面余额	X instant，debit
计入工程成本的借款费用资本化本期增加额	X duration，debit
计入工程成本的借款费用资本化本期转入固定资产额	(X) duration，credit
计入工程成本的借款费用资本化其他减少额	(X) duration，credit
计入工程成本的借款费用资本化期末账面余额	X instant，debit
计入工程成本的借款费用本期确定资本化金额的资本化率	X. XX duration
在建工程减值准备[abstract]	
在建工程减值准备[table]	table
在建工程按项目披露[axis]	axis
工程项目名称[member]	member
其他在建工程[member]	member
在建工程减值准备[line items]	line items
在建工程减值准备年初账面余额	X instant，credit
在建工程减值准备，本期计提额	X duration，credit
在建工程减值准备，本期减少额	(X) duration，debit
在建工程减值准备期末账面余额	X instant，credit
在建工程减值准备计提或减少原因	text
在建工程其他需要说明的事项	text
[806100]附注_无形资产	
无形资产信息披露[text block]	text block
无形资产增减变动[abstract]	
无形资产增减变动[table]	table
无形资产类别[axis]	axis
无形资产[member]	member
土地使用权[member]	member
专有技术(非专利技术) [member]	member
计算机软件[member]	member
许可和特许经营[member]	member
专利权[member]	member

元　　素	元素属性
商标权[member]	member
著作权[member]	member
其他无形资产[member]	member
无形资产增减变动[line items]	line items
无形资产原价[abstract]	
无形资产原价年初账面余额	X instant,debit
无形资产原价本期增加额	X duration,debit
无形资产原价本期减少额	(X) duration,credit
无形资产原价外币报表折算差额	X duration,debit
无形资产原价期末账面余额	X instant,debit
无形资产累计摊销[abstract]	
无形资产累计摊销年初账面余额	X instant,credit
无形资产累计摊销本期增加额	X duration,credit
无形资产累计摊销本期减少额	(X) duration,debit
无形资产累计摊销外币报表折算差额	X duration,credit
无形资产累计摊销期末账面余额	X instant,credit
无形资产账面净值[abstract]	
无形资产年初账面净值	X instant,debit
无形资产期末账面净值	X instant,debit
无形资产减值准备[abstract]	
无形资产减值准备年初账面余额	X instant,credit
无形资产减值准备,本期计提额	X duration,credit
无形资产减值准备,本期减少额	(X) duration,debit
无形资产减值准备,外币报表折算差额	X duration,credit
无形资产减值准备期末账面余额	X instant,credit
无形资产账面价值[abstract]	
无形资产年初账面价值	X instant,debit
无形资产账面价值本期增加额	X duration,debit
无形资产账面价值本期减少额	(X) duration,credit
无形资产期末账面价值	X instant,debit
用于担保的无形资产期初账面余额	X instant,debit
用于担保的无形资产本期增加额	X duration,debit
用于担保的无形资产本期减少额	(X) duration,credit
用于担保的无形资产期末账面余额	X instant,debit
其他所有权或使用权受限制的无形资产期初账面余额	X instant,debit
其他所有权或使用权受限制的无形资产本期增加额	X duration,debit
其他所有权或使用权受限制的无形资产本期减少额	(X) duration,credit
其他所有权或使用权受限制的无形资产期末账面余额	X instant,debit

元　　素	元素属性
研究开发支出增减变动[abstract]	
研究开发支出年初账面余额	X instant,debit
开发支出	X instant,debit
研究开发支出本期增加额	X duration,debit
研究支出本期增加额	X duration,debit
开发支出本期增加额	X duration,debit
研究开发支出本期转出额,计入当期损益	(X) duration,credit
研究支出本期转出额,计入当期损益	(X) duration,credit
开发支出本期转出额,计入当期损益	(X) duration,credit
研究开发支出本期转出额,确认为无形资产	(X) duration,credit
开发支出本期转出额,确认为无形资产	(X) duration,credit
研究开发支出期末账面余额	X instant,debit
开发支出	X instant,debit
无形资产其他需要说明的事项	text
[830260]附注_商誉	
商誉信息披露[text block]	text block
商誉基本信息[abstract]	
商誉基本信息[table]	table
被投资单位按名称披露[axis]	axis
合并产生商誉的被投资单位名称[member]	member
商誉基本信息[line items]	line items
商誉形成来源	text
商誉初始金额	X instant,debit
商誉减值准备	(X) instant,credit
商誉期初账面价值	X instant,debit
商誉本期增加额	X duration,debit
商誉本期减少额	(X) duration,credit
商誉减值准备,本期计提额	(X) duration,credit
商誉外币报表折算差额	X duration,debit
商誉期末账面价值	X instant,debit
商誉其他需要说明的事项	text
[900819]附注_其他资产	
其他资产信息披露[text block]	text block
其他资产[abstract]	
其他资产明细[abstract]	
其他资产[table]	table

元　　素	元素属性
其他资产[axis]	axis
其他资产分类[member]	member
应收及暂付款[member]	member
长期待摊费用[member]	member
抵债资产[member]	member
其他[member]	member
其他资产[line items]	line items
账面余额	X instant,debit
减值准备	(X) instant,credit
账面价值	X instant,debit
应收及暂付款按账龄列示[abstract]	
应收及暂付款按账龄列示[table]	table
应收及暂付款按账龄列示[axis]	axis
应收及暂付款账龄[member]	member
一年以内[member]	member
一至二年[member]	member
二至三年[member]	member
三年以上[member]	member
应收及暂付款按账龄列示[line items]	line items
账面余额	X instant,debit
减值准备	(X) instant,credit
账面价值	X instant,debit
比例	X. XX instant
[900820]附注_资产减值准备	
资产减值准备的增减变动信息披露[text block]	text block
资产减值准备的增减变动[abstract]	
存放同业款项减值准备年初账面余额	X instant,credit
拆出资金减值准备年初账面余额	X instant,credit
买入返售金融资产减值准备年初账面余额	X instant,credit
应收利息减值准备年初账面余额	X instant,credit
贷款减值准备年初账面余额	X instant,credit
应收融资租赁款减值准备年初账面余额	X instant,credit
可供出售金融资产减值准备年初账面余额	X instant,credit
持有至到期投资减值准备年初账面余额	X instant,credit
应收款项类投资减值准备年初账面余额	X instant,credit
长期股权投资减值准备年初账面余额	X instant,credit
投资性房地产减值准备年初账面余额	X instant,credit

元　　　素	元素属性
固定资产减值准备年初账面余额	X instant，credit
在建工程减值准备年初账面余额	X instant，credit
无形资产减值准备年初账面余额	X instant，credit
商誉减值准备年初账面余额	X instant，credit
其他资产减值准备年初账面余额	X instant，credit
资产减值准备年初账面余额	X instant，credit
存放同业及其他金融机构款项减值准备，本期计提额	X duration，credit
拆出资金减值准备，本期计提额	X duration，credit
买入返售金融资产减值准备，本期计提额	X duration，credit
应收利息减值准备，本期计提额	X duration，credit
贷款减值准备，本期计提额	X duration，credit
应收融资租赁款减值准备，本期计提额	X duration，credit
可供出售金融资产减值准备，本期计提额	X duration，credit
持有至到期投资减值准备，本期计提额	X duration，credit
应收款项类投资减值准备，本期计提额	X duration，credit
长期股权投资减值准备，本期计提额	X duration，credit
投资性房地产减值准备，本期计提额	X duration，credit
固定资产减值准备，本期计提额	X duration，credit
在建工程减值准备，本期计提额	X duration，credit
无形资产减值准备，本期计提额	X duration，credit
商誉减值准备，本期计提额	X duration，credit
其他资产减值准备，本期计提额	X duration，credit
资产减值准备，本期计提额合计	X duration，credit
存放同业及其他金融机构款项减值准备，本期转回	(X) duration，debit
拆出资金减值准备，本期转回	(X) duration，debit
买入返售金融资产减值准备，本期转回	(X) duration，debit
应收利息减值准备，本期转回	(X) duration，debit
贷款减值准备，本期转回	(X) duration，debit
应收融资租赁款减值准备，本期转回	(X) duration，debit
可供出售金融资产减值准备，本期转回	(X) duration，debit
持有至到期投资减值准备，本期转回	(X) duration，debit
应收款项类投资减值准备，本期转回	(X) duration，debit
其他资产减值准备，本期转回	(X) duration，debit
资产减值准备，本期转回合计	(X) duration，debit
存放同业及其他金融机构款项减值准备，本期转出	(X) duration，debit
拆出资金减值准备，本期转出	(X) duration，debit
买入返售金融资产减值准备，本期转出	(X) duration，debit
应收利息减值准备，本期转出	(X) duration，debit

元　　素	元素属性
贷款减值准备，本期转出	(X) duration，debit
应收融资租赁款减值准备，本期转出	(X) duration，debit
可供出售金融资产减值准备，本期转出	(X) duration，debit
持有至到期投资减值准备，本期转出	(X) duration，debit
应收款项类投资减值准备，本期转出	(X) duration，debit
长期股权投资减值准备，本期转出	(X) duration，debit
投资性房地产减值准备，本期转出	(X) duration，debit
固定资产减值准备，本期转出	(X) duration，debit
在建工程减值准备，本期转出	(X) duration，debit
无形资产减值准备，本期转出	(X) duration，debit
商誉减值准备，本期转出	(X) duration，debit
其他资产减值准备，本期转出	(X) duration，debit
资产减值准备，本期转出合计	(X) duration，debit
存放同业及其他金融机构款项减值准备，本期核销	(X) duration，debit
拆出资金减值准备，本期核销	(X) duration，debit
买入返售金融资产减值准备，本期核销	(X) duration，debit
应收利息减值准备，本期核销	(X) duration，debit
贷款减值准备，本期核销	(X) duration，debit
应收融资租赁款减值准备，本期核销	(X) duration，debit
可供出售金融资产减值准备，本期核销	(X) duration，debit
持有至到期投资减值准备，本期核销	(X) duration，debit
应收款项类投资减值准备，本期核销	(X) duration，debit
长期股权投资减值准备，本期核销	(X) duration，debit
投资性房地产减值准备，本期核销	(X) duration，debit
固定资产减值准备，本期核销	(X) duration，debit
在建工程减值准备，本期核销	(X) duration，debit
无形资产减值准备，本期核销	(X) duration，debit
商誉减值准备，本期核销	(X) duration，debit
其他资产减值准备，本期核销	(X) duration，debit
资产减值准备，本期核销合计	(X) duration，debit
存放同业款项减值准备，外币报表折算差额	X duration，credit
拆出资金减值准备，外币报表折算差额	X duration，credit
买入返售金融资产减值准备，外币报表折算差额	X duration，credit
应收利息减值准备，外币报表折算差额	X duration，credit
贷款减值准备，外币报表折算差额	X duration，credit
应收融资租赁款减值准备，外币报表折算差额	X duration，credit
可供出售金融资产减值准备，外币报表折算差额	X duration，credit
持有至到期投资减值准备，外币报表折算差额	X duration，credit

元　　素	元素属性
应收款项类投资减值准备,外币报表折算差额	X duration,credit
长期股权投资减值准备,外币报表折算差额	X duration,credit
投资性房地产减值准备,外币报表折算差额	X duration,credit
固定资产减值准备,外币报表折算差额	X duration,credit
在建工程减值准备,外币报表折算差额	X duration,credit
无形资产减值准备,外币报表折算差额	X duration,credit
商誉减值准备,外币报表折算差额	X duration,credit
其他资产减值准备,外币报表折算差额	X duration,credit
资产减值准备,外币报表折算差额合计	X duration,credit
存放同业款项减值准备,其他变化	X duration,credit
拆出资金减值准备,其他变化	X duration,credit
买入返售金融资产减值准备,其他变化	X duration,credit
应收利息减值准备,其他变化	X duration,credit
贷款减值准备,其他变化	X duration,credit
应收融资租赁款减值准备,其他变化	X duration,credit
可供出售金融资产减值准备,其他变化	X duration,credit
持有至到期投资减值准备,其他变化	X duration,credit
应收款项类投资减值准备,其他变化	X duration,credit
长期股权投资减值准备,其他变化	X duration,credit
投资性房地产减值准备,其他变化	X duration,credit
固定资产减值准备,其他变化	X duration,credit
在建工程减值准备,其他变化	X duration,credit
无形资产减值准备,其他变化	X duration,credit
商誉减值准备,其他变化	X duration,credit
其他资产减值准备,其他变化	X duration,credit
资产减值准备,其他变化合计	X duration,credit
存放同业款项减值准备期末账面余额	X instant,credit
拆出资金减值准备期末账面余额	X instant,credit
买入返售金融资产减值准备期末账面余额	X instant,credit
应收利息减值准备期末账面余额	X instant,credit
贷款减值准备期末账面余额	X instant,credit
应收融资租赁款减值准备期末账面余额	X instant,credit
可供出售金融资产减值准备期末账面余额	X instant,credit
持有至到期投资减值准备期末账面余额	X instant,credit
应收款项类投资减值准备期末账面余额	X instant,credit
长期股权投资减值准备期末账面余额	X instant,credit
投资性房地产减值准备期末账面余额	X instant,credit
固定资产减值准备期末账面余额	X instant,credit

元素	元素属性
在建工程减值准备期末账面余额	X instant,credit
无形资产减值准备期末账面余额	X instant,credit
商誉减值准备期末账面余额	X instant,credit
其他资产减值准备期末账面余额	X instant,credit
资产减值准备期末账面余额	X instant,credit
其他需要说明的事项	text
[900821]附注_向中央银行借款	
向中央银行借款信息披露[text block]	text block
向中央银行借款[abstract]	
借入中央银行存款	X instant,credit
国家外汇存款	X instant,credit
其他	X instant,credit
合计	X instant,credit
[900822]附注_同业及其他金融机构存放款项	
同业及其他金融机构存放款项信息披露[text block]	text block
同业及其他金融机构存放款项[abstract]	
境内银行存放	X instant,credit
境内非银行金融机构存放	X instant,credit
境外银行存放	X instant,credit
境外非银行金融机构存放	X instant,credit
合计	X instant,credit
[900823]附注_拆入资金	
拆入资金信息披露[text block]	text block
拆入资金[abstract]	
境内银行拆入	X instant,credit
境内非银行金融机构拆入	X instant,credit
境外银行拆入	X instant,credit
境外非银行金融机构拆入	X instant,credit
合计	X instant,credit
[900824]附注_以公允价值计量且其变动计入当期损益的金融负债	
以公允价值计量且其变动计入当期损益的金融负债信息披露[text block]	text block
以公允价值计量且其变动计入当期损益的金融负债[abstract]	
交易性金融负债	X instant,credit
其中:与贵金属相关的金融负债	X instant,credit

元　　素	元素属性
证券卖空	X instant,credit
已发行存款证	X instant,credit
其他	X instant,credit
指定为以公允价值计量且其变动计入当期损益的金融负债	X instant,credit
其中:结构性金融工具	X instant,credit
与贵金属相关的金融负债	X instant,credit
已发行理财产品	X instant,credit
已发行存款证	X instant,credit
已发行票据	X instant,credit
财务担保合同	X instant,credit
其他	X instant,credit
合计	X instant,credit
指定为以公允价值计量且其变动计入当期损益的金融负债[abstract]	
被指定的金融负债因信用风险变动引起的公允价值累计变动额	X instant,credit
其中:被指定的金融负债因信用风险变动引起的公允价值本期变动额	X duration,credit
被指定金融负债账面价值与合同约定到期应支付金额之间的差额	X instant
指定以公允价值计量且其变动计入当期损益的金融负债因信用风险变动引起的公允价值变动金额的计量方法	text
公允价值变动金额未能真实反映指定以公允价值计量且其变动计入当期损益的金融负债公允价值变动中由信用风险引起部分的原因及其他需要考虑的因素	text
其他需要说明的事项	text

[900825]附注_卖出回购金融资产款	
卖出回购金融资产款信息披露[text block]	text block
卖出回购金融资产款[abstract]	
债券	X instant,credit
票据	X instant,credit
银行承兑	X instant,credit
商业承兑	X instant,credit
贷款	X instant,credit
其他	X instant,credit
合计	X instant,credit
卖出回购金融资产款,债券明细[abstract]	
卖出回购金融资产款,债券明细[table]	table
发行机构[axis]	axis
发行机构[member]	member
政府及中央银行[member]	member
公共实体[member]	member

元　　素	元素属性
金融机构[member]	member
公司[member]	member
其他[member]	member
卖出回购金融资产款,债券明细[line items]	line items
债券	X instant,credit
[900826]附注_吸收存款	
吸收存款信息披露[text block]	text block
吸收存款[abstract]	
活期存款[abstract]	
活期存款	X instant,credit
定期存款[abstract]	
定期存款	X instant,credit
保证金存款[abstract]	
承兑汇票保证金	X instant,credit
保函保证金	X instant,credit
信用证保证金	X instant,credit
担保保证金	X instant,credit
其他	X instant,credit
小计	X instant,credit
其他存款	X instant,credit
合计	X instant,credit
吸收存款,客户明细[abstract]	
吸收存款,客户明细[table]	table
客户类型[axis]	axis
客户类型[member]	member
公司客户[member]	member
个人客户[member]	member
吸收存款,客户明细[line items]	line items
活期存款	X instant,credit
定期存款	X instant,credit
[809100]附注_应付职工薪酬(一)	
应付职工薪酬信息披露[text block]	text block
应付职工薪酬的增减变动[abstract]	
应付职工薪酬,流动部分的增减变动[abstract]	
应付短期薪酬[abstract]	
应付短期薪酬	X instant,credit

元　　素	元素属性
应付工资、奖金、津贴和补贴	X instant，credit
应付职工福利费	X instant，credit
应付社会保险费	X instant，credit
应付医疗保险费	X instant，credit
应付工伤保险费	X instant，credit
应付生育保险费	X instant，credit
应付住房公积金	X instant，credit
应付工会经费和职工教育经费	X instant，credit
应付非货币性福利	X instant，credit
应付短期带薪缺勤	X instant，credit
应付短期利润分享计划	X instant，credit
其他应付短期薪酬	X instant，credit
应付短期薪酬，本期增加额	X duration，credit
应付工资、奖金、津贴和补贴，本期增加额	X duration，credit
应付职工福利费，本期增加额	X duration，credit
应付社会保险费，本期增加额	X duration，credit
应付医疗保险费，本期增加额	X duration，credit
应付工伤保险费，本期增加额	X duration，credit
应付生育保险费，本期增加额	X duration，credit
应付住房公积金，本期增加额	X duration，credit
应付工会经费和职工教育经费，本期增加额	X duration，credit
应付非货币性福利，本期增加额	X duration，credit
应付短期带薪缺勤，本期增加额	X duration，credit
应付短期利润分享计划，本期增加额	X duration，credit
其他应付短期薪酬，本期增加额	X duration，credit
应付短期薪酬，本期支付额	X duration，debit
应付工资、奖金、津贴和补贴，本期支付额	X duration，debit
应付职工福利费，本期支付额	X duration，debit
应付社会保险费，本期支付额	X duration，debit
应付医疗保险费，本期支付额	X duration，debit
应付工伤保险费，本期支付额	X duration，debit
应付生育保险费，本期支付额	X duration，debit
应付住房公积金，本期支付额	X duration，debit
应付工会经费和职工教育经费，本期支付额	X duration，debit
应付非货币性福利，本期支付额	X duration，debit
应付短期带薪缺勤，本期支付额	X duration，debit
应付短期利润分享计划，本期支付额	X duration，debit
其他应付短期薪酬，本期支付额	X duration，debit

元　　素	元素属性
应付短期薪酬,外币报表折算差额	X duration,credit
应付工资、奖金、津贴和补贴,外币报表折算差额	X duration,credit
应付职工福利费,外币报表折算差额	X duration,credit
应付社会保险费,外币报表折算差额	X duration,credit
应付医疗保险费,外币报表折算差额	X duration,credit
应付工伤保险费,外币报表折算差额	X duration,credit
应付生育保险费,外币报表折算差额	X duration,credit
应付住房公积金,外币报表折算差额	X duration,credit
应付工会经费和职工教育经费,外币报表折算差额	X duration,credit
应付非货币性福利,外币报表折算差额	X duration,credit
应付短期带薪缺勤,外币报表折算差额	X duration,credit
应付短期利润分享计划,外币报表折算差额	X duration,credit
其他应付短期薪酬,外币报表折算差额	X duration,credit
应付离职后福利,流动部分[abstract]	
应付离职后福利,流动部分	X instant,credit
应付离职后福利,设定提存计划	X instant,credit
应付基本养老保险费	X instant,credit
应付失业保险费	X instant,credit
应付企业年金缴费	X instant,credit
应付离职后福利,流动部分,本期增加额	X duration,credit
应付离职后福利,设定提存计划,本期增加额	X duration,credit
应付基本养老保险费,本期增加额	X duration,credit
应付失业保险费,本期增加额	X duration,credit
应付企业年金缴费,本期增加额	X duration,credit
应付离职后福利,流动部分,本期支付额	X duration,debit
应付离职后福利,设定提存计划,本期支付额	X duration,debit
应付基本养老保险费,本期支付额	X duration,debit
应付失业保险费,本期支付额	X duration,debit
应付企业年金缴费,本期支付额	X duration,debit
应付离职后福利,流动部分,外币报表折算差额	X duration,credit
应付离职后福利,设定提存计划,外币报表折算差额	X duration,credit
应付基本养老保险费,外币报表折算差额	X duration,credit
应付失业保险费,外币报表折算差额	X duration,credit
应付企业年金缴费,外币报表折算差额	X duration,credit
应付辞退福利,流动部分[abstract]	
应付辞退福利,流动部分	X instant,credit
应付辞退福利,流动部分,本期增加额	X duration,credit
应付辞退福利,流动部分,本期支付额	X duration,debit

元　　素	元素属性
应付辞退福利,流动部分,外币报表折算差额	X duration,credit
其他应付职工薪酬,流动部分[abstract]	
其他应付职工薪酬,流动部分	X instant,credit
应付以现金结算的股份支付,流动部分	X instant,credit
其他应付职工薪酬,流动部分,本期增加额	X duration,credit
应付以现金结算的股份支付,流动部分,本期增加额	X duration,credit
其他应付职工薪酬,流动部分,本期支付额	X duration,debit
应付以现金结算的股份支付,流动部分,本期支付额	X duration,debit
其他应付职工薪酬,流动部分,外币报表折算差额	X duration,credit
应付以现金结算的股份支付,流动部分,外币报表折算差额	X duration,credit
应付职工薪酬,流动部分[abstract]	
应付职工薪酬,流动部分	X instant,credit
应付职工薪酬,流动部分,本期增加额	X duration,credit
应付职工薪酬,流动部分,本期支付额	X duration,debit
应付职工薪酬,流动部分,外币报表折算差额	X duration,credit
应付职工薪酬,非流动部分的增减变动[abstract]	
应付离职后福利,非流动部分[abstract]	
应付离职后福利,非流动部分	X instant,credit
应付离职后福利,应付设定受益计划	X instant,credit
应付补充退休后福利	X instant,credit
应付内部退养补偿金	X instant,credit
应付离职后福利,非流动部分,本期增加额	X duration,credit
应付离职后福利,应付设定受益计划,本期增加额	X duration,credit
应付补充退休后福利,本期增加额	X duration,credit
应付内部退养补偿金,本期增加额	X duration,credit
应付离职后福利,非流动部分,本期支付额	X duration,debit
应付离职后福利,应付设定受益计划,本期支付额	X duration,debit
应付补充退休后福利,本期支付额	X duration,debit
应付内部退养补偿金,本期支付额	X duration,debit
应付离职后福利,非流动部分,外币报表折算差额	X duration,credit
应付离职后福利,应付设定受益计划,外币报表折算差额	X duration,credit
应付补充退休后福利,外币报表折算差额	X duration,credit
应付内部退养补偿金,外币报表折算差额	X duration,credit
应付辞退福利,非流动部分[abstract]	
应付辞退福利,非流动部分	X instant,credit
应付辞退福利,非流动部分,本期增加额	X duration,credit
应付辞退福利,非流动部分,本期支付额	X duration,debit
应付辞退福利,非流动部分,外币报表折算差额	X duration,credit

元　　素	元素属性
其他应付长期职工福利[abstract]	
其他应付长期职工福利	X instant,credit
应付长期带薪缺勤	X instant,credit
应付其他长期服务福利	X instant,credit
应付长期残疾福利	X instant,credit
应付长期利润分享计划	X instant,credit
应付长期奖金计划	X instant,credit
其他应付长期职工福利,本期增加额	X duration,credit
应付长期带薪缺勤,本期增加额	X duration,credit
应付其他长期服务福利,本期增加额	X duration,credit
应付长期残疾福利,本期增加额	X duration,credit
应付长期利润分享计划,本期增加额	X duration,credit
应付长期奖金计划,本期增加额	X duration,credit
其他应付长期职工福利,本期支付额	X duration,debit
应付长期带薪缺勤,本期支付额	X duration,debit
应付其他长期服务福利,本期支付额	X duration,debit
应付长期残疾福利,本期支付额	X duration,debit
应付长期利润分享计划,本期支付额	X duration,debit
应付长期奖金计划,本期支付额	X duration,debit
其他应付长期职工福利,外币报表折算差额	X duration,credit
应付长期带薪缺勤,外币报表折算差额	X duration,credit
应付其他长期服务福利,外币报表折算差额	X duration,credit
应付长期残疾福利,外币报表折算差额	X duration,credit
应付长期利润分享计划,外币报表折算差额	X duration,credit
应付长期奖金计划,外币报表折算差额	X duration,credit
其他应付职工薪酬,非流动部分[abstract]	
其他应付职工薪酬,非流动部分	X instant,credit
应付以现金结算的股份支付,非流动部分	X instant,credit
其他应付职工薪酬,非流动部分,本期增加额	X duration,credit
应付以现金结算的股份支付,非流动部分,本期增加额	X duration,credit
其他应付职工薪酬,非流动部分,本期支付额	X duration,debit
应付以现金结算的股份支付,非流动部分,本期支付额	X duration,debit
其他应付职工薪酬,非流动部分,外币报表折算差额	X duration,credit
应付以现金结算的股份支付,非流动部分,外币报表折算差额	X duration,credit
应付职工薪酬,非流动部分[abstract]	
应付职工薪酬,非流动部分	X instant,credit
应付职工薪酬,非流动部分,本期增加额	X duration,credit
应付职工薪酬,非流动部分,本期支付额	X duration,debit

元　　素	元素属性
应付职工薪酬,非流动部分,外币报表折算差额	X duration,credit
应付职工薪酬,流动部分和非流动部分的增减变动[abstract]	
应付职工薪酬	X instant,credit
应付职工薪酬,本期增加额	X duration,credit
应付职工薪酬,本期支付额	X duration,debit
应付职工薪酬,外币报表折算差额	X duration,credit
[809200]附注_应付职工薪酬(二)	
应付职工薪酬信息披露[text block]	text block
设定提存计划信息披露[text block]	text block
基本养老保险费的性质、计算缴费金额的公式或依据	text
失业保险费的性质、计算缴费金额的公式或依据	text
企业年金缴费的性质、计算缴费金额的公式或依据	text
设定受益计划信息披露[text block]	text block
设定受益计划的特征及与之相关的风险[abstract]	
设定受益计划的特征及与之相关的风险[table]	table
设定受益计划[axis]	axis
设定受益计划[member]	member
设定受益计划的特征及与之相关的风险[line items]	line items
设定受益计划的特征的描述	text
设定受益计划所提供福利的性质的描述	text
设定受益计划运行的监管要求的描述	text
对设定受益计划使企业面临的风险的描述	text
对设定受益计划相关的重要风险集中程度的描述	text
对设定受益计划的修改、缩减和结算的描述	text
设定受益计划的金额及其变动[abstract]	
设定受益计划的金额及其变动[table]	table
设定受益计划净负债(净资产)[axis]	axis
设定受益计划净负债(净资产)[member]	member
设定受益计划义务现值[member]	member
计划资产的公允价值[member]	member
资产上限的影响[member]	member
设定受益计划的金额及其变动[line items]	line items
期初余额	X instant,credit
计入当期损益的设定受益成本	X duration,credit
当期服务成本	X duration,credit
过去服务成本	X duration,credit
结算利得或损失	(X) duration,debit

元　　素	元素属性
利息净额	X duration,credit
计入其他综合收益的设定受益成本	(X) duration,debit
重新计量金额	(X) duration,debit
精算利得或损失	(X) duration,debit
计划资产回报	(X) duration,debit
资产上限的影响的变动	(X) duration,debit
其他变动	(X) duration,debit
结算时消除的负债	(X) duration,debit
已支付的福利	(X) duration,debit
期末余额	X instant,credit
计划资产公允价值的信息披露[abstract]	
现金及现金等价物	X instant,debit
权益工具投资	X instant,debit
债务工具投资	X instant,debit
衍生品	X instant,debit
其他资产	X instant,debit
合计	X instant,debit
设定受益计划对企业未来现金流量金额、时间和不确定性的影响的信息披露[text block]	text block
影响设定受益计划未来缴存金额的有关筹资政策和计划	text
下一个会计年度预期将缴存的金额	X duration,credit
设定受益义务有关到期情况的信息披露[text block]	text block
设定受益义务的加权平均期间	X. XX duration
有关福利支付的到期日分析	text
精算估计所采用的重大假设[abstract]	
折现率	X. XX instant
死亡率	X. XX instant
预计平均未来寿命	X. XX instant
薪酬的预期增长率	X. XX instant
正常退休年龄	X. XX instant
平均医疗费用增长率	X. XX instant
养老保险预期增长率	X. XX instant
预期通货膨胀率	X. XX instant
重大精算假设对设定受益义务的敏感性分析[abstract]	
重大精算假设对设定受益义务的敏感性分析[table]	table
精算估计的重大假设[axis]	axis
精算估计的重大假设[member]	member
精算估计的重大假设,折现率[member]	member

元　　素	元素属性
精算估计的重大假设，死亡率[member]	member
精算估计的重大假设，预计平均未来寿命[member]	member
精算估计的重大假设，薪酬的预期增长率[member]	member
精算估计的重大假设，正常退休年龄[member]	member
精算估计的重大假设，平均医疗费用增长率[member]	member
精算估计的重大假设，养老保险预期增长率[member]	member
精算估计的重大假设，预期通货膨胀率[member]	member
重大精算假设对设定受益义务的敏感性分析[line items]	line items
合理可能的精算假设增长幅度	X. XX instant
合理可能的精算假设增长对设定受益计划义务现值的影响	X instant，credit
合理可能的精算假设降低幅度	X. XX instant
合理可能的精算假设降低对设定受益计划义务现值的影响	X instant，credit
对编制精算假设敏感性分析的方法和假设的描述	text
对编制精算假设敏感性分析的方法的局限性的描述	text
对用于编制精算假设敏感性分析的方法和假设发生变动的描述	text
对用于编制精算假设敏感性分析的方法和假设发生变动的原因的描述	text
应付职工薪酬其他需要说明的事项	text
[830300]附注_应交税费	
应交税费信息披露[text block]	text block
应交税费[abstract]	
应交税费，增值税	X instant，credit
应交税费，消费税	X instant，credit
应交税费，营业税	X instant，credit
应交税费，城市维护建设税	X instant，credit
应交税费，企业所得税	X instant，credit
应交税费，土地增值税	X instant，credit
应交税费，教育费附加	X instant，credit
应交税费，资源税	X instant，credit
应交税费，房产税	X instant，credit
应交税费，土地使用税	X instant，credit
应交税费，个人所得税	X instant，credit
应交税费，其他应交税费	X instant，credit
应交税费合计	X instant，credit
[900829]附注_应付利息	
应付利息信息披露[text block]	text block

元　　　素	元素属性
应付利息[abstract]	
吸收存款	X instant, credit
同业及其他金融机构存放款项	X instant, credit
拆入资金	X instant, credit
向中央银行借款	X instant, credit
应付债券	X instant, credit
卖出回购金融资产款	X instant, credit
其他	X instant, credit
合计	X instant, credit
[900830]附注_预计负债	
预计负债信息披露[text block]	text block
预计负债信息披露[abstract]	
预计负债信息披露[table]	table
预期负债项目[axis]	axis
预计负债项目[member]	member
预计诉讼损失[member]	member
其他预计负债[member]	member
预计负债信息披露[line items]	line items
年初账面余额	X instant, credit
本期计提	X duration, credit
本期支付	(X) duration, debit
本期转回	(X) duration, debit
外币报表折算差额	X duration, credit
其他	X duration, credit
期末账面余额	X instant, credit
说明预计负债产生的原因	text
预计负债经济利益流出不确定性的说明	text
与预计负债有关的预期补偿金额和本期已确认的预期补偿金额	text
[900831]附注_应付债券	
应付债券信息披露[text block]	text block
应付债券余额[abstract]	
应付债券余额[table]	table
应付债券类型[axis]	axis
应付债券类别[member]	member
普通债券[member]	member
次级债券[member]	member

元　　素	元素属性
可转换债券[member]	member
其他债券[member]	member
应付债券余额[line items]	line items
发行日	yyyy-mm-dd
到期日	yyyy-mm-dd
面值	X instant,credit
票面利率	X. XX instant
期末账面余额	X instant,credit
年初账面余额	X instant,credit
可转换债券[abstract]	
发行可转换债券面值	X instant,credit
加(减):溢价(折价)	X instant,credit
减:发行成本	(X) instant,debit
合计	X instant,credit
其中:负债组成部分	X instant,credit
权益组成部分	X instant,credit
可转换债券的账面价值本期及上期变动情况	text
[900832]附注_递延所得税资产和负债	
递延所得税资产和递延所得税负债信息披露[text block]	text block
递延所得税资产和递延所得税负债[abstract]	
递延所得税资产和递延所得税负债[table]	table
确认递延所得税的暂时性差异类型[axis]	axis
确认递延所得税的暂时性差异类型[member]	member
资产减值准备[member]	member
公允价值变动[member]	member
固定资产折旧[member]	member
无形资产摊销[member]	member
应付职工薪酬[member]	member
预计负债[member]	member
其他[member]	member
递延所得税资产和递延所得税负债[line items]	line items
可抵扣暂时性差异	X instant,debit
未经抵销的递延所得税资产	X instant,debit
应纳税暂时性差异	X instant,credit
未经抵销的递延所得税负债	X instant,credit
抵销金额	X instant
抵销后的递延所得税资产和负债净额[abstract]	

元　　素	元素属性
递延所得税资产	X instant,debit
递延所得税负债	X instant,credit
未确认递延所得税资产的可抵扣暂时性差异(或可抵扣亏损)[abstract]	
未确认递延所得税资产的可抵扣暂时性差异(或可抵扣亏损)[table]	table
未确认递延所得税的暂时性差异类型[axis]	axis
未确认递延所得税的暂时性差异类型[member]	member
未确认递延所得税资产的可抵扣暂时性差异(或可抵扣亏损)[line items]	line items
可抵扣暂时性差异(或可抵扣亏损)	X instant,debit
未确认原因	text
到期日	yyyy-mm-dd
对子公司或联营企业及合营企业投资相关的递延所得税负债未确认原因	text
递延所得税资产和递延所得税负债抵销后列报的说明	text
其他需要说明的事项	text
[900833]附注_其他负债	
其他负债信息披露[text block]	text block
其他负债[abstract]	
应付股利	X instant,credit
代收代付款项	X instant,credit
应付融资租赁保证金款项	X instant,credit
助学贷款风险补偿金	X instant,credit
保险负债	X instant,credit
其他	X instant,credit
合计	X instant,credit
[830340]附注_实收资本或股本	
实收资本或股本信息披露[text block]	text block
实收资本(或股本)[abstract]	
实收资本(或股本)[table]	table
实收资本项目[axis]	axis
实收资本项目[member]	member
实收资本(或股本)[line items]	line items
实收资本(或股本)股数 shares	
实收资本(或股本)	X instant,credit
实收资本(或股本)本期变动情况[abstract]	
实收资本(或股本)本期变动[table]	table
实收资本项目[axis]	axis
实收资本项目[member]	member

元　　素	元素属性
实收资本(或股本)本期变动[line items]	line items
实收资本(或股本)股数本期增减变动[abstract]	
实收资本(或股本)年初股数 shares	
实收资本(或股本)股数本期变动,发行新股 shares	
实收资本(或股本)股数本期变动,送股 shares	
实收资本(或股本)股数本期变动,公积金转股 shares	
实收资本(或股本)股数本期变动,其他 shares	
实收资本(或股本)股数本期变动合计 shares	
实收资本(或股本)期末股数 shares	
实收资本(或股本)本期增减变动[abstract]	
实收资本(或股本)年初余额	X instant,credit
实收资本(或股本)本期变动,发行新股	X duration,credit
实收资本(或股本)本期变动,送股	X duration,credit
实收资本(或股本)本期变动,公积金转股	X duration,credit
实收资本(或股本)本期变动,其他	X duration,credit
实收资本(或股本)本期变动合计	X duration,credit
实收资本(或股本)期末余额	X instant,credit
本期公司实收资本或股本变动情况的其他说明	text
本期公司实收资本或股本其他需要说明的事项[text block]	text block
[830360]附注_资本公积	
资本公积信息披露[text block]	text block
资本公积[abstract]	
资本公积[table]	table
资本公积项目[axis]	axis
资本公积项目[member]	member
资本溢价[member]	member
其他资本公积[member]	member
其他资本公积,原制度资本公积转入[member]	member
其他资本公积,其他[member]	member
资本公积[line items]	line items
资本公积年初账面余额	X instant,credit
资本公积本期增加额	X duration,credit
资本公积本期减少额	(X) duration,debit
资本公积外币报表折算差额	X duration,credit
资本公积期末账面余额	X instant,credit
[830370]附注_库存股	
库存股信息披露[text block]	text block

元素	元素属性
库存股的增减变动[abstract]	
库存股的增减变动[table]	table
库存股项目[axis]	axis
库存股项目[member]	member
减资回购股份[member]	member
股权激励回购[member]	member
库存股的增减变动[line items]	line items
库存回购股占本行发行在外股份的百分比	X. XX instant
库存股期初账面余额	X instant,debit
库存股本期增加额	X duration,credit
库存股本期减少额	(X) duration,debit
库存股期末账面余额	X instant,debit
库存股回购价格的确定方法	text
库存股调整的披露[abstract]	
库存股调整的披露[table]	table
库存股调整的披露项目[axis]	axis
库存股调整的披露项目的类别[member]	member
注销资本或股本[member]	member
以权益结算的股份支付的行权[member]	member
库存股调整的披露[line items]	line items
库存股调整减少的库存股成本	X duration,debit
库存股调整减少的注册资本(或股本)金额	X duration,debit
库存股调整增加或减少的资本公积	X duration,credit
库存股调整增加或减少的盈余公积	X duration,credit
库存股调整增加或减少的未分配利润	X duration,credit
库存股其他需要说明的事项	text
[830390]附注_盈余公积	
盈余公积信息披露[text block]	text block
盈余公积增减变动[abstract]	
盈余公积增减变动[table]	table
盈余公积类别[axis]	axis
盈余公积类别[member]	member
法定盈余公积[member]	member
任意盈余公积[member]	member
企业发展基金[member]	member
储备基金[member]	member
利润归还投资[member]	member

元　　素	元素属性
其他盈余公积[member]	member
盈余公积增减变动[line items]	line items
盈余公积年初账面余额	X instant, credit
盈余公积本期增加额	X duration, credit
盈余公积本期减少额	(X) duration, debit
盈余公积本期减少额,转增资本	(X) duration, debit
盈余公积本期减少额,弥补亏损	(X) duration, debit
盈余公积本期减少额,其他减少	(X) duration, debit
盈余公积期末账面余额	X instant, credit
提取法定盈余公积描述	text
提取任意盈余公积描述	text
盈余公积其他需要说明的事项	text
[900838]附注_一般风险准备	
一般风险准备信息披露[text block]	text block
一般风险准备[abstract]	
一般风险准备[table]	table
一般风险准备项目[axis]	axis
一般风险准备项目[member]	member
一般风险准备[line items]	line items
计提比例	X. XX instant
年初账面余额	X instant, credit
本期增加额	X duration, credit
本期减少额	(X) duration, debit
期末账面余额	X instant, credit
一般风险准备余额占风险资产的最低比例	X. XX instant
[900839]附注_未分配利润	
未分配利润信息披露[text block]	text block
合并财务报表未分配利润的增减变动[abstract]	
调整前,上年末未分配利润	X instant, credit
调整,年初未分配利润	X instant, credit
调整后,年初未分配利润	X instant, credit
加:本期归属于母公司所有者的净利润	X duration, credit
减:提取法定盈余公积	(X) duration, debit
提取任意盈余公积	(X) duration, debit
提取一般风险准备	(X) duration, debit
应付普通股股利	(X) duration, debit

元　　素	元素属性
转作股本的普通股股利	(X) duration,debit
期末未分配利润	X instant,credit
盈余公积提取比例和股利分配比例[abstract]	
法定盈余公积提取比例	X. XX instant
任意盈余公积提取比例	X. XX instant
一般风险准备计提比例	X. XX instant
应付普通股股利分配比例	X. XX instant
转作股本的普通股股利分配比例	X. XX instant
[830410]附注_少数股东权益	
少数股东权益信息披露[text block]	text block
少数股东权益[abstract]	
归属于各子公司少数股东权益[table]	table
子公司名称[axis]	axis
子公司[member]	member
其他子公司[member]	member
归属于各子公司少数股东权益[line items]	line items
少数股东权益	X instant,credit
[900841]附注_利息净收入	
利息净收入信息披露[text block]	text block
利息净收入[abstract]	
利息收入[abstract]	
存放中央银行	X duration,credit
存放同业款项	X duration,credit
拆出资金	X duration,credit
发放贷款和垫款	X duration,credit
其中:个人贷款和垫款	X duration,credit
公司贷款和垫款	X duration,credit
票据贴现	X duration,credit
应收融资租赁款	X duration,credit
买入返售金融资产	X duration,credit
债券投资	X duration,credit
其他	X duration,credit
合计	X duration,credit
其中:已减值金融资产利息收入	X duration,credit
利息支出[abstract]	
向中央银行借款	(X) duration,debit

元　　素	元素属性
同业及其他金融机构存放款项	(X) duration,debit
拆入资金	(X) duration,debit
卖出回购金融资产	(X) duration,debit
吸收存款	(X) duration,debit
应付债券	(X) duration,debit
其他	(X) duration,debit
合计	(X) duration,debit
利息净收入	X duration,credit
[900842]附注_手续费及佣金净收入	
手续费及佣金净收入信息披露[text block]	text block
手续费及佣金净收入[abstract]	
手续费及佣金收入	X duration,credit
结算与清算手续费	X duration,credit
理财产品业务手续费	X duration,credit
代理业务手续费	X duration,credit
信用承诺手续费及佣金	X duration,credit
银行卡手续费	X duration,credit
顾问和咨询费	X duration,credit
托管及其他受托业务佣金	X duration,credit
其他	X duration,credit
手续费及佣金支出	(X) duration,debit
结算与清算手续费	(X) duration,debit
银行卡交易手续费	(X) duration,debit
其他	(X) duration,debit
手续费及佣金净收入	X duration,credit
[900843]附注_投资收益	
投资收益信息披露[text block]	text block
投资收益的明细情况[abstract]	
处置投资产生的收益	X duration,credit
其中:处置以公允价值计量且其变动计入当期损益的金融资产收益	X duration,credit
处置交易性金融资产收益	X duration,credit
处置衍生金融资产收益	X duration,credit
处置可供出售金融资产收益	X duration,credit
处置持有至到期投资收益	X duration,credit
处置对子公司投资收益	X duration,credit
处置对联营企业投资收益	X duration,credit

元　　　　素	元素属性
处置对合营企业投资收益	X duration,credit
其他	X duration,credit
回购交易性金融负债的收益	X duration,credit
持有股权投资产生的投资收益	X duration,credit
取得的现金股利或利润	X duration,credit
其中:以公允价值计量且其变动计入当期损益的金融资产	X duration,credit
其中:交易性金融资产	X duration,credit
可供出售金融资产	X duration,credit
权益法下确认的收益	X duration,credit
其中:联营企业	X duration,credit
合营企业	X duration,credit
其他	X duration,credit
合计	X duration,credit
其他需要说明的事项	text
[900844]附注_公允价值变动收益	
公允价值变动收益信息披露[text block]	text block
公允价值变动收益[abstract]	
以公允价值计量且其变动计入当期损益的金融资产	X duration,credit
交易性金融资产	X duration,credit
指定为以公允价值计量且其变动计入当期损益的金融资产	X duration,credit
以公允价值计量且其变动计入当期损益的金融负债	X duration,credit
交易性金融负债	X duration,credit
指定为以公允价值计量且其变动计入当期损益的金融负债	X duration,credit
衍生金融工具	X duration,credit
投资性房地产	X duration,credit
其他	X duration,credit
合计	X duration,credit
[900845]附注_汇兑损益	
汇兑损益信息披露[text block]	text block
汇兑损益需要说明的事项	text
[900846]附注_其他业务收入	
其他业务收入信息披露[text block]	text block
其他业务收入[abstract]	
保险业务收入	X duration,credit
租赁业务收入	X duration,credit

元　　　素	元素属性
其他	X duration, credit
合计	X duration, credit
[830430]附注_营业税金及附加	
营业税金及附加信息披露[text block]	text block
营业税金及附加[abstract]	
营业税	X duration, debit
城市维护建设税	X duration, debit
消费税	X duration, debit
资源税	X duration, debit
教育费附加	X duration, debit
土地增值税	X duration, debit
其他营业税金及附加	X duration, debit
合计	X duration, debit
[900848]附注_业务及管理费	
业务及管理费信息披露[text block]	text block
业务及管理费[abstract]	
职工薪酬	X duration, debit
折旧及摊销	X duration, debit
电子设备运转费	X duration, debit
安全防范费	X duration, debit
租金及物业管理费	X duration, debit
其他	X duration, debit
合计	X duration, debit
[900849]附注_资产减值损失	
资产减值损失信息披露[text block]	text block
资产减值损失净额[abstract]	
存放同业款项减值损失	X duration, debit
拆出资金减值损失	X duration, debit
买入返售金融资产减值损失	X duration, debit
发放贷款和垫款减值损失	X duration, debit
应收融资租赁减值损失	X duration, debit
可供出售金融资产减值损失	X duration, debit
持有至到期投资减值损失	X duration, debit
应收款项类投资减值损失	X duration, debit
长期股权投资减值损失	X duration, debit

元　　素	元素属性
投资性房地产减值损失	X duration,debit
固定资产减值损失	X duration,debit
在建工程减值损失	X duration,debit
无形资产减值损失	X duration,debit
商誉减值损失	X duration,debit
其他资产减值损失	X duration,debit
合计	X duration,debit
[900850]附注_其他业务成本	
其他业务成本信息披露[text block]	text block
其他业务成本[abstract]	
保险业务成本	X duration,debit
租赁业务成本	X duration,debit
其他	X duration,debit
合计	X duration,debit
[900851]附注_营业外收入	
营业外收入信息披露[text block]	text block
营业外收入的明细情况[abstract]	
处置固定资产净收益	X duration,credit
处置抵债资产净收益	X duration,credit
长期不动户清理收入	X duration,credit
政府补助	X duration,credit
其他营业外收入	X duration,credit
合计	X duration,credit
其他需要说明的事项	text
[900852]附注_营业外支出	
营业外支出信息披露[text block]	text block
营业外支出的明细情况[abstract]	
处置固定资产净损失	X duration,debit
处置抵债资产净损失	X duration,debit
捐赠支出	X duration,debit
诉讼损失	X duration,debit
其他营业外支出	X duration,debit
合计	X duration,debit
其他需要说明的事项	text

元　　　素	元素属性
[900853]附注_所得税费用	
所得税信息披露[text block]	text block
所得税费用[abstract]	
所得税费用[table]	table
地区分布[axis]	axis
地区分布的类别[member]	member
境内[member]	member
境外[member]	member
所得税费用[line items]	line items
当期所得税费用发生额	X duration,debit
以前年度所得税费用调整	X duration,debit
递延所得税费用发生额	X duration,debit
合计	X duration,debit
所得税费用与会计利润的关系[abstract]	
利润总额	X duration,credit
适用的所得税税率	X. XX duration
按适用所得税税率计算的所得税费用	X duration,debit
税率变动对所得税的影响	X duration,debit
适用不同税率对所得税的影响	X duration,debit
未确认递延所得税的影响	X duration,debit
以前年度所得税费用调整	X duration,debit
所得税费用调整项目[abstract]	
不可抵扣的支出	X duration,debit
职工薪酬	X duration,debit
不可税前抵扣的资产核销损失	X duration,debit
其他	X duration,debit
非应税收入	(X) duration,credit
国债利息收入	(X) duration,credit
其他	(X) duration,credit
所得税费用	X duration,debit
所得税费用其他需要说明的事项	text
[830490]附注_其他综合收益	
其他综合收益信息披露[text block]	text block
其他综合收益各项目及其所得税影响和转入损益情况[abstract]	
以后不能重分类进损益的其他综合收益各项目及其所得税影响[abstract]	
重新计量设定受益计划净负债或净资产的变动[abstract]	
税前金额	X duration,credit

元　　　素	元素属性
所得税影响	(X) duration, debit
税后净额	X duration, credit
权益法下在被投资单位不能重分类进损益的其他综合收益中享有的份额[abstract]	
税前金额	X duration, credit
所得税影响	(X) duration, debit
税后净额	X duration, credit
以后不能重分类进损益的其他项目[abstract]	
税前金额	X duration, credit
所得税影响	(X) duration, debit
税后净额	X duration, credit
以后不能重分类进损益的其他综合收益[abstract]	
税前金额	X duration, credit
所得税影响	(X) duration, debit
税后净额	X duration, credit
以后将重分类进损益的其他综合收益各项目及其所得税影响和转入损益情况[abstract]	
权益法下在被投资单位以后将重分类进损益的其他综合收益中享有的份额[abstract]	
权益法下在被投资单位以后将重分类进损益的其他综合收益中享有的份额，税前金额[abstract]	
权益法下在被投资单位以后将重分类进损益的其他综合收益中享有的份额	X duration, credit
前期计入其他综合收益当期转入损益	(X) duration, debit
小计	X duration, credit
权益法下在被投资单位以后将重分类进损益的其他综合收益中享有的份额，所得税影响[abstract]	
权益法下在被投资单位以后将重分类进损益的其他综合收益中享有的份额	(X) duration, debit
前期计入其他综合收益当期转入损益	X duration, credit
小计	(X) duration, debit
权益法下在被投资单位以后将重分类进损益的其他综合收益中享有的份额，税后净额[abstract]	
权益法下在被投资单位以后将重分类进损益的其他综合收益中享有的份额	X duration, credit
前期计入其他综合收益当期转入损益	(X) duration, debit
小计	X duration, credit
可供出售金融资产公允价值变动损益[abstract]	
可供出售金融资产公允价值变动损益，税前金额[abstract]	
可供出售金融资产公允价值变动损益	X duration, credit
前期计入其他综合收益当期转入损益	(X) duration, debit

元　　素	元素属性
小计	X duration,credit
可供出售金融资产公允价值变动损益,所得税影响[abstract]	
可供出售金融资产公允价值变动损益	(X) duration,debit
前期计入其他综合收益当期转入损益	X duration,credit
小计	(X) duration,debit
可供出售金融资产公允价值变动损益,税后净额[abstract]	
可供出售金融资产公允价值变动损益	X duration,credit
前期计入其他综合收益当期转入损益	(X) duration,debit
小计	X duration,credit
持有至到期投资重分类为可供出售金融资产损益[abstract]	
持有至到期投资重分类为可供出售金融资产损益,税前金额[abstract]	
持有至到期投资重分类为可供出售金融资产损益	X duration,credit
前期计入其他综合收益当期转入损益	(X) duration,debit
小计	X duration,credit
持有至到期投资重分类为可供出售金融资产损益,所得税影响[abstract]	
持有至到期投资重分类为可供出售金融资产损益	(X) duration,debit
前期计入其他综合收益当期转入损益	X duration,credit
小计	(X) duration,debit
持有至到期投资重分类为可供出售金融资产损益,税后净额[abstract]	
持有至到期投资重分类为可供出售金融资产损益	X duration,credit
前期计入其他综合收益当期转入损益	(X) duration,debit
小计	X duration,credit
现金流量套期损益的有效部分[abstract]	
现金流量套期损益的有效部分,税前金额[abstract]	
现金流量套期损益的有效部分	X duration,credit
前期计入其他综合收益当期转入损益	(X) duration,debit
转为被套期项目初始确认金额的调整额	(X) duration,debit
小计	X duration,credit
现金流量套期损益的有效部分,所得税影响[abstract]	
现金流量套期损益的有效部分	(X) duration,debit
前期计入其他综合收益当期转入损益	X duration,credit
转为被套期项目初始确认金额的调整额	X duration,credit
小计	(X) duration,debit
现金流量套期损益的有效部分,税后净额[abstract]	
现金流量套期损益的有效部分	X duration,credit
前期计入其他综合收益当期转入损益	(X) duration,debit

元　　素	元素属性
转为被套期项目初始确认金额的调整额	(X) duration,debit
小计	X duration,credit
外币财务报表折算差额[abstract]	
外币财务报表折算差额的利得或损失,税前金额[abstract]	
外币财务报表折算差额的利得或损失	X duration,credit
前期计入其他综合收益当期转入损益	(X) duration,debit
小计	X duration,credit
外币财务报表折算差额的利得或损失,所得税影响[abstract]	
外币财务报表折算差额的利得或损失	(X) duration,debit
前期计入其他综合收益当期转入损益	X duration,credit
小计	(X) duration,debit
外币财务报表折算差额的利得或损失,税后净额[abstract]	
外币财务报表折算差额的利得或损失	X duration,credit
前期计入其他综合收益当期转入损益	(X) duration,debit
小计	X duration,credit
以后将重分类进损益的其他项目[abstract]	
以后将重分类进损益的其他项目,税前金额[abstract]	
其他项目	X duration,credit
前期计入其他综合收益当期转入损益	(X) duration,debit
小计	X duration,credit
以后将重分类进损益的其他项目,所得税影响[abstract]	
其他项目	X duration,debit
前期计入其他综合收益当期转入损益	(X) duration,credit
小计	X duration,debit
以后将重分类进损益的其他项目,税后净额[abstract]	
其他项目	X duration,credit
前期计入其他综合收益当期转入损益	(X) duration,debit
小计	X duration,credit
以后将重分类进损益的其他综合收益[abstract]	
税前金额	X duration,credit
所得税影响	(X) duration,debit
税后净额	X duration,credit
其他综合收益及其所得税影响[abstract]	
税前金额	X duration,credit
所得税影响	(X) duration,debit
税后净额	X duration,credit
合并财务报表其他综合收益各项目的调节情况[abstract]	
合并财务报表其他综合收益各项目的调节情况[table]	table

元　　素	元素属性
其他综合收益按项目披露[axis]	axis
其他综合收益项目[member]	member
重新计量设定受益计划净负债或净资产的变动[member]	member
权益法下在被投资单位不能重分类进损益的其他综合收益中享有的份额[member]	member
权益法下在被投资单位以后将重分类进损益的其他综合收益中享有的份额[member]	member
可供出售金融资产公允价值变动损益[member]	member
持有至到期投资重分类为可供出售金融资产损益[member]	member
现金流量套期损益的有效部分[member]	member
外币报表折算差额[member]	member
合并财务报表其他综合收益各项目的调节情况[line items]	line items
其他综合收益期初账面余额	X instant, credit
归属于母公司所有者的其他综合收益的税后净额	X duration, credit
其他综合收益期末账面余额	X instant, credit
个别财务报表其他综合收益各项目的调节情况[abstract]	
个别财务报表其他综合收益各项目的调节情况[table]	table
合并和个别财务报表[axis]	axis
合并[member]	member
个别[member]	member
其他综合收益按项目披露[axis]	axis
其他综合收益项目[member]	member
重新计量设定受益计划净负债或净资产的变动[member]	member
权益法下在被投资单位不能重分类进损益的其他综合收益中享有的份额[member]	member
权益法下在被投资单位以后将重分类进损益的其他综合收益中享有的份额[member]	member
可供出售金融资产公允价值变动损益[member]	member
持有至到期投资重分类为可供出售金融资产损益[member]	member
现金流量套期损益的有效部分[member]	member
外币报表折算差额[member]	member
个别财务报表其他综合收益各项目的调节情况[line items]	line items
其他综合收益期初账面余额	X instant, credit
其他综合收益的税后净额	X duration, credit
其他综合收益期末账面余额	X instant, credit
其他综合收益其他需要说明的事项	text
[834600]附注_每股收益	
每股收益信息披露[text block]	text block
每股收益[abstract]	

元　　素	元素属性
基本每股收益[abstract]	
归属于母公司普通股股东的净利润	X duration,credit
发行在外的普通股的加权平均数 shares	
基本每股收益	X. XX duration
稀释每股收益[abstract]	
稀释后归属于母公司普通股股东的净利润	X duration,credit
稀释后发行在外的普通股的加权平均数 shares	
稀释每股收益	X. XX duration
基本每股收益分子的计算过程	text
基本每股收益分母的计算过程	text
稀释每股收益分子的计算过程	text
稀释每股收益分母的计算过程	text
列报期间不具有稀释性但以后期间很可能具有稀释性的潜在普通股	text
在资产负债表日至财务报告批准报出日之间,企业发行在外普通股或潜在普通股股数发生重大变化的情况	text
每股收益其他需要说明的事项	text
[900856]附注_现金流量表注释	
现金流量表补充信息披露[text block]	text block
收到或支付的其他与经营活动、投资活动、筹资活动有关的现金[abstract]	
收到其他与经营活动有关的现金	X duration,debit
支付其他与经营活动有关的现金	(X) duration,credit
收到其他与投资活动有关的现金	X duration,debit
支付其他与投资活动有关的现金	(X) duration,credit
收到其他与筹资活动有关的现金	X duration,debit
支付其他与筹资活动有关的现金	(X) duration,credit
合计	X duration,debit
现金流量表补充资料[abstract]	
间接法下的经营活动现金流量表披露[abstract]	
净利润	X duration,credit
加:资产减值损失	X duration,debit
固定资产折旧	X duration,debit
投资性房地产的折旧及摊销	X duration,debit
无形资产摊销	X duration,debit
长期待摊费用摊销	X duration,debit
处置固定资产、无形资产和其他长期资产的损失(收益以"—"号填列)	X duration,debit
固定资产报废损失(收益以"—"号填列)	X duration,debit
公允价值变动损失(收益以"—"号填列)	X duration,debit

元　　素	元素属性
已减值金融资产利息收入	(X) duration,credit
债券投资利息收入	(X) duration,credit
投资损失(收益以"-"号填列)	X duration,debit
发行债券利息支出(收入以"-"号填列)	X duration,debit
汇兑收益	(X) duration,credit
递延所得税资产减少(增加以"-"号填列)	X duration,debit
递延所得税负债增加(减少以"-"号填列)	X duration,debit
经营性应收项目的减少(增加以"-"号填列)	X duration,debit
经营性应付项目的增加(减少以"-"号填列)	X duration,debit
其他	X duration,debit
经营活动产生的现金流量净额	X duration
不涉及现金收支的重大投资和筹资活动[abstract]	
债务转为资本	X duration,credit
一年内到期的可转换公司债券	X duration,credit
融资租入固定资产	X duration
现金及现金等价物变动情况[abstract]	
现金及现金等价物的期末余额	X instant,debit
减:现金及现金等价物的年初余额	(X) instant,debit
现金及现金等价物净增加额	X duration,debit
现金及现金等价物[abstract]	
列示于现金流量表中的现金及现金等价物[abstract]	
库存现金	X instant,debit
存放中央银行款项	X instant,debit
原始到期日不超过三个月的现金及现金等价物[abstract]	
存放同业款项	X instant,debit
拆出资金	X instant,debit
买入返售金融资产	X instant,debit
债券投资	X instant,debit
合计	X instant,debit
[829100]附注_资产负债表日后事项	
资产负债表日后事项信息披露[text block]	text block
财务报告批准事项[text block]	text block
财务报告批准报出者	text
财务报告批准报出日	yyyy-mm-dd
资产负债表日后非调整事项[abstract]	
资产负债表日后非调整事项[table]	table
资产负债表按日后非调整事项[axis]	axis

元　　素	元素属性
资产负债表按日后非调整事项[member]	member
日后重大诉讼、仲裁、承诺事项[member]	member
日后资产价格、税收政策、外汇汇率发生重大变化事项[member]	member
日后资产发生重大损失事项[member]	member
日后发行股票和债券以及其他巨额举债事项[member]	member
日后资本公积转增资本事项[member]	member
日后发生巨额亏损事项[member]	member
日后发生企业合并或处置子公司事项[member]	member
资产负债表日后非调整事项[line items]	line items
日后非调整事项性质、内容	text
日后非调整事项对财务状况的影响	X duration
日后非调整事项对经营成果的影响	X duration
无法估计出财务影响的说明	text
[901001]附注_分部报告	
分部报告信息披露[text block]	text block
分部报告[abstract]	
一般性信息[text block]	text block
确定报告分部考虑的因素	text
报告分部的产品和劳务的类型	text
计量报告分部利润或亏损、资产和负债的会计政策	text
报告分部利润或亏损,资产和负债的信息[abstract]	
地区分部报告[abstract]	
地区分部报告[table]	table
地区分布[axis]	axis
地区分布的类别[member]	member
境内[member]	member
总行[member]	member
长江三角洲[member]	member
珠江三角洲[member]	member
环渤海[member]	member
中部[member]	member
西部[member]	member
东北[member]	member
境外[member]	member
港澳台[member]	member
其他国家和地区[member]	member

元　　素	元素属性
地区间抵销[member]	member
地区分部报告[line items]	line items
营业收入	X duration,credit
利息净收入	X duration,credit
其中:外部利息净收入	X duration,credit
分部间利息净收入	X duration,credit
手续费及佣金净收入	X duration,credit
其中:外部手续费及佣金净收入	X duration,credit
分部间手续费及佣金净收入	X duration,credit
投资收益	X duration,credit
其中:对联营企业和合营企业的投资收益	X duration,credit
公允价值变动收益	X duration,credit
汇兑收益	X duration,credit
其他业务收入	X duration,credit
营业成本	(X) duration,debit
营业税金及附加	(X) duration,debit
业务及管理费	(X) duration,debit
资产减值损失	(X) duration,debit
其他业务成本	(X) duration,debit
营业利润	X duration,credit
营业外收支净额	X duration,credit
利润总额	X duration,credit
减:所得税费用	(X) duration,debit
净利润	X duration,credit
对报告分部资产的调节[abstract]	
分部资产	X instant,debit
未分配项目	X instant,debit
资产总额	X instant,debit
对报告分部负债的调节[abstract]	
分部负债	X instant,credit
未分配项目	X instant,credit
负债总额	X instant,credit
其他分部报告补充信息[abstract]	
折旧和摊销费用	X duration,debit
对联营企业和合营企业的长期股权投资	X instant,debit
资本性支出	X duration,credit
信用承诺	X instant,credit
业务分部报告[abstract]	

元　　素	元素属性
业务分部报告[table]	table
业务分部[axis]	axis
业务分部的类别[member]	member
公司银行业务[member]	member
个人银行业务[member]	member
资金业务[member]	member
其他[member]	member
业务间抵销[member]	member
业务分部报告[line items]	line items
营业收入	X duration,credit
利息净收入	X duration,credit
其中:外部利息净收入	X duration,credit
分部间利息净收入	X duration,credit
手续费及佣金净收入	X duration,credit
其中:外部手续费及佣金净收入	X duration,credit
分部间手续费及佣金净收入	X duration,credit
投资收益	X duration,credit
其中:对联营企业和合营企业的投资收益	X duration,credit
公允价值变动收益	X duration,credit
汇兑收益	X duration,credit
其他业务收入	X duration,credit
营业成本	(X) duration,debit
营业税金及附加	(X) duration,debit
业务及管理费	(X) duration,debit
资产减值损失	(X) duration,debit
其他业务成本	(X) duration,debit
营业利润	X duration,credit
利润总额	X duration,credit
净利润	X duration,credit
对报告分部资产的调节[abstract]	
分部资产	X instant,debit
未分配项目	X instant,debit
资产总额	X instant,debit
对报告分部负债的调节[abstract]	
分部负债	X instant,credit
未分配项目	X instant,credit
负债总额	X instant,credit
其他分部报告补充信息[abstract]	

元　　素	元素属性
折旧和摊销费用	X duration,debit
对联营企业和合营企业的长期股权投资	X instant,debit
资本性支出	X duration,credit
信用承诺	X instant,credit
其他信息[text block]	text block
每一产品和劳务或每一类似产品和劳务组合的对外交易收入	text
企业取得的来自于本国的对外交易收入总额	X duration,credit
企业取得的来自于其他国家的对外交易收入总额	X duration,credit
企业位于本国的非流动资产总额	X instant,debit
企业位于其他国家的非流动资产总额	X instant,debit
对主要客户的依赖程度	text
[901100]附注_受托业务	
受托业务信息披露[text block]	text block
受托业务[abstract]	
委托贷款	X instant,debit
委托贷款基金	X instant,credit
[901200]附注_或有事项及承诺	
或有事项及承诺信息披露[text block]	text block
或有事项及承诺[abstract]	
法律诉讼及赔偿[text block]	text block
担保物信息[abstract]	
作为担保物的资产[abstract]	
作为担保物的资产[table]	table
担保物类别[axis]	axis
担保物[member]	member
债券[member]	member
票据[member]	member
其他[member]	member
作为担保物的资产[line items]	line items
作为负债或或有负债的担保物账面价值	X instant,debit
收到的担保物[text block]	text block
资本支出承诺[abstract]	
已批准未签约	X instant,credit
已签约未执行	X instant,credit
合计	X instant,credit
经营租赁承诺[abstract]	

元　　　素	元素属性
一年以内(含一年)	X instant,credit
一年至二年(含二年)	X instant,credit
二年至三年(含三年)	X instant,credit
三年以上	X instant,credit
合计	X instant,credit
信用承诺[abstract]	
贷款承诺	X instant,credit
原到期日在一年以内	X instant,credit
原到期日在一年或以上	X instant,credit
信用卡承诺	X instant,credit
开出信用证	X instant,credit
开出保函	X instant,credit
银行承兑汇票	X instant,credit
担保	X instant,credit
同业代付	X instant,credit
其他	X instant,credit
合计	X instant,credit
证券承销承诺[abstract]	
证券承销承诺	X instant,credit
证券承销承诺需要说明的事项	text
债券承销承诺[abstract]	
债券承销承诺	X instant,credit
债券承销承诺需要说明的事项	text
[901300]附注_关联方关系及其交易	
关联方及其交易信息披露[text block]	text block
关联方关系及其交易[abstract]	
关联方关系[abstract]	
控制本行的关联方[abstract]	
控制本行的关联方[table]	table
控制本行的关联方企业名称[axis]	axis
控制本行的关联方企业名称[member]	member
控制本行的关联方[line items]	line items
注册地址	text
法定代表人	text
业务性质	text
注册资本	X instant,credit
与本行关系	text

元　　素	元素属性
直接持股比例	X. XX instant
间接持股比例	X. XX instant
直接表决权比例	X. XX instant
间接表决权比例	X. XX instant
本行的最终控制方公司名称	text
母公司之上与其最相近的对外提供财务报表的母公司名称	text
存在控制关系的关联方的注册资本及其变化[abstract]	
存在控制关系的关联方的注册资本及其变化[table]	table
子公司名称[axis]	axis
子公司[member]	member
存在控制关系的关联方的注册资本及其变化[line items]	line items
年初账面余额	X instant, credit
本期增加额	X duration, credit
本期减少额	(X) duration, debit
年末账面余额	X instant, credit
存在控制关系的关联方所持股份及其变化[abstract]	
存在控制关系的关联方所持股份及其变化[table]	table
子公司名称[axis]	axis
子公司[member]	member
存在控制关系的关联方所持股份及其变化[line items]	line items
年初金额	X instant, credit
年初比例	X. XX instant
股份本期增加额	X duration, credit
股份本期减少额	(X) duration, debit
股份比例本期增加额	X. XX duration
股份比例本期减少额(X. XX) duration	
期末金额	X instant, credit
期末比例	X. XX instant
不存在控制关系的关联方[abstract]	
不存在控制关系的关联方[table]	table
不存在控制关系的关联方名称[axis]	axis
不存在控制关系的关联方名称[member]	member
不存在控制关系的关联方[line items]	line items
不存在控制关系的关联方与本行的关系	text
关联方交易[abstract]	
关联交易定价政策[text block]	text block
关联方余额[abstract]	
关联方余额[table]	table

元　　素	元素属性
关联方[axis]	axis
关联方[member]	member
存在控制关系的关联方[member]	member
联营及合营企业[member]	member
其他关联方[member]	member
子公司[member]	member
往来款项目[axis]	axis
往来款项目[member]	member
关联方余额[line items]	line items
金额	X instant,debit
占所属项目期末余额的比例	X. XX instant
关联方交易金额[abstract]	
关联方交易金额[table]	table
关联方[axis]	axis
关联方[member]	member
存在控制关系的关联方[member]	member
联营及合营企业[member]	member
其他关联方[member]	member
子公司[member]	member
交易类别[axis]	axis
交易类别[member]	member
关联方交易金额[line items]	line items
交易金额	X duration
占本期同类交易的比例	X. XX duration
企业年金基金信息披露[text block]	text block
关键管理人员薪酬[abstract]	
薪酬总额	X duration,debit
[807100]附注_非货币性资产交换	
非货币性资产信息披露[text block]	text block
非货币性资产交换的相关信息[abstract]	
非货币性资产交换的相关信息[table]	table
非货币性资产交换项目[axis]	axis
非货币性资产交换项目[member]	member
非货币性资产交换的相关信息[line items]	line items
非货币性资产换入资产	text
非货币性资产换出资产	text
非货币性资产换入资产成本	X instant,debit

元　　素	元素属性
非货币性资产换出资产账面价值	X instant,debit
非货币性资产换出资产公允价值	X instant,debit
非货币性资产交换收益或损失	X duration,credit
非货币性资产换入资产成本的确定方法	text
非货币性资产交换其他需要说明的事项	text
[812100]附注_债务重组	
债务重组信息披露[text block]	text block
债务重组相关信息披露[text block]	text block
债务重组相关信息[abstract]	
债务重组相关信息[table]	table
债务重组的债务人及债权人[axis]	axis
债务人及债权人[member]	member
债务人[member]	member
债权人[member]	member
债务重组相关信息[line items]	line items
债务重组方式	text
债务重组利得或损失	X duration,credit
债务转为资本增加的股本(或者实收资本)	X duration,credit
债务转为资本增加的资本公积	X duration,credit
债权转为股份增加的投资额	X duration,debit
债权转为股份投资占债务人股份总额的比例	X. XX duration
债务重组或有应收(或应付)金额	X instant
债务重组相关资产公允价值的确定方法及依据	text
债务重组其他需要说明的事项	text
[811100]附注_股份支付	
股份支付信息披露[text block]	text block
股份支付相关信息披露[abstract]	
股份支付相关信息披露[table]	table
股份支付的种类[axis]	axis
股份支付的种类[member]	member
权益结算的股份支付[member]	member
现金结算的股份支付[member]	member
股份支付相关信息披露[line items]	line items
期初发行在外的权益工具总额	X instant,credit
当期授予的权益工具总额	X duration,credit
当期行权的权益工具总额	(X) duration,debit

元　　素	元素属性
当期作废的权益工具总额	(X) duration,debit
当期失效的权益工具总额	(X) duration,debit
期末发行在外的权益工具总额	X instant,credit
可行权而未行权的权益工具总额	X instant,credit
当期达到可行权状态的权益工具总额	X duration,credit
股份支付合同期限	text
股份支付剩余合同加权平均期限	X. XX instant
股份支付费用总额	X duration,debit
股份支付行权价格范围	text
股份支付协议的性质和条件	text
股份支付条件的修改和变更	text
股份支付权益工具公允价值的确定方法	text
股份支付当期行权的股份期权或其他权益工具的加权平均行权日股份价格	X. XX duration
股份支付按加权平均行权日股份价格和行权数量计算的金额	X duration,credit
股份支付当期因以权益结算的股份支付而确认的费用总额	X duration,debit
股份支付当期因以现金结算的股份支付而确认的费用总额	X duration,debit
股份支付当期以股份支付换取的职工服务总额	X duration,debit
股份支付当期以股份支付换取的其他方服务总额	X duration,debit
股份支付其他需要说明的事项	text
[837100]附注_金融资产转移(含资产证券化)	
金融资产转移(含资产证券化)的信息披露[text block]	text block
已转移但未整体终止确认的金融资产信息披露[text block]	text block
已转移但未整体终止确认的金融资产的性质	text
仍保留的与所有权有关的风险和报酬的性质	text
已转移但未整体终止确认的金融资产与相关负债之间关系的性质	text
已转移但未整体终止确认的金融资产[abstract]	
已转移但未整体终止确认的金融资产[table]	table
已转移但未整体终止确认的金融资产[axis]	axis
已转移但未整体终止确认的金融资产[member]	member
已转移但未整体终止确认的金融资产[line items]	line items
继续确认已转移金融资产整体的金融资产账面价值	X instant,debit
继续确认已转移金融资产整体的相关负债的账面价值	X instant,credit
交易对手方仅对已转移金融资产有追索权的情况下已转移但未整体终止确认的金融资产与相关负债的公允价值[abstract]	
金融资产的公允价值	X instant,debit
相关负债的公允价值	(X) instant,credit
净头寸的公允价值	X instant,debit

元　　素	元素属性
按继续涉入程度确认所转移金融资产转移前金融资产整体的账面价值	X instant,debit
按继续涉入程度确认的已转移金融资产账面价值	X instant,debit
按继续涉入程度确认的已转移金融资产相关负债的账面价值	X instant,credit
已整体终止确认但转出方继续涉入的已转移金融资产信息披露[text block]	text block
已整体终止确认但转出方继续涉入的已转移金融资产[abstract]	
已整体终止确认但转出方继续涉入的已转移金融资产[table]	table
已整体终止确认但转出方继续涉入的已转移金融资产,按金融工具类型[axis]	axis
金融工具类型[member]	member
签出的看跌期权[member]	member
购入的看涨期权[member]	member
担保[member]	member
已整体终止确认但转出方继续涉入的已转移金融资产,按转移方式[axis]	axis
转移方式[member]	member
融券业务[member]	member
应收账款保理[member]	member
资产证券化[member]	member
已整体终止确认但转出方继续涉入的已转移金融资产[line items]	line items
应当或可能回购已终止确认的金融资产需要支付的未折现现金流量	X instant,credit
已整体终止确认但转出方继续涉入确认的资产账面价值	X instant,debit
已整体终止确认但转出方继续涉入确认的资产公允价值	X instant,debit
已整体终止确认但转出方继续涉入确认的负债账面价值	X instant,credit
已整体终止确认但转出方继续涉入确认的负债公允价值	X instant,credit
因继续涉入导致企业发生损失的最大风险敞口	X instant
因继续涉入导致企业发生损失的最大风险敞口的确定方法	text
应当或可能回购已终止确认的金融资产需要支付的未折现现金流量或款项的到期期限分析[text block]	text block
应当或可能回购已终止确认的金融资产需要支付的未折现现金流量或款项的到期期限分析[abstract]	
应当或可能回购已终止确认的金融资产需要支付的未折现现金流量或款项的到期期限分析[table]	table
剩余到期期限[axis]	axis
剩余到期期限[member]	member
逾期[member]	member
即期偿还[member]	member
剩余到期期限在 1 个月以内[member]	member
剩余到期期限在 1 个月至 3 个月[member]	member

元　　素	元素属性
剩余到期期限在 3 个月至 1 年[member]	member
剩余期限在 1 年至 5 年[member]	member
剩余期限 5 年以上[member]	member
无期限[member]	member
已整体终止确认但转出方继续涉入的已转移金融资产，按金融工具类型[axis]	axis
金融工具类型[member]	member
签出的看跌期权[member]	member
购入的看涨期权[member]	member
担保[member]	member
已整体终止确认但转出方继续涉入的已转移金融资产，按转移方式[axis]	axis
转移方式[member]	member
融券业务[member]	member
应收账款保理[member]	member
资产证券化[member]	member
应当或可能回购已终止确认的金融资产需要支付的未折现现金流量或款项的到期期限分析[line items]	line items
应当或可能回购已终止确认的金融资产需要支付的未折现现金流量	X instant，credit
因资产转移导致的其他应向转入方支付的款项	X instant，credit
已整体终止确认但转出方继续涉入确认的资产定量信息的解释性说明	text
金融资产转移日确认的利得或损失以及因继续涉入产生的收益或费用[abstract]	
金融资产转移日确认的利得或损失以及因继续涉入产生的收益或费用[table]	table
已整体终止确认但转出方继续涉入的已转移金融资产，按金融工具类型[axis]	axis
金融工具类型[member]	member
签出的看跌期权[member]	member
购入的看涨期权[member]	member
担保[member]	member
已整体终止确认但转出方继续涉入的已转移金融资产，按转移方式[axis]	axis
转移方式[member]	member
融券业务[member]	member
应收账款保理[member]	member
资产证券化[member]	member
金融资产转移日确认的利得或损失以及因继续涉入产生的收益或费用[line items]	line items
金融资产转移日确认的利得或损失	X duration，credit

元　　素	元素属性
因继续涉入已终止确认金融资产确认的当期收益	X duration,credit
因继续涉入已终止确认金融资产的累计确认收益	X instant,credit
因继续涉入已终止确认金融资产确认的当期费用	X duration,debit
因继续涉入已终止确认金融资产的累计确认费用	X instant,debit
终止确认产生的收款总额在本期分布不均衡的披露[abstract]	
终止确认产生的收款总额在本期分布不均衡的披露[table]	table
已整体终止确认但转出方继续涉入的已转移金融资产,按金融工具类型[axis]	axis
金融工具类型[member]	member
签出的看跌期权[member]	member
购入的看涨期权[member]	member
担保[member]	member
已整体终止确认但转出方继续涉入的已转移金融资产,按转移方式[axis]	axis
转移方式[member]	member
融券业务[member]	member
应收账款保理[member]	member
资产证券化[member]	member
终止确认产生的收款总额在本期分布不均衡的披露[line items]	line items
终止确认产生的收款总额在本期分布不均衡时本期最大转移活动发生的时间段	text
终止确认产生的收款总额在本期分布不均衡时最大转移活动发生期间所确认的利得(损失)	X duration,credit
终止确认产生的收款总额在本期分布不均衡时最大转移活动发生期间所确认的收款总额	X duration,debit
非金融资产证券化业务[text block]	text block
非金融资产证券化的主要交易安排及其会计处理	text
资产证券化业务的破产隔离条款	text

[901701]附注_金融风险管理概述

元　　素	元素属性
金融风险管理概述信息披露[text block]	text block
风险管理概述[abstract]	
风险管理定性信息[abstract]	
风险敞口描述	text
风险管理目标、政策和程序	text
计量风险的方法	text
风险敞口的本期变化	text
风险管理目标、政策和程序的本期变化	text
计量风险方法的本期变化	text
风险管理定量信息[abstract]	

元　　素	元素属性
资产负债表日风险敞口汇总数据	text
风险集中度信息	text
管理层确定风险集中度的说明	text
管理层确定风险集中度的参考因素	text
各风险集中度相关的风险敞口金额	X instant
[901702]附注_信用风险(一)	
信用风险信息披露[text block]	text block
信用风险[abstract]	
不考虑可利用的担保物或其他信用增级下的最大信用风险敞口[abstract]	
资产负债表内金融资产项目相关的信用风险敞口[abstract]	
存放中央银行款项	X instant,debit
存放同业及其他金融机构款项	X instant,debit
拆出资金	X instant,debit
买入返售金融资产	X instant,debit
应收利息	X instant,debit
以公允价值计量且其变动计入当期损益的金融资产	X instant,debit
衍生金融资产	X instant,debit
发放贷款和垫款	X instant,debit
应收融资租赁款	X instant,debit
可供出售金融资产	X instant,debit
持有至到期投资	X instant,debit
应收款项类投资	X instant,debit
其他金融资产	X instant,debit
小计	X instant,debit
资产负债表外金融工具相关的信用风险敞口	X instant,debit
合计	X instant,debit
发放贷款和垫款的风险集中度[abstract]	
贷款和垫款按地区分布情况[abstract]	
贷款和垫款按地区分布情况[table]	table
地区分布[axis]	axis
地区分布的类别[member]	member
境内[member]	member
总行[member]	member
长江三角洲[member]	member
珠江三角洲[member]	member
环渤海[member]	member
中部[member]	member

元　　素	元素属性
西部[member]	member
东北[member]	member
境外[member]	member
港澳台[member]	member
其他国家和地区[member]	member
贷款和垫款按地区分布情况[line items]	line items
金额	X instant,debit
占比	X. XX instant
贷款和垫款按行业分布情况[abstract]	
贷款和垫款按行业分布情况[table]	table
贷款和垫款行业[axis]	axis
贷款和垫款行业的类别[member]	member
企业贷款和垫款[member]	member
农、林、牧、渔业[member]	member
采矿业[member]	member
制造业[member]	member
电力、燃气及水的生产和供应业[member]	member
建筑业[member]	member
交通运输、仓储和邮政业[member]	member
信息传输、计算机服务和软件业[member]	member
批发和零售业[member]	member
住宿和餐饮业[member]	member
金融业[member]	member
房地产业[member]	member
租赁和商务服务业[member]	member
科学研究、技术服务和地质勘查业[member]	member
水利、环境和公共设施管理业[member]	member
居民服务和其他服务业[member]	member
教育[member]	member
卫生、社会保障社会福利[member]	member
文化、体育和娱乐业[member]	member
公共管理和社会组织[member]	member
国际组织[member]	member
其他行业[member]	member
贴现[member]	member
个人贷款和垫款[member]	member
信用卡[member]	member
住房抵押[member]	member

元　　素	元素属性
经营贷款[member]	member
消费贷款[member]	member
助学贷款[member]	member
其他[member]	member
贷款和垫款按行业分布情况[line items]	line items
金额	X instant,debit
占比	X. XX instant
[901703]附注_信用风险(二)	
信用风险信息披露[text block]	text block
发放贷款和垫款的风险集中度[abstract]	
贷款和垫款按逾期及减值分布情况[abstract]	
贷款和垫款按逾期及减值分布情况[table]	table
发放贷款和垫款,按客户类型分类[axis]	axis
发放贷款和垫款,按客户类型分类[member]	member
企业贷款和垫款[member]	member
个人贷款和垫款[member]	member
贷款和垫款按逾期及减值分布情况[line items]	line items
未逾期未减值	X instant,debit
已逾期未减值	X instant,debit
已减值	X instant,debit
合计	X instant,debit
已逾期未减值和已减值发放贷款和垫款对应担保物的公允价值[abstract]	
已逾期未减值	X instant,debit
已减值	X instant,debit
未逾期未减值的发放贷款和垫款[abstract]	
未逾期未减值的发放贷款和垫款[table]	table
发放贷款和垫款,按客户类型分类[axis]	axis
发放贷款和垫款,按客户类型分类[member]	member
企业贷款和垫款[member]	member
个人贷款和垫款[member]	member
未逾期未减值的发放贷款和垫款[line items]	line items
正常	X instant,debit
关注	X instant,debit
合计	X instant,debit
已逾期未减值的发放贷款和垫款[abstract]	
已逾期未减值的发放贷款和垫款[table]	table
发放贷款和垫款,按客户类型分类[axis]	axis

元　　素	元素属性
发放贷款和垫款,按客户类型分类[member]	member
企业贷款和垫款[member]	member
个人贷款和垫款[member]	member
已逾期未减值的发放贷款和垫款[line items]	line items
逾期 1 天至 30 天(含 30 天)	X instant,debit
逾期 31 天至 90 天(含 90 天)	X instant,debit
逾期 91 天到 360 天(含 360 天)	X instant,debit
逾期 361 天至 3 年(含 3 年)	X instant,debit
逾期 3 年以上	X instant,debit
合计	X instant,debit
已重组贷款信息披露[text block]	text block
逾期发放贷款和垫款[abstract]	
逾期发放贷款和垫款[table]	table
逾期贷款[axis]	axis
逾期贷款的类别[member]	member
信用贷款[member]	member
保证贷款[member]	member
附担保物贷款[member]	member
其中:抵押贷款[member]	member
质押贷款[member]	member
逾期发放贷款和垫款[line items]	line items
逾期 1 天至 90 天(含 90 天)	X instant,debit
逾期 91 天至 360 天(含 360 天)	X instant,debit
逾期 361 天至 3 年(含 3 年)	X instant,debit
逾期 3 年以上	X instant,debit
合计	X instant,debit
存放及拆放同业款项[text block]	text block
[901704]附注_信用风险(三)	
信用风险信息披露[text block]	text block
债券投资按信用评级分布[abstract]	
债券投资按信用评级分布[table]	table
地区分布[axis]	axis
地区分布的类别[member]	member
境内[member]	member
境外[member]	member
发行机构[axis]	axis
发行机构[member]	member

元　　素	元素属性
政府及中央银行[member]	member
公共实体[member]	member
金融机构[member]	member
公司[member]	member
其他机构[member]	member
按信用评级分类[axis]	axis
按评级分类[member]	member
未评级[member]	member
AAA-至 AAA+ [member]	member
AA-至 AA+ [member]	member
A-至 A+ [member]	member
A 以下[member]	member
债券投资按信用评级分布[line items]	line items
债券投资账面余额	X instant,debit
债券投资按风险性质分布[abstract]	
债券投资按风险性质分布[table]	table
地区分布[axis]	axis
地区分布的类别[member]	member
境内[member]	member
境外[member]	member
发行机构[axis]	axis
发行机构[member]	member
政府及中央银行[member]	member
公共实体[member]	member
金融机构[member]	member
公司[member]	member
其他机构[member]	member
债券投资按风险性质分布[line items]	line items
未逾期未减值	X instant,debit
已逾期未减值	X instant,debit
已减值	X instant,debit
合计	X instant,debit
已逾期未减值和已减值债券投资对应担保物的公允价值[abstract]	
已逾期未减值	X instant,debit
已减值	X instant,debit
[901705]附注_市场风险	
市场风险信息披露[text block]	text block

元　　素	元素属性
市场风险[abstract]	
市场风险概况[abstract]	
企业主要市场风险及其形成原因	text
利率风险[abstract]	
利率重定价缺口分析[abstract]	
利率重定价缺口分析[table]	table
合同利率重定价日和到期日中较早者[axis]	axis
合同利率重定价日和到期日中较早者[member]	member
即期[member]	member
1 个月以内[member]	member
1 个月至 3 个月[member]	member
3 个月至 1 年[member]	member
1 年至 3 年[member]	member
3 年至 5 年[member]	member
5 年以上[member]	member
不计息[member]	member
利率重定价缺口分析[line items]	line items
金融资产[abstract]	
现金及存放中央银行款项	X instant，debit
存放同业及其他金融机构款项	X instant，debit
拆出资金	X instant，debit
以公允价值计量且其变动计入当期损益的金融资产	X instant，debit
衍生金融资产	X instant，debit
买入返售金融资产	X instant，debit
应收利息	X instant，debit
发放贷款和垫款	X instant，debit
应收融资租赁款	X instant，debit
可供出售金融资产	X instant，debit
持有至到期投资	X instant，debit
应收款项类投资	X instant，debit
其他金融资产	X instant，debit
金融资产合计	X instant，debit
金融负债[abstract]	
向中央银行借款	X instant，credit
同业及其他金融机构存放款项	X instant，credit
拆入资金	X instant，credit
以公允价值计量且其变动计入当期损益的金融负债	X instant，credit
衍生金融负债	X instant，credit

元　　素	元素属性
卖出回购金融资产款	X instant,credit
吸收存款	X instant,credit
应付利息	X instant,credit
应付债券	X instant,credit
其他金融负债	X instant,credit
金融负债合计	X instant,credit
利率风险敞口	X instant
利率变动对当前损益及所有者权益(或股东权益)的影响[abstract]	
利率变动对当前损益及所有者权益(或股东权益)的影响[table]	table
利率变动[axis]	axis
利率变动[member]	member
利率上升[member]	member
利率下降[member]	member
利率变动对当前损益及所有者权益(或股东权益)的影响[line items]	line items
利率基点变化	text
对当期损益的影响	X instant,credit
对其他综合收益的影响	X instant,credit
对所有者权益(或股东权益)的影响	X instant,credit
外汇风险[abstract]	
各外币资产负债项目外汇风险敞口情况[abstract]	
各外币资产负债项目外汇风险敞口情况[table]	table
货币种类[axis]	axis
货币[member]	member
美元[member]	member
欧元[member]	member
港币[member]	member
日元[member]	member
英镑[member]	member
瑞士法郎[member]	member
加拿大元[member]	member
澳大利亚元[member]	member
新加坡元[member]	member
丹麦克朗[member]	member
挪威克朗[member]	member
瑞典克朗[member]	member
澳门元[member]	member
新西兰元[member]	member

元　　素	元素属性
韩元[member]	member
其他外币[member]	member
各外币资产负债项目外汇风险敞口情况[line items]	line items
外币金融资产[abstract]	
现金及存放中央银行款项	X instant,debit
存放同业款项	X instant,debit
拆出资金	X instant,debit
以公允价值计量且其变动计入当期损益的金融资产	X instant,debit
交易性金融资产	X instant,debit
衍生金融资产	X instant,debit
买入返售金融资产	X instant,debit
发放贷款和垫款	X instant,debit
应收融资租赁款	X instant,debit
可供出售金融资产	X instant,debit
持有至到期投资	X instant,debit
应收款项类投资	X instant,debit
其他外币金融资产	X instant,debit
外币金融资产合计	X instant,debit
外币金融负债[abstract]	
向中央银行借款	X instant,credit
同业及其他金融机构存放款项	X instant,credit
拆入资金	X instant,credit
以公允价值计量且其变动计入当期损益的金融负债	X instant,credit
交易性金融负债	X instant,credit
衍生金融负债	X instant,credit
卖出回购金融资产款	X instant,credit
吸收存款	X instant,credit
应付债券	X instant,credit
其他外币金融负债	X instant,credit
外币金融负债合计	X instant,credit
资产负债表内敞口净额	X instant,debit
资产负债表外敞口净额	X instant
衍生工具的净名义金额	X instant
信用承诺	X instant,credit
汇率变动对当前损益及所有者权益(或股东权益)的影响[abstract]	
汇率变动对当前损益及所有者权益(或股东权益)的影响[table]	table
汇率变动[axis]	axis
汇率变动[member]	member

元素	元素属性
外币升值[member]	member
外币贬值[member]	member
货币种类[axis]	axis
货币[member]	member
美元[member]	member
欧元[member]	member
港币[member]	member
日元[member]	member
英镑[member]	member
瑞士法郎[member]	member
加拿大元[member]	member
澳大利亚元[member]	member
新加坡元[member]	member
丹麦克朗[member]	member
挪威克朗[member]	member
瑞典克朗[member]	member
澳门元[member]	member
新西兰元[member]	member
韩元[member]	member
其他外币[member]	member
汇率变动对当前损益及所有者权益(或股东权益)的影响[line items]	line items
汇率浮动比例	text
对当期损益的影响	X instant,credit
对其他综合收益的影响	X instant,credit
对所有者权益(或股东权益)的影响	X instant,credit
其他价格风险[text block]	text block
资产负债表日相关风险变量发生合理、可能的变动时,将对企业当期损益或所有者权益产生的影响[text block]	text block
本年敏感性分析所使用的方法和假设以及与前一期发生改变的原因	text
在险价值法[abstract]	
使用在险价值法进行敏感性分析[abstract]	
使用在险价值法进行敏感性分析[text block]	text block
VaR 资产负债表日以及相关期间交易账户的 VaR 状况[abstract]	
VaR 资产负债表日以及相关期间交易账户的 VaR 状况[table]	table
交易账户风险价值[axis]	axis
交易账户风险价值[member]	member
利率风险[member]	member
汇率风险[member]	member

元　　素	元素属性
权益风险[member]	member
信用风险[member]	member
其他风险[member]	member
VaR 资产负债表日以及相关期间交易账户的 VaR 状况[line items]	line items
期末	X instant
平均值	X duration
最大值	X duration
最小值	X duration
[901706]附注_流动性风险	
流动性风险信息披露[text block]	text block
流动性风险[abstract]	
流动性风险管理政策和程序[text block]	text block
金融资产和金融负债到期期限分析[abstract]	
金融资产和金融负债到期期限分析[table]	table
剩余到期期限[axis]	axis
剩余到期期限[member]	member
逾期[member]	member
即期偿还[member]	member
1 个月以内[member]	member
1 个月至 3 个月[member]	member
3 个月至 1 年[member]	member
1 年至 5 年[member]	member
5 年以上[member]	member
无期限[member]	member
金融资产和金融负债到期期限分析[line items]	line items
金融资产[abstract]	
现金及存放中央银行款项	X instant, debit
存放同业及其他金融机构款项	X instant, debit
拆出资金	X instant, debit
以公允价值计量且其变动计入当期损益的金融资产	X instant, debit
衍生金融资产	X instant, debit
买入返售金融资产	X instant, debit
应收利息	X instant, debit
发放贷款和垫款	X instant, debit
应收融资租赁款	X instant, debit
可供出售金融资产	X instant, debit
持有至到期投资	X instant, debit

元　　素	元素属性
应收款项类投资	X instant,debit
其他金融资产	X instant,debit
金融资产合计	X instant,debit
金融负债[abstract]	
向中央银行借款	X instant,credit
同业及其他金融机构存放款项	X instant,credit
拆入资金	X instant,credit
以公允价值计量且其变动计入当期损益的金融负债	X instant,credit
衍生金融负债	X instant,credit
卖出回购金融资产款	X instant,credit
吸收存款	X instant,credit
应付利息	X instant,credit
应付债券	X instant,credit
其他金融负债	X instant,credit
金融负债合计	X instant,credit
流动性净额	X instant
以未折现合同现金流列示的金融资产和金融负债的到期期限分析[abstract]	
以未折现合同现金流列示的金融资产和金融负债的到期期限分析[table]	table
剩余到期期限[axis]	axis
剩余到期期限[member]	member
逾期[member]	member
即期偿还[member]	member
1 个月以内[member]	member
1 个月至 3 个月[member]	member
3 个月至 1 年[member]	member
1 年至 5 年[member]	member
5 年以上[member]	member
无期限[member]	member
以未折现合同现金流列示的金融资产和金融负债的到期期限分析[line items]	line items
非衍生金融工具现金流[abstract]	
非衍生金融资产未折现的合同现金流量[abstract]	
现金及存放中央银行款项	X instant,debit
存放同业款项	X instant,debit
拆出资金	X instant,debit
买入返售金融资产	X instant,debit
以公允价值计量且其变动计入当期损益的金融资产	X instant,debit

元　　素	元素属性
交易性金融资产	X instant,debit
发放贷款和垫款	X instant,debit
应收融资租赁款	X instant,debit
可供出售金融资产	X instant,debit
持有至到期投资	X instant,debit
应收款项类投资	X instant,debit
其他金融资产	X instant,debit
金融资产合计	X instant,debit
非衍生金融负债未折现的合同现金流量[abstract]	
同业及其他金融机构存放款项	X instant,credit
向中央银行借款	X instant,credit
拆入资金	X instant,credit
卖出回购金融资产款	X instant,credit
以公允价值计量且其变动计入当期损益的金融负债	X instant,credit
交易性金融负债	X instant,credit
吸收存款	X instant,credit
应付债券	X instant,credit
其他金融负债	X instant,credit
金融负债合计	X instant,credit
衍生金融工具现金流[abstract]	
按净额结算的衍生金融工具现金流	X instant,debit
按总额结算的衍生金融工具现金流[abstract]	
流入合计	X instant,debit
流出合计	(X) instant,credit
小计	X instant,debit
信用承诺[abstract]	
信用承诺[table]	table
信用承诺剩余到期期限[axis]	axis
信用承诺剩余到期期限[member]	member
剩余期限不超过 1 年[member]	member
剩余期限在 1 年至 5 年[member]	member
剩余期限 5 年以上[member]	member
信用承诺[line items]	line items
贷款承诺	X instant,credit
信用卡承诺	X instant,credit
开出信用证	X instant,credit
开出保函	X instant,credit
银行承兑汇票	X instant,credit

元　　素	元素属性
担保	X instant,credit
同业代付	X instant,credit
其他	X instant,credit
合计	X instant,credit
[901707]附注_金融资产和金融负债的公允价值(一)	
金融资产和金融负债的公允价值信息披露[text block]	text block
资产项目公允价值计量信息披露[text block]	text block
资产项目公允价值计量信息披露[abstract]	
资产项目公允价值计量信息披露[table]	table
计量方法[axis]	axis
计量方法[member]	member
持续的公允价值计量[member]	member
以公允价值计量的资产类别[axis]	axis
以公允价值计量的资产项目[member]	member
以公允价值计量且其变动计入当期损益的金融资产[member]	member
交易性金融资产[member]	member
债务工具投资[member]	member
权益工具投资[member]	member
指定为以公允价值计量且其变动计入当期损益的金融资产[member]	member
债务工具投资[member]	member
权益工具投资[member]	member
衍生金融资产[member]	member
利率衍生工具[member]	member
货币衍生工具[member]	member
权益衍生工具[member]	member
信用衍生工具[member]	member
其他衍生工具[member]	member
可供出售金融资产[member]	member
债务工具投资[member]	member
权益工具投资[member]	member
其他[member]	member
其他资产[member]	member
公允价值层次[axis]	axis
公允价值层次[member]	member
第一层次公允价值计量[member]	member
第二层次公允价值计量[member]	member

元　　素	元素属性
第三层次公允价值计量[member]	member
资产项目公允价值计量信息披露[line items]	line items
资产,公允价值	X instant,debit
其他相关会计准则要求或者允许企业在特定情况下非持续以公允价值计量资产项目的原因	text
资产项目第二层次公允价值计量使用的估值技术和输入值的披露[text block]	text block
资产项目第三层次公允价值计量使用的估值技术、输入值以及估值流程的披露[text block]	text block
资产项目第三层次公允价值计量使用的重大不可观察输入值的定量信息披露[abstract]	
资产项目第三层次公允价值计量使用的重大不可观察输入值的定量信息披露[table]	table
计量方法[axis]	axis
计量方法[member]	member
持续的公允价值计量[member]	member
以公允价值计量的资产类别[axis]	axis
以公允价值计量的资产项目[member]	member
以公允价值计量且其变动计入当期损益的金融资产[member]	member
交易性金融资产[member]	member
债务工具投资[member]	member
权益工具投资[member]	member
指定为以公允价值计量且其变动计入当期损益的金融资产[member]	member
债务工具投资[member]	member
权益工具投资[member]	member
衍生金融资产[member]	member
利率衍生工具[member]	member
货币衍生工具[member]	member
权益衍生工具[member]	member
信用衍生工具[member]	member
其他衍生工具[member]	member
可供出售金融资产[member]	member
债务工具投资[member]	member
权益工具投资[member]	member
其他[member]	member
其他资产[member]	member
公允价值计量使用的估值技术[axis]	axis
估值技术[member]	member
市场法[member]	member

元　　素	元素属性
上市公司比较法[member]	member
市场可比价格法[member]	member
矩阵定价[member]	member
达成一致的定价[member]	member
成本法[member]	member
收益法[member]	member
现金流量折现法[member]	member
期权定价模型[member]	member
多期超额收益折现法[member]	member
范围[axis]	axis
范围[member]	member
加权平均值[member]	member
资产项目第三层次公允价值计量使用的重大不可观察输入值的定量信息披露[line items]	line items
资产项目第三层次公允价值	X instant,debit
加权平均资本成本	X. XX duration
长期收入增长率	X. XX duration
长期税前营业利润	X duration,credit
流动性折价	X duration
控制权溢价	X duration
恒定的提前偿付率	X. XX duration
违约概率	X. XX duration
违约损失率	X. XX duration
波动率	X. XX duration
交易对手信用风险	X. XX duration
自身信用风险	X. XX duration
长期净营业收入利润率	X. XX duration
计算资产余值使用的利率	X. XX duration
利率	X. XX duration
股票的历史波动率	X. XX duration
对互换市场共识中间价格的调整比率	X. XX duration
履行义务需要支付的未来现金流量的估计	X duration
现金生产单位损益的财务预测	X duration
现金生产单位现金流量的财务预测	X duration
收入倍数	X. XX duration
公允价值计量的非金融资产的最高效、最佳用途不同于当前用途的事实及原因的描述	text
负债项目公允价值计量信息披露[text block]	text block
负债项目公允价值计量信息披露[abstract]	

元　　素	元素属性
负债项目公允价值计量信息披露[table]	table
计量方法[axis]	axis
计量方法[member]	member
持续的公允价值计量[member]	member
以公允价值计量的负债类别[axis]	axis
以公允价值计量的负债项目[member]	member
以公允价值计量且其变动计入当期损益的金融负债[member]	member
交易性金融负债[member]	member
债券[member]	member
指定为以公允价值计量且其变动计入当期损益的金融负债[member]	member
债券[member]	member
衍生金融负债[member]	member
利率衍生工具[member]	member
货币衍生工具[member]	member
权益衍生工具[member]	member
信用衍生工具[member]	member
其他衍生工具[member]	member
公允价值层次[axis]	axis
公允价值层次[member]	member
第一层次公允价值计量[member]	member
第二层次公允价值计量[member]	member
第三层次公允价值计量[member]	member
负债项目公允价值计量信息披露[line items]	line items
负债,公允价值	X instant,credit
其他相关会计准则要求或者允许企业在特定情况下非持续以公允价值计量负债项目的原因	text
负债项目第二层次公允价值计量使用的估值技术和输入值的披露[text block]	text block
负债项目第三层次公允价值计量使用的估值技术、输入值以及估值流程的披露[text block]	text block
负债项目第三层次公允价值计量使用的重大不可观察输入值的定量信息披露[abstract]	
负债项目第三层次公允价值计量使用的重大不可观察输入值的定量信息披露[table]	table
计量方法[axis]	axis
计量方法[member]	member
持续的公允价值计量[member]	member
以公允价值计量的负债类别[axis]	axis
以公允价值计量的负债项目[member]	member

元　　素	元素属性
以公允价值计量且其变动计入当期损益的金融负债[member]	member
交易性金融负债[member]	member
债券[member]	member
指定为以公允价值计量且其变动计入当期损益的金融负债[member]	member
债券[member]	member
衍生金融负债[member]	member
利率衍生工具[member]	member
货币衍生工具[member]	member
权益衍生工具[member]	member
信用衍生工具[member]	member
其他衍生工具[member]	member
公允价值计量使用的估值技术[axis]	axis
估值技术[member]	member
市场法[member]	member
上市公司比较法[member]	member
市场可比价格法[member]	member
矩阵定价[member]	member
达成一致的定价[member]	member
成本法[member]	member
收益法[member]	member
现金流量折现法[member]	member
期权定价模型[member]	member
多期超额收益折现法[member]	member
范围[axis]	axis
范围[member]	member
加权平均值[member]	member
负债项目第三层次公允价值计量使用的重大不可观察输入值的定量信息披露[line items]	line items
负债项目第三层次公允价值	X instant，credit
加权平均资本成本	X. XX duration
长期收入增长率	X. XX duration
长期税前营业利润	X duration，credit
流动性折价	X duration
控制权溢价	X duration
恒定的提前偿付率	X. XX duration
违约概率	X. XX duration
违约损失率	X. XX duration

元素	元素属性
波动率	X. XX duration
交易对手信用风险	X. XX duration
自身信用风险	X. XX duration
长期营业收入利润率	X. XX duration
计算资产余值使用的利率	X. XX duration
利率	X. XX duration
股票的历史波动率	X. XX duration
对互换市场共识中间价格的调整比率	X. XX duration
履行义务需要支付的未来现金流量的估计	X duration
现金生产单位损益的财务预测	X duration
现金生产单位现金流量的财务预测	X duration
收入倍数	X. XX duration
公允价值计量的非金融负债的最高效、最佳用途不同于当前用途的事实及原因的描述	text
以公允价值计量且在发行时附有不可分割的第三方信用增级的负债的信息披露[text block]	text block
以公允价值计量且在发行时附有不可分割的第三方信用增级的负债的信息披露[abstract]	
以公允价值计量且在发行时附有不可分割的第三方信用增级的负债的信息披露[table]	table
以公允价值计量且在发行时附有不可分割的第三方信用增级的负债[axis]	axis
以公允价值计量且在发行时附有不可分割的第三方信用增级的负债[member]	member
以公允价值计量且在发行时附有不可分割的第三方信用增级的负债的信息披露[line items]	line items
第三方信用增级存在的描述	text
第三方信用增级是否已反映在负债的公允价值计量中的描述	text
资产项目不以公允价值计量但以公允价值披露信息披露[text block]	text block
资产项目不以公允价值计量但以公允价值披露[abstract]	
资产项目不以公允价值计量但以公允价值披露[table]	table
不以公允价值计量但以公允价值披露的资产项目类别[axis]	axis
不以公允价值计量但以公允价值披露的资产项目[member]	member
持有至到期投资[member]	member
债券[member]	member
应收款项债券投资[member]	member
公允价值层次[axis]	axis
公允价值层次[member]	member
第一层次公允价值计量[member]	member
第二层次公允价值计量[member]	member

元　　素	元素属性
第三层次公允价值计量[member]	member
资产项目不以公允价值计量但以公允价值披露[line items]	line items
账面价值	X instant,debit
公允价值	X instant,debit
资产项目第二层次不以公允价值计量但以公允价值披露使用的估值技术和输入值的披露[text block]	text block
资产项目第三层次不以公允价值计量但以公允价值披露使用的估值技术和输入值的披露[text block]	text block
不以公允价值计量但以公允价值披露的非金融资产的最高效、最佳用途不同于当前用途的事实及原因的描述	text
负债项目不以公允价值计量但以公允价值披露信息披露[text block]	text block
负债项目不以公允价值计量但以公允价值披露[abstract]	
负债项目不以公允价值计量但以公允价值披露[table]	table
不以公允价值计量但以公允价值披露的负债项目类别[axis]	axis
不以公允价值计量但以公允价值披露的负债项目类别[member]	member
以摊余成本计量的金融负债[member]	member
应付债券[member]	member
公允价值层次[axis]	axis
公允价值层次[member]	member
第一层次公允价值计量[member]	member
第二层次公允价值计量[member]	member
第三层次公允价值计量[member]	member
负债项目不以公允价值计量但以公允价值披露[line items]	line items
账面价值	X duration,credit
公允价值	X duration,credit
负债项目第二层次不以公允价值计量但以公允价值披露使用的估值技术和输入值的披露[text block]	text block
负债项目第三层次不以公允价值计量但以公允价值披露使用的估值技术和输入值的披露[text block]	text block
不以公允价值计量但以公允价值披露的非金融负债的最高效、最佳用途不同于当前用途的事实及原因的描述	text
[901708]附注_金融资产和金融负债的公允价值(二)	
金融资产和金融负债的公允价值信息披露[text block]	text block
资产项目持续以公允价值计量的信息披露[text block]	text block
持续以公允价值计量的相关资产在各层次之间的转换[abstract]	
持续以公允价值计量的相关资产在各层次之间的转换[table]	table
计量方法[axis]	axis
计量方法[member]	member
持续的公允价值计量[member]	member

元　　素	元素属性
以公允价值计量的资产类别[axis]	axis
以公允价值计量的资产项目[member]	member
以公允价值计量且其变动计入当期损益的金融资产[member]	member
交易性金融资产[member]	member
债务工具投资[member]	member
权益工具投资[member]	member
指定为以公允价值计量且其变动计入当期损益的金融资产[member]	member
债务工具投资[member]	member
权益工具投资[member]	member
衍生金融资产[member]	member
利率衍生工具[member]	member
货币衍生工具[member]	member
权益衍生工具[member]	member
信用衍生工具[member]	member
其他衍生工具[member]	member
可供出售金融资产[member]	member
债务工具投资[member]	member
权益工具投资[member]	member
其他[member]	member
其他资产[member]	member
持续以公允价值计量的相关资产在各层次之间的转换[line items]	line items
第一层次转入第二层次	X duration
第二层次转入第一层次	X duration
第一层次转入第三层次	X duration
第三层次转入第一层次	X duration
第二层次转入第三层次	X duration
第三层次转入第二层次	X duration
资产项目自公允价值计量的第一层次转入第二层次的原因描述	text
资产项目自公允价值计量的第二层次转入第一层次的原因描述	text
资产项目自公允价值计量的第一层次转入第三层次的原因描述	text
资产项目自公允价值计量的第三层次转入第一层次的原因描述	text
资产项目自公允价值计量的第二层次转入第三层次的原因描述	text
资产项目自公允价值计量的第三层次转入第二层次的原因描述	text
确定资产项目在公允价值计量的各层次之间转换时点的政策描述	text
资产项目持续的第三层次公允价值计量的期初期末调节情况[abstract]	
资产项目持续的第三层次公允价值计量的期初期末调节情况[table]	table
计量方法[axis]	axis

元　　素	元素属性
计量方法[member]	member
持续的公允价值计量[member]	member
以公允价值计量的资产类别[axis]	axis
以公允价值计量的资产项目[member]	member
以公允价值计量且其变动计入当期损益的金融资产[member]	member
交易性金融资产[member]	member
债务工具投资[member]	member
权益工具投资[member]	member
指定为以公允价值计量且其变动计入当期损益的金融资产[member]	member
债务工具投资[member]	member
权益工具投资[member]	member
衍生金融资产[member]	member
利率衍生工具[member]	member
货币衍生工具[member]	member
权益衍生工具[member]	member
信用衍生工具[member]	member
其他衍生工具[member]	member
可供出售金融资产[member]	member
债务工具投资[member]	member
权益工具投资[member]	member
其他[member]	member
其他资产[member]	member
资产项目持续的第三层次公允价值计量的期初期末调节情况[line items]	line items
期初的公允价值	X instant,debit
转入第三层次	X duration,debit
转出第三层次	(X) duration,credit
汇率变动	X duration,debit
计入当期损益的利得(或损失)	X duration
已实现的利得(或损失)	X duration,credit
计入当期其他综合收益的利得(或损失)	X duration
购买	X duration,debit
发行	X duration,debit
出售	(X) duration,credit
结算	(X) duration,credit
期末的公允价值	X instant,debit
对于在报告期末持有的资产、计入损益的当期未实现利得(或损失)的变动	X duration,credit

元　　素	元素属性
资产项目持续的第三层次公允价值计量使用的不可观察输入值的其他信息的披露[text block]	text block
负债项目持续以公允价值计量的信息披露[text block]	text block
持续以公允价值计量的相关负债在各层次之间的转换[abstract]	
持续以公允价值计量的相关负债在各层次之间的转换[table]	table
计量方法[axis]	axis
计量方法[member]	member
持续的公允价值计量[member]	member
以公允价值计量的负债类别[axis]	axis
以公允价值计量的负债项目[member]	member
以公允价值计量且其变动计入当期损益的金融负债[member]	member
交易性金融负债[member]	member
债券[member]	member
指定为以公允价值计量且其变动计入当期损益的金融负债[member]	member
债券[member]	member
衍生金融负债[member]	member
利率衍生工具[member]	member
货币衍生工具[member]	member
权益衍生工具[member]	member
信用衍生工具[member]	member
其他衍生工具[member]	member
持续以公允价值计量的相关负债在各层次之间的转换[line items]	line items
第一层次转入第二层次	X duration
第二层次转入第一层次	X duration
第一层次转入第三层次	X duration
第三层次转入第一层次	X duration
第二层次转入第三层次	X duration
第三层次转入第二层次	X duration
负债项目自公允价值计量的第一层次转入第二层次的原因描述	text
负债项目自公允价值计量的第二层次转入第一层次的原因描述	text
负债项目自公允价值计量的第一层次转入第三层次的原因描述	text
负债项目自公允价值计量的第三层次转入第一层次的原因描述	text
负债项目自公允价值计量的第二层次转入第三层次的原因描述	text
负债项目自公允价值计量的第三层次转入第二层次的原因描述	text
确定负债项目在公允价值计量的各层次之间转换时点的政策描述	text
负债项目持续的第三层次公允价值计量的期初期末调节情况[abstract]	
负债项目持续的第三层次公允价值计量的期初期末调节情况[table]	table

元　　素	元素属性
计量方法[axis]	axis
计量方法[member]	member
持续的公允价值计量[member]	member
以公允价值计量的负债类别[axis]	axis
以公允价值计量的负债项目[member]	member
以公允价值计量且其变动计入当期损益的金融负债[member]	member
交易性金融负债[member]	member
债券[member]	member
指定为以公允价值计量且其变动计入当期损益的金融负债[member]	member
债券[member]	member
衍生金融负债[member]	member
利率衍生工具[member]	member
货币衍生工具[member]	member
权益衍生工具[member]	member
信用衍生工具[member]	member
其他衍生工具[member]	member
负债项目持续的第三层次公允价值计量的期初期末调节情况[line items]	line items
期初的公允价值	X instant,credit
转入第三层次	X duration,credit
转出第三层次	(X) duration,debit
汇率变动	X duration,credit
计入当期损益的损失(或利得)	(X) duration
已实现的损失(或利得)	(X) duration,credit
计入当期其他综合收益的损失(或利得)	(X) duration
购买	X duration,credit
发行	X duration,credit
出售	(X) duration,debit
结算	(X) duration,debit
期末的公允价值	X instant,credit
对于在报告期末持有的负债、计入损益的当期未实现损失(或利得)的变动	(X) duration,credit
负债项目持续的第三层次公允价值计量使用的不可观察输入值的其他信息的披露[text block]	text block
[901709]附注_资本管理	
资本管理信息披露[text block]	text block
资本管理[abstract]	

元　　素	元素属性
核心一级资本充足率	X. XX instant
一级资本充足率	X. XX instant
资本充足率	X. XX instant
核心一级资本[abstract]	
实收资本(或股本)	X instant,credit
资本公积	X instant,credit
盈余公积	X instant,credit
一般风险准备	X instant,credit
未分配利润	X instant,credit
少数股东资本可计入部分	X instant,credit
其他	X instant,credit
核心一级资本合计	X instant,credit
核心一级资本扣除项目[abstract]	
商誉	(X) instant,debit
其他无形资产(不含土地使用权)	(X) instant,debit
资产证券化销售利得	(X) instant,debit
直接或间接持有本银行的普通股	(X) instant,debit
对未按公允价值计量的项目进行现金流套期形成的储备	(X) instant,debit
对有控制权但不并表的金融机构的核心一级资本投资	(X) instant,debit
核心一级资本扣除项目合计	(X) instant,debit
核心一级资本净额	X instant,credit
其他一级资本[abstract]	
少数股东资本可计入部分	X instant,credit
其他一级资本合计	X instant,credit
一级资本净额	X instant,credit
二级资本[abstract]	
二级资本工具及其溢价可计入金额	X instant,credit
超额贷款损失准备	X instant,credit
少数股东资本可计入部分	X instant,credit
二级资本合计	X instant,credit
二级资本扣除项目[abstract]	
对未并表金融机构大额少数资本投资中的二级资本	(X) instant,debit
二级资本扣除项目合计	(X) instant,debit
资本净额	X instant,credit
风险加权资产[abstract]	
信用风险加权资产	X instant,debit
市场风险加权资产	X instant,debit
操作风险加权资产	X instant,debit

元　　素	元素属性
风险加权资产合计	X instant, debit
[901710]附注_套期保值	
套期保值信息披露[text block]	text block
套期保值[abstract]	
套期总括信息[abstract]	
套期类型描述	text
每类套期工具的描述	text
每类被套期风险的性质	text
现金流量套期[abstract]	
现金流量预期发生及其影响损益的期间	text
以前运用套期会计方法处理但预期不会发生的预期交易的描述	text
本期在其他综合收益中确认的金额	X duration, credit
本期从所有者权益中转出至利润表各项目的金额	X duration, debit
本期预期交易形成的非金融资产或非金融负债在初始确认时从所有者权益转入的金额	X duration
本期无效套期形成的利得或损失	X duration, credit
公允价值套期[abstract]	
本年套期工具形成的利得或损失	X duration, credit
被套期项目因被套期风险形成的利得或损失	X duration, credit
本年无效的境外经营净投资套期形成的利得或损失	X duration, credit
[901711]附注_保险风险	
保险风险信息披露[text block]	text block
保险风险需要说明的事项	text
[901712]附注_金融资产和金融负债的抵销	
金融资产和金融负债抵销[text block]	text block
金融资产的抵销[text block]	text block
金融资产的抵销[abstract]	
金融资产的抵销[table]	table
金融资产类型[axis]	axis
金融资产类型[member]	member
交易对手方[axis]	axis
交易对手方[member]	member
金融资产的抵销[line items]	line items
在可执行的总互抵协议或类似协议下的已确认金融资产[abstract]	

元　　素	元素属性
已确认金融资产总额	X instant,debit
已确认金融负债中抵销的金额	(X) instant,credit
金融资产的净额	X instant,debit
可执行的总互抵协议或类似协议确定的不满足准则抵销金融资产条件的金额[abstract]	
未予以抵销的已确认金融工具的金额	(X) instant,credit
财务担保物(包括现金担保)相关的金额	(X) instant,credit
不满足准则抵销金融资产条件的金额	(X) instant,credit
可执行的总互抵协议或类似协议下金融资产净额	X instant,debit
与金融资产相关的可执行的总互抵协议或类似协议中抵销权的条款及其性质	text
与金融资产相关的不同计量基础的金融工具抵销时产生的计量差异	text
金融负债的抵销[text block]	text block
金融负债的抵销[abstract]	
金融负债的抵销[table]	table
金融负债类型[axis]	axis
金融负债类型[member]	member
交易对手方[axis]	axis
交易对手方[member]	member
金融负债的抵销[line items]	line items
在可执行的总互抵协议或类似协议下的已确认金融负债[abstract]	
已确认金融负债总额	X instant,credit
已确认金融资产中抵销的金额	(X) instant,debit
金融负债的净额	X instant,credit
可执行的总互抵协议或类似协议确定的不满足准则抵销金融负债条件的金额[abstract]	
未予以抵销的已确认金融工具的金额	(X) instant,debit
财务担保物(包括现金担保)相关的金额	(X) instant,debit
不满足准则抵销金融负债条件的金额	(X) instant,debit
可执行的总互抵协议或类似协议下金融负债净额	X instant,credit
与金融负债相关的可执行的总互抵协议或类似协议中抵销权的条款及其性质	text
与金融负债相关的不同计量基础的金融工具抵销时产生的计量差异	text

[901901]附注_其他重要事项(一)	
其他重要事项信息披露[text block]	text block
以公允价值计量的资产和负债[abstract]	
以公允价值计量的资产和负债[table]	table

元　　素	元素属性
按项目类别的金融工具[axis]	axis
按项目类别的金融工具[member]	member
资产[member]	member
金融资产[member]	member
以公允价值计量且其变动计入当期损益的金融资产(不含衍生金融资产)[member]	member
衍生金融资产[member]	member
可供出售金融资产[member]	member
投资性房地产[member]	member
其他资产[member]	member
金融负债[member]	member
以公允价值计量的资产和负债[line items]	line items
年初金额	X instant, debit
本期公允价值变动损益	X duration, debit
计入权益的累计公允价值变动	X duration, debit
本期计提的减值	(X) duration, credit
期末金额	X instant, debit
[901902]附注_其他重要事项(二)	
其他重要事项信息披露[text block]	text block
外币金融资产和外币金融负债[abstract]	
外币金融资产和外币金融负债[table]	table
外币金融资产的项目类别[axis]	axis
外币金融资产的项目类别[member]	member
金融资产[member]	member
以公允价值计量且其变动计入当期损益的金融资产(不含衍生金融资产)[member]	member
衍生金融资产[member]	member
贷款和应收款[member]	member
可供出售金融资产[member]	member
持有至到期投资[member]	member
金融负债[member]	member
外币金融资产和外币金融负债[line items]	line items
年初金额	X instant
本期公允价值变动损益	X duration
计入权益的累计公允价值变动	X duration
本期计提的减值	(X) duration
年末金额	X instant

元　　素	元素属性
[901000]维度_追溯应用和追溯重述	
追溯应用和追溯重述[axis]	axis
重述[member]	member
前期重述[member]	member
会计政策变更的财务影响[member]	member
会计差错更正的财务影响[member]	member
[902000]维度_创建日期	
创建日期[axis]	axis
默认财务报告日期[member]	member
[904000]维度_合并和个别财务报表	
合并和个别财务报表[axis]	axis
合并[member]	member
个别[member]	member

附录三　企业会计准则通用分类标准石油和天然气行业扩展部分元素清单

目　　录

元　　素	元素属性
[910101]合并资产负债表	
资产负债表[abstract]	
资产[abstract]	
流动资产[abstract]	
货币资金	X instant,debit
以公允价值计量且其变动计入当期损益的金融资产	X instant,debit
衍生金融资产	X instant,debit
应收票据	X instant,debit
应收账款	X instant,debit
预付款项	X instant,debit
应收利息	X instant,debit
应收股利	X instant,debit
其他应收款	X instant,debit
存货	X instant,debit
划分为持有待售的资产	X instant,debit
一年内到期的非流动资产	X instant,debit
其他流动资产	X instant,debit
流动资产合计	X instant,debit
非流动资产[abstract]	
可供出售金融资产	X instant,debit
持有至到期投资	X instant,debit
长期应收款	X instant,debit
长期股权投资	X instant,debit
投资性房地产	X instant,debit
固定资产	X instant,debit
在建工程	X instant,debit
工程物资	X instant,debit
固定资产清理	X instant,debit
生产性生物资产	X instant,debit
油气资产	X instant,debit
无形资产	X instant,debit
开发支出	X instant,debit
商誉	X instant,debit
长期待摊费用	X instant,debit
递延所得税资产	X instant,debit
其他非流动资产	X instant,debit

元　　素	元素属性
非流动资产合计	X instant,debit
资产总计	X instant,debit
负债和所有者权益(或股东权益)[abstract]	
负债[abstract]	
流动负债[abstract]	
短期借款	X instant,credit
以公允价值计量且其变动计入当期损益的金融负债	X instant,credit
衍生金融负债	X instant,credit
应付票据	X instant,credit
应付账款	X instant,credit
预收款项	X instant,credit
应付职工薪酬	X instant,credit
应交税费	X instant,credit
应付利息	X instant,credit
应付股利	X instant,credit
其他应付款	X instant,credit
划分为持有待售的负债	X instant,credit
一年内到期的非流动负债	X instant,credit
其他流动负债	X instant,credit
流动负债合计	X instant,credit
非流动负债[abstract]	
长期借款	X instant,credit
应付债券	X instant,credit
其中:优先股	X instant,credit
永续债	X instant,credit
长期应付款	X instant,credit
长期应付职工薪酬	X instant,credit
专项应付款	X instant,credit
预计负债	X instant,credit
递延收益	X instant,credit
递延所得税负债	X instant,credit
其他非流动负债	X instant,credit
非流动负债合计	X instant,credit
负债合计	X instant,credit
所有者权益(或股东权益)[abstract]	
实收资本(或股本)	X instant,credit

元　　素	元素属性
其他权益工具	X instant,credit
其中:优先股	X instant,credit
永续债	X instant,credit
资本公积	X instant,credit
库存股	(X) instant,debit
其他综合收益	X instant,credit
专项储备	X instant,credit
盈余公积	X instant,credit
未分配利润	X instant,credit
归属于母公司所有者权益(或股东权益)合计	X instant,credit
少数股东权益	X instant,credit
所有者权益(或股东权益)合计	X instant,credit
负债和所有者权益(或股东权益)总计	X instant,credit

[230005]个别资产负债表

个别资产负债表[text block]	text block
资产负债表[abstract]	
资产负债表[table]	table
合并和个别财务报表[axis]	axis
合并[member]	member
个别[member]	member
资产负债表[line items]	line items
资产[abstract]	
流动资产[abstract]	
货币资金	X instant,debit
以公允价值计量且其变动计入当期损益的金融资产	X instant,debit
衍生金融资产	X instant,debit
应收票据	X instant,debit
应收账款	X instant,debit
预付款项	X instant,debit
应收利息	X instant,debit
应收股利	X instant,debit
其他应收款	X instant,debit
存货	X instant,debit
划分为持有待售的资产	X instant,debit
一年内到期的非流动资产	X instant,debit

元　　素	元素属性
其他流动资产	X instant，debit
流动资产合计	X instant，debit
非流动资产[abstract]	
可供出售金融资产	X instant，debit
持有至到期投资	X instant，debit
长期应收款	X instant，debit
长期股权投资	X instant，debit
投资性房地产	X instant，debit
固定资产	X instant，debit
在建工程	X instant，debit
工程物资	X instant，debit
固定资产清理	X instant，debit
生产性生物资产	X instant，debit
油气资产	X instant，debit
无形资产	X instant，debit
开发支出	X instant，debit
商誉	X instant，debit
长期待摊费用	X instant，debit
递延所得税资产	X instant，debit
其他非流动资产	X instant，debit
非流动资产合计	X instant，debit
资产总计	X instant，debit
负债和所有者权益（或股东权益）[abstract]	
负债[abstract]	
流动负债[abstract]	
短期借款	X instant，credit
以公允价值计量且其变动计入当期损益的金融负债	X instant，credit
衍生金融负债	X instant，credit
应付票据	X instant，credit
应付账款	X instant，credit
预收款项	X instant，credit
应付职工薪酬	X instant，credit
应交税费	X instant，credit
应付利息	X instant，credit
应付股利	X instant，credit
其他应付款	X instant，credit

元　　素	元素属性
划分为持有待售的负债	X instant, credit
一年内到期的非流动负债	X instant, credit
其他流动负债	X instant, credit
流动负债合计	X instant, credit
非流动负债[abstract]	
长期借款	X instant, credit
应付债券	X instant, credit
其中：优先股	X instant, credit
永续债	X instant, credit
长期应付款	X instant, credit
长期应付职工薪酬	X instant, credit
专项应付款	X instant, credit
预计负债	X instant, credit
递延收益	X instant, credit
递延所得税负债	X instant, credit
其他非流动负债	X instant, credit
非流动负债合计	X instant, credit
负债合计	X instant, credit
所有者权益（或股东权益）[abstract]	
实收资本（或股本）	X instant, credit
其他权益工具	X instant, credit
其中：优先股	X instant, credit
永续债	X instant, credit
资本公积	X instant, credit
库存股	(X) instant, debit
其他综合收益	X instant, credit
专项储备	X instant, credit
盈余公积	X instant, credit
未分配利润	X instant, credit
所有者权益（或股东权益）合计	X instant, credit
负债和所有者权益（或股东权益）总计	X instant, credit

[910103]合并利润表	
利润表[abstract]	
营业收入	X duration, credit
营业成本	(X) duration, debit

元　　素	元素属性
营业税金及附加	(X) duration,debit
销售费用	(X) duration,debit
管理费用	(X) duration,debit
财务费用	(X) duration,debit
勘探费用(包括勘探干井)	(X) duration,debit
资产减值损失	(X) duration,debit
公允价值变动收益	X duration,credit
投资收益	X duration,credit
其中:对联营企业和合营企业的投资收益	X duration,credit
营业利润	X duration,credit
营业外收入	X duration,credit
其中:非流动资产处置利得	X duration,credit
营业外支出	(X) duration,debit
其中:非流动资产处置损失	(X) duration,debit
利润总额	X duration,credit
所得税费用	(X) duration,debit
净利润	X duration,credit
归属于母公司所有者(股东)的净利润	X duration,credit
少数股东损益	X duration,credit
其中:被合并方在合并前实现的净利润	X duration,credit
其他综合收益的税后净额	X duration,credit
归属于母公司所有者的其他综合收益的税后净额	X duration,credit
以后不能重分类进损益的其他综合收益	X duration,credit
重新计量设定受益计划净负债或净资产的变动	X duration,credit
权益法下在被投资单位不能重分类进损益的其他综合收益中享有的份额	X duration,credit
其他项目	X duration,credit
以后将重分类进损益的其他综合收益	X duration,credit
权益法下在被投资单位以后将重分类进损益的其他综合收益中享有的份额	X duration,credit
可供出售金融资产公允价值变动损益	X duration,credit
持有至到期投资重分类为可供出售金融资产损益	X duration,credit
现金流量套期损益的有效部分	X duration,credit
外币财务报表折算差额	X duration,credit
其他项目	X duration,credit
归属于少数股东的其他综合收益的税后净额	X duration,credit
综合收益总额	X duration,credit

元　　素	元素属性
归属于母公司所有者(股东)的综合收益总额	X duration, credit
归属于少数股东的综合收益总额	X duration, credit
每股收益[abstract]	
基本每股收益	X. XX duration
稀释每股收益	X. XX duration
[910104]个别利润表	
个别利润表[text block]	text block
利润表[abstract]	
利润表[table]	table
合并和个别财务报表[axis]	axis
合并[member]	member
个别[member]	member
利润表[line items]	line items
营业收入	X duration, credit
营业成本	(X) duration, debit
营业税金及附加	(X) duration, debit
销售费用	(X) duration, debit
管理费用	(X) duration, debit
财务费用	(X) duration, debit
勘探费用(包括勘探干井)	(X) duration, debit
资产减值损失	(X) duration, debit
公允价值变动收益	X duration, credit
投资收益	X duration, credit
其中:对联营企业和合营企业的投资收益	X duration, credit
营业利润	X duration, credit
营业外收入	X duration, credit
其中:非流动资产处置利得	X duration, credit
营业外支出	(X) duration, debit
其中:非流动资产处置损失	(X) duration, debit
利润总额	X duration, credit
所得税费用	(X) duration, debit
净利润	X duration, credit
其他综合收益的税后净额	X duration, credit
以后不能重分类进损益的其他综合收益	X duration, credit
重新计量设定受益计划净负债或净资产的变动	X duration, credit

元　　素	元素属性
权益法下在被投资单位不能重分类进损益的其他综合收益中享有的份额	X duration,credit
其他项目	X duration,credit
以后将重分类进损益的其他综合收益	X duration,credit
权益法下在被投资单位以后将重分类进损益的其他综合收益中享有的份额	X duration,credit
可供出售金融资产公允价值变动损益	X duration,credit
持有至到期投资重分类为可供出售金融资产损益	X duration,credit
现金流量套期损益的有效部分	X duration,credit
外币财务报表折算差额	X duration,credit
其他项目	X duration,credit
综合收益总额	X duration,credit
每股收益[abstract]	
基本每股收益	X. XX duration
稀释每股收益	X. XX duration
[910105]合并现金流量表	
现金流量表[abstract]	
经营活动产生的现金流量[abstract]	
经营活动现金流入[abstract]	
销售商品及提供劳务收到的现金	X duration,debit
收到的税费返还	X duration,debit
收到其他与经营活动有关的现金	X duration,debit
经营活动现金流入小计	X duration,debit
经营活动现金流出[abstract]	
购买商品及接受劳务支付的现金	(X) duration,credit
支付给职工以及为职工支付的现金	(X) duration,credit
支付的各项税费	(X) duration,credit
支付其他与经营活动有关的现金	(X) duration,credit
经营活动现金流出小计	(X) duration,credit
经营活动产生的现金流量净额	X duration
投资活动产生的现金流量[abstract]	
投资活动现金流入[abstract]	
收回投资收到的现金	X duration,debit
全资子公司注销为分公司取得的现金	X duration,debit
取得投资收益收到的现金	X duration,debit
处置固定资产、油气资产、无形资产和其他长期资产收回的现金净额	X duration,debit

元　　素	元素属性
处置子公司及其他营业单位收到的现金净额	X duration,debit
收到其他与投资活动有关的现金	X duration,debit
投资活动现金流入小计	X duration,debit
投资活动现金流出[abstract]	
购建固定资产、油气资产、无形资产和其他长期资产支付的现金	(X) duration,credit
投资支付的现金	(X) duration,credit
取得子公司及其他营业单位支付的现金净额	(X) duration,credit
支付其他与投资活动有关的现金	(X) duration,credit
投资活动现金流出小计	(X) duration,credit
投资活动产生的现金流量净额	X duration,debit
筹资活动产生的现金流量[abstract]	
筹资活动现金流入[abstract]	
吸收投资收到的现金	X duration,debit
其中:子公司吸收少数股东投资收到的现金	X duration,debit
取得借款收到的现金	X duration,debit
发行债券收到的现金	X duration,debit
收到其他与筹资活动有关的现金	X duration,debit
筹资活动现金流入小计	X duration,debit
筹资活动现金流出[abstract]	
偿还债务支付的现金	(X) duration,credit
分配股利、利润或偿付利息支付的现金	(X) duration,credit
其中:子公司支付给少数股东的股利及利润	(X) duration,credit
资本减少	(X) duration,credit
支付其他与筹资活动有关的现金	(X) duration,credit
筹资活动现金流出小计	(X) duration,credit
筹资活动产生的现金流量净额	X duration,debit
汇率变动对现金及现金等价物的影响	X duration,debit
现金及现金等价物净增加额	X duration,debit
期初现金和现金等价物	X instant,debit
期末现金和现金等价物	X instant,debit
[910106]个别现金流量表	
个别现金流量表[text block]	text block
现金流量表[abstract]	
现金流量表[table]	table
合并和个别财务报表[axis]	axis

元　　素	元素属性
合并[member]	member
个别[member]	member
现金流量表[line items]	line items
经营活动产生的现金流量[abstract]	
经营活动现金流入[abstract]	
销售商品及提供劳务收到的现金	X duration,debit
收到的税费返还	X duration,debit
收到其他与经营活动有关的现金	X duration,debit
经营活动现金流入小计	X duration,debit
经营活动现金流出[abstract]	
购买商品及接受劳务支付的现金	(X) duration,credit
支付给职工以及为职工支付的现金	(X) duration,credit
支付的各项税费	(X) duration,credit
支付其他与经营活动有关的现金	(X) duration,credit
经营活动现金流出小计	(X) duration,credit
经营活动产生的现金流量净额	X duration
投资活动产生的现金流量[abstract]	
投资活动现金流入[abstract]	
收回投资收到的现金	X duration,debit
全资子公司注销为分公司取得的现金	X duration,debit
取得投资收益收到的现金	X duration,debit
处置固定资产、油气资产、无形资产和其他长期资产收回的现金净额	X duration,debit
处置子公司及其他营业单位收到的现金净额	X duration,debit
收到其他与投资活动有关的现金	X duration,debit
投资活动现金流入小计	X duration,debit
投资活动现金流出[abstract]	
购建固定资产、油气资产、无形资产和其他长期资产支付的现金	(X) duration,credit
投资支付的现金	(X) duration,credit
取得子公司及其他营业单位支付的现金净额	(X) duration,credit
支付其他与投资活动有关的现金	(X) duration,credit
投资活动现金流出小计	(X) duration,credit
投资活动产生的现金流量净额	X duration,debit
筹资活动产生的现金流量[abstract]	
筹资活动现金流入[abstract]	
吸收投资收到的现金	X duration,debit

元　　素	元素属性
取得借款收到的现金	X duration,debit
发行债券收到的现金	X duration,debit
收到其他与筹资活动有关的现金	X duration,debit
筹资活动现金流入小计	X duration,debit
筹资活动现金流出[abstract]	
偿还债务支付的现金	(X) duration,credit
分配股利、利润或偿付利息支付的现金	(X) duration,credit
资本减少	(X) duration,credit
支付其他与筹资活动有关的现金	(X) duration,credit
筹资活动现金流出小计	(X) duration,credit
筹资活动产生的现金流量净额	X duration,debit
汇率变动对现金及现金等价物的影响	X duration,debit
现金及现金等价物净增加额	X duration,debit
期初现金和现金等价物	X instant,debit
期末现金和现金等价物	X instant,debit

[910107]合并所有者权益变动表

所有者权益变动表[abstract]	
所有者权益变动表[table]	table
所有者权益构成[axis]	axis
所有者权益[member]	member
归属于母公司所有者权益[member]	member
实收资本(或股本)[member]	member
其他权益工具[member]	member
优先股[member]	member
永续债[member]	member
其他[member]	member
资本公积[member]	member
库存股(负值)[member]	member
其他综合收益[member]	member
专项储备[member]	member
盈余公积[member]	member
未分配利润[member]	member
其他归属于母公司的所有者权益[member]	member
少数股东权益[member]	member
所有者权益变动表[line items]	line items

元　　素	元素属性
所有者权益(或股东权益)上年年末余额	X instant,credit
会计政策变更	X instant,credit
前期差错变更	X instant,credit
同一控制下企业合并的影响	X instant,credit
其他调整	X instant,credit
所有者权益(或股东权益),年初余额	X instant,credit
所有者权益增减变动[abstract]	
综合收益	X duration,credit
利润分配[abstract]	
提取盈余公积	X duration,credit
对所有者(股东)的分配	X duration,credit
专项储备-安全生产费[abstract]	
本期提取	X duration,credit
本期使用	X duration,credit
其他权益变动[abstract]	
同一控制下企业合并支付的款项	X duration,credit
收购子公司	X duration,credit
购买子公司少数股东权益	X duration,credit
少数股东投入资本	X duration,credit
子公司资本减少	X duration,credit
处置子公司	X duration,credit
所有者权益(或股东权益),年末余额	X instant,credit
[910108]个别所有者权益变动表	
个别所有者权益变动表[text block]	text block
所有者权益变动表[abstract]	
所有者权益变动表[table]	table
合并和个别财务报表[axis]	axis
合并[member]	member
个别[member]	member
所有者权益构成[axis]	axis
所有者权益[member]	member
实收资本(或股本)[member]	member
其他权益工具[member]	member
优先股[member]	member
永续债[member]	member

元　　素	元素属性
其他[member]	member
资本公积[member]	member
库存股(负值)[member]	member
其他综合收益[member]	member
专项储备[member]	member
盈余公积[member]	member
未分配利润[member]	member
其他所有者权益[member]	member
所有者权益变动表[line items]	line items
所有者权益(或股东权益)上年年末余额	X instant,credit
会计政策变更	X instant,credit
前期差错变更	X instant,credit
同一控制下企业合并的影响	X instant,credit
其他调整	X instant,credit
所有者权益(或股东权益),年初余额	X instant,credit
所有者权益增减变动[abstract]	
综合收益	X duration,credit
利润分配[abstract]	
提取盈余公积	X duration,credit
对所有者(股东)的分配	X duration,credit
专项储备-安全生产费[abstract]	
本期提取	X duration,credit
本期使用	X duration,credit
其他权益变动[abstract]	
同一控制下企业合并支付的款项	X duration,credit
收购子公司	X duration,credit
购买子公司少数股东权益	X duration,credit
少数股东投入资本	X duration,credit
子公司资本减少	X duration,credit
处置子公司	X duration,credit
所有者权益(或股东权益),年末余额	X instant,credit
[130000]财务报表一般信息	
公司基本情况信息披露[text block]	text block
公司基本情况[abstract]	
公司名称	text

元　　素	元素属性
批准省市	text
批准日期	yyyy-mm-dd
批准文号	text
发起人	text
营业执照注册号	text
所属行业	text
公司基本情况备注	text
[830110]财务报表编制基础	
财务报表的编制基础信息披露[text block]	text block
财务报表的编制基础[abstract]	
财务报表的编制基础[text block]	text block
[830120]遵循企业会计准则的声明	
遵循企业会计准则的声明信息披露[text block]	text block
遵循企业会计准则的声明[abstract]	
遵循企业会计准则的声明[text block]	text block
[830130]税项	
税项信息披露[text block]	text block
税项[abstract]	
税项[text block]	text block
适用的所得税税率	X. XX duration
适用的增值税税率	X. XX duration
适用的营业税税率	X. XX duration
适用的消费税税率	X. XX duration
[830100]重要会计政策和会计估计	
重要会计政策和会计估计[text block]	text block
重要会计政策及会计估计,会计期间[text block]	text block
会计期间的说明	text
重要会计政策及会计估计,记账本位币及金额单位[text block]	text block
记账本位币及金额单位的说明	text
重要会计政策及会计估计,计量属性[text block]	text block
重要会计政策及会计估计,现金及现金等价物[text block]	text block
现金及现金等价物的说明	text

元素	元素属性
重要会计政策及会计估计,外币业务及外币报表折算[text block]	text block
重要会计政策及会计估计,外币业务[text block]	text block
外币业务的说明	text
重要会计政策及会计估计,外币财务报表折算[text block]	text block
外币财务报表折算的说明	text
重要会计政策及会计估计,金融工具[text block]	text block
金融资产和金融负债的分类[text block]	text block
指定为以公允价值计量且其变动计入当期损益的金融资产或金融负债的性质	text
指定为以公允价值计量且其变动计入当期损益的金融资产的性质	text
指定为以公允价值计量且其变动计入当期损益的金融负债的性质	text
将金融资产或负债指定为以公允价值计量且其变动计入当期损益的金融资产或金融负债的依据	text
将金融资产指定为以公允价值计量且其变动计入当期损益的金融资产的依据	text
将金融负债指定为以公允价值计量且其变动计入当期损益的金融负债的依据	text
将金融资产或负债指定为以公允价值计量且其变动计入当期损益的金融资产或负债指定后消除或明显减少不匹配情况的说明	text
指定为以公允价值计量且其变动计入当期损益的金融资产消除确认和计量方面不一致的说明	text
指定为以公允价值计量且其变动计入当期损益的金融负债消除确认和计量方面不一致的说明	text
将金融资产指定为以公允价值计量且其变动计入当期损益的金融资产是否符合企业风险管理或投资策略的说明	text
将金融负债指定为以公允价值计量且其变动计入当期损益的金融负债是否符合企业风险管理或投资策略的说明	text
金融资产和金融负债的确认和计量方法[text block]	text block
以公允价值计量且其变动计入当期损益的金融资产的确认和计量方法	text
以公允价值计量且其变动计入当期损益的金融负债的确认和计量方法	text
持有至到期投资的确认和计量方法[text block]	text block
出售或重分类为可供出售金融资产的相关政策[text block]	text block
持有至到期投资较大金额的标准	text
应收款项的确认和计量方法	text
可供出售金融资产的确认和计量方法[text block]	text block
指定金融资产为可供出售的金融资产的标准	text
其他金融负债的确认和计量方法	text

元　　素	元素属性
其他金融工具相关会计政策	text
金融资产转移的确认条件和计量方法[text block]	text block
金融资产和金融负债的抵销[text block]	text block
金融资产和金融负债的公允价值的确定方法[text block]	text block
确定金融资产和金融负债公允价值所采用的方法	text
金融资产和金融负债公允价值是否全部或部分采用估值技术的说明	text
在损益中确认交易价格与初始确认的公允价值之间差额时所采用的会计政策[text block]	text block
金融资产的减值准备的确认标准和计提方法[text block]	text block
存在客观证据表明金融资产已发生减值的适用标准	text
应收款项坏账准备的确认标准和计提方法	text
持有至到期投资的减值准备的确认标准和计提方法	text
可供出售金融资产的减值准备的确认标准和计提方法	text
套期保值[text block]	text block
公允价值套期及现金流量套期和境外经营净投资套期的确认、后续计量所采用的会计处理方法，以及终止确认情况[text block]	text block
权益工具[text block]	text block
嵌入了价值相互关联的多项衍生工具的复合金融工具	text
为避免金融资产逾期或减值而重新议定条款的金融资产所适用的会计政策[text block]	text block
重要会计政策及会计估计，存货[text block]	text block
存货的分类及初始计量[abstract]	
存货分类	text
存货的初始计量方法	text
发出存货的计价方法	text
存货跌价准备的计提方法	text
存货可变现净值的说明	text
存货减值准备的计提说明	text
存货跌价准备转回的说明	text
重要会计政策和会计估计，坏账准备[text block]	text block
重要会计政策及会计估计，长期股权投资[text block]	text block
初始计量[abstract]	
企业合并形成的长期股权投资	text
其他方式取得的长期股权投资	text
对被投资单位具有控制、共同控制、重大影响的依据	text
后续计量及收益确认[abstract]	
采用成本法核算的对子公司的长期股权投资的描述	text

元　　素	元素属性
采用权益法核算的对联营企业或合营企业投资的描述	text
长期股权投资的处置	text
重要会计政策及会计估计，投资性房地产[text block]	text block
重要会计政策及会计估计，固定资产[text block]	text block
固定资产确认条件	text
固定资产的分类	text
固定资产的初始计量	text
固定资产折旧方法	text
固定资产的使用寿命、预计净残值和折旧率	text
重要会计政策和会计估计，在建工程[text block]	text block
在建工程类别	text
在建工程结转为固定资产的标准和时点	text
重要会计政策及会计估计，生物资产[text block]	text block
生物资产的分类	text
生物资产的确认和计量	text
生物资产跌价准备或减值准备的计提	text
重要会计政策及会计估计，无形资产[text block]	text block
无形资产的确认条件	text
无形资产的计量方法	text
无形资产使用寿命及摊销	text
重要会计政策及会计估计，研究与开发[text block]	text block
重要会计政策及会计估计，油气资产[text block]	text block
重要会计政策及会计估计，长期待摊费用[text block]	text block
重要会计政策及会计估计，划分为持有待售的非流动资产[text block]	text block
重要会计政策及会计估计，除存货及金融资产外的其他主要资产的减值[text block]	text block
除存货及金融资产外的其他主要资产的范围及减值方法	text
资产组认定的依据及其减值	text
重要会计政策及会计估计，长期资产减值[text block]	text block
重要会计政策和会计估计，职工薪酬[text block]	text block
重要会计政策及会计估计，应付债券[text block]	text block
重要会计政策及会计估计，借款费用[text block]	text block
重要会计政策及会计估计，借款费用资本化[text block]	text block
借款费用资本化的确认原则	text
借款费用资本化期间	text
借款费用资本化金额的计算方法	text

元　　素	元素属性
重要会计政策及会计估计，或有事项[text block]	text block
重要会计政策及会计估计，预计负债[text block]	text block
重要会计政策及会计估计，收入[text block]	text block
销售商品	text
提供劳务	text
让渡资产使用权	text
建造合同	text
重要会计政策及会计估计，政府补助[text block]	text block
重要会计政策及会计估计，所得税[text block]	text block
重要会计政策及会计估计，递延所得税资产和递延所得税负债[text block]	text block
重要会计政策及会计估计，利润分配[text block]	text block
重要会计政策及会计估计，企业合并[text block]	text block
重要会计政策及会计估计，商誉[text block]	text block
重要会计政策及会计估计，租赁[text block]	text block
重要会计政策及会计估计，债务重组[text block]	text block
重要会计政策及会计估计，非货币性资产交换[text block]	text block
重要会计政策及会计估计，股份支付[text block]	text block
重要会计政策及会计估计，关联方[text block]	text block
重要会计政策及会计估计，分部报告[text block]	text block
重要会计政策及会计估计，保险合同[text block]	text block
保险合同的确定[abstract]	
保险合同定义	text
保险混合合同的分拆	text
保险合同的分类	text
重大保险风险测试[abstract]	
重大保险风险的测试方法和标准	text
重大保险风险测试中合同的分组标准和选取方法	text
重大保险风险测试假设的设定依据	text
保费收入的确认条件和计量方法[abstract]	
保费收入的确认条件	text
保费收入的计量方法	text
保险合同准备金的计量[abstract]	
保险合同准备金的分类	text
保险合同准备金的计量方法，计量单元及其确定方法	text
预期未来现金流入和流出金额的组成内容和计量方法	text
保险合同准备金的计量假设及其确定方法	text

元　　　素	元素属性
保险合同准备金包含的边际的计量方法和计入当期损益的方法	text
保险合同成本的处理[abstract]	
保险合同成本的组成内容	text
保单取得成本的处理	text
提取保险合同准备金的处理	text
损余物资的处理	text
代位追偿款的处理	text
再保险合同的处理[abstract]	
分出业务的处理	text
分入业务的处理	text
重要会计政策及会计估计,合并财务报表[text block]	text block
重要会计政策和会计估计,库存股[text block]	text block
重要会计政策及会计估计,资产证券化[text block]	text block
重要会计政策及会计估计,重要会计估计和判断[text block]	text block

[910900]附注_企业合并

企业合并[text block]	text block
企业集团的构成[abstract]	
企业集团的构成[table]	table
主要子公司[axis]	axis
主要子公司[member]	member
企业集团的构成[line items]	line items
子公司类型	text
取得方式	text
注册地	text
注册资本	X instant,debit
业务性质	text
企业类型	text
法人代表	text
年末实际出资额	X instant,debit
持股比例	X. XX instant
表决权比例	X. XX instant
是否合并报表单位	text
境外经营实体主要报表项目折算汇率[abstract]	
境外经营实体主要报表项目折算汇率[table]	table
境外经营实体公司名称[axis]	axis

元　　素	元素属性
境外经营实体公司名称[member]	member
货币种类[axis]	axis
货币[member]	member
美元[member]	member
欧元[member]	member
港币[member]	member
日元[member]	member
英镑[member]	member
瑞士法郎[member]	member
加拿大元[member]	member
澳大利亚元[member]	member
新加坡元[member]	member
丹麦克朗[member]	member
挪威克朗[member]	member
瑞典克朗[member]	member
澳门元[member]	member
新西兰元[member]	member
韩元[member]	member
其他外币[member]	member
境外经营实体主要报表项目折算汇率[line items]	line items
境外经营实体主要报表项目折算汇率资产负债表项目	X. XX instant
境外经营实体主要报表项目折算汇率收入费用及现金项目	text
企业合并其他需要说明的事项[text block]	text block
[841100]附注_在其他主体中权益的披露(一)	
在其他主体中权益的披露[text block]	text block
企业集团的构成[text block]	text block
企业集团的构成[abstract]	
企业集团的构成[table]	table
子公司[axis]	axis
企业的全部子公司[member]	member
子公司[member]	member
企业集团的构成[line items]	line items
子公司的主要经营地	text
子公司的注册地	text
子公司的业务性质	text

元　　素	元素属性
对子公司的持股比例	X. XX instant
本公司直接持有纳入合并财务报表范围子公司股权比例	X. XX instant
本公司间接持有纳入合并财务报表范围子公司股权比例	X. XX instant
对子公司的表决权比例	X. XX instant
本公司直接持有纳入合并财务报表范围子公司表决权比例	X. XX instant
本公司间接持有纳入合并财务报表范围子公司表决权比例	X. XX instant

[841200]附注_在其他主体中权益的披露(二)

在其他主体中权益的披露[text block]	text block
重要的非全资子公司的信息披露[text block]	text block
重要的非全资子公司的基础信息[abstract]	
重要的非全资子公司的基础信息[table]	table
子公司[axis]	axis
企业的全部子公司[member]	member
子公司[member]	member
重要的非全资子公司[member]	member
重要的非全资子公司的基础信息[line items]	line items
少数股东的持股比例	X. XX instant
少数股东的表决权比例	X. XX instant
当期归属于少数股东的损益	X duration, credit
当期向少数股东支付的股利	X duration, credit
期末累计少数股东权益	X instant, credit
重要的非全资子公司的主要财务信息[abstract]	
重要的非全资子公司的主要财务信息[table]	table
子公司[axis]	axis
企业的全部子公司[member]	member
子公司[member]	member
重要的非全资子公司[member]	member
重要的非全资子公司的主要财务信息[line items]	line items
流动资产	X instant, debit
现金和现金等价物	X instant, debit
非流动资产	X instant, debit
资产总计	X instant, debit
流动负债	X instant, credit
非流动负债	X instant, credit
负债合计	X instant, credit

元　　素	元素属性
营业收入	X duration,credit
净利润	X duration,credit
终止经营净利润	X duration,credit
综合收益总额	X duration,credit
经营活动产生的现金流量	X duration
对企业持有其他主体半数或以下的表决权但仍控制该主体的重大判断和假设的描述	text
对企业持有其他主体半数以上的表决权但并不控制该主体的重大判断和假设的描述	text
对使用企业集团资产和清偿企业集团债务存在重大限制的说明[text block]	text block
对企业在使用集团资产和清偿集团负债方面的重大限制的描述	text
少数股东享有的保护性权利对企业使用集团资产和清偿集团负债的能力存在重大限制的性质和程度的描述	text
使用企业集团资产和清偿企业集团债务的重大限制所涉及的资产在合并财务报表中的金额	X instant,debit
使用企业集团资产和清偿企业集团债务的重大限制所涉及的负债在合并财务报表中的金额	X instant,credit
纳入合并财务报表范围的结构化主体的披露[text block]	text block
纳入合并财务报表范围的结构化主体的披露[abstract]	
纳入合并财务报表范围的结构化主体的披露[table]	table
纳入合并财务报表范围的结构化主体[axis]	axis
纳入合并财务报表范围的结构化主体[member]	member
理财产品[member]	member
资产支持融资[member]	member
信托计划[member]	member
资产管理计划[member]	member
投资基金[member]	member
纳入合并财务报表范围的结构化主体的披露[line items]	line items
合同约定企业或其子公司向纳入合并财务报表范围的结构化主体提供财务支持的情形[abstract]	
企业或其子公司向结构化主体提供财务支持的合同条款的描述	text
企业或其子公司向结构化主体提供财务支持可能导致企业承担损失的事项或情况的描述	text
在没有合同约定的情况下,企业或其子公司向纳入合并财务报表范围的结构化主体提供财务支持或其他支持的情形[abstract]	
企业或其子公司向结构化主体提供支持的类型的描述	text
企业或其子公司向结构化主体提供支持的金额	X duration
企业或其子公司向结构化主体提供支持的原因的描述	text

元　　素	元素属性
决定向原先未纳入合并财务报表的结构化主体提供支持从而实现控制的相关因素的解释	text
对企业向结构化主体提供支持的意图的描述	text
企业在其子公司的所有者权益份额发生变化的情况说明[text block]	text block
企业在其子公司所有者权益份额发生变化且该变化未导致企业丧失对子公司控制权的情形[abstract]	
企业在其子公司所有者权益份额发生变化且该变化未导致企业丧失对子公司控制权的情形[table]	table
所有者权益份额发生变化且该变化未导致丧失控制权的子公司[axis]	axis
所有者权益份额发生变化且该变化未导致丧失控制权的子公司[member]	member
企业在其子公司所有者权益份额发生变化且该变化未导致企业丧失对子公司控制权的情形[line items]	line items
处置股权对归属于母公司的所有者权益的影响	X duration,credit
处置股权对少数股东权益的影响	X duration,credit
处置股权对所有者权益的影响	X duration,credit
企业在其子公司所有者权益份额发生变化导致丧失对子公司控制权的情形[abstract]	
企业在其子公司所有者权益份额发生变化导致丧失对子公司控制权的情形[table]	table
所有者权益份额发生变化导致丧失控制权的原子公司[axis]	axis
所有者权益份额发生变化导致丧失控制权的原子公司[member]	member
企业在其子公司所有者权益份额发生变化导致丧失对子公司控制权的情形[line items]	line items
由于丧失控制权而产生的利得或损失计入投资收益的金额	X duration,credit
剩余股权在丧失控制权日的公允价值	X instant,debit
剩余股权在丧失控制权日按照公允价值重新计量而产生的利得或损失	X duration,credit
企业在合营安排或联营企业中权益的相关信息的披露[text block]	text block
重要的合营企业和联营企业的基础信息[text block]	text block
重要合营企业和联营企业的基础信息[abstract]	
重要合营企业和联营企业的基础信息[table]	table
重要合营企业和联营企业[axis]	axis
重要合营企业和联营企业[member]	member
合营企业[member]	member
联营企业[member]	member
重要合营企业和联营企业的基础信息[line items]	line items
合营企业和联营企业的主要经营地	text
合营企业和联营企业的注册地	text

元　　素	元素属性
合营企业和联营企业的业务性质	text
合营企业和联营企业的注册资本	X instant,credit
对合营企业和联营企业的持股比例	X. XX instant
对合营企业和联营企业的表决权比例	X. XX instant
合营企业和联营企业对企业活动是否具有战略性	text
对企业持有其他主体 20%以下的表决权但对该主体具有重大影响的判断或假设	text
对企业持有其他主体 20%或以上的表决权但对该主体不具有重大影响的判断或假设	text
合营安排下共同经营的基础信息[text block]	text block
合营安排下共同经营的基础信息[abstract]	
合营安排下共同经营的基础信息[table]	table
共同经营[axis]	axis
共同经营[member]	member
合营安排下共同经营的基础信息[line items]	line items
共同经营的主要经营地	text
共同经营的注册地	text
共同经营的业务性质	text
共同经营的注册资本	X instant,credit
对共同经营的持股比例	X. XX instant
对共同经营的表决权比例	X. XX instant
共同经营对企业活动是否具有战略性	text
对企业通过单独主体达成合营安排时确定该合营安排是共同经营或合营企业的重大判断和假设的描述	text
重要合营企业和联营企业的主要财务信息[text block]	text block
重要合营企业的主要财务信息[abstract]	
重要合营企业的主要财务信息[table]	table
合营企业[axis]	axis
企业的全部合营企业[member]	member
合营企业[member]	member
重要合营企业的主要财务信息[line items]	line items
流动资产	X instant,debit
现金和现金等价物	X instant,debit
非流动资产	X instant,debit
资产总计	X instant,debit
流动负债	X instant,credit
非流动负债	X instant,credit

元　素	元素属性
负债合计	X instant,credit
净资产	X instant,debit
按持股比例计算的净资产份额	X instant,debit
调整事项	X instant
对合营企业权益投资的账面价值	X instant,debit
存在公开报价的权益投资的公允价值	X instant,debit
营业收入	X duration,credit
财务费用	X duration,debit
所得税费用	X duration,debit
净利润	X duration,credit
终止经营净利润	X duration,credit
其他综合收益	X duration,credit
综合收益总额	X duration,credit
对合营企业投资的会计处理方法	text
企业本期收到的来自合营企业的股利	X duration,debit
重要联营企业的主要财务信息[abstract]	
重要联营企业的主要财务信息[table]	table
联营企业[axis]	axis
企业的全部联营企业[member]	member
联营企业[member]	member
重要联营企业的主要财务信息[line items]	line items
流动资产	X instant,debit
现金和现金等价物	X instant,debit
非流动资产	X instant,debit
资产总计	X instant,debit
流动负债	X instant,credit
非流动负债	X instant,credit
负债合计	X instant,credit
净资产	X instant,debit
按持股比例计算的净资产份额	X instant,debit
调整事项	X instant
对联营企业权益投资的账面价值	X instant,debit
存在公开报价的权益投资的公允价值	X instant,debit
营业收入	X duration,credit
净利润	X duration,credit
终止经营净利润	X duration,credit

元素	元素属性
其他综合收益	X duration,credit
综合收益总额	X duration,credit
对联营企业投资的会计处理方法	text
企业本期收到的来自联营企业的股利	X duration,debit
不重要合营企业和联营企业的汇总信息[abstract]	
不重要合营企业和联营企业的汇总信息[table]	table
不重要合营企业和联营企业[axis]	axis
全部不重要的合营企业和联营企业[member]	member
不重要合营企业和联营企业[member]	member
单个不重要合营企业的汇总[member]	member
单个不重要联营企业的汇总[member]	member
不重要合营企业和联营企业的汇总信息[line items]	line items
权益法核算的长期股权投资账面价值	X instant,debit
按照持股比例计算的合营企业和和联营企业的净利润的份额	X duration,credit
按照持股比例计算的合营企业和和联营企业的终止经营净利润的份额	X duration,credit
按照持股比例计算的合营企业和和联营企业的其他综合收益的份额	X duration,credit
按照持股比例计算的合营企业和和联营企业的综合收益的份额	X duration,credit
权益法核算的合营企业或联营企业超额亏损的分担额[abstract]	
权益法核算的合营企业或联营企业超额亏损的分担额[table]	table
权益法下被投资单位[axis]	axis
权益法下被投资单位[member]	member
合营企业[member]	member
联营企业[member]	member
权益法核算的合营企业或联营企业超额亏损的分担额[line items]	line items
前期累积未确认的损失份额	X instant,debit
本期未确认的损失份额(或本期实现的净利润的分享额)	X duration,debit
本期末累积未确认的损失份额	X instant,debit
与企业对合营企业投资相关的未确认承诺	X instant,credit
与企业对合营企业或联营企业投资相关的或有负债	X instant,credit
在未纳入合并财务报表范围的结构化主体中权益的披露[text block]	text block
在未纳入合并财务报表范围的结构化主体中享有权益的披露[abstract]	
在未纳入合并财务报表范围的结构化主体中权益的披露[table]	table
未纳入合并财务报表范围的结构化主体[axis]	axis
未纳入合并财务报表范围的结构化主体[member]	member
理财产品[member]	member

元　　素	元素属性
资产支持融资[member]	member
信托计划[member]	member
资产管理计划[member]	member
投资基金[member]	member
结构化主体的设立方式[axis]	axis
结构化主体的设立方式[member]	member
企业发起设立[member]	member
第三方机构发起设立[member]	member
在未纳入合并财务报表范围的结构化主体中权益的披露[line items]	line items
未纳入合并财务报表范围的结构化主体的基础信息[text block]	text block
在财务报表中确认的与结构化主体中权益相关的资产的账面价值	X instant, debit
持有至到期投资的账面价值	X instant, debit
可供出售金融资产的账面价值	X instant, debit
在财务报表中确认的与结构化主体中权益相关的负债的账面价值	X instant, credit
在结构化主体中权益的最大损失敞口金额	X instant
在结构化主体中权益的最大损失敞口金额的确认方法的信息	text
企业不能量化其在结构化主体中权益的最大损失敞口的事实及其原因的描述	text
对确认的与结构化主体中权益相关的资产和负债的账面价值与其最大损失敞口的比较的描述	text
在企业发起设立的未纳入合并财务报表范围的结构化主体中未享有权益的披露[abstract]	
在企业发起设立的未纳入合并财务报表范围的结构化主体中未享有权益的披露[table]	table
未纳入合并财务报表范围的结构化主体[axis]	axis
未纳入合并财务报表范围的结构化主体[member]	member
理财产品[member]	member
资产支持融资[member]	member
信托计划[member]	member
资产管理计划[member]	member
投资基金[member]	member
结构化主体的设立方式[axis]	axis
结构化主体的设立方式[member]	member
企业发起设立[member]	member
第三方机构发起设立[member]	member
在企业发起设立的未纳入合并财务报表范围的结构化主体中未享有权益的披露[line items]	line items

元　　素	元素属性
企业作为结构化主体发起人的认定依据	text
从结构化主体中获得的收益	X duration, credit
服务收费	X duration, credit
向结构化主体转移资产的收益	X duration, credit
当期向结构化主体转移资产的账面价值	X duration, credit
向未纳入合并财务报表范围的结构化主体提供支持的情况披露[abstract]	
向未纳入合并财务报表范围的结构化主体提供支持情况的披露[table]	table
未纳入合并财务报表范围的结构化主体[axis]	axis
未纳入合并财务报表范围的结构化主体[member]	member
理财产品[member]	member
资产支持融资[member]	member
信托计划[member]	member
资产管理计划[member]	member
投资基金[member]	member
向未纳入合并财务报表范围的结构化主体提供支持情况的披露[line items]	line items
对企业向结构化主体提供支持的意图的描述	text
在没有合同约定的情况下企业或其子公司向结构化主体提供支持的类型的描述	text
在没有合同约定的情况下企业或其子公司向结构化主体提供支持的金额	X duration
在没有合同约定的情况下企业或其子公司向结构化主体提供支持的原因的描述	text
与未纳入合并财务报表范围的结构化主体中权益相关的风险的性质及其变化的额外信息[abstract]	
与未纳入合并财务报表范围的结构化主体中权益相关的风险的性质及其变化的额外信息[table]	table
未纳入合并财务报表范围的结构化主体[axis]	axis
未纳入合并财务报表范围的结构化主体[member]	member
理财产品[member]	member
资产支持融资[member]	member
信托计划[member]	member
资产管理计划[member]	member
投资基金[member]	member
与未纳入合并财务报表范围的结构化主体中权益相关的风险的性质及其变化的额外信息[line items]	line items
与结构化主体中权益相关风险的性质及其变化的额外信息[text block]	text block
企业或其子公司向结构化主体提供财务支持的合同条款的描述	text

元　　素	元素属性
因在结构化主体中持有权益而遭受损失的金额	X duration,debit
计入当期损益的金额	X duration,debit
计入其他综合收益的金额	X duration,debit
从结构化主体中获得收益的类型	text
企业需要承担与结构化主体相关的损失的最大限额	X instant,credit
是否要求企业在其他主体之前承担结构化主体的损失的描述	text
对当其他主体在结构化主体中的权益级别低于企业的权益时,其他主体承担潜在损失的级别和金额的披露[text block]	text block
第三方提供的、对企业在结构化主体中权益的公允价值或风险可能产生影响的流动性支持、担保、承诺的信息披露[text block]	text block
结构化主体在融资活动中遇到的困难的描述	text
结构化主体的融资形式及其加权平均期限的披露[text block]	text block
投资性主体的相关信息披露[text block]	text block
对投资性主体的判断及主体身份转换的说明[text block]	text block
对确定企业为投资性主体的重大判断和假设的描述	text
对不具备投资性主体的一项或多项特征但仍被确定为投资性主体的原因的描述	text
对投资性主体身份转换的描述	text
对投资性主体身份转换的原因的描述	text
投资性主体身份转换对财务报表影响的披露[text block]	text block
未纳入合并财务报表范围的子公司的基础信息[text block]	text block
未纳入合并财务报表范围的子公司的基础信息[abstract]	
未纳入合并财务报表范围的子公司的基础信息[table]	table
未纳入合并财务报表范围的子公司[axis]	axis
未纳入合并财务报表范围的子公司[member]	member
未纳入合并财务报表范围的子公司的基础信息[line items]	line items
子公司的主要经营地	text
子公司的注册地	text
对子公司的持股比例	X. XX instant
对子公司的表决权比例	X. XX instant
与在未纳入合并财务报表范围的子公司中权益相关的风险信息披露[text block]	text block
与在未纳入合并财务报表范围的子公司中权益相关的风险信息披露[abstract]	
与在未纳入合并财务报表范围的子公司中权益相关的风险信息披露[table]	table

元　　素	元素属性
未纳入合并财务报表范围的子公司[axis]	axis
未纳入合并财务报表范围的子公司[member]	member
与在未纳入合并财务报表范围的子公司中权益相关的风险信息披露[line items]	line items
对向企业转移资金的能力存在重大限制的性质和程度的描述	text
对向未纳入合并财务报表范围的子公司提供支持的说明[abstract]	
对向子公司提供支持的承诺或意图的描述	text
在没有合同约定的情况下投资性主体或其子公司向子公司提供支持的类型	text
在没有合同约定的情况下投资性主体或其子公司向子公司提供支持的金额	X duration
在没有合同约定的情况下投资性主体或其子公司向子公司提供支持的原因	text
未纳入合并报表范围的子公司向未纳入合并财务报表范围但受企业控制的结构化主体提供财务支持的情形[abstract]	
投资性主体控制的未纳入合并财务报表范围的结构化主体的披露[table]	table
投资性主体控制的未纳入合并财务报表范围的结构化主体[axis]	axis
投资性主体控制的未纳入合并财务报表范围的结构化主体[member]	member
理财产品[member]	member
资产支持融资[member]	member
信托计划[member]	member
资产管理计划[member]	member
投资基金[member]	member
投资性主体控制的未纳入合并财务报表范围的结构化主体的披露[line items]	line items
投资性主体或其子公司向未纳入合并财务报表范围的结构化主体提供财务支持的合同条款的描述	text
投资性主体或其子公司向未纳入合并财务报表范围的结构化主体提供财务支持可能导致企业承担损失的事项或情况	text
投资性主体或其子公司决定向未纳入合并财务报表范围的结构化主体提供支持从而实现控制的相关因素的解释	text
本期合并财务报表范围变更的说明[text block]	text block
本年新增纳入合并财务报表范围的单位数	X. XX instant
本年新增纳入合并财务报表范围的单位的原因	text
本年减少纳入合并财务报表范围的单位数	X. XX instant
本年减少纳入合并财务报表范围单位的原因	text

元　　素	元素属性
报告期内新纳入合并财务报表范围的子公司的信息[abstract]	
报告期内新纳入合并财务报表范围的子公司的信息[table]	table
报告期内新纳入合并财务报表范围的子公司名称[axis]	axis
报告期内新纳入合并财务报表范围的子公司名称[member]	member
报告期内新纳入合并财务报表范围的子公司的信息[line items]	line items
本公司直接持有新纳入合并财务报表范围子公司股权比例	X. XX instant
本公司间接持有新纳入合并财务报表范围子公司股权比例	X. XX instant
新纳入合并财务报表范围子公司购买日的可辨认净资产公允价值	X instant, credit
新纳入合并财务报表范围子公司净资产公允价值	X instant, credit
新纳入合并财务报表范围子公司购买日至期末净利润	X duration, credit
本报告期内不再纳入合并财务报表范围的原子公司的信息[abstract]	
本报告期内不再纳入合并财务报表范围的原子公司的信息[table]	table
报告期内不再纳入合并财务报表范围的子公司名称[axis]	axis
本报告期内不再纳入合并财务报表范围的原子公司名称[member]	member
本报告期内不再纳入合并财务报表范围的原子公司的信息[line items]	line items
不再纳入合并财务报表范围的原子公司注册地	text
不再纳入合并财务报表范围的原子公司业务性质	text
不再纳入合并财务报表范围的原子公司直接表决权比例	X. XX instant
不再纳入合并财务报表范围的原子公司间接表决权比例	X. XX instant
不再纳入合并财务报表范围的原子公司直接持股比例	X. XX instant
不再纳入合并财务报表范围的原子公司间接持股比例	X. XX instant
不再纳入合并财务报表范围的原子公司出售日资产总额	X instant, debit
不再纳入合并财务报表范围的原子公司出售日负债总额	X instant, credit
不再纳入合并财务报表范围的原子公司出售日所有者权益总额	X instant, credit
不再纳入合并财务报表范围的原子公司上一会计期间资产负债表日资产总额	X instant, debit
不再纳入合并财务报表范围的原子公司上一会计期间资产负债表日负债总额	X instant, credit
不再纳入合并财务报表范围的原子公司上一会计期间资产负债表日所有者权益总额	X instant, credit
不再纳入合并财务报表范围的原子公司本期营业收入	X duration, credit
不再纳入合并财务报表范围的原子公司本期营业成本及费用	X duration, debit
不再纳入合并财务报表范围的原子公司净利润	X duration, credit
本报告期内原子公司不再纳入合并财务报表范围的原因	text
[837200]附注_货币资金	
货币资金信息披露[text block]	text block

元　　素	元素属性
货币资金年初期末余额[abstract]	
货币资金年初期末余额[table]	table
货币资金类别[axis]	axis
货币资金种类[member]	member
库存现金[member]	member
银行存款[member]	member
其他货币资金[member]	member
货币种类[axis]	axis
货币[member]	member
人民币[member]	member
美元[member]	member
欧元[member]	member
港币[member]	member
日元[member]	member
英镑[member]	member
瑞士法郎[member]	member
加拿大元[member]	member
澳大利亚元[member]	member
新加坡元[member]	member
丹麦克朗[member]	member
挪威克朗[member]	member
瑞典克朗[member]	member
澳门元[member]	member
新西兰元[member]	member
韩元[member]	member
其他外币[member]	member
货币资金年初期末余额[line items]	line items
货币资金原币金额	X instant,debit
货币资金折算汇率	X. XX instant
货币资金人民币金额	X instant,debit
受限制的货币资金年初期末余额[abstract]	
银行承兑汇票保证金	X instant,debit
信用证保证金	X instant,debit
履约保证金	X instant,debit
用于担保的定期存款或通知存款	X instant,debit
受限制的货币资金年初期末余额合计	X instant,debit

元　　素	元素属性
货币资金其他需要说明的事项	text
[837220]附注_应收票据	
应收票据信息披露[text block]	text block
应收票据信息披露[abstract]	
银行承兑汇票账面余额,应收票据	X instant,debit
商业承兑汇票账面余额,应收票据	X instant,debit
应收票据账面余额合计	X instant,debit
单项金额重大的已质押应收票据	X instant,debit
已贴现未到期的商业承兑汇票金额	X instant,debit
已贴现未到期的银行承兑汇票金额	X instant,debit
因出票人无力履约而将票据转为应收账款的票据金额	X instant,debit
应收票据坏账准备增减变动[abstract]	
应收票据坏账准备年初账面余额	X instant,credit
应收票据坏账准备本期计提额	X duration,credit
应收票据坏账准备本期减少额,转回	(X) duration,debit
应收票据坏账准备本期减少额,转销	(X) duration,debit
应收票据坏账准备期末账面余额	X instant,credit
应收票据性质的说明	text
应收票据到期时间的说明	text
应收票据其他需要说明的事项	text
[837230]附注_应收账款	
应收账款信息披露[text block]	text block
应收账款按账龄结构披露[abstract]	
应收账款按账龄结构披露[table]	table
应收账款账龄结构[axis]	axis
应收账款按账龄结构[member]	member
一年以内(含一年)[member]	member
一年至两年(含两年)[member]	member
两年至三年(含三年)[member]	member
三年以上[member]	member
应收账款按账龄结构披露[line items]	line items
应收账款账面余额	X instant,debit
应收账款占应收账款总额比例	X. XX instant
应收账款坏账准备	X instant,credit

元　　素	元素属性
应收账款坏账准备占坏账准备总额比例	X. XX instant
应收账款坏账准备占应收账款账面余额总额比例	X. XX instant
应收账款按金额及风险结构披露[abstract]	
应收账款按金额及风险结构披露[table]	table
应收账款按金额及风险结构分类[axis]	axis
应收账款按金额及风险结构分类[member]	member
单项金额重大[member]	member
单项金额不重大但按信用风险特征组合后该组合的风险较大[member]	member
其他不重大[member]	member
应收账款按金额及风险结构披露[line items]	line items
应收账款账面余额	X instant,debit
应收账款坏账准备	X instant,credit
应收账款按客户类别披露[abstract]	
应收账款按客户类别披露[table]	table
客户类别[axis]	axis
客户[member]	member
应收账款按客户类别披露[line items]	line items
应收账款账面余额	X instant,debit
应收账款坏账准备增减变动[abstract]	
应收账款坏账准备年初账面余额	X instant,credit
应收账款坏账准备,本期计提额	X duration,credit
应收账款坏账准备本期减少额,转回	(X) duration,debit
应收账款坏账准备本期减少额,转销	(X) duration,debit
应收账款坏账准备期末账面余额	X instant,credit
不符合终止确认条件的应收账款的转移[text block]	text block
不符合终止确认条件的应收账款的转移金额	X instant,debit
以有追索权方式转移的应收账款金额	X instant,debit
预期一年后收回的应收账款金额	X instant,debit
应收账款其他需要说明的事项	text
[837240]附注_预付款项	
预付账款信息披露[text block]	text block
预付账款按账龄结构披露[abstract]	
预付账款按账龄结构披露[table]	table
预付账款按账龄[axis]	axis

元　　素	元素属性
预付账款按账龄的类别[member]	member
一年以内(含一年)[member]	member
一年至两年(含两年)[member]	member
两年至三年(含三年)[member]	member
三年以上[member]	member
预付账款按账龄结构披露[line items]	line items
预付账款账面余额	X instant,debit
预付账款账面余额占预付账款余额总额比例	X. XX instant
预付账款按供应商类别披露[abstract]	
预付账款按供应商类别披露[table]	table
供应商类别[axis]	axis
供应商[member]	member
预付账款供应商类别披露[line items]	line items
预付账款账面余额	X instant,debit
预付账款坏账准备增减变动[abstract]	
预付账款坏账准备期初账面余额	X instant,credit
预付账款坏账准备,本期计提额	X duration,credit
预付账款坏账准备本期减少额,转回	(X) duration,debit
预付账款坏账准备本期减少额,转销	(X) duration,debit
预付账款坏账准备期末账面余额	X instant,credit
预付账款其他需要说明的事项	text
[837270]附注_其他应收款	
其他应收款信息披露[text block]	text block
其他应收款按账龄结构披露[abstract]	
其他应收款按账龄结构披露[table]	table
其他应收款按账龄结构披露[axis]	axis
其他应收款按账龄结构的类别[member]	member
一年以内(含一年)[member]	member
一年至两年(含两年)[member]	member
两年至三年(含三年)[member]	member
三年以上[member]	member
其他应收款按账龄结构披露[line items]	line items
其他应收款账面余额	X instant,debit
其他应收款占其他应收款总额比例	X. XX instant
其他应收款坏账准备	X instant,credit

元　　素	元素属性
其他应收款坏账准备占坏账准备总额比例	X. XX instant
其他应收款坏账准备占其他应收款账面余额总额比例	X. XX instant
其他应收款按金额及风险结构披露[abstract]	
其他应收款按金额及风险结构披露[table]	table
其他应收款按金额及风险结构披露[axis]	axis
其他应收款按金额及风险结构的类别[member]	member
单项金额重大[member]	member
单项金额不重大但按信用风险特征组合后该组合的风险较大[member]	member
其他不重大[member]	member
其他应收款按金额及风险结构披露[line items]	line items
其他应收款账面余额	X instant, debit
其他应收款坏账准备	X instant, credit
其他应收款按客户类别披露[abstract]	
其他应收款按客户类别披露[table]	table
客户类别[axis]	axis
客户[member]	member
其他应收款按客户类别披露[line items]	line items
其他应收款账面余额	X instant, debit
其他应收款坏账准备增减变动[abstract]	
其他应收款坏账准备年初账面余额	X instant, credit
其他应收款坏账准备，本期计提额	X duration, credit
其他应收款坏账准备本期减少额，转回	(X) duration, debit
其他应收款坏账准备本期减少额，转销	(X) duration, debit
其他应收款坏账准备期末账面余额	X instant, credit
不符合终止确认条件的其他应收款转移的说明[text block]	text block
不符合终止确认条件的其他应收款的转移金额	X instant, debit
有追索权方式转移的其他应收款金额	X instant, debit
预期一年后收回的其他应收款金额	X instant, debit
其他应收款其他需要说明的事项	text
[911001]附注_存货	
存货一般工商业信息披露[text block]	text block
存货增减变动[abstract]	
存货增减变动[table]	table
存货类别[axis]	axis

元　　素	元素属性
存货[member]	member
原油及其他原材料[member]	member
在产品[member]	member
产成品[member]	member
周转材料[member]	member
存货增减变动[line items]	line items
存货期初账面余额	X instant,debit
存货本期增加额	X duration,debit
存货本期减少额	(X) duration,credit
存货期末账面余额	X instant,debit
存货跌价准备	(X) instant,credit
存货期末账面价值	X instant,debit
用于担保的存货的期初账面余额	X instant,debit
用于担保的存货本期增加额	X duration,debit
用于担保的存货本期减少额	(X) duration,credit
用于担保的存货的期末账面余额	X instant,debit
用于担保的存货已计提跌价准备	(X) instant,credit
用于担保的存货账面价值	X instant,debit
其他所有权或使用权受限制的存货的期初账面余额	X instant,debit
其他所有权或使用权受限制的存货本期增加额	X duration,debit
其他所有权或使用权受限制的存货本期减少额	(X) duration,credit
其他所有权或使用权受限制的存货的期末账面余额	X instant,debit
其他所有权或使用权受限制的存货已计提跌价准备	(X) instant,credit
其他所有权或使用权受限制的存货账面价值	X instant,debit
存货跌价准备的增减变动[abstract]	
存货跌价准备的增减变动[table]	table
存货类别[axis]	axis
存货[member]	member
原油及其他原材料[member]	member
在产品[member]	member
产成品[member]	member
周转材料[member]	member
存货跌价准备的增减变动[line items]	line items
存货跌价准备期初账面余额	X instant,credit
存货跌价准备,本期计提额	X duration,credit
存货跌价准备本期减少额,转回	(X) duration,debit

元　　素	元素属性
存货跌价准备本期减少额,转销	(X) duration,debit
存货跌价准备期末账面余额	X instant,credit
计入存货成本的借款费用资本化金额[abstract]	
计入存货成本的借款费用资本化金额[table]	table
借款费用资本化按存货项目披露[axis]	axis
借款费用资本化计入的存货项目[member]	member
范围[axis]	axis
范围[member]	member
最大值[member]	member
最小值[member]	member
计入存货成本的借款费用资本化金额[line items]	line items
至上期末止尚未转出的计入存货成本的累计借款费用资本化金额	X instant,debit
本期计入存货成本的资本化金额	X duration,debit
本期转出的计入存货成本的借款费用资本化,转入其他资产	(X) duration,credit
本期转出的计入存货成本的借款费用资本化,其他减少	(X) duration,credit
至本期末止尚未转出的计入存货成本的累计借款费用资本化金额	X instant,debit
本期确认资本化金额的资本化率	X. XX duration
存货其他需要说明的事项[text block]	text block
[830210]附注_划分为持有待售的资产	
划分为持有待售的资产的信息披露[text block]	text block
划分为持有待售的资产[abstract]	
划分为持有待售的非流动资产	X instant,debit
划分为持有待售的非流动资产,固定资产	X instant,debit
划分为持有待售的非流动资产,投资性房地产	X instant,debit
划分为持有待售的业务	X instant,debit
划分为持有待售的业务,固定资产	X instant,debit
划分为持有待售的业务,投资性房地产	X instant,debit
划分为持有待售的资产合计	X instant,debit
[911002]附注_可供出售金融资产	
可供出售金融资产信息披露[text block]	text block
可供出售金融资产的构成[abstract]	
可供出售债券	X instant,debit
可供出售权益工具	X instant,debit
其他	X instant,debit

元　　素	元素属性
减:减值准备	(X) instant,credit
可供出售金融资产净值	X instant,debit
[911003]附注_长期股权投资	
长期股权投资信息披露[text block]	text block
长期股权投资分类[abstract]	
长期股权投资分类[table]	table
被投资单位[axis]	axis
被投资单位[member]	member
合营企业[member]	member
联营企业[member]	member
子公司[member]	member
长期股权投资分类[line items]	line items
期初账面余额	X instant,debit
本年增加	X duration,debit
本年减少	(X) duration,credit
期末账面余额	X instant,debit
减值准备	(X) instant,credit
长期股权投资账面价值	X instant,debit
权益法核算的长期股权投资[abstract]	
权益法核算的长期股权投资[table]	table
权益法下被投资单位[axis]	axis
权益法下被投资单位[member]	member
合营企业[member]	member
联营企业[member]	member
权益法核算的长期股权投资[line items]	line items
投资成本	X instant,debit
期初账面价值	X instant,debit
增加投资	X duration,debit
减少投资	(X) duration,credit
损益调整	X duration,debit
其他权益变动	X duration,debit
宣告分派的现金股利	(X) duration,credit
处置投资	(X) duration,credit
本期提取的减值准备	(X) duration,credit
外币报表折算差额	X duration,debit

元　　　素	元素属性
联营公司转为子公司	(X) duration,credit
期末账面价值	X instant,debit
实质上构成对被投资单位投资的长期应收款	X duration,debit
对子公司投资[abstract]	
对子公司投资[table]	table
子公司名称[axis]	axis
子公司[member]	member
对子公司投资[line items]	line items
投资成本	X instant,debit
期初账面余额	X instant,debit
追加投资	X duration,debit
本期处置及减资	(X) duration,credit
转为分公司	(X) duration,credit
期末账面余额	X instant,debit
长期股权投资其他需要说明的事项	text
[804100]附注_固定资产	
固定资产信息披露[text block]	text block
固定资产增减变动[abstract]	
固定资产增减变动[table]	table
固定资产类别[axis]	axis
固定资产[member]	member
厂房及建筑物[member]	member
机器设备[member]	member
办公设备及其他设备[member]	member
运输工具[member]	member
汽车[member]	member
飞行设备及船舶[member]	member
电子设备[member]	member
其他固定资产[member]	member
固定资产增减变动[line items]	line items
固定资产原价[abstract]	
固定资产原价年初余额	X instant,debit
固定资产本期增加	X duration,debit
固定资产本期增加,本期购置	X duration,debit
固定资产本期增加,在建工程转入	X duration,debit

元　　素	元素属性
固定资产本期增加,因不符合持有待售条件而增加	X duration,debit
固定资产本期增加,本年其他增加	X duration,debit
固定资产本期减少	(X) duration,credit
固定资产本年减少,转让和出售	(X) duration,credit
固定资产本年减少,清理报废	(X) duration,credit
固定资产本年减少,因分类为持有待售而减少	(X) duration,credit
固定资产本年减少,其他减少	(X) duration,credit
固定资产,外币报表折算差额	X duration,debit
固定资产原价期末余额	X instant,debit
固定资产累计折旧[abstract]	
固定资产累计折旧期初余额	X instant,credit
固定资产累计折旧,本期计提	X duration,credit
固定资产累计折旧,本期减少	(X) duration,debit
固定资产累计折旧,外币报表折算差额	X duration,credit
固定资产累计折旧期末余额	X instant,credit
固定资产账面净值[abstract]	
固定资产期初账面净值	X instant,debit
固定资产期末账面净值	X instant,debit
固定资产减值准备[abstract]	
期初固定资产减值准备	X instant,credit
固定资产减值准备,本期计提额	X duration,credit
固定资产减值准备,本期减少额	(X) duration,debit
固定资产减值准备,外币报表折算差额	X duration,credit
期末固定资产减值准备	X instant,credit
固定资产[abstract]	
固定资产期初账面价值	X instant,debit
用于担保的固定资产	X instant,debit
其他所有权或使用权受限的固定资产	X instant,debit
固定资产期末账面价值	X instant,debit
用于担保的固定资产	X instant,debit
其他所有权或使用权受限的固定资产	X instant,debit
持有待售的固定资产[abstract]	
持有待售的固定资产[table]	table
持有待售的固定资产项目[axis]	axis
持有待售的固定资产[member]	member
持有待售的固定资产[line items]	line items

元　　素	元素属性
持有待售的固定资产	X instant,debit
持有待售的固定资产公允价值	X instant,debit
持有待售的固定资产预计处置费用	X instant,credit
持有待售的固定资产预计处置时间	yyyy-mm-dd
固定资产其他需要说明的事项	text
[911004]附注_在建工程	
在建工程信息披露[text block]	text block
在建工程主要信息[abstract]	
在建工程主要信息[table]	table
在建工程按项目披露[axis]	axis
工程项目名称[member]	member
其他在建工程[member]	member
在建工程主要信息[line items]	line items
在建工程预算数	X instant,debit
在建工程年初账面余额	X instant,debit
在建工程本期增加额	X duration,debit
本期转入固定资产及油气资产	(X) duration,credit
干井核销	(X) duration,debit
其他减少	(X) duration,credit
外币报表折算差额	X duration,debit
在建工程期末账面余额	X instant,debit
在建工程减值准备	(X) instant,credit
在建工程账面价值	X instant,debit
在建工程资金来源	text
在建工程投入占预算比例	X. XX instant
计入工程成本的借款费用资本化金额[abstract]	
计入工程成本的借款费用资本化金额[table]	table
计入工程成本的借款费用资本化金额项目[axis]	axis
借款费用资本化的工程项目名称[member]	member
范围[axis]	axis
范围[member]	member
最大值[member]	member
最小值[member]	member
计入工程成本的借款费用资本化金额[line items]	line items
计入工程成本的借款费用资本化年初账面余额	X instant,debit

元　　素	元素属性
计入工程成本的借款费用资本化本期增加额	X duration,debit
计入工程成本的借款费用资本化本期转入固定资产额	(X) duration,credit
计入工程成本的借款费用资本化其他减少额	(X) duration,credit
计入工程成本的借款费用资本化期末账面余额	X instant,debit
计入工程成本的借款费用本期确定资本化金额的资本化率	X. XX duration
在建工程减值准备[abstract]	
在建工程减值准备[table]	table
在建工程按项目披露[axis]	axis
工程项目名称[member]	member
其他在建工程[member]	member
在建工程减值准备[line items]	line items
期初在建工程减值准备	X instant,credit
在建工程减值准备,本期计提额	X duration,credit
在建工程减值准备,本期减少额	(X) duration,debit
期末在建工程减值准备	X instant,credit
在建工程减值准备计提或减少原因	text
在建工程其他需要说明的事项	text
[830250]附注_工程物资	
工程物资[text block]	text block
工程物资[abstract]	
工程物资[table]	table
工程物资按项目披露[axis]	axis
工程物资的类别[member]	member
专用材料[member]	member
专用设备[member]	member
专用工器具[member]	member
工程物资[line items]	line items
工程物资,期初账面余额	X instant,debit
工程物资,本期增加额	X duration,debit
工程物资,本期减少额	(X) duration,credit
工程物资,期末账面余额	X instant,debit
工程物资减值准备	(X) instant,credit
工程物资账面价值	X instant,debit
[827100]附注_油气资产	
油气资产[text block]	text block

元　　素	元素属性
当期在国内和国外发生的取得矿区权益及油气勘探和油气开发各项支出的披露[text block]	text block
当期在国内和国外发生的取得矿区权益及油气勘探和油气开发各项支出的总额	X duration, debit
油气资产的增减变动[abstract]	
油气资产的增减变动[table]	table
油气资产类别[axis]	axis
油气资产[member]	member
探明矿区权益[member]	member
未探明矿区权益[member]	member
井及相关设施[member]	member
油气资产的增减变动[line items]	line items
油气资产原价[abstract]	
油气资产原价年初账面余额	X instant, debit
油气资产原价本期增加额	X duration, debit
油气资产原价本期减少额	(X) duration, credit
油气资产原价期末账面余额	X instant, debit
油气资产累计折耗[abstract]	
油气资产累计折耗年初账面余额	X instant, credit
油气资产累计折耗本期增加额	X duration, credit
油气资产累计折耗本期减少额	(X) duration, debit
油气资产累计折耗期末账面余额	X instant, credit
油气资产账面净值[abstract]	
油气资产期初账面净值	X instant, debit
油气资产期末账面净值	X instant, debit
油气资产减值准备[abstract]	
期初油气资产减值准备	X instant, credit
油气资产减值准备，本期计提额	X duration, credit
油气资产减值准备，本期减少额	(X) duration, debit
期末油气资产减值准备	X instant, credit
油气资产账面价值[abstract]	
油气资产年初账面价值	X instant, debit
油气资产本期增加额	X duration, debit
油气资产本期减少额	(X) duration, credit
油气资产期末账面价值	X instant, debit
油气储量披露[abstract]	
油气储量披露[table]	table

元　　素	元素属性
地区分布[axis]	axis
地区分布的类别[member]	member
国内[member]	member
国外[member]	member
探明油气储量披露[axis]	axis
探明油气储量[member]	member
探明已开发油气储量[member]	member
探明未开发油气储量[member]	member
油气储量披露[line items]	line items
油气储量年初账面余额	X. XX instant
油气储量本期增加额	X. XX duration
油气储量本期减少额(X. XX) duration	
油气储量期末账面余额	X. XX instant
油气资产其他需要说明的事项	text
[806100]附注_无形资产	
无形资产信息披露[text block]	text block
无形资产增减变动[abstract]	
无形资产增减变动[table]	table
无形资产类别[axis]	axis
无形资产[member]	member
土地使用权[member]	member
专有技术(非专利技术)[member]	member
计算机软件[member]	member
许可和特许经营[member]	member
专利权[member]	member
商标权[member]	member
著作权[member]	member
其他无形资产[member]	member
无形资产增减变动[line items]	line items
无形资产原价[abstract]	
无形资产原价年初账面余额	X instant,debit
无形资产原价本期增加额	X duration,debit
无形资产原价本期减少额	(X) duration,credit
无形资产原价外币报表折算差额	X duration,debit
无形资产原价期末账面余额	X instant,debit

元　　素	元素属性
无形资产累计摊销[abstract]	
无形资产累计摊销年初账面余额	X instant,credit
无形资产累计摊销本期增加额	X duration,credit
无形资产累计摊销本期减少额	(X) duration,debit
无形资产累计摊销外币报表折算差额	X duration,credit
无形资产累计摊销期末账面余额	X instant,credit
无形资产账面净值[abstract]	
无形资产期初账面净值	X instant,debit
无形资产期末账面净值	X instant,debit
无形资产减值准备[abstract]	
无形资产减值准备年初账面余额	X instant,credit
无形资产减值准备,本期计提额	X duration,credit
无形资产减值准备,本期减少额	(X) duration,debit
无形资产减值准备,外币报表折算差额	X duration,credit
无形资产减值准备期末账面余额	X instant,credit
无形资产账面价值[abstract]	
无形资产年初账面价值	X instant,debit
无形资产账面价值本期增加额	X duration,debit
无形资产账面价值本期减少额	(X) duration,credit
无形资产期末账面价值	X instant,debit
用于担保的无形资产期初账面余额	X instant,debit
用于担保的无形资产本期增加额	X duration,debit
用于担保的无形资产本期减少额	(X) duration,credit
用于担保的无形资产期末账面余额	X instant,debit
其他所有权或使用权受限制的无形资产期初账面余额	X instant,debit
其他所有权或使用权受限制的无形资产本期增加额	X duration,debit
其他所有权或使用权受限制的无形资产本期减少额	(X) duration,credit
其他所有权或使用权受限制的无形资产期末账面余额	X instant,debit
研究开发支出增减变动[abstract]	
研究开发支出年初账面余额	X instant,debit
开发支出	X instant,debit
研究开发支出本期增加额	X duration,debit
研究支出本期增加额	X duration,debit
开发支出本期增加额	X duration,debit
研究开发支出本期转出额,计入当期损益	(X) duration,credit
研究支出本期转出额,计入当期损益	(X) duration,credit

元　　素	元素属性
开发支出本期转出额，计入当期损益	(X) duration，credit
研究开发支出本期转出额，确认为无形资产	(X) duration，credit
开发支出本期转出额，确认为无形资产	(X) duration，credit
研究开发支出期末账面余额	X instant，debit
开发支出	X instant，debit
无形资产其他需要说明的事项	text
[830260]附注_商誉	
商誉信息披露[text block]	text block
商誉基本信息[abstract]	
商誉基本信息[table]	table
被投资单位按名称披露[axis]	axis
合并产生商誉的被投资单位名称[member]	member
商誉基本信息[line items]	line items
商誉形成来源	text
商誉初始金额	X instant，debit
商誉减值准备	(X) instant，credit
商誉期初账面价值	X instant，debit
商誉本期增加额	X duration，debit
商誉本期减少额	(X) duration，credit
商誉减值准备，本期计提额	(X) duration，credit
商誉外币报表折算差额	X duration，debit
商誉期末账面价值	X instant，debit
商誉其他需要说明的事项	text
[830270]附注_长期待摊费用	
长期待摊费用信息披露[text block]	text block
长期待摊费用[abstract]	
长期待摊费用[table]	table
长期待摊费用按项目披露[axis]	axis
长期待摊费用项目[member]	member
预付经营租赁款[member]	member
其他长期待摊费用[member]	member
长期待摊费用[line items]	line items
长期待摊费用年初账面余额	X instant，debit
长期待摊费用，本期增加额	X duration，debit

元　　素	元素属性
长期待摊费用，本期减少额	(X) duration，credit
长期待摊费用，本期摊销	(X) duration，credit
长期待摊费用，其他减少	(X) duration，credit
长期待摊费用期末账面余额	X instant，debit
长期待摊费用剩余摊销年限	text
长期待摊费用其他需要说明的事项	text
[808110]附注_资产减值准备	
资产减值准备的增减变动信息披露[text block]	text block
资产减值准备的增减变动[abstract]	
坏账准备	X instant，credit
应收账款坏账准备	X instant，credit
预付账款坏账准备	X instant，credit
其他应收款坏账准备	X instant，credit
存货跌价准备	X instant，credit
可供出售金融资产减值准备	X instant，credit
持有至到期投资减值准备	X instant，credit
长期股权投资减值准备	X instant，credit
投资性房地产减值准备	X instant，credit
固定资产减值准备	X instant，credit
工程物资减值准备	X instant，credit
在建工程减值准备	X instant，credit
生产性生物资产减值准备	X instant，credit
成熟生产性生物资产减值准备	X instant，credit
油气资产减值准备	X instant，credit
无形资产减值准备	X instant，credit
商誉减值准备	X instant，credit
其他资产减值准备	X instant，credit
资产减值准备合计	X instant，credit
坏账准备，本期计提额	X duration，credit
应收账款坏账准备，本期计提额	X duration，credit
预付账款坏账准备，本期计提额	X duration，credit
其他应收款坏账准备，本期计提额	X duration，credit
存货跌价准备，本期计提额	X duration，credit
可供出售金融资产减值准备，本期计提额	X duration，credit
持有至到期投资减值准备，本期计提额	X duration，credit

元　　素	元素属性
长期股权投资减值准备,本期计提额	X duration,credit
投资性房地产减值准备,本期计提额	X duration,credit
固定资产减值准备,本期计提额	X duration,credit
工程物资减值准备,本期计提额	X duration,credit
在建工程减值准备,本期计提额	X duration,credit
生产性生物资产减值准备,本期计提额	X duration,credit
成熟生产性生物资产减值准备,本期计提额	X duration,credit
油气资产减值准备,本期计提额	X duration,credit
无形资产减值准备,本期计提额	X duration,credit
商誉减值准备,本期计提额	X duration,credit
其他资产减值准备,本期计提额	X duration,credit
资产减值准备,本期计提额合计	X duration,credit
坏账准备,本期减少额	X duration,debit
应收账款坏账准备,本期减少额	X duration,debit
预付账款坏账准备,本期减少额	X duration,debit
其他应收款坏账准备,本期减少额	X duration,debit
存货跌价准备,本期减少额	X duration,debit
可供出售金融资产减值准备,本期减少额	X duration,debit
持有至到期投资减值准备,本期减少额	X duration,debit
长期股权投资减值准备,本期减少额	X duration,debit
投资性房地产减值准备,本期减少额	X duration,debit
固定资产减值准备,本期减少额	X duration,debit
工程物资减值准备,本期减少额	X duration,debit
在建工程减值准备,本期减少额	X duration,debit
生产性生物资产减值准备,本期减少额	X duration,debit
成熟生产性生物资产减值准备,本期减少额	X duration,debit
油气资产减值准备,本期减少额	X duration,debit
无形资产减值准备,本期减少额	X duration,debit
商誉减值准备,本期减少额	X duration,debit
其他资产减值准备,本期减少额	X duration,debit
资产减值准备,本期减少额合计	X duration,debit
坏账准备本期减少额,转回	X duration,debit
应收账款坏账准备本期减少额,转回	X duration,debit
预付账款坏账准备本期减少额,转回	X duration,debit
其他应收款坏账准备本期减少额,转回	X duration,debit
存货跌价准备本期减少额,转回	X duration,debit

元　　素	元素属性
可供出售金融资产减值准备本期减少额,转回	X duration,debit
持有至到期投资减值准备本期减少额,转回	X duration,debit
其他资产减值准备本期减少额,转回	X duration,debit
资产减值准备本期减少额,转回合计	X duration,debit
坏账准备本期减少额,转销	X duration,debit
应收账款坏账准备本期减少额,转销	X duration,debit
预付账款坏账准备本期减少额,转销	X duration,debit
其他应收款坏账准备本期减少额,转销	X duration,debit
存货跌价准备本期减少额,转销	X duration,debit
可供出售金融资产减值准备本期减少额,转销	X duration,debit
持有至到期投资减值准备本期减少额,转销	X duration,debit
长期股权投资减值准备本期减少额,转销	X duration,debit
投资性房地产减值准备本期减少额,转销	X duration,debit
固定资产减值准备本期减少,转销	X duration,debit
工程物资减值准备本期减少额,转销	X duration,debit
在建工程减值准备本期减少额,转销	X duration,debit
生产性生物资产减值准备本期减少额,转销	X duration,debit
成熟生产性生物资产减值准备本期减少额,转销	X duration,debit
油气资产减值准备本期减少额,转销	X duration,debit
无形资产减值准备本期减少额,转销	X duration,debit
商誉减值准备本期减少额,转销	X duration,debit
其他资产减值准备本期减少额,转销	X duration,debit
资产减值准备本期减少额,转销合计	X duration,debit
坏账准备,外币报表折算差额	X duration,credit
应收账款坏账准备,外币报表折算差额	X duration,credit
预付账款坏账准备,外币报表折算差额	X duration,credit
其他应收款坏账准备,外币报表折算差额	X duration,credit
存货跌价准备,外币报表折算差额	X duration,credit
可供出售金融资产减值准备,外币报表折算差额	X duration,credit
持有至到期投资减值准备,外币报表折算差额	X duration,credit
长期股权投资减值准备,外币报表折算差额	X duration,credit
投资性房地产减值准备,外币报表折算差额	X duration,credit
固定资产减值准备,外币报表折算差额	X duration,credit
工程物资减值准备,外币报表折算差额	X duration,credit
在建工程减值准备,外币报表折算差额	X duration,credit
生产性生物资产减值准备,外币报表折算差额	X duration,credit

元　　素	元素属性
成熟生产性生物资产减值准备，外币报表折算差额	X duration，credit
油气资产减值准备，外币报表折算差额	X duration，credit
无形资产减值准备，外币报表折算差额	X duration，credit
商誉减值准备，外币报表折算差额	X duration，credit
其他资产减值准备，外币报表折算差额	X duration，credit
资产减值准备，外币报表折算差额合计	X duration，credit
坏账准备，其他变化	X duration，credit
应收账款坏账准备，其他变化	X duration，credit
预付账款坏账准备，其他变化	X duration，credit
其他应收款坏账准备，其他变化	X duration，credit
存货跌价准备，其他变化	X duration，credit
可供出售金融资产减值准备，其他变化	X duration，credit
持有至到期投资减值准备，其他变化	X duration，credit
长期股权投资减值准备，其他变化	X duration，credit
投资性房地产减值准备，其他变化	X duration，credit
固定资产减值准备，其他变化	X duration，credit
工程物资减值准备，其他变化	X duration，credit
在建工程减值准备，其他变化	X duration，credit
生产性生物资产减值准备，其他变化	X duration，credit
成熟生产性生物资产减值准备，其他变化	X duration，credit
油气资产减值准备，其他变化	X duration，credit
无形资产减值准备，其他变化	X duration，credit
商誉减值准备，其他变化	X duration，credit
其他资产减值准备，其他变化	X duration，credit
资产减值准备，其他变化合计	X duration，credit
资产减值准备的其他需要说明的事项	text
[837390]附注_短期借款	
短期借款信息披露[text block]	text block
短期借款[abstract]	
短期借款[table]	table
短期借款类别[axis]	axis
短期借款类别[member]	member
短期信用借款[member]	member
短期质押借款[member]	member
短期抵押借款[member]	member

元　　素	元素属性
短期保证借款[member]	member
货币种类[axis]	axis
货币[member]	member
人民币[member]	member
美元[member]	member
欧元[member]	member
港币[member]	member
日元[member]	member
英镑[member]	member
瑞士法郎[member]	member
加拿大元[member]	member
澳大利亚元[member]	member
新加坡元[member]	member
丹麦克朗[member]	member
挪威克朗[member]	member
瑞典克朗[member]	member
澳门元[member]	member
新西兰元[member]	member
韩元[member]	member
其他外币[member]	member
短期借款[line items]	line items
短期借款原币金额	X instant,credit
短期借款折算汇率	X. XX instant
短期借款人民币金额	X instant,credit
逾期的短期借款[abstract]	
逾期的短期借款[table]	table
短期借款项目[axis]	axis
短期借款项目[member]	member
逾期的短期借款[line items]	line items
逾期的短期借款贷款单位	text
逾期的短期借款期末余额	X instant,credit
逾期的短期借款逾期时间	text
逾期的短期借款年利率	X. XX instant
逾期的短期借款借款资金用途	text
逾期的短期借款逾期未偿还原因	text
逾期的短期借款预期还款期	yyyy-mm-dd

元　　素	元素属性
逾期的短期借款备注	text
已到期的短期借款获得展期，说明展期条件及新的到期日	text
短期借款其他需要说明的事项	text
[837320]附注_应付票据	
应付票据信息披露[text block]	text block
应付票据[abstract]	
银行承兑汇票账面余额，应付票据	X instant，credit
商业承兑汇票账面余额，应付票据	X instant，credit
应付票据账面余额合计	X instant，credit
应付票据需要说明的事项	text
[837400]附注_应付账款	
应付账款信息披露[text block]	text block
应付账款按供应商类别披露[abstract]	
应付账款按供应商类别披露[table]	table
供应商类别[axis]	axis
供应商[member]	member
应付账款按供应商类别披露[line items]	line items
应付账款账面余额	X instant，credit
应付账款占应付账款总额比例	X. XX instant
账龄超过一年的应付账款	X instant，credit
应付账款其他需要说明的事项[text block]	text block
[837410]附注_预收款项	
预收账款信息披露[text block]	text block
预收账款按客户类别披露[abstract]	
预收账款按客户类别披露[table]	table
客户类别[axis]	axis
客户[member]	member
预收账款按客户类别披露[line items]	line items
预收账款账面余额	X instant，credit
预收账款余额占预收账款余额总额比例	X. XX instant
预收账款其他需要说明的事项	text
[809100]附注_应付职工薪酬(一)	
应付职工薪酬信息披露[text block]	text block

元　　素	元素属性
应付职工薪酬的增减变动[abstract]	
应付职工薪酬,流动部分的增减变动[abstract]	
应付短期薪酬[abstract]	
应付短期薪酬	X instant,credit
应付工资、奖金、津贴和补贴	X instant,credit
应付职工福利费	X instant,credit
应付社会保险费	X instant,credit
应付医疗保险费	X instant,credit
应付工伤保险费	X instant,credit
应付生育保险费	X instant,credit
应付住房公积金	X instant,credit
应付工会经费和职工教育经费	X instant,credit
应付非货币性福利	X instant,credit
应付短期带薪缺勤	X instant,credit
应付短期利润分享计划	X instant,credit
其他应付短期薪酬	X instant,credit
应付短期薪酬,本期增加额	X duration,credit
应付工资、奖金、津贴和补贴,本期增加额	X duration,credit
应付职工福利费,本期增加额	X duration,credit
应付社会保险费,本期增加额	X duration,credit
应付医疗保险费,本期增加额	X duration,credit
应付工伤保险费,本期增加额	X duration,credit
应付生育保险费,本期增加额	X duration,credit
应付住房公积金,本期增加额	X duration,credit
应付工会经费和职工教育经费,本期增加额	X duration,credit
应付非货币性福利,本期增加额	X duration,credit
应付短期带薪缺勤,本期增加额	X duration,credit
应付短期利润分享计划,本期增加额	X duration,credit
其他应付短期薪酬,本期增加额	X duration,credit
应付短期薪酬,本期支付额	X duration,debit
应付工资、奖金、津贴和补贴,本期支付额	X duration,debit
应付职工福利费,本期支付额	X duration,debit
应付社会保险费,本期支付额	X duration,debit
应付医疗保险费,本期支付额	X duration,debit
应付工伤保险费,本期支付额	X duration,debit
应付生育保险费,本期支付额	X duration,debit

元　　素	元素属性
应付住房公积金,本期支付额	X duration,debit
应付工会经费和职工教育经费,本期支付额	X duration,debit
应付非货币性福利,本期支付额	X duration,debit
应付短期带薪缺勤,本期支付额	X duration,debit
应付短期利润分享计划,本期支付额	X duration,debit
其他应付短期薪酬,本期支付额	X duration,debit
应付短期薪酬,外币报表折算差额	X duration,credit
应付工资、奖金、津贴和补贴,外币报表折算差额	X duration,credit
应付职工福利费,外币报表折算差额	X duration,credit
应付社会保险费,外币报表折算差额	X duration,credit
应付医疗保险费,外币报表折算差额	X duration,credit
应付工伤保险费,外币报表折算差额	X duration,credit
应付生育保险费,外币报表折算差额	X duration,credit
应付住房公积金,外币报表折算差额	X duration,credit
应付工会经费和职工教育经费,外币报表折算差额	X duration,credit
应付非货币性福利,外币报表折算差额	X duration,credit
应付短期带薪缺勤,外币报表折算差额	X duration,credit
应付短期利润分享计划,外币报表折算差额	X duration,credit
其他应付短期薪酬,外币报表折算差额	X duration,credit
应付离职后福利,流动部分[abstract]	
应付离职后福利,流动部分	X instant,credit
应付离职后福利,设定提存计划	X instant,credit
应付基本养老保险费	X instant,credit
应付失业保险费	X instant,credit
应付企业年金缴费	X instant,credit
应付离职后福利,流动部分,本期增加额	X duration,credit
应付离职后福利,设定提存计划,本期增加额	X duration,credit
应付基本养老保险费,本期增加额	X duration,credit
应付失业保险费,本期增加额	X duration,credit
应付企业年金缴费,本期增加额	X duration,credit
应付离职后福利,流动部分,本期支付额	X duration,debit
应付离职后福利,设定提存计划,本期支付额	X duration,debit
应付基本养老保险费,本期支付额	X duration,debit
应付失业保险费,本期支付额	X duration,debit
应付企业年金缴费,本期支付额	X duration,debit
应付离职后福利,流动部分,外币报表折算差额	X duration,credit

元　　素	元素属性
应付离职后福利,设定提存计划,外币报表折算差额	X duration,credit
应付基本养老保险费,外币报表折算差额	X duration,credit
应付失业保险费,外币报表折算差额	X duration,credit
应付企业年金缴费,外币报表折算差额	X duration,credit
应付辞退福利,流动部分[abstract]	
应付辞退福利,流动部分	X instant,credit
应付辞退福利,流动部分,本期增加额	X duration,credit
应付辞退福利,流动部分,本期支付额	X duration,debit
应付辞退福利,流动部分,外币报表折算差额	X duration,credit
其他应付职工薪酬,流动部分[abstract]	
其他应付职工薪酬,流动部分	X instant,credit
应付以现金结算的股份支付,流动部分	X instant,credit
其他应付职工薪酬,流动部分,本期增加额	X duration,credit
应付以现金结算的股份支付,流动部分,本期增加额	X duration,credit
其他应付职工薪酬,流动部分,本期支付额	X duration,debit
应付以现金结算的股份支付,流动部分,本期支付额	X duration,debit
其他应付职工薪酬,流动部分,外币报表折算差额	X duration,credit
应付以现金结算的股份支付,流动部分,外币报表折算差额	X duration,credit
应付职工薪酬,流动部分[abstract]	
应付职工薪酬,流动部分	X instant,credit
应付职工薪酬,流动部分,本期增加额	X duration,credit
应付职工薪酬,流动部分,本期支付额	X duration,debit
应付职工薪酬,流动部分,外币报表折算差额	X duration,credit
应付职工薪酬,非流动部分的增减变动[abstract]	
应付离职后福利,非流动部分[abstract]	
应付离职后福利,非流动部分	X instant,credit
应付离职后福利,应付设定受益计划	X instant,credit
应付补充退休后福利	X instant,credit
应付内部退养补偿金	X instant,credit
应付离职后福利,非流动部分,本期增加额	X duration,credit
应付离职后福利,应付设定受益计划,本期增加额	X duration,credit
应付补充退休后福利,本期增加额	X duration,credit
应付内部退养补偿金,本期增加额	X duration,credit
应付离职后福利,非流动部分,本期支付额	X duration,debit
应付离职后福利,应付设定受益计划,本期支付额	X duration,debit
应付补充退休后福利,本期支付额	X duration,debit

元　　素	元素属性
应付内部退养补偿金,本期支付额	X duration,debit
应付离职后福利,非流动部分,外币报表折算差额	X duration,credit
应付离职后福利,应付设定受益计划,外币报表折算差额	X duration,credit
应付补充退休后福利,外币报表折算差额	X duration,credit
应付内部退养补偿金,外币报表折算差额	X duration,credit
应付辞退福利,非流动部分[abstract]	
应付辞退福利,非流动部分	X instant,credit
应付辞退福利,非流动部分,本期增加额	X duration,credit
应付辞退福利,非流动部分,本期支付额	X duration,debit
应付辞退福利,非流动部分,外币报表折算差额	X duration,credit
其他应付长期职工福利[abstract]	
其他应付长期职工福利	X instant,credit
应付长期带薪缺勤	X instant,credit
应付其他长期服务福利	X instant,credit
应付长期残疾福利	X instant,credit
应付长期利润分享计划	X instant,credit
应付长期奖金计划	X instant,credit
其他应付长期职工福利,本期增加额	X duration,credit
应付长期带薪缺勤,本期增加额	X duration,credit
应付其他长期服务福利,本期增加额	X duration,credit
应付长期残疾福利,本期增加额	X duration,credit
应付长期利润分享计划,本期增加额	X duration,credit
应付长期奖金计划,本期增加额	X duration,credit
其他应付长期职工福利,本期支付额	X duration,debit
应付长期带薪缺勤,本期支付额	X duration,debit
应付其他长期服务福利,本期支付额	X duration,debit
应付长期残疾福利,本期支付额	X duration,debit
应付长期利润分享计划,本期支付额	X duration,debit
应付长期奖金计划,本期支付额	X duration,debit
其他应付长期职工福利,外币报表折算差额	X duration,credit
应付长期带薪缺勤,外币报表折算差额	X duration,credit
应付其他长期服务福利,外币报表折算差额	X duration,credit
应付长期残疾福利,外币报表折算差额	X duration,credit
应付长期利润分享计划,外币报表折算差额	X duration,credit
应付长期奖金计划,外币报表折算差额	X duration,credit
其他应付职工薪酬,非流动部分[abstract]	

元　　素	元素属性
其他应付职工薪酬，非流动部分	X instant，credit
应付以现金结算的股份支付，非流动部分	X instant，credit
其他应付职工薪酬，非流动部分，本期增加额	X duration，credit
应付以现金结算的股份支付，非流动部分，本期增加额	X duration，credit
其他应付职工薪酬，非流动部分，本期支付额	X duration，debit
应付以现金结算的股份支付，非流动部分，本期支付额	X duration，debit
其他应付职工薪酬，非流动部分，外币报表折算差额	X duration，credit
应付以现金结算的股份支付，非流动部分，外币报表折算差额	X duration，credit
应付职工薪酬，非流动部分[abstract]	
应付职工薪酬，非流动部分	X instant，credit
应付职工薪酬，非流动部分，本期增加额	X duration，credit
应付职工薪酬，非流动部分，本期支付额	X duration，debit
应付职工薪酬，非流动部分，外币报表折算差额	X duration，credit
应付职工薪酬，流动部分和非流动部分的增减变动[abstract]	
应付职工薪酬	X instant，credit
应付职工薪酬，本期增加额	X duration，credit
应付职工薪酬，本期支付额	X duration，debit
应付职工薪酬，外币报表折算差额	X duration，credit
[809200]附注_应付职工薪酬(二)	
应付职工薪酬信息披露[text block]	text block
设定提存计划信息披露[text block]	text block
基本养老保险费的性质、计算缴费金额的公式或依据	text
失业保险费的性质、计算缴费金额的公式或依据	text
企业年金缴费的性质、计算缴费金额的公式或依据	text
设定受益计划信息披露[text block]	text block
设定受益计划的特征及与之相关的风险[abstract]	
设定受益计划的特征及与之相关的风险[table]	table
设定受益计划[axis]	axis
设定受益计划[member]	member
设定受益计划的特征及与之相关的风险[line items]	line items
设定受益计划的特征的描述	text
设定受益计划所提供福利的性质的描述	text
设定受益计划运行的监管要求的描述	text
对设定受益计划使企业面临的风险的描述	text

元　　素	元素属性
对设定受益计划相关的重要风险集中程度的描述	text
对设定受益计划的修改、缩减和结算的描述	text
设定受益计划的金额及其变动[abstract]	
设定受益计划的金额及其变动[table]	table
设定受益计划净负债(净资产) [axis]	axis
设定受益计划净负债(净资产) [member]	member
设定受益计划义务现值[member]	member
计划资产的公允价值[member]	member
资产上限的影响[member]	member
设定受益计划的金额及其变动[line items]	line items
期初余额	X instant,credit
计入当期损益的设定受益成本	X duration,credit
当期服务成本	X duration,credit
过去服务成本	X duration,credit
结算利得或损失	(X) duration,debit
利息净额	X duration,credit
计入其他综合收益的设定受益成本	(X) duration,debit
重新计量金额	(X) duration,debit
精算利得或损失	(X) duration,debit
计划资产回报	(X) duration,debit
资产上限的影响的变动	(X) duration,debit
其他变动	(X) duration,debit
结算时消除的负债	(X) duration,debit
已支付的福利	(X) duration,debit
期末余额	X instant,credit
计划资产公允价值的信息披露[abstract]	
现金及现金等价物	X instant,debit
权益工具投资	X instant,debit
债务工具投资	X instant,debit
衍生品	X instant,debit
其他资产	X instant,debit
合计	X instant,debit
设定受益计划对企业未来现金流量金额、时间和不确定性的影响的信息披露[text block]	text block
影响设定受益计划未来缴存金额的有关筹资政策和计划	text
下一个会计年度预期将缴存的金额	X duration,credit

元　　　素	元素属性
设定受益义务有关到期情况的信息披露[text block]	text block
设定受益义务的加权平均期间	X. XX duration
有关福利支付的到期日分析	text
精算估计所采用的重大假设[abstract]	
折现率	X. XX instant
死亡率	X. XX instant
预计平均未来寿命	X. XX instant
薪酬的预期增长率	X. XX instant
正常退休年龄	X. XX instant
平均医疗费用增长率	X. XX instant
养老保险预期增长率	X. XX instant
预期通货膨胀率	X. XX instant
重大精算假设对设定受益义务的敏感性分析[abstract]	
重大精算假设对设定受益义务的敏感性分析[table]	table
精算估计的重大假设[axis]	axis
精算估计的重大假设[member]	member
精算估计的重大假设，折现率[member]	member
精算估计的重大假设，死亡率[member]	member
精算估计的重大假设，预计平均未来寿命[member]	member
精算估计的重大假设，薪酬的预期增长率[member]	member
精算估计的重大假设，正常退休年龄[member]	member
精算估计的重大假设，平均医疗费用增长率[member]	member
精算估计的重大假设，养老保险预期增长率[member]	member
精算估计的重大假设，预期通货膨胀率[member]	member
重大精算假设对设定受益义务的敏感性分析[line items]	line items
合理可能的精算假设增长幅度	X. XX instant
合理可能的精算假设增长对设定受益计划义务现值的影响	X instant，credit
合理可能的精算假设降低幅度	X. XX instant
合理可能的精算假设降低对设定受益计划义务现值的影响	X instant，credit
对编制精算假设敏感性分析的方法和假设的描述	text
对编制精算假设敏感性分析的方法的局限性的描述	text
对用于编制精算假设敏感性分析的方法和假设发生变动的描述	text
对用于编制精算假设敏感性分析的方法和假设发生变动的原因的描述	text
应付职工薪酬其他需要说明的事项	text

元　　素	元素属性
[911005]附注_应交税费	
应交税费信息披露[text block]	text block
应交税费[abstract]	
应交税费,增值税	X instant,credit
应交税费,矿产资源补偿税	X instant,credit
应交税费,消费税	X instant,credit
应交税费,石油特别收益金	X instant,credit
应交税费,营业税	X instant,credit
应交税费,城市维护建设税	X instant,credit
应交税费,企业所得税	X instant,credit
应交税费,土地增值税	X instant,credit
应交税费,教育费附加	X instant,credit
应交税费,资源税	X instant,credit
应交税费,房产税	X instant,credit
应交税费,土地使用税	X instant,credit
应交税费,个人所得税	X instant,credit
应交税费,其他应交税费	X instant,credit
应交税费合计	X instant,credit
[837440]附注_其他应付款	
其他应付款信息披露[text block]	text block
其他应付款[abstract]	
其他应付款披露[table]	table
其他应付款按项目披露[axis]	axis
其他应付款项目[member]	member
其他应付款披露[line items]	line items
其他应付款	X instant,credit
其他应付款其他需要说明的事项	text
[830310]附注_划分为持有待售的负债	
划分为持有待售的负债的信息披露[text block]	text block
划分为持有待售的负债[abstract]	
划分为持有待售的负债	X instant,credit
[837450]附注_一年内到期的非流动负债	
一年内到期的非流动负债[text block]	text block

元　　素	元素属性
一年内到期的非流动负债[abstract]	
一年内到期的长期借款	X instant,credit
一年内到期的应付债券	X instant,credit
一年内到期的长期应付款账面余额	X instant,credit
一年内到期的其他非流动负债账面余额	X instant,credit
一年内到期的非流动负债合计	X instant,credit
一年内到期的长期借款[abstract]	
一年内到期的长期借款[table]	table
长期借款项目[axis]	axis
长期借款项目[member]	member
长期信用借款[member]	member
长期质押借款[member]	member
长期抵押借款[member]	member
长期保证借款[member]	member
货币种类[axis]	axis
货币[member]	member
人民币[member]	member
美元[member]	member
欧元[member]	member
港币[member]	member
日元[member]	member
英镑[member]	member
瑞士法郎[member]	member
加拿大元[member]	member
澳大利亚元[member]	member
新加坡元[member]	member
丹麦克朗[member]	member
挪威克朗[member]	member
瑞典克朗[member]	member
澳门元[member]	member
新西兰元[member]	member
韩元[member]	member
其他外币[member]	member
一年内到期的长期借款[line items]	line items
一年内到期的长期借款的账面原币金额	X instant,credit
一年内到期的长期借款的折算汇率	X. XX instant

元　　素	元素属性
一年内到期的长期借款的账面人民币金额	X instant,credit
一年内到期的应付债券[abstract]	
一年内到期的应付债券[table]	table
一年内到期的应付债券类型[axis]	axis
一年内到期的应付债券类别[member]	member
一年内到期的应付债券[line items]	line items
一年内到期的应付债券发行日期	yyyy-mm-dd
一年内到期的应付债券到期日	yyyy-mm-dd
一年内到期的应付债券面值	X instant,credit
一年内到期的应付债券利率	X. XX instant
一年内到期的应付债券期初账面余额	X instant,credit
一年内到期的应付债券本期增加额	X duration,credit
一年内到期的应付债券本期减少额	(X) duration,debit
一年内到期的应付债券期末账面余额	X instant,credit
一年内到期的长期应付款[abstract]	
一年内到期的长期应付款[table]	table
一年内到期的长期应付款按种类披露[axis]	axis
一年内到期的长期应付款种类[member]	member
一年内到期的长期应付款[line items]	line items
一年内到期的长期应付款期限	text
一年内到期的长期应付款账面余额	X instant,credit
一年内到期的非流动负债其他需要说明的事项	text
[830320]附注_其他流动负债	
其他流动负债信息披露[text block]	text block
其他流动负债[abstract]	
其他流动负债[table]	table
其他流动负债按项目披露[axis]	axis
其他流动负债项目[member]	member
其他流动负债[line items]	line items
其他流动负债	X instant,credit
[837470]附注_长期借款	
长期借款信息披露[text block]	text block
长期借款[abstract]	
长期借款[table]	table

元　　　素	元素属性
长期借款种类[axis]	axis
长期借款种类[member]	member
长期信用借款[member]	member
长期质押借款[member]	member
长期抵押借款[member]	member
长期保证借款[member]	member
货币种类[axis]	axis
货币[member]	member
人民币[member]	member
美元[member]	member
欧元[member]	member
港币[member]	member
日元[member]	member
英镑[member]	member
瑞士法郎[member]	member
加拿大元[member]	member
澳大利亚元[member]	member
新加坡元[member]	member
丹麦克朗[member]	member
挪威克朗[member]	member
瑞典克朗[member]	member
澳门元[member]	member
新西兰元[member]	member
韩元[member]	member
其他外币[member]	member
长期借款[line items]	line items
长期借款原币金额	X instant,credit
长期借款折算汇率	X. XX instant
长期借款人民币金额	X instant,credit
长期借款到期日分析[abstract]	
长期借款,一至二年到期	X instant,credit
长期借款,二至五年到期	X instant,credit
长期借款,五年以上到期	X instant,credit
长期借款合计	X instant,credit
逾期的长期借款[abstract]	
逾期的长期借款[table]	table

元　　素	元素属性
逾期的长期借款项目[axis]	axis
逾期的长期借款项目[member]	member
逾期的长期借款[line items]	line items
逾期的长期借款贷款单位	text
逾期的长期借款期末余额	X instant,credit
逾期的长期借款逾期时间	text
逾期的长期借款年利率	X. XX instant
逾期的长期借款借款资金用途	text
逾期的长期借款逾期未偿还原因	text
逾期的长期借款预期还款期	yyyy-mm-dd
逾期的长期借款备注	text
已到期的长期借款获得展期的情况	text
长期借款其他需要说明的事项	text
[837490]附注_应付债券	
应付债券信息披露[text block]	text block
应付债券的增减变动[abstract]	
应付债券的增减变动[table]	table
应付债券类型[axis]	axis
应付债券类别[member]	member
应付债券的增减变动[line items]	line items
应付债券发行日	yyyy-mm-dd
应付债券到期日	yyyy-mm-dd
应付债券期限	text
应付债券面值	X instant,credit
应付债券利率	X. XX instant
应付债券年初账面余额	X instant,credit
应付债券本期增加额	X duration,credit
应付债券本期减少额	(X) duration,debit
应付债券期末账面余额	X instant,credit
应付债券其他需要说明的事项	text
[830340]附注_实收资本或股本	
实收资本或股本信息披露[text block]	text block
实收资本或股本[abstract]	
实收资本或股本[table]	table

元　　素	元素属性
实收资本项目[axis]	axis
实收资本项目[member]	member
实收资本或股本[line items]	line items
实收资本(或股本)股数 shares	
实收资本(或股本)	X instant,credit
实收资本(或股本)本期变动情况[abstract]	
实收资本(或股本)本期变动[table]	table
实收资本项目[axis]	axis
实收资本项目[member]	member
实收资本(或股本)本期变动[line items]	line items
实收资本(或股本)股数本期增减变动[abstract]	
实收资本(或股本)期初股数 shares	
实收资本(或股本)股数本期变动,发行新股 shares	
实收资本(或股本)股数本期变动,送股 shares	
实收资本(或股本)股数本期变动,公积金转股 shares	
实收资本(或股本)股数本期变动,其他 shares	
实收资本(或股本)股数本期变动合计 shares	
实收资本(或股本)期末股数 shares	
实收资本(或股本)本期增减变动[abstract]	
实收资本(或股本)期初余额	X instant,credit
实收资本(或股本)本期变动,发行新股	X duration,credit
实收资本(或股本)本期变动,送股	X duration,credit
实收资本(或股本)本期变动,公积金转股	X duration,credit
实收资本(或股本)本期变动,其他	X duration,credit
实收资本(或股本)本期变动合计	X duration,credit
实收资本(或股本)期末余额	X instant,credit
本期公司实收资本或股本变动情况的其他说明	text
本期公司实收资本或股本其他需要说明的事项[text block]	text block
[830350]附注_其他权益工具	
其他权益工具信息披露[text block]	text block
其他权益工具[abstract]	
其他权益工具[table]	table
其他权益工具类型[axis]	axis
其他权益工具类型[member]	member
优先股[member]	member

元　　素	元素属性
永续债[member]	member
其他[member]	member
其他权益工具[line items]	line items
其他权益工具,期初余额	X instant,credit
其他权益工具,本期增加	X duration,credit
其他权益工具,本期减少	(X) duration,debit
其他权益工具,期末余额	X instant,credit
[830360]附注_资本公积	
资本公积信息披露[text block]	text block
资本公积[abstract]	
资本公积[table]	table
资本公积项目[axis]	axis
资本公积项目[member]	member
资本溢价[member]	member
其他资本公积[member]	member
其他资本公积,原制度资本公积转入[member]	member
其他资本公积,其他[member]	member
资本公积[line items]	line items
资本公积期初账面余额	X instant,credit
资本公积本期增加额	X duration,credit
资本公积本期减少额	(X) duration,debit
资本公积外币报表折算差额	X duration,credit
资本公积期末账面余额	X instant,credit
[830390]附注_盈余公积	
盈余公积信息披露[text block]	text block
盈余公积增减变动[abstract]	
盈余公积增减变动[table]	table
盈余公积类别[axis]	axis
盈余公积类别[member]	member
法定盈余公积[member]	member
任意盈余公积[member]	member
企业发展基金[member]	member
储备基金[member]	member
利润归还投资[member]	member

元　　素	元素属性
其他盈余公积[member]	member
盈余公积增减变动[line items]	line items
盈余公积期初账面余额	X instant,credit
盈余公积本期增加额	X duration,credit
盈余公积本期减少额	(X) duration,debit
盈余公积本期减少额,转增资本	(X) duration,debit
盈余公积本期减少额,弥补亏损	(X) duration,debit
盈余公积本期减少额,其他减少	(X) duration,debit
盈余公积期末账面余额	X instant,credit
提取法定盈余公积描述	text
提取任意盈余公积描述	text
盈余公积其他需要说明的事项	text
[911006]附注_未分配利润	
未分配利润信息披露[text block]	text block
合并财务报表未分配利润的增减变动[abstract]	
期初账面余额	X instant,credit
归属于母公司所有者(股东)的净利润	X duration,credit
提取盈余公积	(X) duration,debit
提取法定盈余公积	(X) duration,debit
提取任意盈余公积	(X) duration,debit
对所有者(股东)的分配	(X) duration,debit
提取的普通股的现金股利	(X) duration,debit
转作股本的普通股股利	(X) duration,debit
专项储备-安全生产费,本期使用	X duration,credit
未分配利润,其他变动	X duration,credit
期末账面余额	X instant,credit
个别财务报表未分配利润的增减变动[abstract]	
个别财务报表未分配利润的增减变动[table]	table
合并和个别财务报表[axis]	axis
合并[member]	member
个别[member]	member
个别财务报表未分配利润的增减变动[line items]	line items
期初账面余额	X instant,credit
净利润	X duration,credit
提取盈余公积	(X) duration,debit

元　　素	元素属性
提取法定盈余公积	(X) duration,debit
提取任意盈余公积	(X) duration,debit
对所有者(股东)的分配	(X) duration,debit
提取的普通股的现金股利	(X) duration,debit
转作股本的普通股股利	(X) duration,debit
专项储备-安全生产费,本期使用	X duration,credit
其他变动	X duration,credit
期末账面余额	X instant,credit
盈余公积提取比例和股利分配比例[abstract]	
法定盈余公积提取比例	X. XX instant
任意盈余公积提取比例	X. XX instant
应付普通股股利分配比例	X. XX instant
转作股本的普通股股利分配比例	X. XX instant
与本期利润分配相关的其他事项	text
[830410]附注_少数股东权益	
少数股东权益信息披露[text block]	text block
少数股东权益[abstract]	
归属于各子公司少数股东权益[table]	table
子公司名称[axis]	axis
子公司[member]	member
其他子公司[member]	member
归属于各子公司少数股东权益[line items]	line items
少数股东权益	X instant,credit
[911007]附注_营业收入及营业成本	
营业收入及营业成本信息披露[text block]	text block
营业收入及营业成本信息披露[abstract]	
营业收入及营业成本信息披露[table]	table
营业收入及营业成本种类[axis]	axis
营业收入及营业成本种类[member]	member
主营业务收入及成本[member]	member
其他业务收入及成本[member]	member
板块类型[axis]	axis
板块类型[member]	member
其他业务类型[axis]	axis

元　　素	元素属性
其他业务类型[member]	member
营业收入及营业成本信息披露[line items]	line items
营业收入	X duration,credit
营业成本	X duration,debit
[911008]附注_营业税金及附加	
营业税金及附加信息披露[text block]	text block
营业税金及附加[abstract]	
营业税	X duration,debit
城市维护建设税	X duration,debit
消费税	X duration,debit
资源税	X duration,debit
石油特别收益金	X duration,debit
产品税	X duration,debit
教育费附加	X duration,debit
土地增值税	X duration,debit
其他营业税金及附加	X duration,debit
营业税金及附加合计	X duration,debit
[911009]附注_销售费用	
销售费用信息披露[text block]	text block
销售费用[abstract]	
产品质量保证	X duration,debit
广告费	X duration,debit
职工薪酬	X duration,debit
折旧、折耗及摊销	X duration,debit
运输费	X duration,debit
包装费	X duration,debit
装卸费	X duration,debit
仓储保管费	X duration,debit
保险费	X duration,debit
展览费	X duration,debit
销售服务费	X duration,debit
业务经费	X duration,debit
委托代销手续费	X duration,debit
修理费	X duration,debit

元　　素	元素属性
样本及产品损耗	X duration,debit
其他	X duration,debit
合计	X duration,debit
[911010]附注_管理费用	
管理费用信息披露[text block]	text block
管理费用[abstract]	
职工薪酬	X duration,debit
咨询费	X duration,debit
排污费	X duration,debit
折旧、折耗及摊销	X duration,debit
固定资产折旧费	X duration,debit
无形资产摊销费	X duration,debit
修理费	X duration,debit
安全生产费用	X duration,debit
税费	X duration,debit
研究与开发费	X duration,debit
业务招待费	X duration,debit
保险费	X duration,debit
存货盘亏	X duration,debit
差旅费	X duration,debit
办公费	X duration,debit
会议费	X duration,debit
诉讼费	X duration,debit
聘请中介机构费	X duration,debit
技术转让费	X duration,debit
董事会费	X duration,debit
其他	X duration,debit
合计	X duration,debit
[911011]附注_财务费用	
财务费用信息披露[text block]	text block
财务费用[abstract]	
利息支出	X duration,debit
其中:油气资产弃置义务因时间推移产生的利息支出	X duration,debit
减:资本化利息	(X) duration,credit

元　　素	元素属性
减:利息收入	(X) duration,credit
汇兑损失	X duration,debit
减:汇兑收益	(X) duration,credit
手续费	X duration,debit
其他	X duration,debit
合计	X duration,debit
[808120]附注_资产减值损失	
资产减值损失净额信息披露[text block]	text block
资产减值损失[abstract]	
坏账损失	X duration,debit
存货跌价损失	X duration,debit
可供出售金融资产减值损失	X duration,debit
持有至到期投资减值损失发生额	X duration,debit
长期股权投资减值损失	X duration,debit
投资性房地产减值损失发生额	X duration,debit
固定资产减值损失发生额	X duration,debit
工程物资减值损失发生额	X duration,debit
在建工程减值损失	X duration,debit
生产性生物资产减值损失发生额	X duration,debit
油气资产减值损失发生额	X duration,debit
无形资产减值损失	X duration,debit
商誉减值损失发生额	X duration,debit
其他资产减值损失发生额	X duration,debit
资产减值损失合计	X duration,debit
[911012]附注_投资收益	
投资收益信息披露[text block]	text block
投资收益的明细情况[abstract]	
权益法下确认的收益	X duration,credit
处置长期股权投资产生的投资收益	X duration,credit
持有以公允价值计量且其变动计入当期损益的金融资产期间取得的投资收益	X duration,credit
持有交易性金融资产期间取得的投资收益	X duration,credit
持有至到期投资取得的投资收益期间取得的投资收益	X duration,credit
持有可供出售金融资产期间取得的投资收益	X duration,credit

元　　素	元素属性
处置以公允价值计量且其变动计入当期损益的金融资产收益	X duration,credit
处置交易性金融资产收益	X duration,credit
处置持有至到期投资收益	X duration,credit
处置可供出售金融资产收益	X duration,credit
其他投资收益	X duration,credit
投资收益合计	X duration,credit
投资收益其他需要说明的事项	text
[911013]附注_营业外收入	
营业外收入信息披露[text block]	text block
营业外收入[abstract]	
非流动资产处置利得	X duration,credit
处置固定资产及油气资产收益	X duration,credit
无形资产处置利得	X duration,credit
非货币性资产交换利得	X duration,credit
债务重组利得	X duration,credit
营业外收入,政府补助	X duration,credit
直接计入损益的政府补助	X duration,credit
递延转入的政府补助	X duration,credit
接受捐赠	X duration,credit
其他营业外收入	X duration,credit
营业外收入合计	X duration,credit
营业外收入其他需要说明的事项	text
[911014]附注_营业外支出	
营业外支出信息披露[text block]	text block
营业外支出[abstract]	
非流动资产处置损失	X duration,debit
处置固定资产及油气资产损失	X duration,debit
无形资产处置损失	X duration,debit
非货币性资产交换损失	X duration,debit
债务重组损失	X duration,debit
捐赠支出	X duration,debit
公益性捐赠支出	X duration,debit
自然灾害净损失	X duration,debit
保险赔偿	X duration,debit

元　　素	元素属性
诉讼损失	X duration,debit
罚款支出	X duration,debit
非常损失	X duration,debit
其他营业外支出	X duration,debit
营业外支出合计	X duration,debit
营业外支出其他需要说明的事项	text
[818200]附注_所得税	
所得税信息披露[text block]	text block
递延所得税资产和递延所得税负债信息披露[text block]	text block
递延所得税资产和递延所得税负债[abstract]	
递延所得税资产和递延所得税负债[table]	table
确认递延所得税的暂时性差异类型[axis]	axis
确认递延所得税的暂时性差异类型[member]	member
资产减值准备产生的暂时性差异[member]	member
公允价值变动产生的暂时性差异[member]	member
固定资产折旧产生的暂时性差异[member]	member
无形资产摊销产生的暂时性差异[member]	member
应付职工薪酬产生的暂时性差异[member]	member
预计负债产生的暂时性差异[member]	member
可结转以后年度的亏损产生的暂时性差异[member]	member
其他暂时性差异[member]	member
递延所得税资产和递延所得税负债[line items]	line items
可抵扣暂时性差异	X instant,debit
未经抵销的递延所得税资产	X instant,debit
应纳税暂时性差异	X instant,credit
未经抵销的递延所得税负债	X instant,credit
递延所得税抵销金额	X instant
抵销后的递延所得税资产和负债净额[abstract]	
抵销后递延所得税资产金额	X instant,debit
抵销后递延所得税负债金额	X instant,credit
未确认递延所得税资产的可抵扣暂时性差异(或可抵扣亏损)[abstract]	
未确认递延所得税资产的可抵扣暂时性差异(或可抵扣亏损)[table]	table
未确认递延所得税的暂时性差异类型[axis]	axis
未确认递延所得税的暂时性差异类型[member]	member
未确认递延所得税资产的可抵扣暂时性差异(或可抵扣亏损)[line items]	line items

元　　素	元素属性
未确认递延所得税资产的可抵扣暂时性差异(或可抵扣亏损)	X instant,debit
未确认递延所得税资产的原因	text
未确认递延所得税资产的可抵扣暂时性差异(或可抵扣亏损)的到期日	yyyy-mm-dd
未确认对子公司或联营企业及合营企业投资相关的递延所得税负债[abstract]	
未确认对子公司或联营企业及合营企业投资相关的递延所得税负债[table]	table
被投资单位[axis]	axis
被投资单位[member]	member
子公司[member]	member
合营企业[member]	member
联营企业[member]	member
未确认对子公司或联营企业及合营企业投资相关的递延所得税负债[line items]	line items
未确认对子公司或联营企业及合营企业投资相关的递延所得税负债暂时性差异	X instant,credit
对子公司或联营企业及合营企业投资相关的递延所得税负债未确认原因	text
递延所得税资产和递延所得税负债抵销后列报的说明	text
递延所得税资产和递延所得税负债其他需要说明的事项	text
所得税费用信息披露[text block]	text block
所得税费用[abstract]	
当期所得税费用发生额	X duration,debit
递延所得税费用发生额	X duration,debit
以前年度所得税费用调整	X duration,debit
所得税费用合计	X duration,debit
所得税费用与会计利润的关系[abstract]	
利润总额	X duration,credit
适用的所得税税率	X. XX duration
按适用所得税税率计算的所得税费用	X duration,debit
所得税费用调整项目[abstract]	
不可作纳税抵扣的支出对所得税的影响	X duration,debit
不可作纳税抵扣的支出对所得税的影响,职工薪酬	X duration,debit
不可作纳税抵扣的支出对所得税的影响,资产减值损失	X duration,debit
不可作纳税抵扣的支出对所得税的影响,其他	X duration,debit
非应税收入对所得税的影响	(X) duration,credit
非应税收入对所得税的影响,中国国债利息收入	(X) duration,credit

元　　素	元素属性
非应税收入对所得税的影响，其他	(X) duration，credit
以前年度税收清算调整	X duration，debit
优惠税率对所得税的影响	(X) duration，credit
适用不同税率对所得税的影响	X duration，debit
所得税费用合计	X duration，debit
所得税费用其他需要说明的事项	text
[830490]附注_其他综合收益	
其他综合收益信息披露[text block]	text block
其他综合收益各项目及其所得税影响和转入损益情况[abstract]	
以后不能重分类进损益的其他综合收益各项目及其所得税影响[abstract]	
重新计量设定受益计划净负债或净资产的变动[abstract]	
税前金额	X duration，credit
所得税影响	(X) duration，debit
税后净额	X duration，credit
权益法下在被投资单位不能重分类进损益的其他综合收益中享有的份额[abstract]	
税前金额	X duration，credit
所得税影响	(X) duration，debit
税后净额	X duration，credit
以后不能重分类进损益的其他项目[abstract]	
税前金额	X duration，credit
所得税影响	(X) duration，debit
税后净额	X duration，credit
以后不能重分类进损益的其他综合收益[abstract]	
税前金额	X duration，credit
所得税影响	(X) duration，debit
税后净额	X duration，credit
以后将重分类进损益的其他综合收益各项目及其所得税影响和转入损益情况[abstract]	
权益法下在被投资单位以后将重分类进损益的其他综合收益中享有的份额[abstract]	
权益法下在被投资单位以后将重分类进损益的其他综合收益中享有的份额，税前金额[abstract]	
权益法下在被投资单位以后将重分类进损益的其他综合收益中享有的份额	X duration，credit
前期计入其他综合收益当期转入损益	(X) duration，debit
小计	X duration，credit

元　　素	元素属性
权益法下在被投资单位以后将重分类进损益的其他综合收益中享有的份额，所得税影响[abstract]	
权益法下在被投资单位以后将重分类进损益的其他综合收益中享有的份额	(X) duration,debit
前期计入其他综合收益当期转入损益	X duration,credit
小计	(X) duration,debit
权益法下在被投资单位以后将重分类进损益的其他综合收益中享有的份额，税后净额[abstract]	
权益法下在被投资单位以后将重分类进损益的其他综合收益中享有的份额	X duration,credit
前期计入其他综合收益当期转入损益	(X) duration,debit
小计	X duration,credit
可供出售金融资产公允价值变动损益[abstract]	
可供出售金融资产公允价值变动损益，税前金额[abstract]	
可供出售金融资产公允价值变动损益	X duration,credit
前期计入其他综合收益当期转入损益	(X) duration,debit
小计	X duration,credit
可供出售金融资产公允价值变动损益，所得税影响[abstract]	
可供出售金融资产公允价值变动损益	(X) duration,debit
前期计入其他综合收益当期转入损益	X duration,credit
小计	(X) duration,debit
可供出售金融资产公允价值变动损益，税后净额[abstract]	
可供出售金融资产公允价值变动损益	X duration,credit
前期计入其他综合收益当期转入损益	(X) duration,debit
小计	X duration,credit
持有至到期投资重分类为可供出售金融资产损益[abstract]	
持有至到期投资重分类为可供出售金融资产损益，税前金额[abstract]	
持有至到期投资重分类为可供出售金融资产损益	X duration,credit
前期计入其他综合收益当期转入损益	(X) duration,debit
小计	X duration,credit
持有至到期投资重分类为可供出售金融资产损益，所得税影响[abstract]	
持有至到期投资重分类为可供出售金融资产损益	(X) duration,debit
前期计入其他综合收益当期转入损益	X duration,credit
小计	(X) duration,debit
持有至到期投资重分类为可供出售金融资产损益，税后净额[abstract]	
持有至到期投资重分类为可供出售金融资产损益	X duration,credit

元　　　素	元素属性
前期计入其他综合收益当期转入损益	(X) duration,debit
小计	X duration,credit
现金流量套期损益的有效部分[abstract]	
现金流量套期损益的有效部分,税前金额[abstract]	
现金流量套期损益的有效部分	X duration,credit
前期计入其他综合收益当期转入损益	(X) duration,debit
转为被套期项目初始确认金额的调整额	(X) duration,debit
小计	X duration,credit
现金流量套期损益的有效部分,所得税影响[abstract]	
现金流量套期损益的有效部分	(X) duration,debit
前期计入其他综合收益当期转入损益	X duration,credit
转为被套期项目初始确认金额的调整额	X duration,credit
小计	(X) duration,debit
现金流量套期损益的有效部分,税后净额[abstract]	
现金流量套期损益的有效部分	X duration,credit
前期计入其他综合收益当期转入损益	(X) duration,debit
转为被套期项目初始确认金额的调整额	(X) duration,debit
小计	X duration,credit
外币财务报表折算差额[abstract]	
外币财务报表折算差额的利得或损失,税前金额[abstract]	
外币财务报表折算差额的利得或损失	X duration,credit
前期计入其他综合收益当期转入损益	(X) duration,debit
小计	X duration,credit
外币财务报表折算差额的利得或损失,所得税影响[abstract]	
外币财务报表折算差额的利得或损失	(X) duration,debit
前期计入其他综合收益当期转入损益	X duration,credit
小计	(X) duration,debit
外币财务报表折算差额的利得或损失,税后净额[abstract]	
外币财务报表折算差额的利得或损失	X duration,credit
前期计入其他综合收益当期转入损益	(X) duration,debit
小计	X duration,credit
以后将重分类进损益的其他项目[abstract]	
以后将重分类进损益的其他项目,税前金额[abstract]	
其他项目	X duration,credit
前期计入其他综合收益当期转入损益	(X) duration,debit
小计	X duration,credit

元　　素	元素属性
以后将重分类进损益的其他项目，所得税影响[abstract]	
其他项目	X duration,debit
前期计入其他综合收益当期转入损益	(X) duration,credit
小计	X duration,debit
以后将重分类进损益的其他项目，税后净额[abstract]	
其他项目	X duration,credit
前期计入其他综合收益当期转入损益	(X) duration,debit
小计	X duration,credit
以后将重分类进损益的其他综合收益[abstract]	
税前金额	X duration,credit
所得税影响	(X) duration,debit
税后净额	X duration,credit
其他综合收益及其所得税影响[abstract]	
税前金额	X duration,credit
所得税影响	(X) duration,debit
税后净额	X duration,credit
合并财务报表其他综合收益各项目的调节情况[abstract]	
合并财务报表其他综合收益各项目的调节情况[table]	table
其他综合收益按项目披露[axis]	axis
其他综合收益项目[member]	member
重新计量设定受益计划净负债或净资产的变动[member]	member
权益法下在被投资单位不能重分类进损益的其他综合收益中享有的份额[member]	member
权益法下在被投资单位以后将重分类进损益的其他综合收益中享有的份额[member]	member
可供出售金融资产公允价值变动损益[member]	member
持有至到期投资重分类为可供出售金融资产损益[member]	member
现金流量套期损益的有效部分[member]	member
外币报表折算差额[member]	member
合并财务报表其他综合收益各项目的调节情况[line items]	line items
其他综合收益期初账面余额	X instant,credit
归属于母公司所有者的其他综合收益的税后净额	X duration,credit
其他综合收益期末账面余额	X instant,credit
个别财务报表其他综合收益各项目的调节情况[abstract]	
个别财务报表其他综合收益各项目的调节情况[table]	table
合并和个别财务报表[axis]	axis
合并[member]	member

元　　　素	元素属性
个别[member]	member
其他综合收益按项目披露[axis]	axis
其他综合收益项目[member]	member
重新计量设定受益计划净负债或净资产的变动[member]	member
权益法下在被投资单位不能重分类进损益的其他综合收益中享有的份额[member]	member
权益法下在被投资单位以后将重分类进损益的其他综合收益中享有的份额[member]	member
可供出售金融资产公允价值变动损益[member]	member
持有至到期投资重分类为可供出售金融资产损益[member]	member
现金流量套期损益的有效部分[member]	member
外币报表折算差额[member]	member
个别财务报表其他综合收益各项目的调节情况[line items]	line items
其他综合收益期初账面余额	X instant,credit
其他综合收益的税后净额	X duration,credit
其他综合收益期末账面余额	X instant,credit
其他综合收益其他需要说明的事项	text
[834600]附注_每股收益	
每股收益信息披露[text block]	text block
每股收益[abstract]	
基本每股收益[abstract]	
归属于母公司普通股股东的净利润	X duration,credit
发行在外的普通股的加权平均数 shares	
基本每股收益	X. XX duration
稀释每股收益[abstract]	
稀释后归属于母公司普通股股东的净利润	X duration,credit
稀释后发行在外的普通股的加权平均数 shares	
稀释每股收益	X. XX duration
基本每股收益分子的计算过程	text
基本每股收益分母的计算过程	text
稀释每股收益分子的计算过程	text
稀释每股收益分母的计算过程	text
列报期间不具有稀释性但以后期间很可能具有稀释性的潜在普通股	text
在资产负债表日至财务报告批准报出日之间,企业发行在外普通股或潜在普通股股数发生重大变化的情况	text
每股收益其他需要说明的事项	text

元素	元素属性
[830520]附注_利润表补充资料(费用按性质披露)	
费用按照性质分类的信息披露[text block]	text block
费用按照性质分类[abstract]	
耗用的原材料	X duration,debit
产成品及在产品存货变动	X duration,debit
职工薪酬费用	X duration,debit
折旧和摊销费用	X duration,debit
非流动资产减值损失	X duration,debit
支付的租金	X duration,debit
财务费用	X duration,debit
其他按照性质分类的费用	X duration,debit
按照性质分类的费用合计	X duration,debit
[911015]附注_现金流量表补充资料	
现金流量表补充信息披露[text block]	text block
收到或支付的其他与经营活动、投资活动、筹资活动有关的现金[abstract]	
收到其他与经营活动有关的现金	X duration,debit
支付其他与经营活动有关的现金	(X) duration,credit
收到其他与投资活动有关的现金	X duration,debit
支付其他与投资活动有关的现金	(X) duration,credit
收到其他与筹资活动有关的现金	X duration,debit
支付其他与筹资活动有关的现金	(X) duration,credit
收到或支付的其他与经营活动、投资活动、筹资活动有关的现金合计	X duration,debit
间接法下的经营活动现金流量表披露[abstract]	
净利润	X duration,credit
资产减值损失	X duration,debit
固定资产折旧/油气资产折耗/生产性生物资产折旧	X duration,debit
投资性房地产的折旧及摊销	X duration,debit
无形资产摊销	X duration,debit
长期待摊费用摊销	X duration,debit
干井核销	X duration,debit
处置固定资产、油气资产、无形资产和其他长期资产的损失	X duration,debit
固定资产报废损失	X duration,debit
公允价值变动损失	X duration,debit
财务费用	X duration,debit
投资损失	X duration,debit

元　　素	元素属性
递延所得税资产减少	X duration,debit
递延所得税负债增加	X duration,debit
存货的减少	X duration,debit
经营性应收项目的减少	X duration,debit
经营性应付项目的增加	X duration,debit
其他经营活动现金流量	X duration,debit
经营活动产生的现金流量净额	X duration
不涉及现金收支的重大投资和筹资活动[abstract]	
债务转为资本	X duration,credit
一年内到期的可转换公司债券	X duration,credit
融资租入固定资产	X duration
现金及现金等价物净变动情况[abstract]	
现金的期末余额	X instant,debit
现金的期初余额	X instant,debit
现金等价物的期末余额	X instant,debit
现金等价物的期初余额	X instant,debit
现金及现金等价物净增加额	X duration,debit
当期取得或处置子公司及其他营业单位的相关信息[abstract]	
取得子公司及其他营业单位的有关信息[abstract]	
取得子公司及其他营业单位的价格	X duration,credit
取得子公司及其他营业单位支付的现金和现金等价物	X duration,credit
取得子公司及其他营业单位持有的现金和现金等价物	(X) duration,debit
取得子公司及其他营业单位支付的现金和现金等价物净额	X duration,credit
取得子公司的净资产	X duration,debit
取得子公司流动资产	X duration,debit
取得子公司非流动资产	X duration,debit
取得子公司流动负债	(X) duration,credit
取得子公司非流动负债	(X) duration,credit
处置子公司及其他营业单位的有关信息[abstract]	
处置子公司及其他营业单位的价格	X duration,debit
处置子公司及其他营业单位收到的现金和现金等价物	X duration,debit
处置子公司及其他营业单位持有的现金和现金等价物	(X) duration,credit
处置子公司及其他营业单位收到的现金和现金等价物净额	X duration,debit
处置子公司的净资产	X duration,debit
处置子公司流动资产	X duration,debit
处置子公司非流动资产	X duration,debit

元　素	元素属性
处置子公司流动负债	(X) duration,credit
处置子公司非流动负债	(X) duration,credit
现金及现金等价物[abstract]	
现金[abstract]	
库存现金	X instant,debit
可随时用于支付的银行存款	X instant,debit
可随时用于支付的其他货币资金	X instant,debit
现金合计	X instant,debit
现金等价物[abstract]	
三个月内到期的债券投资	X instant,debit
现金等价物合计	X instant,debit
现金和现金等价物合计	X instant,debit
[911016]附注_分部报告	
分部报告信息披露[text block]	text block
分部报告[abstract]	
一般性信息[text block]	text block
确定报告分部考虑的因素	text
报告分部的产品和劳务的类型	text
计量报告分部利润或亏损、资产和负债的会计政策	text
报告分部利润或亏损,资产和负债的信息[abstract]	
报告分部利润或亏损,资产和负债的信息[table]	table
报告分部利润或亏损及资产和负债[axis]	axis
报告分部项目的类别[member]	member
分部项目[member]	member
其他分部[member]	member
未分配的金额[member]	member
分部间抵销[member]	member
报告分部利润或亏损,资产和负债的信息[line items]	line items
板块收入	X duration,credit
减:板块间交易收入	(X) duration,credit
分部对外交易收入	X duration,credit
板块利润	X duration,credit
不可分配费用	(X) duration,debit
营业利润	X duration,credit
利润总额	X duration,credit

元　　素	元素属性
资产	X instant,debit
负债	X instant,credit
折旧、折耗和摊销费用	X duration,debit
资产减值损失	X duration,debit
资本性支出	X duration,credit
对报告分部收入,利润或亏损,资产和负债的调节[text block]	text block
对报告分部利润或亏损的调节[abstract]	
报告分部的利润总额	X duration,credit
分部间利润的抵销金额	X duration,debit
利润的未分配金额	X duration,credit
利润总额	X duration,credit
对报告分部资产的调节[abstract]	
报告分部的资产总额	X instant,debit
分部间资产的抵销金额	X instant,credit
资产的未分配金额	X instant,debit
资产	X instant,debit
对报告分部负债的调节[abstract]	
报告分部的负债总额	X instant,credit
分部间负债的抵销金额	X instant,debit
负债未分配金额	X instant,credit
负债	X instant,credit
分部报告其他信息[text block]	text block
每一产品和劳务或每一类似产品和劳务组合的对外交易收入	text
区域信息[abstract]	
分部对外交易收入[abstract]	
中国大陆	X duration,credit
其他	X duration,credit
分部对外交易收入	X duration,credit
扣除金融工具和递延所得税资产外的非流动资产[abstract]	
中国大陆	X instant,debit
其他	X instant,debit
非流动资产合计	X instant,debit
对主要客户的依赖程度	text
[911017]附注_或有事项	
或有事项信息披露[text block]	text block

元　　素	元素属性
或有负债信息披露[abstract]	
或有负债信息披露[table]	table
或有负债项目[axis]	axis
或有负债项目[member]	member
或有负债信息披露[line items]	line items
或有负债种类	text
或有负债形成原因	text
或有负债经济利益流出不确定性的说明	text
或有负债预计财务影响	text
或有负债获得补偿的可能性	text
或有负债无法预计财务影响的原因	text
为其他单位提供债务担保形成的或有负债[abstract]	
为其他单位提供债务担保形成的或有负债描述	text
环保责任形成的或有负债[abstract]	
环保责任或有事项的描述	text
法律方面的或有责任[abstract]	
法律方面或有责任的描述	text
或有资产信息披露[abstract]	
或有资产信息披露[table]	table
或有资产项目[axis]	axis
或有资产项目[member]	member
或有资产信息披露[line items]	line items
或有资产可能带来的经济利益	text
或有资产形成原因	text
或有资产预计财务影响	text
其他或有事项	text

[911018]附注_预计负债

预计负债相关信息[text block]	text block
预计负债信息披露[abstract]	
预计负债信息披露[table]	table
预期负债项目[axis]	axis
预计负债项目[member]	member
对外提供担保[member]	member
未决诉讼或仲裁[member]	member
产品质量保证[member]	member

元　　素	元素属性
重组义务[member]	member
亏损合同[member]	member
环境污染整治义务[member]	member
资产弃置义务[member]	member
商业承兑票据贴现[member]	member
辞退福利[member]	member
其他预计负债[member]	member
预计负债信息披露[line items]	line items
预计负债年初账面余额	X instant,credit
预计负债本期增加额	X duration,credit
预计负债本期减少额	(X) duration,debit
预计负债外币报表折算差额	X duration,credit
预计负债期末账面余额	X instant,credit
说明预计负债产生的原因	text
预计负债经济利益流出不确定性的说明	text
与预计负债有关的预期补偿金额和本期已确认的预期补偿金额	text
[911019]附注_承诺事项	
承诺事项相关信息[text block]	text block
已签订的尚未履行或尚未完全履行的对外投资合同有关的承诺事项[text block]	text block
已签订的尚未履行或尚未完全履行的对外投资合同有关的承诺事项的金额	X duration,credit
已签订的尚未履行或尚未完全履行的对外投资合同有关的承诺事项的原因	text
已签订的正在或准备履行的大额发包合同有关的承诺事项[text block]	text block
已签订的正在或准备履行的大额发包合同有关的承诺事项的金额	X duration,credit
已签订的正在或准备履行的大额发包合同有关的承诺事项的原因	text
已签订的正在或准备履行的租赁合同有关的承诺事项[text block]	text block
已签订的正在或准备履行的租赁合同有关的承诺事项的金额	X duration,credit
已签订的正在或准备履行的租赁合同有关的承诺事项的原因	text
已签订的正在或准备履行的并购协议有关的承诺事项[text block]	text block
已签订的正在或准备履行的并购协议有关的承诺事项的金额	X duration,credit
已签订的正在或准备履行的并购协议有关的承诺事项的原因	text
已签订的正在或准备履行的重组计划有关的承诺事项[text block]	text block
已签订的正在或准备履行的重组计划有关的承诺事项的金额	X duration,credit
已签订的正在或准备履行的重组计划有关的承诺事项的原因	text

元　　素	元素属性
其他重大承诺事项信息披露[text block]	text block
其他重大承诺事项信息披露[abstract]	
其他重大承诺事项信息披露[table]	table
其他重大承诺事项[axis]	axis
其他重大承诺事项[member]	member
其他重大承诺事项信息披露[line items]	line items
其他重大承诺事项的金额	X duration,credit
其他重大承诺事项的内容	text
其他重大承诺事项的影响	text
资本支出承诺[abstract]	
已授权但未订约的资本支出承诺	X instant,credit
已订约但未执行的资本支出承诺	X instant,credit
资本支出承诺合计	X instant,credit
资本性承诺事项其他需要说明的事项[text block]	text block
承租方不可撤销的经营租赁[abstract]	
一年以内(含一年)承租人不可撤销经营租赁最低租赁付款额	X instant,credit
一年以上两年以内(含两年)承租人不可撤销经营租赁最低租赁付款额	X instant,credit
两年以上三年以内(含三年)承租人不可撤销经营租赁最低租赁付款额	X instant,credit
三年以上承租人不可撤销经营租赁最低租赁付款额	X instant,credit
承租方经营租赁最低租赁付款额合计	X instant,credit
勘探和采矿许可证信息披露[abstract]	
勘探和采矿许可证费用	X duration,credit
预计一年以内需支付的勘探和采矿许可证费用	X duration,credit
预计一年至两年需支付的勘探和采矿许可证费用	X duration,credit
预计两年至三年需支付的勘探和采矿许可证费用	X duration,credit
预计三年至四年需支付的勘探和采矿许可证费用	X duration,credit
预计四年至五年需支付的勘探和采矿许可证费用	X duration,credit
预计五年以后需支付的勘探和采矿许可证费用	X duration,credit

[911020]附注_关联方关系及其交易

关联方及其交易信息披露[text block]	text block
关联方关系[abstract]	
控制本公司的关联方信息[abstract]	
控制本公司的关联方[abstract]	
控制本公司的关联方[table]	table
控制本公司的关联方企业名称[axis]	axis

元　　素	元素属性
控制本公司的关联方企业名称[member]	member
控制本公司的关联方[line items]	line items
控制本公司的关联方企业类型	text
控制本公司的关联方注册地址	text
控制本公司的关联方法定代表人	text
控制本公司的关联方业务性质	text
控制本公司的关联方注册资本	X instant,credit
控制本公司的关联方与本企业关系	text
控制本公司的关联方的持股比例	X. XX instant
控制本公司的关联方直接持股比例	X. XX instant
控制本公司的关联方间接持股比例	X. XX instant
控制本公司的关联方的表决权比例	X. XX instant
控制本公司的关联方直接表决权比例	X. XX instant
控制本公司的关联方间接表决权比例	X. XX instant
本公司的最终控制方公司名称	text
母公司之上与其最相近的对外提供财务报表的母公司名称	text
母公司其他需要说明的事项[text block]	text block
存在控制关系的关联方的注册资本及其变化[abstract]	
存在控制关系的关联方的注册资本及其变化[table]	table
子公司名称[axis]	axis
子公司[member]	member
存在控制关系的关联方的注册资本及其变化[line items]	line items
存在控制关系的关联方注册资本期初账面余额	X instant,credit
存在控制关系的关联方注册资本本期增加额	X duration,credit
存在控制关系的关联方注册资本本期减少额	(X) duration,debit
存在控制关系的关联方注册资本期末账面余额	X instant,credit
存在控制关系的关联方信息[text block]	text block
存在控制关系的关联方所持股份及其变化[abstract]	
存在控制关系的关联方所持股份及其变化[table]	table
子公司名称[axis]	axis
子公司[member]	member
存在控制关系的关联方所持股份及其变化[line items]	line items
持有存在控制关系的关联方的期初股份金额	X instant,credit
持有存在控制关系的关联方的期初股份比例	X. XX instant
持有存在控制关系的关联方的股份本期增加额	X duration,credit
持有存在控制关系的关联方的股份比例本期增加额	X. XX duration

元　　素	元素属性
持有存在控制关系的关联方的股份本期减少额	(X) duration,debit
持有存在控制关系的关联方的股份比例本期减少额	(X.XX) duration
持有存在控制关系的关联方的期末股份金额	X instant,credit
持有存在控制关系的关联方的期末股份比例	X.XX instant
不存在控制关系的关联方[abstract]	
不存在控制关系的关联方[table]	table
不存在控制关系的关联方名称[axis]	axis
不存在控制关系的关联方名称[member]	member
不存在控制关系的关联方[line items]	line items
不存在控制关系的关联方与本公司的关系	text
关联方交易信息披露[abstract]	
关联交易定价政策[text block]	text block
向关联方采购货物的交易[abstract]	
向关联方采购货物的交易[table]	table
发生采购货物的交易的关联方企业名称[axis]	axis
发生采购货物的交易的关联方企业名称[member]	member
向关联方采购货物的交易[line items]	line items
向关联方采购货物金额	X duration,debit
向关联方采购货物占年度同类交易百分比	X.XX duration
向关联方销售货物的交易[abstract]	
向关联方销售货物的交易[table]	table
发生销售货物交易的关联方企业名称[axis]	axis
发生销售货物交易的关联方企业名称[member]	member
向关联方销售货物的交易[line items]	line items
向关联方销售货物金额	X duration,credit
向关联方销售货物占年度同类交易百分比	X.XX duration
关联方往来款项余额[abstract]	
关联方往来款项余额[table]	table
关联方[axis]	axis
关联方[member]	member
往来款项目[axis]	axis
往来款项目[member]	member
应收账款[member]	member
应收票据[member]	member
其他应收款[member]	member
应付账款[member]	member

元　　素	元素属性
应付票据[member]	member
其他应付款[member]	member
关联方往来款项余额[line items]	line items
关联方往来款项余额	X instant,debit
关联方往来款项占所属项目全部往来款项余额的比重	X. XX instant
关联方往来款项坏账准备	X instant,credit
关联方交易担保事项[abstract]	
关联方交易担保事项[table]	table
被担保单位[axis]	axis
被担保单位[member]	member
关联担保项目[axis]	axis
关联担保项目[member]	member
关联方交易担保事项[line items]	line items
关联方交易担保金额	X instant
关联方交易债务到期日	yyyy-mm-dd
关联方交易当期确认的担保损失	X duration,debit
关联方交易预计负债余额	X instant,credit
关联方担保事项情况	text
关键管理人员薪酬[abstract]	
关键管理人员薪酬	X duration,debit
其他关联方交易事项[text block]	text block
其他关联方交易事项[abstract]	
其他关联方交易类型	text
其他关联方交易要素	text
其他关联方交易需要说明的事项	text
[911701]附注_金融工具及其风险	
金融工具及其风险信息披露[text block]	text block
风险管理概述[abstract]	
风险管理定性信息[abstract]	
风险敞口描述	text
风险管理目标、政策和程序	text
计量风险的方法	text
风险敞口的本期变化	text
风险管理目标、政策和程序的本期变化	text
计量风险方法的本期变化	text

元　　素	元素属性
风险管理定量信息[abstract]	
资产负债表日风险敞口汇总数据	text
风险集中度信息	text
管理层确定风险集中度的说明	text
管理层确定风险集中度的参考因素	text
各风险集中度相关的风险敞口金额	X instant
信用风险[abstract]	
对于信用风险的描述	text
不考虑可利用的担保物或其他信用增级下的最大信用风险敞口[abstract]	
资产负债表内金融工具相关的信用风险敞口	X instant,debit
资产负债表外金融工具相关的信用风险敞口	X instant,debit
金融工具资产负债表日的最大信用风险敞口合计	X instant,debit
可利用担保物或其他信用增级的信息及其对最大信用风险敞口的财务影响	text
未逾期且未减值的金融资产的信用质量的信息披露[text block]	text block
使用外部信用评级系统进行的风险敞口分析[text block]	text block
外部信用级别的信用风险敞口	X instant
所使用的评级机构	text
已评级的信用风险敞口	X instant
未评级的信用风险敞口	X instant
内部和外部评级之间的关系	text
使用内部信用评级系统进行的风险敞口分析[text block]	text block
内部信用评级的流程	text
内部信用级别的信用风险敞口	X instant
内部和外部评级之间的关系	text
交易对手方的性质	text
关于交易对手方违约率的历史信息	text
用于评估信用质量的其他信息	text
已逾期未减值的金融资产的账龄分析[text block]	text block
已逾期未减值的金融资产的账龄分析[abstract]	
已逾期未减值的金融资产的账龄分析[table]	table
已逾期未减值的金融资产的账龄结构[axis]	axis
已逾期未减值的金融资产的账龄结构[member]	member
不大于三个月[member]	member
不大于一个月[member]	member
大于一个月但小于三个月[member]	member

元　　素	元素属性
大于三个月但小于一年[member]	member
大于三个月但小于六个月[member]	member
大于六个月但小于一年[member]	member
大于一年[member]	member
大于一年但小于五年[member]	member
大于一年但小于三年[member]	member
大于三年但小于五年[member]	member
大于五年[member]	member
已逾期未减值的金融资产的账龄分析[line items]	line items
已逾期未减值的金融资产	X instant,debit
已发生单项减值的金融资产的分析[text block]	text block
流动性风险[abstract]	
对于流动性风险的描述	text
以未折现合同现金流列示的金融资产和金融负债的到期期限分析[abstract]	
以未折现合同现金流列示的金融资产和金融负债的到期期限分析[table]	table
剩余到期期限[axis]	axis
剩余到期期限[member]	member
逾期[member]	member
即期偿还[member]	member
剩余到期期限在 1 个月以内[member]	member
剩余到期期限在 1 个月至 3 个月[member]	member
剩余到期期限在 3 个月至 1 年[member]	member
剩余期限在 1 年至 5 年[member]	member
剩余期限 5 年以上[member]	member
无期限[member]	member
以未折现合同现金流列示的金融资产和金融负债的到期期限分析[line items]	line items
非衍生金融工具现金流[abstract]	
非衍生金融资产未折现的合同现金流量[abstract]	
货币资金未折现的合同现金流量	X instant,debit
以公允价值计量且其变动计入当期损益的金融资产未折现的合同现金流量	X instant,debit
交易性金融资产未折现的合同现金流量	X instant,debit
应收账款及其他应收款未折现的合同现金流量	X instant,debit
可供出售金融资产未折现的合同现金流量	X instant,debit

元　　素	元素属性
持有至到期投资未折现的合同现金流量	X instant,debit
长期应收款未折现的合同现金流量	X instant,debit
其他金融资产未折现的合同现金流量	X instant,debit
金融资产未折现的合同现金流量合计	X instant,debit
非衍生金融负债未折现的合同现金流量[abstract]	
短期借款未折现的合同现金流量	X instant,credit
以公允价值计量且其变动计入当期损益的金融负债未折现的合同现金流量	X instant,credit
交易性金融负债未折现的合同现金流	X instant,credit
应付账款及其他应付款未折现的合同现金流量	X instant,credit
长期借款未折现的合同现金流量	X instant,credit
应付债券未折现的合同现金流量	X instant,credit
长期应付款未折现的合同现金流量	X instant,credit
其他金融负债未折现的合同现金流量	X instant,credit
金融负债未折现的合同现金流量合计	X instant,credit
衍生金融工具现金流[abstract]	
衍生金融负债未折现的合同现金流量	X instant,credit
流动性风险管理[text block]	text block
持有用于流动性风险管理的金融资产的到期期限分析[abstract]	
持有用于流动性风险管理的金融资产的到期期限分析[table]	table
剩余到期期限[axis]	axis
剩余到期期限[member]	member
逾期[member]	member
即期偿还[member]	member
剩余到期期限在1个月以内[member]	member
剩余到期期限在1个月至3个月[member]	member
剩余到期期限在3个月至1年[member]	member
剩余期限在1年至5年[member]	member
剩余期限5年以上[member]	member
无期限[member]	member
持有用于流动性风险管理的金融资产的到期期限分析[line items]	line items
持有用于流动性风险管理的金融资产	X instant,debit
管理金融资产和金融负债流动性风险的方法	text
市场风险[abstract]	
利率风险[abstract]	
对于利率风险的描述	text

元　　素	元素属性
计息金融工具情况[abstract]	
计息金融工具情况[table]	table
按利率类别的金融工具[axis]	axis
按利率类别的金融工具[member]	member
固定利率金融工具[member]	member
浮动利率金融工具[member]	member
按项目类别的金融工具[axis]	axis
按项目类别的金融工具[member]	member
金融资产[member]	member
货币资金[member]	member
可供出售金融资产[member]	member
持有至到期投资[member]	member
长期应收款[member]	member
其他金融资产[member]	member
金融负债[member]	member
短期借款[member]	member
长期借款[member]	member
应付债券[member]	member
长期应付款[member]	member
其他金融负债[member]	member
计息金融工具情况[line items]	line items
年利率	X. XX instant
金融工具账面价值	X instant,debit
利率风险敏感性分析[abstract]	
利率变动对当前损益及所有者权益(或股东权益)的影响[abstract]	
利率变动对当前损益及所有者权益(或股东权益)的影响[table]	table
利率变动[axis]	axis
利率变动[member]	member
利率上升[member]	member
利率下降[member]	member
利率变动对当前损益及所有者权益(或股东权益)的影响[line items]	line items
利率基点变化	text
利率基点变化,对当期损益的影响	X instant,credit
利率基点变化,对其他综合收益的影响	X instant,credit
利率基点变化,对所有者权益(或股东权益)的影响	X instant,credit

元　　素	元素属性
本年敏感性分析所使用的方法和假设以及与前一期发生改变的原因	text
外汇风险[abstract]	
对于外汇风险的描述	text
各外币资产负债项目外汇风险敞口情况[abstract]	
各外币资产负债项目外汇风险敞口情况[table]	table
货币种类[axis]	axis
货币[member]	member
美元[member]	member
欧元[member]	member
港币[member]	member
日元[member]	member
英镑[member]	member
瑞士法郎[member]	member
加拿大元[member]	member
澳大利亚元[member]	member
新加坡元[member]	member
丹麦克朗[member]	member
挪威克朗[member]	member
瑞典克朗[member]	member
澳门元[member]	member
新西兰元[member]	member
韩元[member]	member
其他外币[member]	member
各外币资产负债项目外汇风险敞口情况[line items]	line items
外币资产	X instant,debit
各外币资产负债项目外汇风险敞口情况,现金	X instant,debit
各外币资产负债项目外汇风险敞口情况,应收账款及其他应收款	X instant,debit
各外币资产负债项目外汇风险敞口情况,可供出售金融资产	X instant,debit
各外币资产负债项目外汇风险敞口情况,持有至到期投资	X instant,debit
各外币资产负债项目外汇风险敞口情况,长期应收款	X instant,debit
各外币资产负债项目外汇风险敞口情况,其他外币资产	X instant,debit
外币负债	X instant,credit
各外币资产负债项目外汇风险敞口情况,短期借款	X instant,credit

元　　素	元素属性
各外币资产负债项目外汇风险敞口情况，应付账款及其他应付款	X instant，credit
各外币资产负债项目外汇风险敞口情况，长期借款	X instant，credit
各外币资产负债项目外汇风险敞口情况，应付债券	X instant，credit
各外币资产负债项目外汇风险敞口情况，长期应付款	X instant，credit
各外币资产负债项目外汇风险敞口情况，其他外币负债	X instant，credit
资产负债表敞口总额	X instant，debit
用于套期保值的远期外汇合同	X instant，credit
资产负债表敞口净额	X instant，debit
外汇风险敏感性分析[abstract]	
汇率变动对当前损益及所有者权益（或股东权益）的影响[abstract]	
汇率变动对当前损益及所有者权益（或股东权益）的影响[table]	table
汇率变动[axis]	axis
汇率变动[member]	member
外币升值[member]	member
外币贬值[member]	member
货币种类[axis]	axis
货币[member]	member
美元[member]	member
欧元[member]	member
港币[member]	member
日元[member]	member
英镑[member]	member
瑞士法郎[member]	member
加拿大元[member]	member
澳大利亚元[member]	member
新加坡元[member]	member
丹麦克朗[member]	member
挪威克朗[member]	member
瑞典克朗[member]	member
澳门元[member]	member
新西兰元[member]	member
韩元[member]	member
其他外币[member]	member
汇率变动对当前损益及所有者权益（或股东权益）的影响[line items]	line items

元　　　素	元素属性
汇率浮动比例	text
汇率浮动比例，对当期损益的影响	X instant，credit
汇率浮动比例，对其他综合收益的影响	X instant，credit
汇率浮动比例，对所有者权益(或股东权益)的影响	X instant，credit
本年敏感性分析所使用的方法和假设以及与前一期发生改变的原因	text
价格风险[abstract]	
对于价格风险的描述	text
其他价格风险[text block]	text block
资产负债表日相关风险变量发生合理、可能的变动时，将对企业当期损益或所有者权益产生的影响[text block]	text block
本年敏感性分析所使用的方法和假设以及与前一期发生改变的原因	text
资本风险管理[abstract]	
对于资本风险管理的描述	text
在险价值法[abstract]	
使用在险价值法进行敏感性分析[abstract]	
使用在险价值法进行敏感性分析[text block]	text block
反映金融风险变量之间关联性的敏感性分析方法	text
敏感性分析方法提供的信息在反映相关资产和负债公允价值方面的局限性	text
套期保值[abstract]	
套期总括信息[abstract]	
套期类型描述	text
每类套期工具的描述	text
每类被套期风险的性质	text
现金流量套期[abstract]	
现金流量预期发生及其影响损益的期间	text
以前运用套期会计方法处理但预期不会发生的预期交易的描述	text
本期在其他综合收益中确认的金额	X duration，credit
本期从所有者权益中转出至利润表各项目的金额	X duration，debit
本期预期交易形成的非金融资产或非金融负债在初始确认时从所有者权益转入的金额	X duration
本期无效套期形成的利得或损失	X duration，credit
公允价值套期[abstract]	
本年套期工具形成的利得或损失	X duration，credit
被套期项目因被套期风险形成的利得或损失	X duration，credit
本年无效的境外经营净投资套期形成的利得或损失	X duration，credit

元　　素	元素属性
金融资产和金融负债的公允价值[abstract]	
对于公允价值的描述	text
期初交易价格与初始确认的公允价值之间的差额尚未在损益中确认的金额	X instant
交易价格与初始确认的公允价值之间的差额尚未在损益中确认的金额，本期增加(减少)	X duration
期末交易价格与初始确认的公允价值之间的差额尚未在损益中确认的金额	X instant
对认定交易价格并非公允价值的最佳证据的描述	text
金融资产和金融负债抵销[text block]	text block
金融资产的抵销[text block]	text block
金融资产的抵销[abstract]	
金融资产的抵销[table]	table
金融资产类型[axis]	axis
金融资产类型[member]	member
交易对手方[axis]	axis
交易对手方[member]	member
金融资产的抵销[line items]	line items
在可执行的总互抵协议或类似协议下的已确认金融资产[abstract]	
已确认金融资产总额	X instant,debit
已确认金融负债中抵销的金额	(X) instant,credit
金融资产的净额	X instant,debit
可执行的总互抵协议或类似协议确定的不满足准则抵销金融资产条件的金额[abstract]	
未予以抵销的已确认金融工具的金额	(X) instant,credit
财务担保物(包括现金担保)相关的金额	(X) instant,credit
不满足准则抵销金融资产条件的金额	(X) instant,credit
可执行的总互抵协议或类似协议下金融资产净额	X instant,debit
与金融资产相关的可执行的总互抵协议或类似协议中抵销权的条款及其性质	text
与金融资产相关的不同计量基础的金融工具抵销时产生的计量差异	text
金融负债的抵销[text block]	text block
金融负债的抵销[abstract]	
金融负债的抵销[table]	table
金融负债类型[axis]	axis
金融负债类型[member]	member
交易对手方[axis]	axis

元　　素	元素属性
交易对手方[member]	member
金融负债的抵销[line items]	line items
在可执行的总互抵协议或类似协议下的已确认金融负债[abstract]	
已确认金融负债总额	X instant,credit
已确认金融资产中抵销的金额	(X) instant,debit
金融负债的净额	X instant,credit
可执行的总互抵协议或类似协议确定的不满足准则抵销金融负债条件的金额[abstract]	
未予以抵销的已确认金融工具的金额	(X) instant,debit
财务担保物(包括现金担保)相关的金额	(X) instant,debit
不满足准则抵销金融负债条件的金额	(X) instant,debit
可执行的总互抵协议或类似协议下金融负债净额	X instant,credit
与金融负债相关的可执行的总互抵协议或类似协议中抵销权的条款及其性质	text
与金融负债相关的不同计量基础的金融工具抵销时产生的计量差异	text
[839100]附注_公允价值计量(一)	
公允价值计量信息披露[text block]	text block
资产项目公允价值计量信息披露[text block]	text block
资产项目公允价值计量信息披露[abstract]	
资产项目公允价值计量信息披露[table]	table
计量方法[axis]	axis
计量方法[member]	member
持续的公允价值计量[member]	member
非持续的公允价值计量[member]	member
以公允价值计量的资产类别[axis]	axis
以公允价值计量的资产项目[member]	member
以公允价值计量且其变动计入当期损益的金融资产[member]	member
交易性金融资产[member]	member
交易性金融资产,债务工具投资[member]	member
交易性金融资产,权益工具投资[member]	member
指定为以公允价值计量且其变动计入当期损益的金融资产[member]	member
指定为以公允价值计量且其变动计入当期损益的金融资产,债务工具投资[member]	member
指定为以公允价值计量且其变动计入当期损益的金融资产,权益工具投资[member]	member

元　　素	元素属性
衍生金融资产[member]	member
衍生金融资产,利率衍生工具[member]	member
衍生金融资产,货币衍生工具[member]	member
衍生金融资产,权益衍生工具[member]	member
衍生金融资产,信用衍生工具[member]	member
衍生金融资产,其他衍生工具[member]	member
可供出售金融资产[member]	member
可供出售金融资产,债务工具投资[member]	member
可供出售金融资产,权益工具投资[member]	member
可供出售金融资产,其他[member]	member
投资性房地产[member]	member
投资性房地产,出租的土地使用权[member]	member
投资性房地产,出租的建筑物[member]	member
投资性房地产,持有并准备增值后转让的土地使用权[member]	member
生物资产[member]	member
消耗性生物资产[member]	member
生产性生物资产[member]	member
持有待售资产[member]	member
公允价值层次[axis]	axis
公允价值层次[member]	member
第一层次公允价值计量[member]	member
第二层次公允价值计量[member]	member
第三层次公允价值计量[member]	member
资产项目公允价值计量信息披露[line items]	line items
资产,公允价值	X instant,debit
其他相关会计准则要求或者允许企业在特定情况下非持续以公允价值计量资产项目的原因	text
资产项目第二层次公允价值计量使用的估值技术和输入值的披露[text block]	text block
资产项目第三层次公允价值计量使用的估值技术、输入值以及估值流程的披露[text block]	text block
资产项目第三层次公允价值计量使用的重大不可观察输入值的定量信息披露[abstract]	
资产项目第三层次公允价值计量使用的重大不可观察输入值的定量信息披露[table]	table
计量方法[axis]	axis
计量方法[member]	member
持续的公允价值计量[member]	member

元　　素	元素属性
非持续的公允价值计量[member]	member
以公允价值计量的资产类别[axis]	axis
以公允价值计量的资产项目[member]	member
以公允价值计量且其变动计入当期损益的金融资产[member]	member
交易性金融资产[member]	member
交易性金融资产，债务工具投资[member]	member
交易性金融资产，权益工具投资[member]	member
指定为以公允价值计量且其变动计入当期损益的金融资产[member]	member
指定为以公允价值计量且其变动计入当期损益的金融资产，债务工具投资[member]	member
指定为以公允价值计量且其变动计入当期损益的金融资产，权益工具投资[member]	member
衍生金融资产[member]	member
衍生金融资产，利率衍生工具[member]	member
衍生金融资产，货币衍生工具[member]	member
衍生金融资产，权益衍生工具[member]	member
衍生金融资产，信用衍生工具[member]	member
衍生金融资产，其他衍生工具[member]	member
可供出售金融资产[member]	member
可供出售金融资产，债务工具投资[member]	member
可供出售金融资产，权益工具投资[member]	member
可供出售金融资产，其他[member]	member
投资性房地产[member]	member
投资性房地产，出租的土地使用权[member]	member
投资性房地产，出租的建筑物[member]	member
投资性房地产，持有并准备增值后转让的土地使用权[member]	member
生物资产[member]	member
消耗性生物资产[member]	member
生产性生物资产[member]	member
持有待售资产[member]	member
公允价值计量使用的估值技术[axis]	axis
估值技术[member]	member

元　　素	元素属性
市场法[member]	member
上市公司比较法[member]	member
市场可比价格法[member]	member
矩阵定价[member]	member
达成一致的定价[member]	member
成本法[member]	member
收益法[member]	member
现金流量折现法[member]	member
期权定价模型[member]	member
多期超额收益折现法[member]	member
范围[axis]	axis
范围[member]	member
加权平均值[member]	member
资产项目第三层次公允价值计量使用的重大不可观察输入值的定量信息披露[line items]	line items
资产项目第三层次公允价值	X instant, debit
资产项目重大不可观察输入值,加权平均资本成本	X. XX duration
资产项目重大不可观察输入值,长期收入增长率	X. XX duration
资产项目重大不可观察输入值,长期税前营业利润	X duration, credit
资产项目重大不可观察输入值,流动性折价	X duration
资产项目重大不可观察输入值,控制权溢价	X duration
资产项目重大不可观察输入值,恒定的提前偿付率	X. XX duration
资产项目重大不可观察输入值,违约概率	X. XX duration
资产项目重大不可观察输入值,违约损失率	X. XX duration
资产项目重大不可观察输入值,波动率	X. XX duration
资产项目重大不可观察输入值,交易对手信用风险	X. XX duration
资产项目重大不可观察输入值,自身信用风险	X. XX duration
资产项目重大不可观察输入值,长期净营业收入利润率	X. XX duration
资产项目重大不可观察输入值,计算资产余值使用的利率	X. XX duration
资产项目重大不可观察输入值,利率	X. XX duration
资产项目重大不可观察输入值,股票的历史波动率	X. XX duration
资产项目重大不可观察输入值,对互换市场共识中间价格的调整比率	X. XX duration
资产项目重大不可观察输入值,履行义务需要支付的未来现金流量的估计	X duration
资产项目重大不可观察输入值,现金生产单位损益的财务预测	X duration

元　　素	元素属性
资产项目重大不可观察输入值，现金生产单位现金流量的财务预测	X duration
资产项目重大不可观察输入值，收入倍数	X. XX duration
公允价值计量的非金融资产的最高效、最佳用途不同于当前用途的事实及原因的描述	text
负债项目公允价值计量信息披露[text block]	text block
负债项目公允价值计量信息披露[abstract]	
负债项目公允价值计量信息披露[table]	table
计量方法[axis]	axis
计量方法[member]	member
持续的公允价值计量[member]	member
非持续的公允价值计量[member]	member
以公允价值计量的负债类别[axis]	axis
以公允价值计量的负债项目[member]	member
以公允价值计量且其变动计入当期损益的金融负债[member]	member
交易性金融负债[member]	member
交易性金融负债，债券[member]	member
指定为以公允价值计量且其变动计入当期损益的金融负债[member]	member
指定为以公允价值计量且其变动计入当期损益的金融负债，债券[member]	member
衍生金融负债[member]	member
衍生金融负债，利率衍生工具[member]	member
衍生金融负债，货币衍生工具[member]	member
衍生金融负债，权益衍生工具[member]	member
衍生金融负债，信用衍生工具[member]	member
衍生金融负债，其他衍生工具[member]	member
持有待售负债[member]	member
公允价值层次[axis]	axis
公允价值层次[member]	member
第一层次公允价值计量[member]	member
第二层次公允价值计量[member]	member
第三层次公允价值计量[member]	member
负债项目公允价值计量信息披露[line items]	line items
负债，公允价值	X instant，credit
其他相关会计准则要求或者允许企业在特定情况下非持续以公允价值计量负债项目的原因	text

元　　　素	元素属性
负债项目第二层次公允价值计量使用的估值技术和输入值的披露[text block]	text block
负债项目第三层次公允价值计量使用的估值技术、输入值以及估值流程的披露[text block]	text block
负债项目第三层次公允价值计量使用的重大不可观察输入值的定量信息披露[abstract]	
负债项目第三层次公允价值计量使用的重大不可观察输入值的定量信息披露[table]	table
计量方法[axis]	axis
计量方法[member]	member
持续的公允价值计量[member]	member
非持续的公允价值计量[member]	member
以公允价值计量的负债类别[axis]	axis
以公允价值计量的负债项目[member]	member
以公允价值计量且其变动计入当期损益的金融负债[member]	member
交易性金融负债[member]	member
交易性金融负债，债券[member]	member
指定为以公允价值计量且其变动计入当期损益的金融负债[member]	member
指定为以公允价值计量且其变动计入当期损益的金融负债，债券[member]	member
衍生金融负债[member]	member
衍生金融负债，利率衍生工具[member]	member
衍生金融负债，货币衍生工具[member]	member
衍生金融负债，权益衍生工具[member]	member
衍生金融负债，信用衍生工具[member]	member
衍生金融负债，其他衍生工具[member]	member
持有待售负债[member]	member
公允价值计量使用的估值技术[axis]	axis
估值技术[member]	member
市场法[member]	member
上市公司比较法[member]	member
市场可比价格法[member]	member
矩阵定价[member]	member
达成一致的定价[member]	member
成本法[member]	member
收益法[member]	member
现金流量折现法[member]	member

元　　素	元素属性
期权定价模型[member]	member
多期超额收益折现法[member]	member
范围[axis]	axis
范围[member]	member
加权平均值[member]	member
负债项目第三层次公允价值计量使用的重大不可观察输入值的定量信息披露[line items]	line items
负债项目第三层次公允价值	X instant, credit
负债项目重大不可观察输入值,加权平均资本成本	X. XX duration
负债项目重大不可观察输入值,长期收入增长率	X. XX duration
负债项目重大不可观察输入值,长期税前营业利润	X duration, credit
负债项目重大不可观察输入值,流动性折价	X duration
负债项目重大不可观察输入值,控制权溢价	X duration
负债项目重大不可观察输入值,恒定的提前偿付率	X. XX duration
负债项目重大不可观察输入值,违约概率	X. XX duration
负债项目重大不可观察输入值,违约损失率	X. XX duration
负债项目重大不可观察输入值,波动率	X. XX duration
负债项目重大不可观察输入值,交易对手信用风险	X. XX duration
负债项目重大不可观察输入值,自身信用风险	X. XX duration
负债项目重大不可观察输入值,长期营业收入利润率	X. XX duration
负债项目重大不可观察输入值,计算资产余值使用的利率	X. XX duration
负债项目重大不可观察输入值,利率	X. XX duration
负债项目重大不可观察输入值,股票的历史波动率	X. XX duration
负债项目重大不可观察输入值,对互换市场共识中间价格的调整比率	X. XX duration
负债项目重大不可观察输入值,履行义务需要支付的未来现金流量的估计	X duration
负债项目重大不可观察输入值,现金生产单位损益的财务预测	X duration
负债项目重大不可观察输入值,现金生产单位现金流量的财务预测	X duration
负债项目重大不可观察输入值,收入倍数	X. XX duration
以公允价值计量且在发行时附有不可分割的第三方信用增级的负债的信息披露[text block]	text block
以公允价值计量且在发行时附有不可分割的第三方信用增级的负债的信息披露[abstract]	
以公允价值计量且在发行时附有不可分割的第三方信用增级的负债的信息披露[table]	table

元　　素	元素属性
以公允价值计量且在发行时附有不可分割的第三方信用增级的负债[axis]	axis
以公允价值计量且在发行时附有不可分割的第三方信用增级的负债[member]	member
以公允价值计量且在发行时附有不可分割的第三方信用增级的负债的信息披露[line items]	line items
第三方信用增级存在的描述	text
第三方信用增级是否已反映在负债的公允价值计量中的描述	text
公允价值计量的非金融负债的最高效、最佳用途不同于当前用途的事实及原因的描述	text
资产项目不以公允价值计量但以公允价值披露信息披露[text block]	text block
资产项目不以公允价值计量但以公允价值披露[abstract]	
资产项目不以公允价值计量但以公允价值披露[table]	table
不以公允价值计量但以公允价值披露的资产项目类别[axis]	axis
不以公允价值计量但以公允价值披露的资产项目[member]	member
贷款及应收款项[member]	member
应收账款[member]	member
其他应收款[member]	member
委托贷款[member]	member
持有至到期投资[member]	member
持有至到期投资，债券[member]	member
公允价值层次[axis]	axis
公允价值层次[member]	member
第一层次公允价值计量[member]	member
第二层次公允价值计量[member]	member
第三层次公允价值计量[member]	member
资产项目不以公允价值计量但以公允价值披露[line items]	line items
账面价值	X instant，debit
公允价值	X instant，debit
资产项目第二层次不以公允价值计量但以公允价值披露使用的估值技术和输入值的披露[text block]	text block
资产项目第三层次不以公允价值计量但以公允价值披露使用的估值技术和输入值的披露[text block]	text block
不以公允价值计量但以公允价值披露的非金融资产的最高效、最佳用途不同于当前用途的事实及原因的描述	text
负债项目不以公允价值计量但以公允价值披露信息披露[text block]	text block
负债项目不以公允价值计量但以公允价值披露[abstract]	

元　　素	元素属性
负债项目不以公允价值计量但以公允价值披露[table]	table
不以公允价值计量但以公允价值披露的负债项目类别[axis]	axis
不以公允价值计量但以公允价值披露的负债项目类别[member]	member
以摊余成本计量的金融负债[member]	member
银行借款[member]	member
应付账款[member]	member
其他应付款[member]	member
应付债券[member]	member
公允价值层次[axis]	axis
公允价值层次[member]	member
第一层次公允价值计量[member]	member
第二层次公允价值计量[member]	member
第三层次公允价值计量[member]	member
负债项目不以公允价值计量但以公允价值披露[line items]	line items
账面价值	X duration,credit
公允价值	X duration,credit
负债项目第二层次不以公允价值计量但以公允价值披露使用的估值技术和输入值的披露[text block]	text block
负债项目第三层次不以公允价值计量但以公允价值披露使用的估值技术和输入值的披露[text block]	text block
不以公允价值计量但以公允价值披露的非金融负债的最高效、最佳用途不同于当前用途的事实及原因的描述	text
[839200]附注_公允价值计量(二)	
公允价值计量信息披露[text block]	text block
资产项目持续以公允价值计量的信息披露[text block]	text block
持续以公允价值计量的相关资产在各层次之间的转换[abstract]	
持续以公允价值计量的相关资产在各层次之间的转换[table]	table
计量方法[axis]	axis
计量方法[member]	member
持续的公允价值计量[member]	member
以公允价值计量的资产类别[axis]	axis
以公允价值计量的资产项目[member]	member
以公允价值计量且其变动计入当期损益的金融资产[member]	member
交易性金融资产[member]	member

元　　素	元素属性
交易性金融资产,债务工具投资[member]	member
交易性金融资产,权益工具投资[member]	member
指定为以公允价值计量且其变动计入当期损益的金融资产[member]	member
指定为以公允价值计量且其变动计入当期损益的金融资产,债务工具投资[member]	member
指定为以公允价值计量且其变动计入当期损益的金融资产,权益工具投资[member]	member
衍生金融资产[member]	member
衍生金融资产,利率衍生工具[member]	member
衍生金融资产,货币衍生工具[member]	member
衍生金融资产,权益衍生工具[member]	member
衍生金融资产,信用衍生工具[member]	member
衍生金融资产,其他衍生工具[member]	member
可供出售金融资产[member]	member
可供出售金融资产,债务工具投资[member]	member
可供出售金融资产,权益工具投资[member]	member
可供出售金融资产,其他[member]	member
投资性房地产[member]	member
投资性房地产,出租的土地使用权[member]	member
投资性房地产,出租的建筑物[member]	member
投资性房地产,持有并准备增值后转让的土地使用权[member]	member
生物资产[member]	member
消耗性生物资产[member]	member
生产性生物资产[member]	member
持续以公允价值计量的相关资产在各层次之间的转换[line items]	line items
资产项目自公允价值计量的第一层次转入第二层次的本期发生额	X duration
资产项目自公允价值计量的第二层次转入第一层次的本期发生额	X duration
资产项目自公允价值计量的第一层次转入第三层次的本期发生额	X duration
资产项目自公允价值计量的第三层次转入第一层次的本期发生额	X duration
资产项目自公允价值计量的第二层次转入第三层次的本期发生额	X duration
资产项目自公允价值计量的第三层次转入第二层次的本期发生额	X duration

元　　素	元素属性
资产项目自公允价值计量的第一层次转入第二层次的原因描述	text
资产项目自公允价值计量的第二层次转入第一层次的原因描述	text
资产项目自公允价值计量的第一层次转入第三层次的原因描述	text
资产项目自公允价值计量的第三层次转入第一层次的原因描述	text
资产项目自公允价值计量的第二层次转入第三层次的原因描述	text
资产项目自公允价值计量的第三层次转入第二层次的原因描述	text
确定资产项目在公允价值计量的各层次之间转换时点的政策描述	text
资产项目持续的第三层次公允价值计量的期初期末调节情况[abstract]	
资产项目持续的第三层次公允价值计量的期初期末调节情况[table]	table
计量方法[axis]	axis
计量方法[member]	member
持续的公允价值计量[member]	member
以公允价值计量的资产类别[axis]	axis
以公允价值计量的资产项目[member]	member
以公允价值计量且其变动计入当期损益的金融资产[member]	member
交易性金融资产[member]	member
交易性金融资产，债务工具投资[member]	member
交易性金融资产，权益工具投资[member]	member
指定为以公允价值计量且其变动计入当期损益的金融资产[member]	member
指定为以公允价值计量且其变动计入当期损益的金融资产，债务工具投资[member]	member
指定为以公允价值计量且其变动计入当期损益的金融资产，权益工具投资[member]	member
衍生金融资产[member]	member
衍生金融资产，利率衍生工具[member]	member
衍生金融资产，货币衍生工具[member]	member
衍生金融资产，权益衍生工具[member]	member
衍生金融资产，信用衍生工具[member]	member
衍生金融资产，其他衍生工具[member]	member
可供出售金融资产[member]	member
可供出售金融资产，债务工具投资[member]	member
可供出售金融资产，权益工具投资[member]	member
可供出售金融资产，其他[member]	member
投资性房地产[member]	member
投资性房地产，出租的土地使用权[member]	member

元　　素	元素属性
投资性房地产，出租的建筑物[member]	member
投资性房地产，持有并准备增值后转让的土地使用权[member]	member
生物资产[member]	member
消耗性生物资产[member]	member
生产性生物资产[member]	member
资产项目持续的第三层次公允价值计量的期初期末调节情况[line items]	line items
期初的公允价值	X instant，debit
转入第三层次	X duration，debit
转出第三层次	(X) duration，credit
汇率变动	X duration，debit
计入当期损益的利得(或损失)	X duration
已实现的利得(或损失)	X duration，credit
计入当期其他综合收益的利得(或损失)	X duration
购买	X duration，debit
发行	X duration，debit
出售	(X) duration，credit
结算	(X) duration，credit
期末的公允价值	X instant，debit
对于在报告期末持有的资产、计入损益的当期未实现利得(或损失)的变动	X duration，credit
资产项目持续的第三层次公允价值计量使用的不可观察输入值的其他信息的披露[text block]	text block
负债项目持续以公允价值计量的信息披露[text block]	text block
持续以公允价值计量的相关负债在各层次之间的转换[abstract]	
持续以公允价值计量的相关负债在各层次之间的转换[table]	table
计量方法[axis]	axis
计量方法[member]	member
持续的公允价值计量[member]	member
以公允价值计量的负债类别[axis]	axis
以公允价值计量的负债项目[member]	member
以公允价值计量且其变动计入当期损益的金融负债[member]	member
交易性金融负债[member]	member
交易性金融负债，债券[member]	member

元　素	元素属性
指定为以公允价值计量且其变动计入当期损益的金融负债[member]	member
指定为以公允价值计量且其变动计入当期损益的金融负债,债券[member]	member
衍生金融负债[member]	member
衍生金融负债,利率衍生工具[member]	member
衍生金融负债,货币衍生工具[member]	member
衍生金融负债,权益衍生工具[member]	member
衍生金融负债,信用衍生工具[member]	member
衍生金融负债,其他衍生工具[member]	member
持续以公允价值计量的相关负债在各层次之间的转换[line items]	line items
负债项目自公允价值计量的第一层次转入第二层次的本期发生额	X duration
负债项目自公允价值计量的第二层次转入第一层次的本期发生额	X duration
负债项目自公允价值计量的第一层次转入第三层次的本期发生额	X duration
负债项目自公允价值计量的第三层次转入第一层次的本期发生额	X duration
负债项目自公允价值计量的第二层次转入第三层次的本期发生额	X duration
负债项目自公允价值计量的第三层次转入第二层次的本期发生额	X duration
负债项目自公允价值计量的第一层次转入第二层次的原因描述	text
负债项目自公允价值计量的第二层次转入第一层次的原因描述	text
负债项目自公允价值计量的第一层次转入第三层次的原因描述	text
负债项目自公允价值计量的第三层次转入第一层次的原因描述	text
负债项目自公允价值计量的第二层次转入第三层次的原因描述	text
负债项目自公允价值计量的第三层次转入第二层次的原因描述	text
确定负债项目在公允价值计量的各层次之间转换时点的政策描述	text
负债项目持续的第三层次公允价值计量的期初期末调节情况[abstract]	
负债项目持续的第三层次公允价值计量的期初期末调节情况[table]	table
计量方法[axis]	axis
计量方法[member]	member
持续的公允价值计量[member]	member
以公允价值计量的负债类别[axis]	axis
以公允价值计量的负债项目[member]	member
以公允价值计量且其变动计入当期损益的金融负债[member]	member

元　　素	元素属性
交易性金融负债[member]	member
交易性金融负债，债券[member]	member
指定为以公允价值计量且其变动计入当期损益的金融负债[member]	member
指定为以公允价值计量且其变动计入当期损益的金融负债，债券[member]	member
衍生金融负债[member]	member
衍生金融负债，利率衍生工具[member]	member
衍生金融负债，货币衍生工具[member]	member
衍生金融负债，权益衍生工具[member]	member
衍生金融负债，信用衍生工具[member]	member
衍生金融负债，其他衍生工具[member]	member
负债项目持续的第三层次公允价值计量的期初期末调节情况[line items]	line items
期初的公允价值	X instant，credit
转入第三层次	X duration，credit
转出第三层次	(X) duration，debit
汇率变动	X duration，credit
计入当期损益的损失(或利得)	(X) duration
已实现的损失(或利得)	(X) duration，credit
计入当期其他综合收益的损失(或利得)	(X) duration
购买	X duration，credit
发行	X duration，credit
出售	(X) duration，debit
结算	(X) duration，debit
期末的公允价值	X instant，credit
对于在报告期末持有的负债、计入损益的当期未实现损失(或利得)的变动	(X) duration，credit
负债项目持续的第三层次公允价值计量使用的不可观察输入值的其他信息的披露[text block]	text block
[830530]附注_管理资本的目标、政策及程序	
管理资本的目标、政策及程序的信息披露[text block]	text block
管理资本的目标、政策及程序的信息披露[abstract]	
企业管理资本的目标、政策及程序的定性信息	text
企业资本结构的定量数据摘要	text
对企业管理资本的目标、政策及程序变动的描述	text

元　　素	元素属性
企业是否遵循了其受制的外部强制性资本要求的信息	text
企业未遵循外部强制性资本要求的后果的信息	text

[829100]附注_资产负债表日后事项	
资产负债表日后事项信息披露[text block]	text block
财务报告批准事项[text block]	text block
财务报告批准报出者	text
财务报告批准报出日	yyyy-mm-dd
资产负债表日后非调整事项[abstract]	
资产负债表日后非调整事项[table]	table
资产负债表按日后非调整事项[axis]	axis
资产负债表按日后非调整事项[member]	member
日后重大诉讼、仲裁、承诺事项[member]	member
日后资产价格、税收政策、外汇汇率发生重大变化事项[member]	member
日后资产发生重大损失事项[member]	member
日后发行股票和债券以及其他巨额举债事项[member]	member
日后资本公积转增资本事项[member]	member
日后发生巨额亏损事项[member]	member
日后发生企业合并或处置子公司事项[member]	member
资产负债表日后非调整事项[line items]	line items
日后非调整事项性质、内容	text
日后非调整事项对财务状况的影响	X duration
日后非调整事项对经营成果的影响	X duration
无法估计出财务影响的说明	text

[901000]维度_追溯应用和追溯重述	
追溯应用和追溯重述[axis]	axis
重述[member]	member
前期重述[member]	member
会计政策变更的财务影响[member]	member
会计差错更正的财务影响[member]	member

[902000]维度_创建日期	
创建日期[axis]	axis
默认财务报告日期[member]	member

元　　　　素	元素属性
[904000]维度_合并和个别财务报表	
合并和个别财务报表[axis]	axis
合并[member]	member
个别[member]	member

企业会计准则通用分类标准编报规则

第一章　总　　则

第一条　为规范采用可扩展商业报告语言（XBRL）编报财务报告行为，保证以XBRL格式编报的财务报告质量，根据《中华人民共和国会计法》、企业会计准则、《可扩展商业报告语言（XBRL）技术规范》（GB/T 25500—2010）系列国家标准、《企业会计准则通用分类标准》（以下简称通用分类标准），制定本规则。

第二条　按照通用分类标准编制并对外报送的XBRL格式的财务报告称为财务报告实例文档，简称实例文档。如果企业应用通用分类标准时进行了扩展，报送的文件应包括实例文档及企业扩展分类标准。按照通用分类标准编制和报送实例文档和企业扩展分类标准的，应当遵循本规则。

第三条　以XBRL格式编报财务报告时，应当遵循最新版本的《可扩展商业报告语言（XBRL）技术规范第1部分：基础》（GB/T 25500.1—2010）、《可扩展商业报告语言（XBRL）技术规范第2部分：维度》（GB/T 25500.2—2010）、《可扩展商业报告语言（XBRL）技术规范第3部分：公式》（GB/T 25500.3—2010）、《可扩展商业报告语言（XBRL）技术规范第4部分：版本》（GB/T 25500.4—2010）系列国家标准、通用分类标准（20150331）、《企业会计准则通用分类标准指南》（以下简称通用分类标准指南）以及编报规则的要求。

第四条　本版编报规则的版本编号为20150331。

第二章　一般性技术原则

第五条　企业扩展分类标准和实例文档应当采用与通用分类标准一致的编码方式，即“UTF-8”编码。

第六条　在企业扩展分类标准的命名空间中，应当包含日期信息以区分扩展分类标准的不同版本。命名空间的格式为：{企业网络域名}/{依据的会计准则}/{日期}，依据的会计准则在本规则中统一为企业会计准则，简称 cas，日期格式为“yyyy-mm-dd”。命名空间格式举例参见例 1。

第七条 企业扩展分类标准应当包含扩展分类标准模式文件和与其相关的链接库文件。

第八条 在以通用分类标准为基础进行扩展时，不能直接修改、删除通用分类标准文件中的任何内容，也不能在通用分类标准中直接增加任何内容。

第九条 企业仅可采用重新定义（Redefine）方式应用通用分类标准，而不能采用复用（Reuse）方式。在重新定义的方式下，企业在构建扩展分类标准链接库文件时，不直接引用通用分类标准中的链接库文件，而是根据企业财务报告的实际需要，重新构建链接库文件，扩展分类标准模式文件应当引用通用分类标准通用部分核心模式文件和行业扩展部分核心模式文件（如适用）以及企业所有扩展链接库文件。

第十条 企业以 XBRL 格式编制财务报告，应当遵循四级标记要求，具体如下：

一级：将财务报表一般信息、资产负债表、利润表、现金流量表和所有者权益变动表中的项目逐一标记；

二级：将每一项附注的全部内容用一个文本块元素（标签后缀为［text block］的元素）进行整体标记；

三级：将会计政策和会计估计附注中的每一项会计政策和会计估计内容用一个单独的文本块元素（标签后缀为［text block］的元素）进行整体标记；

四级：将附注中重要的金额、百分比和其他数字进行逐一标记。

四级标记举例参见例 2。

第十一条 与合并财务报表一同提供的母公司财务报表披露的标记，应当使用通用分类标准定义的通用维度“维度——合并和个别财务报表”进行区分。若不以通用维度区分，默认为对合并财务报表披露的标记。

第十二条 企业扩展分类标准应当遵循通用分类标准的建模方式。企业扩展分类标准的建模方式参见例 3。

第三章 企业扩展分类标准模式文件规则

第十三条 企业扩展分类标准模式文件的命名格式为{企业法定中文名称}-{工商行政管理注册号}-{日期}.{文件后缀}。文件名称各组成部分之间以英文字符集中的中划线连接。

{企业法定中文名称}是企业营业执照上的名称；{工商行政管理注册号}是营业执照上的注册号（15 位数字）；{日期}是财务报表日，格式为

YYYYMMDD；{文件后缀}是扩展分类标准模式文件的后缀，即 xsd。企业扩展分类标准模式文件的命名格式举例参见例 4。

第十四条 对于企业财务报告中标题的标记，应当使用数据类型为字符串类型（stringItemType），抽象属性为（true）的数据项（item）元素。

第十五条 在采用通用分类标准进行元素匹配时，应当遵循以下原则：

（一）对于含义与通用分类标准元素一致的元素，应当直接引用通用分类标准的对应元素，不得重复定义。

（二）在进行元素匹配时，只能与通用分类标准中的元素进行匹配，不得直接与通用分类标准中没有使用的国际财务报告准则分类标准中的元素进行匹配。

（三）在采用通用分类标准行业扩展部分进行元素匹配时，可以与行业扩展部分中没有使用的通用部分的元素进行匹配。

（四）如果通用分类标准中没有适当元素，应当定义企业扩展元素。扩展元素的定义不得与通用分类标准已定义的元素冲突。

（五）对于含义相同的财务报告概念只能定义一个扩展元素，对于属于同一概念的不同数值，不得定义重复元素进行标记。

（六）企业扩展分类标准模式文件中定义的实元素必须是在实例文档中使用的元素，实例文档中未使用的冗余实元素不得在扩展分类标准模式文件中定义。企业扩展分类标准模式文件中定义的扩展元素

必须在列报链接库中定义列报关系，列报链接库中未使用的冗余元素不得在扩展分类标准模式文件中定义。

（七）元素的期间属性与财务报告披露事项的时间特征（时点或期间）必须完全一致。

（八）如果需要披露的财务报告概念的借贷属性与匹配的通用分类标准元素属性相反，也属于匹配成功，但需要在编制实例文档时给该数值添加负号。

（九）关于"其他"一类元素的匹配原则，"其他"的含义是指除已披露项目外，其重要性不足以单独披露的项目，不应以企业的"其他"元素和通用分类标准的"其他"元素的分类不同为由认定不匹配。只要财务报告含义相同，就应当匹配通用分类标准的"其他"类元素。

第十六条 企业财务报告中属于同一概念不同期间的披露事项，应当采用同一元素进行标记。

第十七条 在进行元素命名和属性定义时，应当遵循以下原则：

（一）元素的名称应以英文标准标签为基础，遵循"驼峰命名法"。通用分类标准实施所采用的"驼峰命名法"的规则包括：

1. 元素的名称应基于英文标准标签；标签应当保持简洁，并符合企业会

计准则和相关监管规定的要求。

2. 如果元素的名称来自以往版本的企业扩展分类标准，当新版本的企业扩展分类标准中的英文标准标签发生变化时，元素的名称不应仅仅为了与英文标准标签保持一致而变更。

3. 元素名称中的首字符不得为下划线。

4. 元素名称中的首字母必须大写。

5. 元素名称中不得包含空格和以下字符：( ) * + [ ] ? / { } | @ # % ^ = ~ ` “ ” ‘ ’ ； ： ， ＜ ＞ & $. 。

元素命名格式举例参见例 5。

（二）扩展元素的名称不能与通用分类标准的元素名称重复。元素 ID 格式为 {企业扩展分类标准命名空间前缀} _ {元素名称}。元素 ID 命名格式举例参见例 6。

（三）所有元素能否为空（nillable）属性均为 true。

（四）对于资产负债表和利润表中出现的类型（type）属性是货币类型（monetaryItemType）的扩展元素，必须为其定义借贷属性。

（五）对于需要以维度方式标记的表格中的“合计”项目，应当直接使用域元素进行标记，不得定义表示“合计”的域成员元素。

（六）虚元素，除域成员元素外，其类型（type）属性是字符串类型（stringItem），抽象（abstract）属性为 true，时期（period）属性是期间型（duration）。

（七）元素的替换组（substitutionGroup）属性只能是维度数据项（dimensionItem）、超立方体数据项（hypercubeItem）或数据项（item）三者之一。

（八）轴元素的名称应当以“Axis”结尾，其替换组（substitution Group）属性为维度数据项（dimensionItem），抽象（abstract）属性为 true。

（九）表格元素的名称应当以“Table”结尾，其替换组属性为超立方体数据项（hypercubeItem），抽象（abstract）属性为 true。

（十）行项目元素的名称应当以“LineItems”结尾，其抽象属性为 true。

（十一）域成员元素的名称应当以“Member”结尾，其类型为域项目型（domainItem），抽象属性为 true，时期属性为期间型（duration）。

第四章　企业扩展分类标准链接库文件规则

第十八条　企业扩展分类标准链接库的命名格式为 {企业法定中文名称} - {工商行政管理注册号} - {日期} _ {链接库类型} [_ {语言类别}]

.{文件后缀}。

{企业法定中文名称}是企业营业执照上的名称;{工商行政管理注册号}是营业执照上的注册号(15位数字);{日期}是该报告期间的财务报表日,格式为YYYYMMDD;{链接库类型}包括lab、cal、def和pre四种类型,分别对应标签、计算、定义和列报链接库文件;{语言类别}仅用于标签链接库文件命名,包括cn和en两种类别,分别用于中、英文标签链接库文件命名;{文件后缀}是扩展分类标准链接库文件的后缀,即xml。

企业扩展分类标准链接库命名格式举例参见例7。

第十九条 在构建企业扩展分类标准标签链接库时,除通用分类标准指南和本规则第十八条规定外,还应当遵循以下原则:

(一)标签不得包括下列特殊字符:

? | ＞＜ * “ ” ; = . & ! @ # { }

(二)英文标签不能包含冠词“the”、“an”、“a”;但当上述词汇具有实际业务含义而非作为冠词使用时,可以出现在英文标签中。请参见例8。

(三)企业在自定义元素标签时,在同一语言下同一个元素不能同时拥有多个标签角色(xlink:role)属性相同的标签。

(四)元素的标准标签名称必须唯一,不同元素的标准标签不得相同。

(五)企业在自定义元素时,应该为每个扩展元素定义文档标签(documentation)。文档标签应该包括扩展元素的准确定义;对于未定义借贷方向的货币类型(monetaryItemType)元素,应该在文档标签中注明该元素取值为正数或负数时的含义。

(六)如果元素需要以合计项的形式列报,应当为该元素定义合计标签,并在列报链接库中将首选标签属性(preferredLabel)设置为合计标签。

(七)如果时点元素在列报时需要区分为期初或期末项,应当为该元素定义期初或期末标签,并在列报链接库中将首选标签属性设置为期初或期末标签。

(八)如果元素的借贷属性与企业财务报告披露的相反,应当为该元素添加负标签。负标签种类和应用方式举例参见通用分类标准指南及本规则例9。

(九)针对同一个元素所拥有的每一个标签角色(xlink:role)属性,都应该同时定义中英文标签。对于文档标签,企业可仅定义中文标签。

第二十条 在构建企业扩展分类标准列报链接库时,除本规则第十八条规定外,还应当遵循以下原则:

(一)实例文档中所有元素都应当包含在企业扩展分类标准列报链接库中。

（二）企业扩展分类标准列报链接库的每个扩展链接角色（ELR）中的内容应当反映财务报告的列报层级和顺序。

（三）企业扩展分类标准列报链接库应当为元素设置次序（order）属性，同一元素在同一扩展链接角色下的同一层级重复出现时，应该有不同的次序（order）值。

（四）企业扩展分类标准列报链接库如果为一个元素设置了首选标签（preferredLabel），应当在标签链接库中为该元素定义相应标签角色的标签。首选标签（preferredLabel）的内容应该与财务报告中对应的披露内容一致。同一元素在同一扩展链接角色下的同一层级重复出现时，应该在列报链接库中设置不同的首选标签属性。

第二十一条 在构建企业扩展分类标准计算链接库时，除本规则第十八条规定外，还应当遵循以下原则：

（一）企业扩展分类标准计算链接库中应当为元素设置次序（order）属性和计算权重（weight）属性。

（二）企业扩展分类标准计算链接库中属于同一个计算关系的父元素和子元素应当具有相同的期间属性。

（三）企业扩展分类标准计算链接库中作为一个计算关系的合计项的父元素不能同时作为该计算关系的子元素。

（四）如果财务报告中包含了两个或两个以上时点或期间事项的加总计算关系，并且实例文档包含相应的数值，应当在计算链接库中为这些元素定义相应的计算关系。

（五）如果财务报告中包含了两组或两组以上的元素，并且这些元素能加总等于相同的合计项，应当在计算链接库不同的扩展链接角色中分别定义计算关系。

（六）如果同一合计项在计算链接库中存在两组或两组以上的计算关系，那么由于对不同计算关系进行交叉校验所产生的计算警告，不应作为企业扩展分类标准或实例文档的错误。企业应当检查确认这些计算警告所涉及的事实值是否存在数值错误，不应为了消除这些计算警告而删除相关的正确的计算关系，影响计算关系的完整性。此类情况举例参见例10。

第二十二条 在构建企业扩展分类标准定义链接库时，除本规则第十八条规定外，还应当遵循以下原则：

（一）企业扩展分类标准定义链接库应当为元素设置次序（order）属性。

（二）企业扩展分类标准定义链接库中，只有域元素才可设置为“维度-域（dimension-domain）”和“维度-默认（dimension-default）”属性。

（三）企业扩展分类标准定义链接库应当将每个维度表格放置在单独的扩

展链接角色中。

第二十三条 企业扩展分类标准链接库中不能包含参考链接库。

第二十四条 企业在重新定义扩展分类标准链接库时，应当遵循以下原则：

（一）企业扩展分类标准中应当重新定义链接库，不能直接引用通用分类标准中的链接库。

（二）在扩展列报链接库中，应当针对财务报告附注的四级标记要求中的每一级别，分别定义独立的扩展链接角色。

（三）企业应当为扩展链接角色定义角色类型（roleType）元素，且角色类型元素的角色通用资源标识符（roleURI）和标识符（id）属性必须唯一，不能与通用分类标准重复。

（四）基于通用分类标准通用部分扩展时，企业应当遵循以下原则：

1. 企业自定义扩展链接角色的角色通用资源标识符（roleURI）属性的命名格式为｛企业网络域名｝/role/cas/｛编码 1｝/｛编码 2｝[编码 3]。

2. ｛编码 1｝延用通用部分相关披露在列报链接库中的扩展链接角色的 6 位数字编码。当通用部分中没有相关披露时，企业应当自行为扩展链接角色定义 6 位编码，首位使用 6，后 5 位自定义。

3. ｛编码 2｝为 6 位数字，表示财务报告章节编号和标记级别，其中，前 5 位由企业自行按一定顺序进行定义，例如财务报告披露顺序编号；最后 1 位表示标记级别：1 代表财务报表主表，2 代表附注整体标记，3 代表会计政策和会计估计逐项标记，4 代表附注的详细标记。

4. [编码 3] 为可选项，为英文 26 个小写字母，计算链接库或定义链接库如需拆分扩展链接角色，则可使用 [编码 3] 用于区别于同一附注的其他扩展链接角色。

基于通用部分扩展时，企业自定义扩展链接角色的角色通用资源标识符格式举例参见例 11。

（五）基于通用分类标准行业扩展部分扩展时，企业应当遵循以下原则：

1. 企业自定义扩展链接角色的角色通用资源标识符（roleURI）属性的命名格式为｛企业网络域名｝/role/cas/｛所引用行业扩展部分的英文缩写｝/｛编码 1｝/｛编码 2｝[编码 3]。

2. ｛编码 1｝延用行业扩展部分相关披露在列报链接库中的扩展链接角色的编码 2；如果行业扩展部分直接引用了相应的通用部分的扩展链接角色，｛编码 1｝延用通用部分扩展链接角色的 6 位数字编码。当行业扩展部分和通用部分中都没有相关披露时，企业应当自行为扩展链接角色定义 6 位编码，首位使用 6，后 5 位自定义。

3. {编码 2} 为 6 位数字，表示财务报告章节编号和标记级别，其中，前 5 位由企业自行按一定顺序进行定义，例如财务报告披露顺序编号；最后 1 位表示标记级别：1 代表财务报表主表，2 代表附注整体标记，3 代表会计政策和会计估计逐项标记，4 代表附注的详细标记。

4. [编码 3] 为可选项，为英文 26 个小写字母，计算链接库或定义链接库如需拆分扩展链接角色，则可使用 [编码 3] 用于区别于同一附注的其他扩展链接角色。

基于行业扩展部分扩展时，企业自定义扩展链接角色的角色通用资源标识符格式举例参见例 12。

（六）基于通用分类标准扩展时，企业自定义扩展链接角色的角色类型应当包含定义（Definition）元素。该定义元素命名应当清晰表示相关财务信息关系的主题，命名格式为 {[编码]}{财务报告标记层级} - {财务信息主题}。

其中，{[编码]} 规则与角色通用资源标识符（roleURI）的 {编码 2} [编码 3] 规则相同；{财务报告标记层级} 指四个标记级别名称，其中一级为 Statements，二级为 Notes，三级为 Policies，四级为 Details；{财务信息主题} 指被归为同一扩展链接角色的财务信息所共同表达的主题，通常是财务报告中的章节名称，采用英文命名方式，由企业根据财务报告自行定义。

企业自定义扩展链接角色的角色类型定义元素的命名格式举例参见例 13。

（七）附注各标记级别的列报链接库应当遵循表 1、表 2 和表 3 所示的结构。表 1、表 2 和表 3 中以文字缩进表示不同的列报层级，XXX 表示财务报告中的对应名称：

表 1　附注二级整体标记

列报项目的元素	列报项目的标准标签	标记对象
XXXAbstract	XXX [abstract]	附注标题
DisclosureOfXXXExplanatory	XXX 信息披露 [text block]	附注全部内容

注：表中元素和标签的命名格式仅适用于扩展元素和标签的命名。

表 2　会计政策和会计估计附注三级逐项标记

列报项目的元素	列报项目的标准标签	标记对象
XXXPoliciesAbstract	XXX(会计政策) [abstract]	附注标题
SignificantAccountingPoliciesAndAccountingEstimatesXXXExplanatory	重要会计政策及会计估计，XXX [text block]	具体会计政策和会计估计
……		

注：表中元素和标签的命名格式仅适用于扩展元素和标签的命名。

表 3 附注四级详细标记

列报项目的元素	列报项目的标准标签	标记对象
XXXDetailsAbstract	XXX(详细披露)[abstract]	附注标题
XXX	XXX	附注中的金额、百分比和数字
……	……	

注：表中元素和标签的命名格式仅适用于扩展元素和标签的命名。

第五章 实例文档规则

第二十五条 实例文档的命名格式为{企业法定中文名称}-{工商行政管理注册号}-{日期}.{文件后缀}。文件名称各组成部分之间以英文字符集中的中划线连接。

其中，{企业法定中文名称}是企业营业执照上的名称；{工商行政管理注册号}是营业执照上注册号中的 15 位数字；{日期}是该报告期间的财务报表日，格式为 YYYYMMDD；{文件后缀}是扩展分类标准的后缀，即 xml。

实例文档命名格式举例参见例 14。

第二十六条 在确定实例文档的标记信息时，应遵循以下原则：

(一) 实例文档中必须包含通用分类标准扩展链接角色“130000-公司基本情况”中定义的每一个元素的事实值。

(二) 实例文档的标记信息应当准确反映企业财务报告披露的信息。

(三) 对于财务报告中表示发生额或余额为 0 的“-”(短横线)，企业应该根据实际的披露情况，在实例文档中标记成“0”。

(四) 对于财务报告中的脚注，应当在实例文档中使用脚注 (Footnote) 元素进行整体标记，脚注中包含的金额等内容不再单独提取元素。

(五) 实例文档中标记的数值应当是原始数据，金额应以元为单位。

(六) 页眉或者页脚的信息，如单位名称、页码等，不在实例文档中披露。

(七) 实例文档不能对同一披露项目进行重复标记，标记事项必须拥有唯一的元素、上下文、单位 (Unit) 和语言 (Lang) 属性。

(八) 不能为了解决计算关系的错误而在实例文档中增加财务报告中没有披露的数据。

第二十七条 在编制实例文档时，应遵循以下原则：

(一) 实例文档中报告企业的标识符 (Identifier) 为工商行政管理注册号，Scheme 属性为工商行政管理总局网络域名 http://www.saic.gov.cn/。

（二）具体企业名称或具体日期不应出现在除域项目类型（domainItem-Type）元素以外的元素的名称中。

（三）实例文档不能包含未使用的上下文。

（四）维度上下文统一使用场景信息（Scenario），而不采用分段信息（Segment）。

（五）实例文档不能包含未使用的计量单位。

（六）百分比数字的标记不得包含百分号，而应当以小数的形式来表示。请参见例15。

（七）对于比例数据的披露，如该比例的分子和分母具有相同单位，则应当以百分比类型（percentItem）元素进行标记；如该比例的分子和分母的单位不同，应当以纯数类型（pureItem）元素或元/每股类型（perShareItem）进行标记。

（八）域成员与行项目元素不能混用。请参见例16。

第二十八条 在处理实例文档中的时间信息时，应遵循以下原则：

（一）实例文档中日期的格式应当定义为yyyy-mm-dd。

（二）在实例文档中，对于附注中包含的文字信息的标记，无论该文字描述事件是否影响整个会计期间，都应当将上下文的时期元素的日期设置为本次报送的会计期间。请参见例17。

（三）在同一实例文档中，同一日期不能同时作为上下文（Context）的时期（Period）元素的起始日期（startDate）和结束日期（endDate）。

（四）在同一实例文档中，同一日期不能同时作为上下文的时期元素的起始日期和时点（instant）元素的日期。

附录　《企业会计准则通用分类标准编报规则》应用示例

示例部分将以甲公司为例说明编报规则的应用。甲公司的中文名为“甲股份有限公司”，英文名为“ABC Corporation”，英文名缩写为“abc”，工商注册号为123456789012345，公司网络域名为http：//www. abc. com。甲公司2014年年度财务报告中部分附注的顺序和层级如下表1所示：

表1　甲公司2014年度财务报告中部分附注的顺序和层级

一级序号	二级序号	财务报告内容
一	10	存货
五	8	发放贷款和垫款
五	49	每股收益

【例 1】

根据编报规则第六条的规定，甲公司在编报其遵循企业会计准则的 2014 年年度财务报告时，其扩展分类标准命名空间应当为 http://www.abc.com/cas/2014-12-31。

【例 2】

根据编报规则第十条的规定，表 2 列示了财务报告标记的级别。

表 2　财务报告标记级别举例

财务报告	标记级别			
	一级标记	二级附注整体标记	三级会计政策标记	四级附注详细标记
资产负债表	是			
利润表	是			
财务报告	标记级别			
现金流量表	是			
所有者权益变动表	是			
附注　财务报表的编制基础		是		
附注　财务报表的编制基础（详细披露）				是
附注　重要会计政策和会计估计		是		
附注　重要会计政策和会计估计（会计政策）			是	
附注　货币资金		是		
附注　货币资金（详细披露）				是
附注 固定资产		是		
附注 固定资产（详细披露）				是

【例 3】

通用分类标准对资产减值准备增减变动信息披露，未使用维度表格建模。根据编报规则第十二条的规定，企业在标记类似披露时，除非披露结构有重大区别，否则应当沿用通用分类标准的建模方式，即也不使用维度表格。

又如，通用分类标准在扩展链接角色［836600］附注_关联方关系及其交易中定义了一些特殊的域（domain）元素如关联担保项目［member］、关联交易项目［member］等，这些域元素的定义仅仅是为了方便企业表达事项序列而并不代表任何的实际含义。企业在为这些域元素扩展域成员元素时，可以扩展成事项一［member］、项目一［member］或交易一［member］等。以甲公司关联方担保情况为例，其披露形式如下：

表 3　甲公司关联担保情况(片段)

被担保单位	担保金额	债务到期日	当期确认的担保损失	预计负债余额
乙公司	276 896	2015 年 6 月 30 日	120 000	132 000
乙公司	125 000	2016 年 2 月 28 日	0	0
乙公司	108 000	2016 年 2 月 28 日	0	0
丙公司	12 170	无定期	0	0

参照通用分类标准以及编报规则第十二条的规定，企业在创建扩展分类标准时可以使用域元素“担保项目［member］”并扩展域成员元素“项目一［member］”、“项目二［member］”、“项目三［member］”用于表示上表中被担保单位乙公司的 3 项担保事项。

【例 4】

根据编报规则第十三条的规定，甲公司 2014 年年度财务报告对应的扩展分类标准模式文件应该命名为“甲股份有限公司-123456789012345-20141231. xsd”。

【例 5】

根据编报规则第十七条（一）的规定，若元素的英文标准标签为“Capital surplus”，则按照“驼峰命名法”，该元素的命名应为“CapitalSurplus”。

【例 6】

根据编报规则第十七条（二）的规定，甲公司的投资成本扩展元素 ID 应该为 abc _ CostOfInvestment。企业扩展分类标准命名空间前缀中不能包含 XBRL 技术规范禁止使用的特殊字符。

【例 7】

根据编报规则第十八条的规定，甲公司 2014 年度财务报告扩展分类标准列报链接库的名称应为“甲股份有限公司-123456789012345- 20141231 _ pre. xml”，中文标签链接库名称为“甲股份有限公司-123456789012345-20141231 _ lab _ cn. xml”，英文标签链接库名称为“甲股份有限公司-123456789012345-20141231 _ lab _ en. xml”。

【例 8】

根据编报规则第十九条（二）的规定，甲公司在标记“出售的可转换债券账面价值”时，可以将元素的英文标签设置为“Sale of convertible bonds”，而不应设置为“Sale of the convertible bonds”。

又如，甲公司在标记股本项目中的“A 股”时，可以将元素的英文标准标签设置为“A-shares [member]”，将元素名称设置为“AsharesMember”。

【例 9】

根据编报规则第十九条（八）的规定，对于元素“CostOfSales”，根据列报要求需要为其设置负标签。标准标签和负标签使用如表 4：

表 4　标签类型定义示例

标 签 角 色	标 签
http://www. xbrl. org/2003/role/label	营业成本
http://www. xbrl. org/2009/role/negatedLabel	减:营业成本

【例 10】

甲公司在资产负债表和“附注-分部报告”中的披露内容分别如表 5、表 6 所示（单位：人民币千元）：

表 5　资产负债表(片段)

	2013 年	2014 年
资产：		
货币资金	5 801	4 005
交易性金融资产	23 002	17 346
对联营和合营企业的投资	12 009	11 667
固定资产	90 220	80 430
递延所得税资产	1 410	1 525
其他资产	2 143	2 301
资产总计	134 585	117 274
……		

表 6　分部报告(片段)

	2014 年		
	北京地区	上海地区	合计
分部资产	70 080	34 002	104 082
对联营和合营企业的投资	5 160	6 507	11 667
递延所得税资产	975	550	1 525
资产总计	76 215	41 059	117 274
……			

根据编报规则第二十一条（六）的规定，甲公司应当在计算链接库中资产负债表对应的扩展链接角色下定义计算关系：

资产＝货币资金＋交易性金融资产＋对联营和合营企业的投资
　　＋固定资产＋递延所得税资产＋其他资产

在计算链接库中“附注-分部报告”对应的扩展链接角色下定义计算关系：

资产＝分部资产＋对联营和合营企业的投资＋递延所得税资产

由此可能产生若干条计算警告，其中一条警告提示资产负债表对应的扩展链接角色的计算结果为 6 135 000，与实例文档填入的事实值 76 215 000 不相等。该警告产生的原因是：对 2014 年北京地区资产总计值 76 215 000 进行计算校验时，如果根据资产负债表对应的扩展链接角色定义的计算关系进行计算，得到的结果为：

资产＝货币资金＋交易性金融资产＋对联营和合营企业的投资
　　＋固定资产＋递延所得税资产＋其他资产
　＝0＋0＋5 160 000＋0＋975 000＋0
　＝6 135 000

与实例文档填入的事实值 76 215 000 不相等。但如果根据“附注-分部报告”对应的扩展链接角色定义的计算关系进行计算，则得到的结果为：

资产＝分部资产＋对联营和合营企业的投资＋递延所得税资产
　＝70 080 000＋5 160 000＋975 000
　＝76 215 000

与实例文档填入的事实值 76 215 000 相等。

因此，甲公司的财务报告中存在两组以资产为合计项的元素，应当在计算链接库中定义相应的计算关系。由于对这两组计算关系进行交叉校验而产生的计算警告不视为企业扩展分类标准或实例文档的错误，甲公司不应为了消除这些计算警告而删除这两组计算关系中任何一组，否则其计算链接库中的计算关系是不完整的。

【例 11】

根据编报规则第二十四条（四）的规定，如果甲公司基于通用分类标准通用部分采用重新定义链接库的方式建立其扩展分类标准，针对其财务报告的“附注-存货”，该公司需重新定义一个标记详细程度级别为二级的扩展链接角色，其角色通用资源标识符（roleURI）属性的命名应为 http：//www. abc. com/role/cas/801100/021102。

其中，http：//www. abc. com 为甲公司网络域名，801100［编码 1］为对应通用部分中“附注-存货（一般工商业）”扩展链接角色的编码；021102

［编码 2］反映了“附注-存货”在甲公司财务报告披露中的顺序和标记层级，甲公司用 02 代表附注，110 为该公司内部规定的存货附注的在财务报告中的顺序号，最后一位 2 代表标记级别为二级。

甲公司还需对“附注-存货”重新定义一个标记详细程度为四级的扩展链接角色，其角色通用资源标识符（roleURI）属性的命名应为 http：//www. abc. com/role/cas/801100/021104，除最后一位 4 代表标记级别为四级外，其他含义与二级标注相同；在进行四级标记时，为构建存货计算链接库的需要，甲公司需要使用 a［编码 3］表示拆分后的“附注-存货”，其四级扩展链接角色的角色通用资源标识符（roleURI）属性命名应为 http：//www. abc. com/role/cas/801100/021104a。

【例 12】

根据编报规则第二十四条（五）的规定，如果甲公司属于银行业，采用重新定义链接库的方式建立其扩展分类标准，则针对其财务报告的“附注-发放贷款和垫款”，该公司需重新定义一个标记详细程度级别为二级的扩展链接角色，其角色通用资源标识符（roleURI）属性的命名应为 http：//www. abc. com/role/cas/bnk/900808/025082。

其中，http：//www. abc. com 为甲公司网络域名，bnk 为银行业的英文缩写，900808［编码 1］为银行业扩展部分中扩展链接角色“附注-发放贷款和垫款”中的编码 2；025082［编码 2］反映了“附注-发放贷款和垫款”在甲公司财务报告披露中的顺序和标记层级，甲公司用 02 代表附注，508 为该公司内部规定的发放贷款和垫款附注在财务报告中的顺序号，最后一位 2 代表标记级别为二级。

甲公司还需对“附注-发放贷款和垫款”重新定义一个标记详细程度为四级的扩展链接角色，其角色通用资源标识符（roleURI）属性的命名应为 http：//www. abc. com/role/cas/bnk/900808/025084，除最后一位 4 代表标记级别为四级外，其他含义与二级标注相同；在进行四级标记时，为构建发放贷款和垫款计算链接库的需要，甲公司需要使用 a［编码 3］表示拆分后的“附注-发放贷款和垫款”，其四级扩展链接角色的角色通用资源标识符（roleURI）属性命名应为 http：//www. abc. com/role/cas/bnk/900808/025084a。

又如，针对甲公司财务报告的“附注-每股收益”，该公司重新定义了二级的扩展链接角色，其角色通用资源标识符（roleURI）属性的命名应为 http：//www. abc. com/role/cas/bnk/834600/025492。其中，834600［编码 1］为银行业扩展部分中“附注-每股收益”延用的通用部分相关披露在列报链接库中的扩展链接角色的 6 位数字编码；025492［编码 2］反映了“附注-每股收益”在甲公司财务报告披露中的顺序和标记层级。

【例 13】

根据编报规则第二十四条（六）的规定，针对甲公司财务报告的“附注-存货”的二级标记扩展链接角色的定义元素可命名为［021102］Notes-Inventories；四级标记扩展链接角色的定义元素可命名为［021104］Details-Inventories；如果企业需要用到编码 3，则四级标记扩展链接角色的定义元素可命名为［021104a］Details-Inventories。

又如，针对甲公司财务报告的“附注-发放贷款和垫款”的二级标记扩展链接角色的定义元素可命名为［025082］Notes-Loans and advances；四级标记扩展链接角色的定义元素可命名为［025084］Details-Loans and advances；如果企业需要用到编码 3，则四级标记扩展链接角色的定义元素可命名为［025084a］Details-Loans and advances。

【例 14】

根据编报规则第二十五条的规定，甲公司 2014 年度财务报告实例文档的名称应为“甲股份有限公司-123456789012345-20141231. xml”。

【例 15】

根据编报规则第二十七条（六）的规定，20％应表示为 0. 2。

【例 16】

根据编报规则第二十七条（八）的规定，域成员元素“存货［member］”不能作为行项目元素“存货”使用。

【例 17】

根据编报规则第二十八条（二）的规定，如果在 2014 年度财务报告中甲公司披露在第三季度完成了一项收购，则对该收购描述信息进行标记时，应该将上下文的时期定义为 2014 年 1 月 1 日至 2014 年 12 月 31 日，而不仅是 2014 年第三季度。